地方合作法译丛

叶必丰 主编

法国地方政权总法典选译

李 贝　韩小鹰 译

上海社会科学院出版社
SHANGHAI ACADEMY OF SOCIAL SCIENCES PRESS

前　言

在武汉大学工作20年后,我于2003年回到上海,充分感受到了长三角经济的迅猛发展以及国家区域发展战略的渐显成效。基于融入地方建设、立足国家需求,以及所在单位宪法与行政法学科建设特色的考虑,我开始了对区域合作法的研究。

当时,区域合作尚未成为法学的研究对象,主要是经济学和管理学的研究对象,但区域合作实践提出了法治保障的现实需求。基于解决问题的需要,我在初期着重关注的是:区域合作的法治保障是推动中央立法还是地方法治的协同?针对这一主题,我认为应积极推动地方法治协同,并探讨地方开展法治协同的制度路径,发表了若干论文,完成了多个课题,指导研究生开展了专题研究。

研究发现,区域合作的主要法律问题包括地方治理制度、经济宪法和地方自主权,是地方法治的重要领域,有待继续开垦、挖掘。在对上述问题开展研究的过程中,我也深感国内法学界对地方合作法缺乏学术积累,有必要借鉴外国的地方合作法,为本领域的研究提供基础性参考。

对外国法的借鉴需要确定参照系。有的学者主张借鉴欧盟法经验,我曾加以反对,认为区域合作法是国内法,应借鉴更具有可参照价值的美国州际合作法治。为此,请王诚副教授翻译了美国学者齐默尔曼的《州际合作——协定与行政协议》,并于2013年由法律出版社出版。但随着研究的深入,我发现美国州际合作法治毕竟是联邦制国家内部成员州之间合作的法治,与我国的区域合作法即地方合作法仍存在较大差异。因此,对外国区域合作法的借鉴,我认为更应当以单一制国家地方合作法治为参照系。

2015年,我获得中宣部"文化名家暨四个一批人才"计划的资助,开展对"区域法治协调研究"项目的研究。2017年,我又获得上海社会科学院的资助,开展"区域法治协调文献整理及研究"。在上述课题中,我把搜集、整理和翻译日本、法国和美国的区域合作法作为重要内容,约请了曾留学相关国家研习法律或取得学位的学者肖军、王树良、李贝、韩小鹰、王诚和申海平老师参与课题,负责搜集、翻译工作。

课题本来计划将所有翻译文献集合为一本书，将研究文集作为另一本书加以出版。但由于所搜集、翻译的文献较多，对日、法、美三国的地方合作法都有分别加以出版的内容，加之考虑到译者的重要贡献和独立价值，遂决定将翻译文献作为三本书分别出版。由于经费有限，后又申请了上海交通大学人文社会科学成果文库经费的资助。即便如此，也难以资助包括课题研究文集在内的出版。所以，本丛书仅仅是前述两个课题翻译文献部分的结集和呈现，定名为"地方合作法译丛"。

2013年由王诚副教授翻译的齐默尔曼著《州际合作——协定与行政协议》，是一部研究美国州际合作法治的学术文献。与此不同，本次组织翻译的都是日、法、美三国的法律文件。我相信，这些法律文件对我国学界研究区域合作法具有基础性意义，对实务界建设区域合作法治具有示例性借鉴意义。对借鉴使用来说，研究性文献似乎更为方便，但法律更具有本源性。对上述三国所译地方合作法的研究，则期待学界的共同努力，为我国的区域合作法治建设和区域合作法理论发展作出贡献。

需要说明的是，法国有关地方合作的法律远不止已翻译出版的部分，限于时间和经费等原因，先把翻译的部分结集出版。与我国更具有可比性的美国地方合作是美国州以下地方间的合作。这部分地方合作法相比于州际合作法，在我国以往的区域合作法研究和区域合作法治建设中未受到重视。同样基于时间和经费等原因，课题组仅选译了6个州的地方合作法。日本地方合作的纲领性法律是《日本地方自治法》。它的内容尽管并非都是地方合作的规定，但日本的地方合作是地方自治制度的一部分。为了解日本地方合作制度的制度基础以及兼顾法律的完整性，为同样具有地方自治权的中国港、澳地区的合作提供借鉴，我们组织翻译了《日本地方自治法》和《日本地方自治法实施条例》。

三国地方合作法的翻译工作非常辛苦。多位译者感叹，翻译法律条文比翻译研究文献的难度要大很多。非常感谢所有译者承担该项任务，以及所体现的专业、专注精神！针对三国的地方合作法翻译稿，我还组织相关译者和所指导的研究生开展了为期两个学期的学习会，对条文内容和译文顺畅性逐条进行讨论，供译者参考、完善。在此，也一并对所有参与者表示感谢！

叶必丰

2021年11月18日

目录

前言 …………………………………………………………………… 001

法律部分

第一部分　一般条款 ………………………………………………… 003
 第一卷　权力下放的一般原则 …………………………………… 003
  单一编　地方政权的自主管理 ………………………………… 003
   第一章　自主管理的原则 …………………………………… 003
   第二章　选民参与地方决策 ………………………………… 012
    第一节　地方公投 ……………………………………… 012
     第一分节　一般性规定 …………………………… 012
     第二分节　选民信息、竞选活动及投票操作 …… 014
    第二节　咨询选民 ……………………………………… 017
    第三节　试验 …………………………………………… 019
   第四章　财政自主 …………………………………………… 021
   第五章　地方政权的涉外行为 ……………………………… 023
 第二卷　对于地方政权及其组织享有管辖权的国内机构（略） … 026
 第三卷　地方政权、机构和组织的财产 ………………………… 026
  第一编　一般制度 ……………………………………………… 026
   单一章 ………………………………………………………… 026
    第一节　行政用益租赁 ………………………………… 026
    第二节　构成物权的公产的占用许可 ………………… 028
    第三节　国家提供咨询 ………………………………… 030
    第四节　其他条款 ……………………………………… 031
  第二编　管辖权转让的特别规定 ……………………………… 033

　　　　　单一章 ··· 033
　　第四卷　地方公共服务 ··· 036
　　　第一编　一般条款 ·· 036
　　　　预先章　适用于特许经营合同的一般规则 ························· 036
　　　　第一章　公共服务的委托 ·· 036
　　　　第二章　对公共服务的直接管理 ······································ 040
　　　　第三章　居民以及用户对公共服务的参与 ························· 041
　　第五卷　经济条款（略） ·· 042
　　第六卷　金融会计规定（略） ·· 042
　　第七卷　适用于马约特岛的特别规定（略） ···························· 042
　　第八卷　法属波利尼西亚的市镇 ··· 042
　　　第一编　一般条款 ·· 042
　　　第二编　自主管理 ·· 043
　　　　第一章　选民参与地方决策 ··· 043
　　　　第二章　地方政权的涉外行为 ·· 043

第二部分　市镇 ··· 044
　　第一卷　市镇的组织（略） ·· 044
　　第二卷　市镇管理与服务（略） ··· 044
　　第三卷　财政与账户（略） ·· 044
　　第四卷　某些特定居民的特殊利益（略） ······························· 044
　　第五卷　特别条款 ·· 044
　　　第一编　巴黎、马赛和里昂 ··· 044
　　　　第一章　共同条款 ·· 044
　　　　　第一节　组织 ·· 044
　　　　　　第一分节　市区理事会 ·· 045
　　　　　　第二分节　市区区长 ··· 052
　　　　　　第三分节　市长、市长助理、市镇及市区委员的任期
　　　　　　　　　　　行使条件 ··· 055
　　　　　第二节　财政条款 ··· 056

  　　第二章　有关巴黎的特别规定 057
  　　　第一节　组织 057
  　　　第二节　职权 057
  　　　　第一分节　警察 057
  　第八编　里昂大都会区的市镇 059
  　　单一章 059

第三部分　大省 060
  第一卷　大省的组织 060
  　第一编　大省的名称及领土(略) 060
  　第二编　大省的机构(略) 060
  　第三编　大省权威机关实施行为的法律性质(略) 060
  　第四编　大省和国家的关系 060
  　　第一章　国家提供服务 060
  　　第二章　国家服务和大省服务的协调 060
  　　第三章　责任 060
  第二卷　大省的行政管理及服务(略) 061
  第三卷　财政及账户(略) 061
  第四卷　部分大省适用的特别条款 061
  　第一编　巴黎大省 061
  　　第三章　财政条款 061
  　第二编　上塞纳大省、塞纳-圣旦尼大省和瓦勒德马恩大省(略) 062
  　第三编　南科西嘉大省和高科西嘉大省(略) 062
  　第四编　外大省(略) 062
  　第五编　对巴黎大省、上塞纳大省、塞纳-圣旦尼大省和瓦勒德马恩大省的共同条款 062
  　　单一章 062
  第六卷　里昂大都会区 063
  　第一编　一般条款 063
  　　单一章 063

第二编　地域范围和首府 064
　　第三编　组织 065
　　　第一章　大区理事会 065
　　　第二章　大都会区任期的行使条件 067
　　　第三章　介入的特别方式 068
　　　　第一节　地区市镇长会议 068
　　　　第二节　大都会区会议 068
　　　　第三节　服务和设施的创建和区域化管理 069
　　第四编　管辖权 069
　　　第一章　里昂大都会区的管辖权 069
　　　第二章　大区理事会和理事会主席的权限 074
　　第五编　财产和人员 077
　　第六编　财政和会计条款 080
　　　第一章　预算和账目 080
　　　第二章　收入 086
　　　　第一节　税收和缴费 086
　　　　第二节　国家财政资助 088
　　　　第三节　税收资源的均衡 089
　　　　第四节　投资部分的收入 089
　　　　第五节　预付款和借款 089
　　　第三章　罗纳大省和里昂大都会区间的成本以及产品的
　　　　　　　移交 089
　　　第四章　支出 094
　　　第五章　会计 096

第四部分　大区（略） 097

第五部分　地方合作 098
　第一卷　一般条款 098
　　单一编 098

         单一章 ·· 098
　第二卷　市镇合作 ································· 101
　　第一编　市镇合作的公共机构 ····················· 101
　　　第一章　共同条款 ···························· 106
　　　　第一节　一般规则 ··························· 106
　　　　第二节　创立 ······························ 110
　　　　第三节　机构及运行 ·························· 112
　　　　　第一分节　机构 ···························· 112
　　　　　第二分节　运行 ···························· 125
　　　　第四节　理事会、理事会成员行使任期的条件 ········ 125
　　　　第五节　章程的变更 ·························· 127
　　　　　第一分节　有关管辖权的变更 ··················· 127
　　　　　第二分节　与管辖边界和组织相关的变更 ·········· 128
　　　　第六节　财政条款 ··························· 131
　　　　　第一分节　一般规定 ························· 131
　　　　　第二分节　税收独立的市镇合作公共机构 ·········· 136
　　　　　第三分节　民主化和透明化 ··················· 145
　　　　第七节　转变与合并 ·························· 147
　　　　第八节　跨市镇合作的大省委员会 ················ 152
　　　　　第一分节　构成 ···························· 152
　　　　　第二分节　权限 ···························· 154
　　　　第九节　居民的信息和参与 ···················· 155
　　　　第十节　其他规定 ··························· 157
　　　第二章　市镇公会 ···························· 159
　　　　第一节　创立 ······························ 159
　　　　第二节　机构 ······························ 160
　　　　　第一分节　公会理事会 ······················· 160
　　　　第三节　运行 ······························ 161
　　　　第四节　金融条款 ··························· 163
　　　　第五节　对于构成和运行初始条件的变动 ············ 167

第二分节　合并 ·· 167
　　　第三分节　市镇的退出 ··· 169
　　　第五分节　公会加入市镇合作公共机构 ·························· 171
　第六节　解散 ·· 171

第四章　市镇共同体 ·· 172
　第一节　创立 ·· 172
　第二节　机构 ·· 172
　第四节　管辖权 ··· 173
　第五节　财政条款 ·· 176
　第六节　市镇共同体组成以及运作的初始条件的变更
　　　 ·· 178
　　　第三分节　市镇的退出 ··· 178
　　　第四分节　市镇共同体加入混合型公会 ························ 179
　第七节　解散 ·· 179

第五章　城市共同体 ·· 180
　第一节　创立 ·· 180
　第二节　机构 ·· 180
　　　第一分节　共同体理事会 ·· 180
　第三节　管辖权 ··· 182
　　　第一分节　一般性条款 ··· 182
　　　第二分节　强制性管辖权 ·· 182
　第四节　财政条款 ·· 190
　第五节　变更 ·· 193
　第六节　解散以及转化 ·· 194

第六章　居民区共同体 ··· 195
　第一节　创立 ·· 195
　第二节　居民区共同体理事会（略） ··································· 196
　第三节　居民区共同体理事行使任期的条件 ························· 196
　第四节　管辖权 ··· 197
　第五节　财政条款 ·· 202

第六节　解散 ··· 204
　第七章　大都会区 ··· 205
　　　第一节　创立 ··· 205
　　　第二节　管辖权 ··· 207
　　　第三节　法律制度 ··· 214
　　　第四节　大都会区会议 ··· 217
　　　第五节　发展理事会 ··· 217
　　　第六节　财政和会计条款 ··· 217
　　　第七节　过渡性条款 ··· 227
　　　第八节　与人员相关的规定 ······································· 227
　第八章　埃克斯-马赛-普罗旺斯大都会区 ····························· 228
　　　第一节　创立 ··· 228
　　　第二节　辖区 ··· 231
　　　第三节　大都会区市长会议 ······································· 238
　　　第四节　财政规定 ··· 239
　第九章　大巴黎大都会区 ··· 239
　　　第一节　创立和管辖权 ··· 239
　　　第二节　区域公共机构 ··· 246
第二编　其他形式的市镇合作 ··· 261
　第一章　市镇间协定、协议和大会 ··································· 261
　第二章　不同市镇之间财产或者权利的共有状态 ······················· 262
　　　第一节　共有财产和权利的管理 ··································· 262
　　　第二节　共有状态的终止 ··· 263
　第三章　跨市镇发展与调整宪章 ····································· 264

第四卷　省际合作 ··· 265
　第一编　大省间的协定、协议和大会 ································· 265
　　　单一章 ··· 265
　第二编　省际机构和组织 ··· 266
　　　单一章 ··· 266

第五卷　省级办事处 ··· 267

　　　　单一编 ……………………………………………………………… 267
　　　　　　单一章 ……………………………………………………… 267
　　第六卷　大区间合作 ………………………………………………… 268
　　　　第一编　协议或跨大区利益机构 ……………………………… 268
　　　　　　单一章 ……………………………………………………… 268
　　　　第二编　跨大区协定机构 ……………………………………… 268
　　　　　　第一章　组织和运行 …………………………………… 268
　　　　　　第二章　财政条款 ………………………………………… 270
　　第七卷　混合型公会（略）………………………………………… 271
　　第八卷　特别规定（略）…………………………………………… 271
　　第九卷　适用于外大省的特别规定（略）………………………… 271
第六部分　宪法第74条所规定的外大省地方政权（略）……………… 272
第七部分　宪法第73条所规定的其他地方政权（略）………………… 273

规章部分

第一部分　总则 …………………………………………………………… 277
　　第一卷　权力下放的一般原则 ……………………………………… 277
　　　　第一编　地方政权的自主管理 ………………………………… 277
　　　　　　第一章　自主管理原则 …………………………………… 277
　　　　　　第二章　选民参与地方决策 ……………………………… 280
　　　　　　　　第一节　地方公投 ……………………………………… 280
　　　　　　　　第二节　咨询选民 ……………………………………… 286
　　　　　　第三章　试验（略）………………………………………… 286
　　　　　　第四章　财政自治（略）…………………………………… 286
　　　　　　第五章　地方政权的涉外活动 …………………………… 287
　　　　　　　　第一节　公益团体 ……………………………………… 287
　　　　　　　　第二节　国家权力下放合作委员会 …………………… 289
　　第二卷　对地方政权以及它们的团体有管辖权的国家机构（略）… 291
　　第三卷　地方政权、组织及团体的财产（略）……………………… 291
　　第四卷　地方公共服务（略）………………………………………… 291

第五卷　经济条款(略) ·· 291
　　第六卷　金融和财政条款(略) ······································ 292
　　第七卷　适用于马约特岛的特别条款(略) ························· 292
　　第八卷　法属波利尼西亚的市镇 ···································· 292
　　　第一编　一般条款 ··· 292
　　　　单一章 ·· 292
　　　第二编　自主管理 ··· 292
　　　　第一章　选民参与地方决策 ·································· 292
　　　　　第一节　地方公投 ·· 292
　　　　　第二节　向选民咨询 ··· 292
　　　　第二章　权力下放合作 ·· 293

第二部分　市镇 ··· 294
　第五卷　特别条款 ·· 294
　　第一编　巴黎、马赛和里昂 ·· 294
　　　第一章　共同条款 ··· 294
　　　　第一节　组织 ·· 294
　　　　第二节　财政条款 ·· 298
　　　第二章　巴黎市的特别条款 ····································· 298
　　　　第一节　组织 ·· 298
　　　　第二节　权限 ·· 300
　　　第三章　马赛和里昂市镇适用的特别条款 ··················· 308
　　　　第一节　组织 ·· 308
　　　　第二节　权限 ·· 308

第三部分　大省 ··· 312
　第一卷　大省的组织 ··· 312
　　第一编　大省的名称和地域(略) ·································· 312
　　第二编　大省的机构(略) ··· 312
　　第三编　由大省权力机关所实施的行为的法律制度(略) ····· 312

    第四编　大省和国家的关系 ································· 312
        第一章　国家提供服务（略） ···························· 312
        第二章　国家服务与大省服务的协调 ······················ 312
            第一节　大省投资协调会议 ·························· 312
    第二卷　大省行政和服务（略） ······························ 314
    第三卷　大省财政（略） ···································· 314
    第四卷　部分大省适用的特别条款（略） ······················ 314
    第五卷　适用于马约特大省的规定（略） ······················ 314
    第六卷　里昂大都会区 ···································· 314
        第一编　一般条款（略） ································ 314
        第二编　地域范围和首府（略） ·························· 314
        第三编　组织（略） ···································· 314
        第四编　管辖权（略） ·································· 314
        第五编　财产和人员（略） ······························ 314
        第六编　财政和会计条款 ································ 314
            第一章　预算和账户 ·································· 314
            第二章　收入 ·· 322
                第一节　税收和固定收费（略） ···················· 322
                第二节　国家财政资助（略） ······················ 322
                第三节　税收资源的均衡（略） ···················· 322
                第四节　投资部分的收入 ·························· 322
                第五节　预付款和借款 ···························· 323
            第三章　罗纳大省和里昂大都会区之间的费用和所得移交（略）
                ·· 323
            第四章　支出 ·· 323
            第五章　会计 ·· 325

第四部分　大区（略） ·· 329

第五部分　地方合作 ·· 330

第一卷　一般条款 ·· 330

单一编 ·· 330

单一章 ·· 330

第二卷　市镇合作 ·· 331

第一编　市镇合作公共机构 ·· 331

第一章　共同条款 ·· 331

第一节　一般规则 ·· 331
第二节　成立(略) ·· 331
第三节　机构与运行 ·· 331
第四节　理事会或委员会成员履职条件 ·· 332
第五节　身份变更(略) ·· 333
第六节　财政条款 ·· 333
第七节　转型(略) ·· 339
第八节　大省市镇合作委员会 ·· 339
第九节　居民的信息和参与 ·· 344
第十节　其他条款 ·· 346

第二章　市镇公会 ·· 347

第一节　成立(略) ·· 347
第二节　机构 ·· 347
第三节　运行(略) ·· 348
第四节　财政条款 ·· 348
第五节　公会组成和运行的最初条件变更(略) ·· 350
第六节　公会的消失(略) ·· 350

第四章　市镇组合 ·· 350

第一节　成立(略) ·· 350
第二节　机构 ·· 350
第三节　运行(略) ·· 351
第四节　管辖权 ·· 351
第五节　财政条款(略) ·· 351

　　　　第六节　市镇组合组成和运行的最初条件变更(略) …… 351
　　　　第七节　解散(略) ………………………………………… 351
　　第五章　城市共同体 …………………………………………… 351
　　　　第一节　成立(略) ………………………………………… 351
　　　　第二节　机构 ……………………………………………… 351
　　　　第三节　管辖权 …………………………………………… 352
　　　　第四节　财政条款(略) …………………………………… 356
　　　　第五节　变更(略) ………………………………………… 356
　　　　第六节　解散和改组(略) ………………………………… 356
　　第六章　居民区共同体 ………………………………………… 356
　　　　第一节　成立(略) ………………………………………… 356
　　　　第二节　居民区共同体理事会(略) ……………………… 356
　　　　第三节　居民区共同体理事会成员履职条件 …………… 356
　　　　第四节　管辖权(略) ……………………………………… 356
　　　　第五节　财政条款(略) …………………………………… 357
　　　　第六节　解散(略) ………………………………………… 357
　　第七章　大都会区 ……………………………………………… 357
　　　　第一节　成立(略) ………………………………………… 357
　　　　第二节　管辖权(略) ……………………………………… 357
　　　　第三节　法律制度(略) …………………………………… 357
　　　　第四节　大都会区会议(略) ……………………………… 357
　　　　第五节　发展理事会(略) ………………………………… 357
　　　　第六节　财政和会计条款 ………………………………… 357
　　　　第七节　临时条款(略) …………………………………… 370
　　　　第八节　工作人员条款(略) ……………………………… 370
　　第九章　巴黎大都会区 ………………………………………… 370
　第二编　市镇合作的其他形式(略) ……………………………… 371
第四卷　省际合作 …………………………………………………… 371
　第一编　省际议定书、协议和会谈(略) ………………………… 371
　第二编　省际机构和组织 ………………………………………… 371

单一章 ··· 371
　　　　第一节　省际机构(R) ··· 371
　　　　第二节　行政命令的发布(R) ····································· 373
第五卷　大省办事处(略) ·· 374
第六卷　区际合作 ·· 374
　第一编　区际协议(R) ··· 374
　　单一章 ··· 374
　第二编　区际议定书 ··· 375
　　第一章　组织和运行 ··· 375
　　　　第一节　行政命令的发布(R) ····································· 375
　　第二章　财政条款 ··· 375
　　　　第一节　预算和账目的公布 ······································· 375

译后记 ·· 376

法律部分

第一部分　一般条款

第一卷　权力下放的一般原则

单一编　地方政权的自主管理①

第一章　自主管理的原则

L.1111-1 条　第 96-142 号法令，1996 年 2 月 21 日

市镇、大省和大区由选举产生的理事会进行自主管理。

L.1111-1-1 条　第 2015-366 号法令，第 2 条，2015 年 3 月 31 日

地方理事是通过普选产生的依法自主管理地方政权的理事会成员。他们按照以下法定职业道德原则行使任期：

1. 地方理事应以公正、勤勉、尊严、诚实、廉正的方式行使其职权。

2. 在任期内，地方理事只可追求公共利益，不得直接或间接地追求任何个人的或任何其他的特殊利益。

3. 地方理事应致力于预防或立即阻止任何利益冲突。当提交给他所属决策机关进行审议的事务涉及其个人利益的，地方理事须在辩论和投票前提前告知。

4. 地方理事承诺不将为行使其任期以及职权而掌握的资源以及手段用于其他目的。

5. 在行使职权时，地方理事应避免采取任何会给他个人或在其任期终止后的职业带来好处的措施。

6. 地方理事应积极参加他所属决策机关所主持的会议。

7. 普选产生的地方理事，在他整个任期内，其行为对地方政权的全体公民负责，向后者报告他任职期间采取的行动和决定。

---

① 本编的内容随着时间的推移逐渐变成一个"大杂烩"，除了第一章内容直接涉及"自主管理"之外，其余各章节的内容均与标题无直接的联系。

L.1111-2 条 第 2014-173 号法令,第 11 条

市镇、大省和大区以决议的方式处理其管辖的各类事务。

它们和国家一起管理和整治国土,发展经济、社会、卫生和科学文化,打击歧视,促进男女平等,以及保护环境,通过合理控制和使用能源打击温室效应,改善生活环境。每年,对于那些享有城市团结以及城市整合补助的市镇,在本届地方理事会届满后的第二个季度末,要向地方政权的决策机构以及对城市社会发展领域的活动拥有管辖权的市镇合作公共机构提交报告。这份报告须勾勒出不平等情况、在所涉及的领土上所开展的活动及其所动用的手段。

报告会按照性别来划分指标和分析。按照 2014 年 2 月 21 日关于城市规划与整合的第 2014-173 号法律第 6 条规定订立城市合同的市镇和市镇合作公共机构,市镇长和市镇合作公共机构主席须分别向它们所属的决策机构提交关于城市政策现状、在该领土范围内所开展的活动以及改善现状的方向和规划的报告,报告中的各项数据按性别呈现。报告由市镇理事会和共同体理事会讨论。当市镇或者市镇合作公共机构也负有提交本条第 2 款所规定的报告的义务时,这一报告附在本款所规定的报告之中。本款规定的报告的内容和起草方式由法令确定。

本条第 3 款所规定的报告的各项内容要点,要先向本地公民理事会征求意见。市镇理事会和共同体理事会在呈交报告时已被预先告知这一咨询的结果。

市镇、大省和大区就此构成了公民参与地方政治生活的制度框架,确保反映公民组成的多样性。

L.1111-3 条 第 96-142 号法令,1996 年 2 月 21 日

市镇、大省和地区之间的权力分配,不允许其中任何一级政权建立或行使对其他两级政权的任何形式的控制权。

L.1111-4 条 第 2017-86 号法令,第 201 条,2017 年 1 月 27 日

各级地方政权与国家的权限分配,应尽可能把属于国家和属于市镇、大省或大区的权限区别开来,以便让每项权限及相关资源能够全部归属于国家或市镇、大省或大区。

促进男女平等的权限,文化、体育、旅游、推广地区语言和普通教育的权限,由市镇、大省、大区和具有特殊地位的政权分享。

由国家、市镇、大省、大区和具有特殊地位的政权推行的有利于青年人的公共政策，可以在第L.1111-9-1条规定的公共行动地方会议上讨论。讨论尤其应集中在这些政权与国家之间的政策衔接和协调方面。

市镇、大省和大区将优先投资于法律规定它们具有管辖权的项目。它们作出的向另一个地方政权提供或拒绝资助的决定，不得导致对其他两级政权建立或行使任何形式的控制权的结果。这些规定适用于1991年4月1日后做出的所有决定。

一级政权对另一级政权的资助不得附加会让接受资助的政权归属协会、市镇合作公共机构，或者一个既有的或将来的混合型公会的先决条件。

L.1111-5条　第2009-1530号法令，第2条，2009年12月10日

只有下列规定可以反对市镇、大省和地区的决定：

1. 法律规定的实施细则和程序，或适用于所有自然人以及公法、私法法人的法律实施法令。

2. 专门适用于市镇、大省、大区的法律规定的实施细则和程序或者法律实施法令。

国家、地方政权和任何具有行政服务职能的公共机构所提供的贷款、补贴或者资助，不能被要求服从于以上诸条以外的规定或者条件。

当地方政权、它们的公共服务机构、相关组织和负责公共服务管理的机构以现金、实物的形式分配个人社会补助，或者对继受某项公共服务提供价目优惠时，应确保这些援助和优惠的提供条件——考虑到援助和优惠的目的，以及给家庭成员带来的同等资源——不会歧视在同等情况下的相关人。

L.1111-7条　第2004-1374号法令，第4条，2004年12月20日，《法国官方公报》2004年12月21日

地方政权在尊重国防约束的限度行使自己的管辖权。

就这一点来说，法律对于管辖权所作的划分并不影响国家针对地方政权、其公共服务机构和相关组织行使它在国防方面享有的，尤其是基于《国防法典》所享有的管辖权。

在这方面,国家可以根据需要使用市镇、大省、大区及其相关组织和公共机构所提供的服务。

如果国家代表认为上述政权通过的文件可能严重影响到国防运行或某项国防建设或工程的一体化,无论该文件是否有转交的义务,则他可仅以此为由,向行政法院要求裁定上述文件无效。

在上述文件移交或者公布后 2 个月内,大省或大区的国家代表可以向最高行政法院诉讼庭申请一审终审判决。如必要,国家代表可附带提起中止履行的请求。最高行政法院诉讼庭庭长,或者取得委托的专案法官,应在 48 小时内对诉求作出裁定。

L.1111-8 条　第 2014-58 号法令,第 1 条,2014 年 1 月 27 日

一级地方政权可委托另一级地方政权或税收独立的市镇合作公共机构行使它的管辖权。

依照第一款的规定所委托的管辖权,需要以委托人的名义并且为了委托人的利益而行使。

该委托由委托政权和受委托政权之间签订的协议来确定委托管辖的时间、目的和委托政权对受委托政权的监管方式。这一协议的具体形式由最高行政法院通过法令来确定。

L.1111-8-1 条　第 2014-58 号法令,第 1 条,2014 年 1 月 27 日

除非涉及国家利益,否则国家也可通过协议,委托提出请求的地方政权或税收独立的市镇合作公共机构行使部分国家权力。

国家委托管辖,是以国家的名义、为了国家利益而行使管辖权的。相关地方政权或公共机构在行使委托管辖权时,不得违反有关的法律或规章。

所有委托管辖权都不能涉及国籍、公民权利、公共自由保障、个人的身份和能力、司法组织、刑法、刑诉法、外交政策、国防、公共自由、货币、信贷、外汇、选举权领域,或干预公共自主行使的基本条件,或某个宪法保障的权利,或在法国签署的国际条约、法律和规章中没有明确委托的,而在国家监管下行使的某项职权。

愿意行使国家委托管辖权的地方政权或税收独立的市镇合作公共机构,须向公共行动地方会议提出征询意见的请求。请求和公共行动地方会议的意见,由本地区的国家代表转交给有关部长。

当委托请求被接受后,地方政权或公共机构将在提出请求后的 1 年内收到一份协议草案。

委托管辖权用法令方式确定。第 1 款所规定的协议应规定管辖权的期限、需要实现的目标和使用的方法,以及国家对受委托管辖机构的监管方式。这一协议的具体形式由最高行政法院通过法令来确定。

L.1111-8-2 条　第 2015-991 号法令,第 105 条,2015 年 8 月 7 日

在共享管辖权的场合,国家、地方政权或税收独立的市镇合作公共机构可以通过协议,将资助或者补贴的指示以及发放权限委托给前引公法人。

当委托管辖权发生在地方政权和税收独立的市镇合作公共机构之间时,由第 L.1111-8 条规范。

当委托人是国家时,由第 L.1111-8-1 条规范。

当受托人是国家时,希望委托资助或补贴事宜的地方政权或税收独立的市镇合作公共机构,须向公共行动地方会议提交请求。请求和公共行动地方会议的意见,由地区的国家代表转交给有关部长。

当请求被接受后,在地方政权或公共机构向地区国家代表提出书面请求后的 1 年内,向后者转交一份协议草案。

委托管辖权用政令的方式确定。

委托管辖权协议应规定委托管辖权的期限、需要实现的目标和使用的方法,以及对受委托管辖机构的监管方式。这一协议的具体形式由最高行政法院通过法令来确定。

L.1111-9 条　第 2017-256 号法令,第 10 条,2017 年 2 月 28 日

一、地方政权的管辖权,涉及需要几个地方政权或几个地方政权组织合作才能行使的,须符合下列规定:

1. 管辖权是在第 L.1111-9-1 条第 5 项规定的地方合作协议框架内行使的。

2. 第 L.1111-10 条第 3 项第 2 款规定的工程负责人最低参与度,应定为公法人提供资金总额的 30%。

3. 除了国家与地区签订的计划合同和议定书规定的事项,所有委托管辖权的协议草案，都可享受大区或大省的投资和经营补贴。

二、大区作为"龙头"，负责牵头组织地方政权及其公共机构，行使受委托管辖权的联合行动，行动涉及：

1. 国土的整治和可持续发展。
2. 保护生物的多样性。
3. 气候、空气质量和能源。
4. 青年政策。
5. （已废除）
6. （已废除）
7. 不同运输方式的切换使用和互补，特别是车站的调整。
8. 对高等教育和研究的支持。

三、大省作为"龙头"，负责牵头组织地方政权及其公共机构，行使受委托管辖权的联合行动，这些管辖权涉及：

1. 社会行动、社会发展和减少能源贫乏。
2. 人的自主权。
3. 地域间的相互支助。

考虑到各大区地域的特殊性，在按 1982 年 7 月 29 日关于规划改革的第 82-653 号法案制定国家与地区之间的计划合同前，应先征求大区的意见。

四、市镇或受市镇委托管辖的税收独立的市镇合作公共机构，作为"龙头"，负责牵头组织地方政权及其公共机构，行使受委托管辖权的联合行动，这些管辖权涉及：

1. 可持续的流动性。
2. 组织周边的公共服务。
3. 空间整治。
4. 本地发展。

五、上述第 2 至第 4 款涉及的行动和手段，须提请公共行动地方会议按照第 L.1111-9-1 条的规定审议。

L.1111-9-1 条　第 2017-257 号法令，第 29 条，2017 年 2 月 28 日

一、在每个地大区，公共行动地方会议负责向地方政权及其组织和相关公共机构有序行使管辖权提供便利。

公共行动地方会议可就所有与行使管辖权或者涉及地方政权及其组织的合作或者管辖权委托的公共政策行为进行讨论并提出意见。它还可以处理与之毗邻的外国地方政权与本国地方政权的跨境合作。

二、公共行动地方会议成员组成：

1. 地区理事会主席或《宪法》第73条规定的地方政权权力执行机构主席。

2. 大省理事会主席或行使大省管辖权的大区地方政权权力执行机构代表。

3. 在大区居住的、拥有30 000名居民以上的、税收独立的市镇合作公共机构主席。

复3. 在法兰西岛地区，本法典第L.5219-2条规定的地方公共机构主席。

4. 在大省居住的、拥有30 000名居民以下的、税收独立的市镇合作公共机构选举产生的代表。

5. 每个大省拥有30 000名居民以上的市镇选举产生的代表。

6. 每个大省拥有3 500至30 000名居民的市镇选举产生的代表。

7. 每个大省拥有3 500名居民以下的市镇选举产生的代表。

8. 必要时，按照1985年1月9日关于发展和保护山区的第85-30号法律第3条规定的山区地方政权的代表。

在任命并非是公共行动地方会议法定成员的市镇或税收独立的市镇合作公共机构的代表时，当所有符合条件的候选人名单被提交给大省内国家代表的，不需要进行选举。

选举或任命的公共行动地方会议成员由法令加以确认。

三、公共行动地方会议由大都会区理事会主席主持。它在其内部规定的框架内自由地通过专题委员会组织并且发布它的工作内容。每个公共行动地方会议至少包括一个文化专题委员会。

公共行动地方会议由主席召集，设定议程。每年至少有一次关于文化政策讨论的议程。会议的每位成员都可以提议将其所代表的公法人或者其所代表的公法人范畴所行使管辖权的补充性问题，或者将该公法人负责组织的与地方政权公共行动方式有关的补充性问题列入议事日程。

公共行动地方会议的会议内容需要告知大区的国家代表。当公共行动会议需要对地方政权或税收独立的市镇合作公共机构根据第L.1111-8-1条提出的获得国家管辖权委托的申请发表意见，或者当会议依据领土整治与发展方向的第95-115号法第26条第2款第1项的规定介入时，大区的国家代表要参加会议。

公共行动地方会议可以让所有未被代表的议员或者组织参与到其工作中。它会征求任何人或任何组织的意见。

四、公共行动地方会议可以讨论所有按照第5条至第7条规定的，由地方政权或税收独立的市镇合作公共机构向其介绍的，旨在协调公共行政措施的项目。

五、协调管辖权行使的地域协议确定合理的目标和联合行使每项管辖权的方式，其行使条件是：

1. 大区和大省应为第L.1111-9条第2款和第3款涉及的每项管辖权起草一份协议草案。

2. 市镇和接受管辖权委托的市镇合作公共机构之间应为第L.1111-9条第4项涉及的每项管辖权起草一份协议草案。

3. 依法制定大区或大省委托管辖权的行使计划或行使蓝图的地方政权或其组织，可制定一份共同行使管辖权的组织方式的协议草案。

4. 依照法律第L.1111-9条负责组织共同行使管辖权的地方政权或其组织，可以按照每个文件的咨询意见和批准要求，起草一份行使计划或行使蓝图的单独文件。该单独文件包括仅针对文件签署方的、旨在实施第1款至第5款的各个方面。最高行政法院的一项法令将确定本款具体的实施办法。

协议草案尤其应包括：

1. 按客观标准界定的大区全部地方政权或管辖机构的层次。

2. 地方政权之间的管辖权委托，以及按照第L.1111-8条确定的大区或大省对税收独立的市镇合作公共机构进行的管辖权委托。

3. 按第L.5111-1-1条规定所创设的一体化服务。

4. 可能突破第L.1111-9条第1款第2项和第3项规定的地方政权财政措施的协调、简化和澄清方法。

5. 协议的期限，不得超过6年。

六、上述委托管辖权协议草案，由公共行动地方会议按照"内部规定"审议。

作为委托管辖权协议草案的起草者，地方政权或公共机构可以考虑到公共行动地方会议审议草案时提出的意见，以便对草案进行修改。

审议后,协议草案转交给大区国家代表,以及在该协议的落实过程中需要采取相应措施的地方政权及其公共机构。后者的决策机关有 3 个月的时间批准该协议,并由市长或主席签署协议。

协议规定仅适用于签署协议的地方政权及其公共机构,它们有义务采取必要的措施,实施并履行协议。

七、对于 L.1111-9 条规定以外的管辖权,如果这一管辖权是由不同层级的地方政权共同行使的,每一个拥有这一管辖权的地方政权或税收独立的市镇合作公共机构可对管辖权行使的合理化提出建议,由公共行动地方会议会审议这些建议。

八、负责组织共同行动方式的地方政权,每年至少要向地方政权、决策机关以及相关的公共机构提交一份报告,详细说明它在委托管辖权协议框架内行使的所有行为或行动计划,以及相关的财政活动。报告会受到审议。

根据本条规定的签署条件,管辖权协同行使的区域协议可以在每 3 年,或者在协议签署时的法律、规章、财政条件发生变化时进行修订。

L.1111-10 条　第 2017-256 号法令,第 10 条,2017 年 2 月 28 日

一、大省应市镇或其组织的请求,可为由市镇或其组织担任主管方的项目进行投资。

为了区域团结的目的,在非正式手段不足或者缺位的情况下,大省可以资助那些满足农村人口需求的必需品服务企业,前提是这些企业的主管方是市镇或税收独立的市镇合作公共机构,或者资助那些经过授权的公会协会对农村空间所进行的维护和调整。

二、大区可以资助由环境法典第 L.211-7 条第 1 款第 1、2、5、8 项提及的、反映大区利益的项目,前提是这些项目的主管方是本法第 L.5210-1-1 条第 5 款所规定的市镇,或者第 L.5711-1 条所规定的市镇合作公共机构或者混合型公会。

三、除了瓜德罗普、圭亚那、留尼汪、马提尼克、马约特、圣巴泰勒米、圣马丁和圣-皮埃尔-密克隆大省的地方政权及其组织,其他大省的地方政权或其组织,作为投资项目的主管方,要保证参与对该项目的最低投资。

在不妨碍实施 2003 年 8 月 1 日关于城市和都市修建方向及规划的第 2003-

710 号法第 9 条的情况下，如果涉及由《文化遗产法典》予以规范的、对被保护的纪念馆进行修建的项目，由主管方公共机构参与的最低投资额应占投资总额的 20%，除非该大省的国家代表给予豁免。

对那些旨在修复公共灾害造成损失的投资项目，考虑到受损害的重要性和地方政权或其组织的财政能力，该大省的国家代表可以突破有关最低投资额的规定。

对由科西嘉地区税收独立的市镇合作公共机构，或者是作为该合作机构成员的市镇，当这些项目不属于欧盟管辖权范围的有关饮用水和卫生设施、废物处理、预防森林火灾以及市政道路的投资项目时，由主管方公共机构参与的最低投资额应占投资总额的 10%。

如涉及按欧洲区域合作计划、由欧洲区域发展基金资助的投资，由主管方公共机构参与的最低投资额应占投资总额的 15%。

四、作为本条规定的例外，地方政权可以投资于国家-大区合同中的所有项目、协作合同或主管方为国家或其公共机构的任何项目。

五、最高行政法院的法令规定本条款的实施办法。

第二章　选民参与地方决策

第一节　地方公投

第一分节　一般性规定

L.O 1112-1 条　第 2004-809 号法令，第 122 条，2004 年 8 月 13 日，《法国官方公报》2004 年 8 月 17 日

地方政权的全体决策大会可以对属该地方政权管辖的、需提交审议的任何事务进行地方公投。

L.O 1112-2 条　第 2004-809 号法案，第 122 条，2004 年 8 月 13 日，《法国官方公报》2004 年 8 月 17 日

地方政权的行政人员对于他以该地方政权的名义行使的职权，可以单独向该地区政权的全体决策大会提交所有的行动计划，但个人行为除外。

L.O 1112-3 条　第 2004-809 号法令, 第 122 条, 2004 年 8 月 13 日,《法国官方公报》2004 年 8 月 17 日

对于第 L.O 1112-1 条和第 L.O 1112-2 条规定的情形, 地方政权通过并案审议, 决定组织公投的办法。确定公投的日期, 该日期不得被定在把公投决议转交国家代表的 2 个月内。召集选民, 阐明公投的主题内容或由选民批准的审议内容。

地方政权的执行机关在不少于 8 天的期限内将依据前款作出的决议转交给国家代表。

国家代表如果认为公投违法, 应在收到审议结果后的 10 天内, 向行政法院(Tribunal administratif)提起诉讼。他在提起诉讼的同时可以附带请求中止执行决议。

行政法院院长或由他委派的行政法官应在 1 个月内, 对诉请作出(一审终审)裁定。如果法官在审查程序中发现, 争议行为、决策项目或者进行公投的行为在合法性上存在重大疑问, 他可以支持国家代表的诉讼请求。

如对该争议行为、决策项目或进行公投的行为的决议可能会损害到某种公共或个人自由, 行政法院院长或其授权的法官应在 48 小时内宣布中止执行。

L.O 1112-4 条　第 2004-809 号法令, 第 122 条, 2004 年 8 月 13 日,《法国官方公报》2004 年 8 月 17 日

对市镇以外的地方政权决策机关通过的公投所作出的决议, 须由国家代表在他收到该决议的 15 天内, 用书面形式通知下属各市镇长, 除非他已获得中止公投的权力。

各市镇长随后可组织公投。如市镇长拒绝组织公投, 国家代表向前者提出组织公投的要求之后, 可依职权组织公投。

L.O 1112-5 条　第 2004-809 号法令, 第 122 条,《法国官方公报》2004 年 8 月 17 日, 2005 年 1 月 1 日生效

组织公投的有关费用须由决定公投的地方政权负担。

在市镇, 为审议组织公投而召开的决策大会的费用, 由决定公投的地方政权, 根据市镇登记的选民人数和按投票站数量, 以定额捐赠的方式返还市镇。该捐赠的数额通过法令加以确定。

L.O 1112-6 条 第 2004-809 号法令,第 122 条,2004 年 8 月 13 日,《法国官方公报》2004 年 8 月 17 日,2005 年 1 月 1 日生效

地方政权不能在下列情况下组织公投:

1. 从立法议会总体性更替或者一系列成员的一般性更替之前的第 6 个月的第一天开始。

2. 竞选期间或在投票当天,在它的辖区内依据《宪法》第 72-1 条、第 72-4 条的最后一款和第 73 条的最后一款的规定组织的咨询。

任何地方政权都不得组织涉及以下内容的公投:

1. 地方政权决策大会全体成员或部分成员的换届。
2. 国家议会全体议员的换届。
3. 国家议会参议员的换届。
4. 欧洲议会议员的选举。
5. 共和国总统的选举。
6. 共和国总统决定的公投。

出现本条所规定的情形,或者作出公投决定的地方政权决策机关解散的,或者该决策机关全体成员辞职,或者他们的选举被最终取消的,由上述决策机关所作出的公投决议失效。

地方政权不得就相同主题在一年内组织几次公投。

L.O 1112-7 条 第 2004-809 号法令,第 122 条,2004 年 8 月 13 日,《法国官方公报》2004 年 8 月 17 日,2005 年 1 月 1 日生效

如果至少有一半的登记选民参加投票,并且公投主题获得了多数选票,则公投通过。公民投票通过的公投内容,应遵守地方政权决策大会关于实施决议或实施法令的公示和监督规定。

第二分节 选民信息、竞选活动及投票操作

L.O 1112-8 条 第 2004-809 号法令,第 122 条,2004 年 8 月 13 日,《法国官方公报》2004 年 8 月 17 日,2005 年 1 月 1 日生效

有关地方政权公投主题的资料文件,依据最高行政法院法令所规定的条件,供公众索取。

L.O 1112-9 条　第 2004-809 号法案，第 122 条，2004 年 8 月 13 日，《法国官方公报》2004 年 8 月 17 日，2005 年 1 月 1 日生效

公投的宣传活动在投票当日零点前两个星期的星期一开始，于投票前夜的午夜结束。

它由决定公投的地方政权按照《选举法典》第一卷第一编第五章进行组织，但第 52-3 条除外。为适用这些规则，有必要注意这些措辞：用"团组、政党或有权参加宣传活动的团体"替代"候选人"和"候选人名单"组织宣传活动。

自地方政权决策机关通过第 L.O 1112-3 条所规定的决议之日起，《选举法典》第 50-1 条、第 51 条第 3 款和第 52-1 条规定的禁止条款适用于所有与公投相关的宣传活动。

1977 年 7 月 19 日关于民意调查的发布和传播的第 77-808 号法令，适用于地方公投。

L.O 1112-10 条　组织法，第 2013-402 号法令，第 3 条，2013 年 5 月 17 日

在自己提出申请后，由地方政权执行部门授权，有权参加地方政权组织的公投宣传活动的单位是：

1. 在本法典规定的条件下，地方议会设立的议员团体。

2. 包含作出公投决议的地方政权决策大会中至少 5％的议员的政党或者政治团体。

3. 在不到 3 500 名居民的市镇，包含了至少三名在市镇理事会最新改选时获得 5％以上选票的候选人的政党和政治团体。

4. 在全大省范围内，包含了在大省理事会最新改选的首轮计票中，获得全大省各区总票数 5％以上选票的候选人的政党和政治团体。

5. 在大区范围内，在圭亚那、马提尼克或 3 500 名居民以上的地方政权，包含了在大区决策大会改选的首轮机票中，至少一半的获得 5％以上选票的候选人的政党和政治团体。

每名议员或候选人只能宣布隶属于一个政党或政治团体。

本条的实施条件，由最高行政法院的法令加以明确。

L.O 1112-11 条 第 2004-809 号法令,第 122 条,2004 年 8 月 13 日,《法国官方公报》2004 年 8 月 17 日,2005 年 1 月 1 日生效

只有法国籍的登记选民才能按照《选举法典》的第 30 条至第 40 条,在组织公投的地方政权提供的选票上投票。在市镇公投中,欧盟某成员国的登记侨民,按照《选举法典》第 L.O 227-1 条至第 L.O 227-5 条,在组织公投的地方政权提供的补充选票上投票。

L.O 1112-12 条 组织法,第 2013-402 号法令,第 4 条,2013 年 5 月 17 日

投票准备、投票、计票和计票公告应按照《选举法典》第一卷第一编第六章的规定进行,第 56 条、第 57 条、第 58 条、第 66 条、第 68 条第 2 款和第 85-1 条规定除外。

为实施上述法典的第 65 条第 3 款,有必要注意这些措辞:用"有关……回答",替代"有关……名称"。用"计数表"替代"列表"。用"相反的回答"替代"不同的列表和名称"。用"相同的回答"替代"相同的列表,相同的组合候选人或相同的候选人"。

除了决定组织公投的地方政权提供的选票,放在没有包装的载体内或非法定信封内的选票,选票或信封的里面或外面带有识别记号的选票,选票或信封带有任何记录痕迹的选票,均不计入投票结果。这些选票和非法定信封会被投票办公室附在《投票现场记录》后,并由投票办公室全体成员会签。每张附后的选票或非法定信封都要写明附后的原因。

L.O 1112-13 条 第 2004-809 号法令,第 122 条,2004 年 8 月 13 日《法国官方公报》2004 年 8 月 17 日,2005 年 1 月 1 日生效

公投适用《选举法典》第一卷第一编第七章的规定,第 L.88-1 条,第 L.95 条和第 L.113-1 条(第 1 款、第 2 款和第 3 款的第 1 至第 5 项)规定除外。

对这些适用条款,有必要注意这些措辞:"有权参加公投宣传活动的团体、政党或政治团体"替代"候选人"和"候选人名单"。

L.O 1112-14 条 第 2004-809 号法令,第 122 条,2004 年 8 月 13 日,《法国官方公报》2004 年 8 月 17 日,2005 年 1 月 1 日生效

对于地方公投的异议,适用法律关于决定组织公投的地方政权决策大会成

员选举异议所规定的条件、形式以及期限。

L.O 1112-14-1 条 组织法,第 2010-1486 号法令,第 1 条,2010 年 12 月 7 日

本节提及的《选举法典》规定,适用于马约特大省和圣-皮埃尔-密克隆大省下属市镇按照相关规定组织的公投:

1. 马约特大省:适用第 L.O 451 条;
2. 圣-皮埃尔-密克隆大省:适用第 L.O 530 条和第 L.O 531 条。

第二节 咨询选民

L.1112-15 条 第 2004-809 号法令,第 122 条,2004 年 8 月 13 日,《法国官方公报》2004 年 8 月 17 日,2005 年 1 月 1 日生效

地方政权可以就拟采取的决定征求选民的意见,以便规范与其管辖权相关的事宜。对于主要涉及地方政权一部分选民的事务,征求意见的对象可以仅局限在这部分选民。

L.1112-16 条 第 2004-809 号法令,第 122 条,2004 年 8 月 13 日,《法国官方公报》2004 年 8 月 17 日,2005 年 1 月 1 日生效

市镇五分之一的登记选民,其他地方政权十分之一的登记选民,可以要求将针对地方政权决策大会管辖权范围内的任何决定所组织的咨询程序列入该大会的议事日程。

一位选民在 1 年内只能向同一个地方政权签署一次要求组织咨询的请求。

市镇以外的其他地方政权咨询请求的组织者,有义务向该地方政权的执行机构提交一份载有咨询申请者的市镇选民清单复印件。

是否组织向选民征求意见的决定,由该地方政权决策大会作出。

L.1112-17 条 第 2004-809 号法令,第 122 条,2004 年 8 月 13 日,《法国官方公报》2004 年 8 月 17 日,2005 年 1 月 1 日生效

地方政权决策大会决定征求意见的原则和方法。它的决议应明示这次咨询仅是征求意见。它确定投票的日期并召集选民。该决定在投票日前至少 2 个月

送交地方的国家代表。

如果后者认为决定违法，他可在收到决定的 10 天内向行政法庭提起诉讼。他可以提出中止实施该决定的诉求。

行政法院院长或由他委派的法官应在 1 个月内，对中止实施决定的诉求作出一审也是终审裁决。如果法院在审查过程中对咨询内容的合法性产生重大怀疑，则可以支持地方国家代表的诉请。

如果地方政权组织咨询的决议可能会损害到某种公共或个人自由，行政法院院长或其授权的法官应在 48 小时内宣布中止执行。

L.1112-18 条　第 2004-809 号法令，第 122 条，2004 年 8 月 13 日，《法国官方公报》2004 年 8 月 17 日，2005 年 1 月 1 日生效

如果对咨询的决议是由非市镇的地方政权决策大会做出的，那么该政权的国家代表应在 15 天内把审议结果书面通知需要进行咨询的各市镇长，除非中止咨询的请求已被采纳。

投票由市镇长负责组织。如果他拒绝组织，那么该地方政权的国家代表，在要求前者组织无果后，可依职权组织。

L.1112-19 条　第 2004-809 号法令，第 122 条，2004 年 8 月 13 日，《法国官方公报》2004 年 8 月 17 日，2005 年 1 月 1 日生效

与选民咨询活动有关的费用由作出决定的地方政权承担。

市镇选举大会为了组织由另一个地方政权所决定的选民咨询活动所产生的费用，须由后者以固定的费用偿还给市镇，这一固定费用以捐赠的方式，根据市镇登记的选民人数和投票站的数量来确定。该捐赠数额通过法令加以确定。

L.1112-20 条　第 2004-809 号法令，第 122 条，2004 年 8 月 13 日，《法国官方公报》2004 年 8 月 17 日，2005 年 1 月 1 日生效

选民通过"赞成"或"反对"来审定呈现给他们的咨询草案或法令。咨询结果出来后，地方政权的职能部门就其咨询的事项作出决定。

L.1112-21 条　第 2004-809 号法令,第 122 条,2004 年 8 月 13 日,《法国官方公报》2004 年 8 月 17 日,2005 年 1 月 1 日生效

第 L.O1112-6 条前 11 款的规定适用于咨询选民活动。

自当地公投或咨询选民结果出来之日起的 1 年内,地方政权不得组织另一次内容相同的咨询活动。

L.1112-22 条　第 2004-809 号法令,第 122 条,2004 年 8 月 13 日,《法国官方公报》2004 年 8 月 17 日,生效 2005 年 1 月 1 日

第 L.O1112-11 条的规定适用于咨询选民活动。

L.1112-23 条　第 2017-55 号法令,第 55 条,2017 年 1 月 27 日

地方政权或市镇合作公共机构可以设立一个青年委员会,专门对与青年政策有关的决定提出意见。这个意见可形成相关的行动建议。

该青年委员会由 30 岁以下住所地在当地的,或在市镇合作公共机构工作的,或在当地教育机构接受过 1 年以上中等教育或者高等教育的年轻人组成。男女人数差不得超过 1 人。

青年委员会的运行方式和人员组成,由地方政权或市镇合作公共机构的决策机构审议后确定。

第三节　试　验

L.O 1113-1 条　第 2003-704 号法令,第 1 条,2003 年 8 月 1 日,《法国官方公报》2003 年 8 月 2 日

按照《宪法》第 72 条第 4 款的规定,授权地方政权以试验的名义,对有关行使管辖权的条文进行突破的法律,需要确定试验的目标和持续时间,不得超过 5 年,并明确列举可以排除适用的具体法律条文。

同时,法律还明确参与试验的地方政权的法律地位和特点,以及试验在必要时得以开展的具体条件。它还规定符合条件的地方政权可以要求参加试验的期限。

L.O 1113-2 条 第 2003-704 号法令,第 1 条,2003 年 8 月 1 日,《法国官方公报》2003 年 8 月 2 日

任何由第 L.O 1113-1 条界定的具有行使条件的地方政权,都可以在前一条规定的期限内,通过决策大会充分说理的决议方式,提出享有法律规定的试验请求。该项请求应转给国家代表,由他签署意见后,再呈交主管地方政权事务的部长。政府在核实所提请求符合法定条件后,通过法令的形式,公布允许参与试验的地方政权名单。

L.O 1113-3 条 第 2003-704 号法令,第 1 条,2003 年 8 月 1 日,《法国官方公报》2003 年 8 月 2 日

对法律条文作例外处理的地方政权颁布的一般性、非个人性质的法令须注明法令的有效期。法令在转交国家代表之后,还须刊登在《法国官方公报》上进行公示,它们的生效以该公示为前提。

L.O 1113-4 条 第 2003-704 号法律,第 1 条,2003 年 8 月 1 日,《法国官方公报》2003 年 8 月 2 日

国家代表可以对该法令提出中止实施的诉求。在行政法院对该诉求作出裁定前,法令应停止实施。如果行政法院在受理诉求后的 1 个月内没有做出裁定,则该法令重新获得执行力。

L.O 1113-5 条 第 2003-704 号法令,第 1 条,2003 年 8 月 1 日,《法国官方公报》2003 年 8 月 2 日

在规定的试验期结束之前,法国政府要向议会提交一份附有参加试验的地方政权对试验的观察意见的报告。该报告应反映地方政权采取措施的实施效果,尤其应反映实施成本和质量、地方政权的组织、国家服务的组织以及财政和税收影响方面的效果。

政府每年向议会提交一份附有所有相关试验的建议、地方政权根据第 L.O 1113-2 条向议会提出相关要求的报告,并在报告中写明地方政权今后要采取的相关措施。

L.O 1113-6 条 第 2003-704 号法令,第 1 条,2003 年 8 月 1 日,《法国官方公报》2003 年 8 月 2 日

在规定的试验期届满之前,根据评估报告,法律规定以下几种不同情况:

1. 延长或改变试验期的条件,但不得超过 3 年。

2. 试验措施的维持和推广。

3. 放弃试验。

具有上述效果之一的立法建议或立法草案将会产生延长试验时间的效果,直至法律最终获得通过,但延长期不得超过允许地方政权进行试验的法律规定的期限到期后 1 年。在《法国官方公报》的刊登中须提及这一延长。

除上述规定外,试验不得超过允许试验的法律规定的期限。

L.O 1113-7 条 第 2003-704 号法令,第 1 条,2003 年 8 月 1 日,《法国官方公报》2003 年 8 月 2 日

法国政府通过最高行政法院的法令,依照《宪法》第 72 条第 4 款的基本原则,授权地方政权以试验的名义,对行使管辖权的法律规定进行突破。该法令包含了第 L.O 1113-1 条所提及的所有细节。

按照第 L.O 1113-2 条规定的条件和程序,地方政权可以要求参与法令规定的试验,地方政权对法律的例外处理须按照第 L.O 1113-3 条的规定,且国家代表可根据第 L.O 1113-4 条规定的条件提出申诉。上述最高行政法院的法令详细规定了对授权例外的基本原则进行评估的方法。

法国政府会向议会提交一份它作出的评估报告。

如果根据最高行政法院的法令,试验没有涉及第 L.O 1113-6 条规定的情况之一,试验应不得超过最高行政法院法令规定的试验期限。

第四章 财政自主

L.O 1114-1 条 组织法,第 2010-1486 号法令,2010 年 12 月 7 日,第 1 条

《宪法》第 72-2 条第 3 款提到的地方政权的类别是:

1. 市镇。

2. 类似马约特大省、圣-皮埃尔-密克隆大省的大省份和由一个或若干市镇与一个大省的合并组成的具有特殊地位的地方政权。

3. 上述第 2 项以外的、被类比为《宪法》第 74 条规定的海外地方政权类似的科西嘉政权和大区，由若干省和大区合并组成的具有特殊地位的地方政权，以及《宪法》第 73 条最后一款提到的地方政权。

L.O 1114-2 条　第 2004-758 号法令，第 1 条，2004 年 7 月 29 日，《法国官方公报》2004 年 7 月 30 日

按照《宪法》第 72 条第 2 款的规定，地方政权的自身收入来源由法律允许其收取的、自定税基、税率或税额的各种税收组成。地方政权还可确定税率或部分地方税种、服务费、地方产品、城市规划参与、金融产品、捐款和遗产。

对于市镇而言，它的财政收入还应当加上市镇合作公共机构作为受益人的前款所提到的收入。

L.O 1114-3 条　第 2004-758 号法律，第 1 条，2004 年 7 月 29 日，《法国官方公报》2004 年 7 月 30 日

地方政权自身收入来源份额的计算，是它所有的收入，去掉借款、委托管辖权试验或管辖权实施的财政拨款、同级地方政权之间的转账款项后，余下的资源份额。

市镇财政收入份额，需要在上面提及的收入基础上加上市镇合作公共机构所享有的收入，再去掉借款、委托管辖权试验或管辖权实施的财政拨款，还要去掉市镇和市镇合作公共机构之间的转账款项。

对上述每一级的地方政权，财政收入的份额不得低于 2003 财政年度的水平。

L.O 1114-4 条　第 2004-758 号法令，第 1 条，2004 年 7 月 29 日，《法国官方公报》2004 年 7 月 30 日

法国政府应在一年内，在第二年的 6 月 1 日之前，向议会提交一份报告，显示各级地方政权自身收入来源在全部收入中所占的份额、计算方法和演化。

如果某级地方政权自主资源的份额不符合上述第 L.O 1114-3 条的规定，那么一部财政法最迟会在确认违规当年的第二年出台必要的规定。

第五章　地方政权的涉外行为

L.1115-1 条　第 2014-773 号法令，第 14 条，2014 年 7 月 7 日

地方政权及其组织遵守法国的国际承诺，可实施或支持任何年度或跨年度的国际合作、发展援助或人道主义援助。

为此，地方政权及其组织在必要的情况下可与外国地方权力机构缔结协议，这些协议要明确所设想的行动目标和财政承诺的预算数额。协议在按照第 L.2131-1 条、第 L.2131-2 条、第 L.3131-12 条、第 L.3131-2 条、第 L.2131-6 条和第 L.3132-1 条规定的条件转交给国家代表后生效，并按照第 L.4142-1 条实施。

L.1115-1-1 条　第 2006-1537 号法令，第 49 条，2006 年 12 月 7 日，《法国官方公报》2006 年 12 月 8 日

负责分配饮用水和卫生清洁或电力和煤气的市镇、市镇合作公共机构和混合型公会（syndicat）①，可以在这些公共服务预算总额 1% 的限度内，在按照第 L.1115-1 条签订的协议范围内开展与外国地方政权及其组织的合作行动，开展以这些地方政权及其组织作为受益方的紧急援助行动，并开展在饮用水和清洁卫生、电力、煤气分配方面的国际互助行动。

L.1115-2 条　第 2014-773 号法令，第 14 条，2014 年 7 月 7 日

按照第 L.2224-13 条规定负责家庭废弃物收集和处理，或征收家庭垃圾处理税，或收取相关费用的市镇、市镇合作公共机构和混合型公会，可在按照第 L.1115-1 条签订的协议范围内，在为上述服务提供的预算总额 1% 的限度内，在家庭废弃物收集和处理方面进行合作、提供发展援助或人道主义援助。

L.1115-4 条　第 2008-352 号法令，单一条，2008 年 4 月 16 日

地方政权及其组织可以在其权限范围内和遵守法国国际承诺的约定内，加入一个外国法的公共机构，或入资一个至少已有一个欧盟成员国或欧洲理事会成员国的外国地方政权，或组织加入的外国法法人。

---

① 在法语中，"syndicat"一词指的是为了捍卫职业群体的利益而存在的集合体，其主要存在于不动产区分所有法、劳动法以及银行法等场合。

上述加入或入资,由法国该地区的国家代表的政令批准。它需要和参加外国法公共机构或入资外国法法人的全体成员签订一份协议。该协议确定了加入或参与协议的时间、条件、财政和控制方式。法国地方政权及其组织参与同一外国法法人的资金或负担总额,不得超过该法人资本或负担的50%。

按照第 L.2131-1 条、第 L.2131-2 条、第 L.3131-1 条、第 L.3131-2 条、第 L.4141-1 条和第 L.4141-2 条规定签订的协议,在提交给国家代表后开始生效。第 L.2131-6 条、第 L.3132-1 条和第 L.4142-1 条适用于该协议。

由审计员核实的全部账目、地方政权及其组织入资外国法法人的活动报告,每年须附在公法法人的预算报告之后。同样,加入外国法公共机构的地方政权及其组织的账目和活动报告也须照此办理。

这些附件要显示每个公法人参加上述活动的明细账目。

L.1115-4-1 条　第 2008-352 号法令,单一条,2008 年 4 月 16 日

在跨境合作方面,法国地方政权及其组织可以与外国地方政权及其组织一起,创建一个被称为"欧洲区域"的地方跨境合作组织,具备法人资格和财政自主权。

"欧洲区域"的目的是执行与上述每个公共机构利益相关的任务,建立和管理公共服务及相关设施。

自创建该"欧洲区域"的决定生效之日起,该机构的公法法人资格即被承认。由"欧洲区域"所在地的大区国家代表通过政令加以批准。

除非另有国际规定,否则本法典第五部分第七卷第二编的规定适用于该"欧洲区域"。

外国地方政权及其组织可以加入按照本法典第五部分第七卷第二编规定创建的混合型公会。这一加入使这些混合型公会在前款规定的条件下当然转变为"欧洲区域"。

L.1115-4-2 条　第 2008-352 号法令,单一条,2008 年 4 月 16 日

在跨境、跨国或跨地区合作方面,法国地方政权及其组织,以及经其监管机构批准后,按照欧盟议会和欧洲理事会成员国 2004 年 3 月 31 日关于协调工程、货品供应和服务的公共市场采购程序的第 2004/18 号指令确定的公共机构,可在它们的管辖权范围内,并在遵守法国国际承诺的前提下,与欧盟成员国的地方政权及其组织,以及欧盟成员国的公法机构和欧盟全体成员国、欧洲理事会成员邻界国一起,创建一个法国法的欧洲地方合作组织,具备法人资格和财政自主。

这一组织的创建由该欧洲地方合作团体所在地的法国大区国家代表通过政令加以批准。自创建该组织的决定生效之日起,该组织的公法法人资格即被承认。与欧盟现行规则相符的本法典第五部分第七卷第二编适用于该组织的活动。

该法国法的欧洲地方合作组织可以通过欧盟部长理事会的政令被解散,并在《法国官方公报》上公布。

法国地方政权及其组织,以及经其机关机构批准后,按照欧盟议会和欧洲理事会成员国 2004 年 3 月关于工作、供应和公共市场服务准入程序第 2004/18 号指令确定的公法机构,可在它们的管辖权范围内,并在遵守法国国际承诺的前提下,在所属大区法国国家代表的允许下,加入外国法的欧洲地方合作组织。

L.1115-5 条　第 2016-1657 号法令,第 1 条,2016 年 12 月 5 日

地方政权或其组织不得和外国签署协议,除非法律另有规定,或者仅限签署有关创立欧洲地方合作组织、欧洲地区性合作组织或地方跨境合作组织的协议。在最后一种情况下,协议的签署须先经法国大区国家代表授权。

当涉及以下列举情形中的一种时,上述禁止不适用于为地方或大区合作的需要而缔结的,签署预先已获国家代表授权的协议:

1. 协议使得国家已批准的国际协定能够实施。

2. 协议的目的是实施由某个国际组织赞助的,已获法国作为该国际组织成员国或合作成员国身份而批准的大区合作计划。

3. 协议建立了一个除上述列举之外的跨境、大区或国际合作组织,不论其冠以何名。参加该组织须预先获得国家代表批准。

L.1115-6 条　第 2014-773 号法令,第 14 条,2014 年 7 月 7 日

建立国家地方分权合作委员会,以建立和实施各地方政权的对外行动。它有利于国家与地方政权、各地方政权之间的协调,提出有关地方政权对外行动的任何建议。地方政权及其组织向委员会转达后者履行职责所必要的信息。

L.1115-7 条 2004 年 7 月 29 日,第 2004-758 号法律,第 1 条,《法国官方公报》2004 年 7 月 30 日

必要时,最高行政法院的法令可以确定本章的实施条件。

第二卷　对于地方政权及其组织享有管辖权的国内机构(略)

第三卷　地方政权、机构和组织的财产

第一编　一般制度

单一章

L.1311-1 条 第 2006-460 号法令,2006 年 4 月 21 日,《法国官方公报》2006 年 4 月 22 日,2006 年 7 月 1 日生效

按照《公法人财产总法典》第 L.3111-1 条,所有属于地方政权、机构和组织的公产的财产,都是不可转让的和不适用时效的。

但是,该领域的这些财产在《公法人财产总法典》第 L.3112-1 条规定的条件下可以被转让,或按照该法典的第 L.3112-2 条和第 L.3112-3 条的规定可以被交换。

第一节　行政用益租赁[①]

L.1311-2 条 第 2018-1074 号法令,第 6 条,2018 年 11 月 26 日

属于地方政权的不动产,可以按照《农业和海洋渔业法典》第 L.451-1 条的规定,为实现相关管辖的公共利益,或者用于宗教协会修建向公众开放的礼拜场所,提供用益租赁。这就是行政用益租赁。

[①] 用益租赁(bail emphytéotique)是针对不动产的一项特殊租赁制度,出租人将赋予承租人在租赁期间内对租赁物的广泛物权,包括进行抵押的权利。因此,用益租赁的设立需要再办理不动产登记。这类租赁契约的特殊之处在于,出租人仅收取少量的租金,但作为对价,出租人在租赁期满后当然成为租赁物上新建筑的所有权人,并且对承租人所作的改善以及实现的价值增值部分不负补偿义务。

即使是该行政用益租赁的标的，尤其是由于该租赁合同或者与租赁合同不可分割的协议的约定，或者是由于该财产的管理条件或公法人对于这一管理的监管条件，而依属于某个公产的，这一租赁合同依然可以签订，但属于道路违法公产的除外。

如果这种租赁以一定价款或开发权作为其经济对价，并且服务于买方或者受《公共采购法典》规制的特许机关的利益或者需求的，那它不能以工程实施、货物提供、提供服务或公共服务管理作为标的。

当该租赁合同对于公共采购合同的履行而言是必要的时，合同应在尊重本法典的条件下，规定占用公产的条件。

L.1311-3 条　第 2017-562 号法令，第 8 条，2017 年 4 月 19 日

根据第 L.1311-2 条的规定所订立的租赁合同，应符合下列特殊条件：

1. 在地方政权的许可下，租赁所产生的各项权利，只可以转让给代位行使承租人在该租赁合同中的权利义务的人，在必要的情况下，转让给代为行使承租人为了履行公共服务或者实现公共利益而签订的与租赁合同不可分割的协议中产生的权利义务的人。

作为前款规定的例外，如果与《公法人财产总法典》第 L.2122-1-1 条规定签发凭证之前的公示义务以及预选义务相违背，租赁所产生的权利就不得转让。

2. 租赁合同权利人所享有的物权以及其拥有所有权的定作物可以被抵押，但是仅限于担保承租人为了位于租赁物内部定作物的实现或者修缮而签订的借款合同。

这些借款的数额将会决定地方政权被允许向私主体提供担保或者保证的最大数额。

抵押合同应得到地方政权的批准，否则无效。

3. 只有抵押债权人可以对租赁产生的不动产权利采取保全或执行措施。

地方政权有权通过解除或修改租赁合同，并在必要时，解除或修改租赁合同不可分割的协议部分，以代替承租人承担还贷义务。地方政权也有权依据本条本款第 1 项的规定允许转让。

4. 这些租赁合同纠纷的管辖权在行政法院。

5. 在租赁合同框架内实现的工程建筑可能导致融资租赁合同的缔结。在这种情况下,合同中应当载有保留公共服务要求的条款。

6. 当公共法人把报酬付给承租人时,为了计算这笔报酬,应当区分投资、运行和资金成本。

L.1311-4 条　第 2006-460 号法令,第 3 条,2006 年 4 月 21 日,《法国官方公报》2006 年 4 月 22 日,2006 年 7 月 1 日生效

第 L.1311-2 条和第 L.1311-3 条适用于地方政权的公共机构和组织。

L.1311-4-1 条　第 2018-1074 号法令,第 6 条,2018 年 11 月 26 日

至 2020 年 12 月 31 日为止,地方政权和市镇合作公共机构,可以在包括其公产的附属领地之上建造、获取或翻新供国家司法、警察或宪兵使用的建筑。

至 2020 年 12 月 31 日为止,大省理事会可以在包括其公产的附属领地之上建造、获取或翻新供大省消防和救援服务使用的建筑物。

国家和作为所有权人的地方政权或机构之间签订的协议,应当尤其约定各方的经济义务,计划建设的地点及建设的技术规划。它还应确定建筑物移交的期限和方式。

针对本条规定的建筑以及在合作方市场框架内完成的建筑,可签订融资租赁合同。在这种情况下,该合同须含有保护公共服务的条款。

第二节　构成物权的公产的占用许可

L.1311-5 条　第 2018-1074 号法令,第 6 条,2018 年 11 月 26 日

一、地方政权可以在其公产内,为了实现属于其管辖权范围内的具有公共利益的项目,发放构成物权的临时占用许可。获得许可者对基于此项授权而完成的具有不动产性质的工程、建筑物和设施上拥有物权。

该物权赋予获得许可者在许可的期限和本节规定的条件、范围内,所有权人的权利及义务。

占用许可依照实施活动的性质,以及获得授权的工程的性质,尤其考虑到后者的重要性,对许可时间进行确定,但不能超过 70 年。

本规定适用于地方政权的公共机构和组织,既针对归属它们管理的公产,也针对仅属它们使用的领域。

二、在港口和机场,港口或机场的开发活动,或能推动它们的活力或发展的活动,被视为符合本条第 1 款所规定的地方公共利益条件的活动。

三、地方政权不能在使用这些临时占用许可时,为了自己的利益或自己的需求,用价格或经营权为形式的经济交换方式,来进行工程实施、货物提供、提供服务或公共服务管理。

在临时设立物权许可对履行公共采购合同是必要的情况下,该合同应在尊重《公法人财产总法典》第一部分的条件下,规定占用公产的具体条件。

四、本条所提到的施工项目可签订融资租赁合同。在这种情况下,该合同须含有保护公共服务的条款。

L.1311-6 条 第 2006-460 号法令,第 3 条,2006 年 4 月 21 日,《法国官方公报》2006 年 4 月 22 日,2006 年 7 月 1 日生效

占有许可所赋予在设备、建筑和不动产设施上的物权,在许可有效期内,包括为了实现所述权利和财产的抵押品并在第 L.1311-6-1 条第 1 款和第 2 款规定的情形,在进行相关产权人的调整或企业的重组、兼并或分拆时,只能转让或变更给地方政权及其组织和公共机构许可的人,以便能和公产的用途相兼容。

持有占有许可的自然人死亡时,物权可以依照前款规定,变更为自然人的在世配偶或继承人,但前提是由继承人之间协商确定的受益人,须在自然人死亡后的 6 个月内,获得主管权力机构的批准。

L.1311-6-1 条 第 2006-460 号法令,第 3 条,2006 年 4 月 21 日,《法国官方公报》2006 年 4 月 22 日,2006 年 7 月 1 日生效

占有许可所赋予在设备、建筑和不动产设施上的物权,只有在被批准的许可权利人因为要对处于公产内的具有不动产性质的工程、建筑物和设施进行建设、更新或者扩建而签订合同借贷时,才能用于抵押。

其债权并不产生于前款提及工程的无担保的债权人不得对上述权利和财产采取保全或强制措施。

对本条中提及的权利和财产的抵押,无论在何种情况和动机下,最迟于按照第 L.1311-5 条确定的占有授权到期时消灭。

L.1311-7 条　第 2006-460 号法令,第 3 条,2006 年 4 月 21 日,《法国官方公报》2006 年 4 月 22 日,2006 年 7 月 1 日生效

在占有许可终止后,处于公产附属区域的工程、建筑和不动产设施应被许可权利人或由他雇人拆除,除非占有凭证中明确说明它们的原样保留,或主管机构部分或全部地放弃拆除。

在占有许可终止后被允许保留的工程、建筑和不动产设施完全和无偿地成为地方政权及其组织和公共机构的财产,这些财产上的优先权以及抵押权被涤除。

然而,如果在期限届满前,主管机构因为占有人不履行相关条款和规定之外的原因撤回占有许可的,应对占有人就提前撤回许可所造成的直接的、物质上的以及确定的损失进行赔偿。赔偿数额的确定标准可以在占有许可中加以确定。在撤回占有许可按规定登记的债权人的权利及于上述赔偿金。

在因占有人不履行相关条款和规定而撤回占有许可的至少 2 个月前,应当通知按规定登记债权的债权人主管机构出于任何目的撤回许可的意图。债权人可以提出用第三人来替代违规的占有人,或由他们自己来取代违规占有人。

L.1311-8 条　第 2006-460 号法令,第 3 条,2006 年 4 月 21 日,《法国官方公报》2006 年 4 月 22 日,2006 年 7 月 1 日生效

第 L.1311-5 条至第 L.1311-7 条不适用于自然界的公产。

第三节　国家提供咨询

L.1311-9 条　第 2013-544 号法令,第 9 条,2013 年 6 月 27 日

对于涉及地方政权及其组织和公共机构的、第 L.1311-10 条规定的不动产项目,在任何协商之前应首先征求国家主管机构的意见。

前款规定并不适用于经批准专门从事信贷业务的当地公共机构以及土地合并协会及协会联合会。

L.1311-10 条　第 2006-460 号法令,第 3 条,2006 年 4 月 21 日,《法国官方公报》2006 年 4 月 22 日,2006 年 7 月 1 日生效

这些不动产交易项目包括:

1. 以包括水电费在内的年租金形式,以等于或大于行政机构规定的金额,进行任何性质的房屋出租的房产租赁合同、协商意见书和协议。

2. 通过友好协商、司法判决或实施优先购买权而取得的不动产、不动产物权、经营资本①,和能够用于不动产的部分或者全部所有权分配的、其总价值等于或者高于有权行政机构所确定的数额的公司权利,以及其价值虽然低于所确定的数额,但作为一项价值等于或高于该数额的项目的一部分。

3. 为了公共利益的征收所取得的标的物。

L.1311-11 条　第 2006-460 号法令,第 3 条,2006 年 4 月 21 日,《法国官方公报》2006 年 4 月 22 日,2006 年 7 月 1 日生效

L.1311-9 条第 1 款所述人员按照国家主管机构的意见进行审议。

L.1311-12 条　第 2006-460 号法令,第 3 条,2006 年 4 月 21 日,《法国官方公报》2006 年 4 月 22 日,2006 年 7 月 1 日生效

国家主管机构受理 1 个月后,公布相关意见。

第四节　其他条款

L.1311-13 条　第 2013-403 号法律,第 1 条,2013 年 5 月 17 日

市长、大省理事会主席、大区理事会主席、地方政权公共机构或地方政权组合机构主席和混合型公会主席,有权接收和验证这些地方政权以行政形式颁发的不动产物权证书、租赁合同的正式文本,以便在不动产专栏上刊出。

当进入第一款规定的这些文件的接收和验证程序时,地方政权或作为该行动当事方的公共机构由它们的助理或副主席按照任命排序顺序代表它们在证书上签字。

L.1311-14 条　第 2013-403 号法律,第 1 条,2013 年 5 月 17 日

市镇长,摩泽尔大省、下莱茵大省和上莱茵大省理事会主席,地方政权公共

---

① 经营资本(fonds de commerce)是指构成一个以商事活动为目的的经济实体的各项要素,包含一些有体财产,例如设备、商品和生产工具,也包含一些无体财产,例如客户名单、租赁权和商业名称等。

机构或地方政权组合机构主席和这些地方的混合型公会主席,阿尔萨斯和洛林地区理事会主席,为了在摩泽尔大省公布证书,有权接收和验证这些地方政权以行政形式颁发的不动产物权证书、租赁合同的正式文本,以便在土地登记簿上公示。

L.1311-15条　第 2006-460 号法令,第 3 条,2006 年 4 月 21 日,《法国官方公报》2006 年 4 月 22 日,2006 年 7 月 1 日生效

由地方政权、市镇合作公共机构或混合型公会对集体设施进行使用的,上述机构可作为受益人接受资金注入。但是当使用该设施的活动的管辖权被由地方政权或公共机构移交给市镇合作公共机构或混合型公会的,本条款将不适用于该地方政权或该公共机构。

资金投入的金额参照设备的运行费用计算。计算方法依照所有权人和地方政权、机构或公会之间签订的协议确定。设施使用 1 年仍未签署该协议的,由所有权人决定资金投入的金额,即使用设施的必要开支。

L.1311-16条　第 2012-92 号法令,第 5 条,2012 年 1 月 26 日

当所涉行为发生在适用《森林法典》第一卷规定的、国家森林制度下的地方政权树林和森林地区,在将分属不同地方政权森林的锯木或锯木产品,用同一次甚至同一批木材的销售方式捆绑销售时,地方政权的债权只针对依照新《森林法典》第 L.214-7 条和第 L.214-8 条规定操作的、由国家林业办公室发放的林业产品的净销售额的对应部分。

L.1311-17条　第 2010-177 号法令,第 5 条,2010 年 2 月 23 日

以地方政权及其组织和公共机构作为受益人的捐赠或遗赠,其所附条件或者负担的变更,适用《民法典》第 900-2 条至第 900-8 条的规定。

L.1311-18条　第 2016-1088 号法律,第 27 条,2016 年 8 月 8 日

地方政权或其组织可依公会组织的请求,将场地交付其使用。

考虑到地方政权或其组织财产管理、服务运行和公共秩序维护的必要性,由市镇长、大省理事会主席、地区理事会主席、地方公共机构或地方政权联合公共机构主席或混合型公会主席确定场地的使用条件。

需要时，由市镇理事会、大省理事会、大区理事会、公共机构或混合型公会的理事会，确定这一使用产生的费用。

第1款所提及的这一交付使用可以通过地方政权或机构与公会组织之间签订的协议来进行。

当地方政权的场地交付公会组织使用的期限不少于5年时，如果地方政权或机构在作出收回租赁决定的同时，并未向公会组织推荐另一处场地以保证公会组织继续履行任务，公会组织有权提出特别赔偿，除非前款所提及的协议有相反的规定。

第二编 管辖权转让的特别规定

单一章

L.1321-1条 第2003-902号法令，第1条，2003年9月19日，《法国官方公报》2003年9月21日

管辖权的移交使接受管辖权的地方政权自接受移交之日起，当然地接受为行使这一管辖权所需要使用的动产以及不动产。

这一移交由原先拥有管辖权的地方政权和接受管辖权的地方政权的两方代表，在充分辩论的基础上通过《会议纪要》的方式予以确认。《会议纪要》会对财产的组成、法律状况、财产现状以及恢复原状的价值评估作出记载。

为撰写《会议纪要》，双方可征求专家的意见，专家的报酬由双方各自承担一半。如果无法达成协议，双方可提请大区审计庭庭长仲裁。审计庭受理2个月内达仲裁意见书。

根据原先拥有管辖权的地方政权是移交财产的所有人或者承租人，这一移交的具体方式由第L.1321-2条和第L.1321-5条予以规定。

L.1321-2条 第2018-1074号法令，第6条，2018年11月26日

当原先具有管辖权的地方政权是移交财产的所有权人的，这些财产的返还以无偿的方式进行。接受移交的地方政权承担所有权人的全部义务。它拥有所有的管理权限。它需要确保动产的更新。它可以授权（他人）对移交财产的占有

使用,并且收取相应的费用以及孳息。它替代所有权人进行诉讼行为。

为了保持移交财产的用途,接受移交的地方政权可以实施包括重建、拆除、加高、添附在内的所有工程。

对于原先拥有管辖权的地方政权所签订的专款借贷合同,或者为了调整、维护、保全移交财产以及服务开展所订立的项目等,接受移交的地方政权将代位行使从上述合同中所产生的权利并承担义务。

对于原先拥有管辖权的地方政权针对第三方作出的特许授权,针对移交财产之全部或者部分作出的任何性质的授权,以及以移交财产作为标的的补助行为,接受移交的地方政权也将代位行使从上述行为中所产生的权利并承担义务。

L.1321-3 条　第 2003-902 号法令,第 1 条,2003 年 9 月 19 日,《法国官方公报》2003 年 9 月 21 日

适用第 L.1321-1 条和第 L.1321-2 条所移交的财产,如果其用途发生部分或者全部改变的,作为所有权人的地方政权收回针对改变用途的财产的全部权利义务。

当财产不属于公产时,接受财产移交的地方政权可以提出申请,通过支付财产的实际价值,来成为移交财产的所有权人。这一价款可能需要:

1. 扣除接受财产的地方政权通过施工给这些财产带来的增值部分,并扣除由接受财产的地方政权偿还的、由原先具有管辖权的地方政权为了取得这些财产而订立的借款。

2. 增加由于接受财产的地方政权管理不当而导致的财产减值部分。

在双方就价款无法达成一致时,由征用法官作出裁定。

L.1321-4 条　第 2003-902 号法令,第 1 条,2003 年 9 月 19 日,《法国官方公报》2003 年 9 月 21 日

适用第 L.1321-2 条被移交的财产成为接受管辖权移交的地方政权的所有物所应满足的条件由法律来加以确定。

L.1321-5 条　第 2003-902 号法令,第 1 条,2003 年 9 月 19 日,《法国官方公报》2003 年 9 月 21 日

当原先具有管辖权的地方政权是移交财产的承租人时,接受管辖权移交的地方政权可以继受前者的所有权利义务。对于前者为了调整、维护、保全移交财产，或者为了公共服务开展所订立的所有类型的合同，其中的权利义务均由接受移交的地方政权继受。原先具有管辖权的地方政权应对此作出确认并且通知合同相对方。

L.1321-6 条　第 2003-902 号法令，第 1 条，2003 年 9 月 19 日，《法国官方公报》2003 年 9 月 21 日

当地方政权在 1983 年 1 月 7 日第 83-8 号关于乡镇、大省、大区以及国家间管辖权分配的法律明确确认其管辖权之前就已经是行使实际管辖的，则在该法律确认之后这一地方政权对 L.1321-1 条所涉及的其拥有所有权的财产毫无限制地承担所有权人的全部权利与义务。

L.1321-7 条　第 2003-902 号法令，第 1 条，2003 年 9 月 19 日，《法国官方公报》2003 年 9 月 21 日

属于国家的，并被用于大省或大区公共服务的不动产或不动产部分，以无偿的方式移交给大省或大区。属于不动产所有人的保养以及重大维修费用由大省或大区承担。大省或大区拥有财产的全部管理权，并在必要时，代替所有权人进行诉讼活动。

移交的范围扩展至目前为生活大区行政所用的家具、设备以及车辆。大省或大区需要确保这些动产的维护以及更新。

L.1321-8 条　第 2003-902 号法令，第 1 条，2003 年 9 月 19 日，《法国官方公报》2003 年 9 月 21 日

在依据第 L.1321-7 条由大省或大区承担费用的领域，由大省或大区代替国家行使权利义务。

L.1321-9 条　第 2007-1787 号法律，2007 年 12 月 20 日

作为第 L.1321-2 条的例外规定，当市镇合作公共机构或者混合型公会在公共照明领域拥有管辖权，则作为其成员的市镇仍可以保留涉及作为其所有财产的公共照明网络部分的维护工程方面的管辖权。

第四卷　地方公共服务

第一编　一般条款

预先章　适用于特许经营合同的一般规则

L.1410-1 条　第 2018-1074 号法令，第 6 条，2018 年 11 月 26 日

本章适用于地方政权及其组合、地方政权的公共机构所订立的由《公共采购法典》第 L.1121-1 条所规定的特许经营合同。这些合同依照该法典的规定订立和履行。

L.1410-3 条　第 2016-65 号法令，第 58 条，2016 年 1 月 29 日

第 L.1411-5 条、L.1411-9 条和第 L.1411-18 条的规定适用于地方政权及其组合、地方政权的公共机构所订立的特许经营合同。

第一章　公共服务的委托

L.1411-1 条　第 2018-1074 号法令，第 6 条，2018 年 11 月 26 日

地方政权及其组合、地方政权的公共机构可以将其负责的公共服务的管理，通过《公共采购法典》第 L.1121-3 条所规定的公共服务委托协议的形式，委托给一个或者多个经济体，该合同的订立与履行应当符合该法典第三部分的规定。

L.1411-3 条　第 2018-1074 号法令，第 6 条，2018 年 11 月 26 日

自报告按照《公共采购法典》第 L.3131-5 条规定进行交流后，有关它的审议将会提到最近一次决策机关大会的议事日程上。

L.1411-4 条　第 2002-276 号法律，第 5 条，2002 年 2 月 27 日

地方政权及其组合、地方政权的公共机构，在听取第 L.1413-1 条所规定的地方公共服务咨询委员会的意见后，对所有地方公共服务委托的原则作出决议。它对一份陈述了委托所涉及内容的报告文件进行决议。

L.1411-5 条　第 2018-1074 号法令,第 6 条,2018 年 11 月 26 日

一、一个委员会将打开一个含有候选人名单或要约的信封,并且在对候选人的职业与经济保证、对《劳动法典》第 L.5212-1 条至第 L.5212-4 条所规定的残疾人员工聘任义务的遵守情况,以及他们确保公共服务的连续性和用户在公共服务面前的平等性的能力进行审核之后,确定有资格提出要约的候选人的名单。

根据委员会的意见,有权签署公共服务委托协议的机关可以依照《公共采购法典》第 L.3124-1 条规定的条件组织与一个或者多个投标人进行协商。根据其选择的企业类型,有权机关可以向决策大会提出请求。它应当向大会提交委员会的报告,该报告中尤其列明了被允许给出要约的企业名单、对它们的提议的分析、选定候选人的理由以及合同的总体经济状况。

二、委员会的组成如下:

1. 涉及大区、科西嘉地方政权、大省,居民人数在 3 500 以上的市镇或者公共机构时,给委员会包括有权签署公共服务委托协议的机构或其代表、主席,以及在决策大会成员中依据最大比例代表原则选出的 5 名成员代表。

2. 对于居民人数在 3 500 以下的市镇,委员会包括市镇长或其代表、主席,以及在市镇理事会成员中依据最大比例代表原则选出的 3 名成员代表。

将依据相同的方式,选举产生人数与委员会成员相同的候补成员。

当一半以上拥有表决权的成员出席时,即达到会议所要求的法定人数。

如果在第一次召集时未能达到该法定人数,将再次召集委员会,此时不再适用法定人数的要求。

在得到委员会主席邀请的情况下,地方政权的审计人员或者负责竞争领域的部长代表可以参加委员会会议,并可以提出建议。他们的观察将会被计入《会议纪要》。

由委员会主席指名的知名人士或者地方政权的一名或者多名工作人员,由于他们在作为委托标的的公共服务中所具有的专业能力,可以参加到委员会中并发表咨询意见。

L.1411-6 条　第 2016-65 号法令,第 58 条,2016 年 1 月 29 日

任何公共服务委托协议的附加文件草案都必须经过决策大会的表决。

任何使得总金额增加超过 5% 的公共服务委托协议的附加文件草案都必须服从于第 L.1411-5 条所规定的委员会意见。决策大会在对该草案进行表决之前将事先被告知上述意见。

L.1411-7 条　第 2018-1074 号法令,第 6 条,2018 年 11 月 26 日

在依照第 L.1411-5 条的规定委员会受理请求之后的至少 2 个月后,决策大会对所选择的受托人以及公共服务委托协议作出决议。

决策大会进行决议的文件应当至少提前 15 天向其提交。

L.1411-9 条　第 2018-1074 号法令,第 6 条,2018 年 11 月 26 日

地区有权机关依据本法典第 L.2131-2 条、第 L.3131-2 条和第 L.4141-2 条的规定,向大省的国家代表或者在必要的情况下向其在市区的代理人,或者向大区的国家代表委托地方政权的公共服务。在合同签订的 15 日内,有权机关要根据最高行政法院法令所确定的明细转交所有的附属文件。

该有权机关需要在通知委托权利人的文件上注明该文件已经被移交,并且要注明移交的日期。

L.1411-11 条　第 2018-1074 号法令,第 6 条,2018 年 11 月 26 日

第 L.1410-1 条至第 L.1410-9 条的规定适用于地方政权的组合以及这些地方政权的其他公共机构。

L.1411-13 条　第 2016-65 号法令,第 58 条,2016 年 1 月 29 日

对于居民人数在 3 500 以上的市镇,与受托公共服务的经营相关的文件需要依照公共服务委托协议被移交给市镇,但《大众与行政关系法典》第 311-5 条所提到的例外情形除外。这些文件在接收之日起 15 日内应当以张贴的形式在市政府,或者在必要的情况下在市政府的附属机构向公众公开。市长应将在市政府张贴文件的信息以及地点通知市民,并且该张贴至少持续 1 个月。

L.1411-14 条　第 2015-991 号法律,第 122 条,2015 年 8 月 7 日

第 L.1411-13 条的规定适用于人口超过 3 500 的市镇的行政公共机构,市镇合作公共机构以及第 L.5711-1 条所规定的混合型公会,后者需要包含至少一个居民人数在 3 500 以上的市镇。

向公众开放的地点为行政公共机构、市镇合作公共机构以及混合型公会的所在地。

当本条第一款提到的市镇合作公共机构或者混合型公会的成员市镇的市政府收到咨询请求时,应当无迟延地将文件转达给相关市镇,由后者向申请者提供。这一转达可以通过电子邮件的形式完成。

L.1411-15 条　第 99-586 号法律,第 62 条,1999 年 7 月 12 日

第 L.1411-13 条的规定适用于大省。向公众开放的地点为省政府。这些文件也可以在每一个省辖区内的某个公共场所公开。

L.1411-16 条　第 99-586 号法律,第 62 条,1999 年 7 月 12 日

第 L.1411-13 条的规定适用于大区。向公众开放的地点为大区政府。这些文件也可以在每一个大区下辖大省的某个公共场所公开。

L.1411-17 条　第 99-586 号法律,第 62 条,1999 年 7 月 12 日

第 L.1411-15 条和第 L.1411-16 条的规定同时适用于省际合作公共机构、区际合作公共机构,以及第 L.5721-2 条所提及的至少包含一个大省或者一个大区的混合型公会。向公众开放的地点为作为其成员的大省或大区的政府或者机构所在地。

L.1411-18 条　第 2016-1360 号法令,第 51 条,2016 年 10 月 13 日

涉及公共服务委托的协议可以由大省的国家代表转交给大区审计庭。他应当通知相关的地区职能部门。大区审计庭对该协议进行审查,并且在其受理之后 1 个月内给出其观察结论。大区审计庭的结论将传达给利益相关的地方政权或公共机构,并传达给国家代表。《金融审判法典》第 L.244-1 条的规定可适用于这一情形。决策大会在其最近一次会议上被告知大区审计庭的意见。

L.1411-19 条　第 2014-744 号法律，第 3 条，2014 年 7 月 1 日

地方政权及其组合的决策机关将会对所有向地方国有公司或者单一目的混合经济公司所作出的公共服务委托的原则性问题进行决议。在必要的情况下，需要听取第 L.1413-1 条所规定的地方公共服务咨询委员会的意见。它应当针对一份列明了移交服务特点的文件报告作出决定。

第二章　对公共服务的直接管理

L.1412-1 条　第 2018-702 号法律，第 2 条，2018 年 8 月 3 日

地方政权、它们的公共机构、市镇合作公共机构或者混合型公会，为了直接经营一项在其管辖权范围之内的工业或商业公共服务时，将成立一个受本法典第二部分第二卷第二编第一章规定所调整的官办机构，在必要的时候应当首先征求第 L.1413-1 条所规定的地方公共服务咨询委员会的意见。

对于已使用水的清洁消毒以及对于城市雨水管理的公共服务的运行，可以设立一个独立的官办机构。

如果在跨市镇的层面，对用水以及已用水的清洁消毒、城市雨水的管理是由一个市镇合作公共机构或者混合型公会所实施的，则可以设立一个独立的官办机构，其依据第 L.2221-10 条的规定具有独立的法人资格以及财政来源，前提是用于各项公共服务的预算需要严格区分。

L.1412-2 条　第 2002-276 号法律，第 5 条，2002 年 2 月 27 日

地方政权、它们的公共机构、市镇合作公共机构或者混合型公会可以为了实现它们权限范围内行政公共服务管理的独立化而设立一个官办机构，受本法典第二部分第二卷第二编第一章的规定调整，在必要的情况下还需要听取第 L.1413-1 条规定的咨询委员会的意见。但是对于那些依据其属性或者依据法律规定只能由地方政权承担的公共服务除外。

L.1412-3 条　第 2002-6 号法律，第 2 条，2002 年 1 月 4 日

地方政权、它们的公共机构、市镇合作公共机构或者混合型公会可以为了实现它们权限范围内文化公共服务的独立管理而设立一个官办机构，适用于本卷第三编单一章的规定。

第三章　居民以及用户对公共服务的参与

L.1413-1 条　第 2018-1074 号法令，第 6 条，2018 年 11 月 26 日

大区、科西嘉共同体、大省、人口数超过 10 000 的市镇、人口数超过 50 000 的市镇合作公共机构以及至少包含一个人口超过 10 000 的市镇的混合型公会将成立一个地方公共服务咨询委员会，适用于所有它们通过公共服务委托协议委托给第三人实施的公共服务，以及由拥有资金来源的独立官办机构所承担的公共服务。对于居民人口数在 20 000 到 50 000 之间的市镇合作公共机构，它也可以在同等的情况下成立一个地方公共服务的咨询委员会。

该委员会由市镇长、大省理事会主席、大区理事会主席、科西嘉共同体执行理事会主席、决策机关主席或者上述人员的代表来主持，该委员会包含在尊重代表比例原则而指定的决策大会或者决策机关的成员，以及由决策大会或决策机关所任命的地方协会代表。根据议事日程，委员会在其主席的建议下，可以邀请任何人参与到它的工作中来并且享有建议权，只要主席认为其参与听证将对委员会有所帮助。

委员会的大部分成员可以请求将任何与优化地方公共服务相关的提议纳入议事日程之中：

1. 由公共服务受托人所起草的第 L.1411-3 条所提及的报告。

2. 第 L.2224-5 条所提及的有关饮用水公共服务的价格以及质量、有关清洁消毒服务的报告。

3. 以经费独立的官办机构承担的公共服务的活动清单。

4. 由合作单位起草的《公共采购法典》第 L.2234-1 条所提到的报告。

对于下列议题，决策大会或者决策机关向该委员会征询意见：

1. 所有有关公共服务委托的草案，在决策大会或者决策机关依照第 L.1411-4 条规定的条件作出决议之前。

2. 所有关于成立一个有独立资金的官办机构的草案，在作出相关设立决定之前。

3. 所有的合作伙伴草案，在决策大会或者决策机关依照第 L.1414-2 条规定的条件作出决议之前。

4. 所有关于用水和清洁消毒服务参与到科研和发展规划中去的草案，在该决定作出之前。

在每年的7月1日之前,地方公共服务咨询委员会的主席都将向它的决策大会或者决策机关提交一份该委员会在去年所从事工作的状况报告。

在其自行确定的条件下,决策大会或者决策机关可以就前述各项草案,要求其执行机关向该委员会征求意见。

第五卷　经济条款(略)

第六卷　金融会计规定(略)

第七卷　适用于马约特岛的特别规定(略)

第八卷　法属波利尼西亚的市镇

第一编　一般条款

L.1811-1条　第2007-1434号法令,第1条,2007年10月5日,《法国官方公报》2007年10月6日,2008年3月1日生效

除非法律另有规定,为将第一部分的规定适用于法属波利尼西亚的市镇:

1. 用"法属波利尼西亚"取代大省或大区。用"法属波利尼西亚"取代"大省"。
2. 用"法属波利尼西亚共和国高级专员"取代"大省国家代表"和"省长"。
3. 考虑到当地货币与欧元的对价,用当地货币的等值数额取代欧元数额。
4. 用"法属波利尼西亚最低工资保证"取代"最低工资增长"。
5. 用"地区审计法庭"取代"地区审计庭"。
6. 用"法令"取代"最高行政法院法令"。

L.1811-2条　第2014-173号法律,第24条,2014年2月21日

在已按照2014年2月21日第2014-173号关于城市发展和城市团结规划法律第6条签订城市合同的法属波利尼西亚市镇和市镇合作公共机构,市镇长和市镇合作公共机构主席要向各自的决策机关提交一份关于城市政策下的城市

发展情况报告。报告包括在当地已采取的相关行动和今后改善行动方向和计划的内容。该报告须在城市和共同体理事会进行讨论。报告的内容及行动的方式由法令予以确定。

该报告的内容还应事先征求本地的公民理事会的意见。报告在提交城市和共同体理事会审议时，须告知理事会该公民理事会的相关意见。

L.1811-3 条　第 2015-366 号法律，第 19 条，2015 年 3 月 31 日

第 L.1111-1-1 条适用于法属波利尼西亚的市镇。

第二编　自主管理

第一章　选民参与地方决策

L.1821-1 条　第 2016-1321 号法律，第 6 条，2016 年 10 月 7 日

第 L.1112-15 条至第 L.1112-17 条，以及第 L.1112-19 条至第 L.1112-22 条适用于法属波利尼西亚的市镇。

为实施第 L.1112-16 条，"在其他地方政权，十分之一的登记选民"被删除。

第二章　地方政权的涉外行为

L.1822-1 条　第 2014-773 号法律，第 14 条，2014 年 7 月 7 日

第 L.1115-1 条和第 L.1115-5 条至第 L.1115-7 条，在根据本条第 2 款的内容作出变更后，适用于法属波利尼西亚的市镇及其组织。

为实施第 L.1115-1 条第 2 款，用"按照 2007 年 10 月 5 日第 2007-1434 号法令第 8 条规定的、本法典第一、第二和第五部分关于法属波利尼西亚市镇及其组织和公共机构的扩展部分"取代"自按照第 L.2131-1 条、第 L.2131-2 条、第 L.3131-1 条、第 L.3131-2 条、第 L.4141-1 条和第 L.4141-2 条的规定移交给国家代表起，适用第 L.2131-6 条、第 L.3132-1 条和第 L.4142-1 条"，一直到按照该法令第 7 条第 3 款的规定，自该法令颁布日开始，改为"按照 L.2131-1 条和第 L.2131-2 条的规定，自移交给国家代表起，适用第 L.2131-6 条规定"。

第二部分　市　镇

第一卷　市镇的组织（略）

第二卷　市镇管理与服务（略）

第三卷　财政与账户（略）

第四卷　某些特定居民的特殊利益（略）

第五卷　特别条款

第一编　巴黎、马赛和里昂

第一章　共同条款

第一节　组　织

L.2511-1 条　第 96-142 号法律，1996 年 2 月 21 日

巴黎、马赛和里昂的市镇适用有关市镇的法律，但本编法规和其他相关法律有规定的除外。

L.2511-1-1 条　第 2002-276 号法律，第 20 条，2002 年 2 月 27 日

第 L.2122-2-1 条、第 L.2122-18-1 条和第 L.2144-2 条的规定不适用于巴黎、马赛和里昂的市镇。

L.2511-2 条　第 96-142 号法律，1996 年 2 月 21 日

巴黎、马赛和里昂的市镇事务由市镇理事会管理，对本章穷尽式列举的部分管辖权，由下属的各市区理事会行使。

市镇理事会的决议由市镇长准备和执行，各市区理事会的决议由区长准备

和执行。

第一分节　市区理事会

L.2511-3 条　第 2018-74 号法律,第 1 条,2018 年 2 月 8 日

巴黎、马赛和里昂分别被分为 20 个、16 个和 9 个市镇。

按照 1982 年 12 月 31 日颁布的关于巴黎、马赛和里昂行政组织和市镇合作公共机构的第 82-169 号法律,1983 年 1 月 1 日确定了这些市区的边界。该法只能由最高行政法院在咨询市镇理事会或者巴黎理事会的意见后,通过法令修改。

L.2511-4 条　第 96-142 号法律,1996 年 2 月 21 日

按照第 L.2511-5 条至第 L.2511-7 条图表(略)显示,每个市区或市区组合须建立一个市区理事会。市区理事会位于市区政府中,或位于市区组合中某一区的区政府中。

当为组合区设立一个市区理事会时,它行使本章所规定的对组合区的权限。本章有关市内区的规定适用于组合市区。

L.2511-5 条　第 96-142 号法律,1996 年 2 月 21 日

巴黎市内市区理事会的地域管辖权:第 1 区、第 2 区、第 3 区、第 4 区、第 5 区、第 6 区、第 7 区、第 8 区、第 9 区、第 10 区、第 11 区、第 12 区、第 13 区、第 14 区、第 15 区、第 16 区、第 17 区、第 18 区、第 19 区、第 20 区。(图表略)

L.2511-6 条　第 96-142 号法律,1996 年 2 月 21 日

马赛市内市区理事会的地域管辖权:第 1 区域——第 1 区和第 7 区。第 2 区域——第 2 区和第 3 区。第 3 区域——第 4 区和第 5 区。第 4 区域——第 6 区和第 8 区。第 5 区域——第 9 区和第 10 区。第 6 区域——第 11 区和第 12 区。第 7 区域——第 13 区和第 14 区。第 8 区域——第 15 区和第 16 区。(图表略)

L.2511-7 条　第 96-142 号法律，1996 年 2 月 21 日

里昂市内市区理事会的地域管辖权：第 1 区、第 2 区、第 3 区、第 4 区、第 5 区、第 6 区、第 7 区、第 8 区、第 9 区。（图表略）

L.2511-8 条　第 2018-74 号法律，第 1 条，2018 年 2 月 8 日

市区理事会由市和市镇理事会理事或巴黎理事会理事在市区或者市区组合中的当选理事，按照《选举法典》规定的条件组成。

市区理事会理事人数是市人数的两倍，但不能少于 10 人或多于 40 人。

L.2511-9 条　第 2018-74 号法律，第 1 条，2018 年 2 月 8 日

第 L.2121-4 和第 L.2121-5 条适用于市区理事会理事。

如果市区理事会理事辞职，市区区长收到辞呈后通知市镇长或者巴黎市长。

L.2511-10 条　第 96-142 号法律，1996 年 2 月 21 日

除本章另有规定，有关市镇理事会审议和运作的规定，以及理事会行使管辖权的规定，均适用于本章规定的市区理事会的管辖权行使。

L.2511-10-1 条　第 2018-74 号法律，第 1 条，2018 年 2 月 8 日

第 L.2121-22-1 条不适用于市区理事会。

第 L.2143-1 条适用于市区理事会，但须遵守下列规定：

根据市区理事会的建议，市镇理事会确定市镇内各区的辖区范围。市区理事会为每个街道建立街道理事会。

L.2511-11 条　第 2018-74 号法律，第 1 条，2018 年 2 月 8 日

市区理事会可以在市镇长或者巴黎市长的要求下召开。在市镇长的要求下，市区理事会听取其意见。

L.2511-12 条　第 2018-74 号法律，第 1 条，2018 年 2 月 8 日

市区理事会可以就市区的任何事务向巴黎市镇长发送书面质询。在 45 天内没有收到书面答复的情况下，相关问题将依法被列在 45 天后召开的市镇理事会或巴黎理事会会议议程上。由市镇理事会或巴黎理事会确定公布这些问题和答复的条件。

在市区理事会的要求下,市镇理事会或巴黎理事会会议讨论有关市区的所有事务。讨论的问题至少要在市镇理事会或巴黎理事会会议召开前 8 天发给巴黎市镇长。

适用前两款的、讨论由市区理事会向市镇理事会或巴黎理事会提出问题的时间,每次会议不得超过 2 小时。

相关口头建议自提出 3 个月后未被纳入市镇理事会会议议事日程的,该口头提问将依法被列在 3 个月后召开的理事会会议议程上。

市区理事会可以对有关市区的任何议题发表意见。

L.2511-13 条　第 2018-74 号法律,第 1 条,2018 年 2 月 8 日

在市镇理事会或巴黎理事会审查之前,在不影响本章第二节有关编制市镇预算特别条款的情况下,市区理事会被要求对有关市区所有或部分执行事务的陈述报告和审议议题提出意见。

市区理事会在市镇长确定的期限内提出意见。除非发生市镇理事会依法确认的紧急情况,该期限自市区理事会收到报告和议题之日起,不少于 15 天。到时未发表意见,则由市镇理事会或巴黎理事会作出决议。

市区理事会在内部交流这些文件。市区理事会的相关意见或者证明市区理事会在规定的期限内收到通知的文件应附在决议草案中,并作为移交给市镇理事会或巴黎理事会审议的附件。

L.2511-14 条　第 2018-74 号法律,第 1 条,2018 年 2 月 8 日

市镇理事会或巴黎理事会在第 L.2511-13 条规定的时间内,就发放给在仅在一个市区从业的协会或者其业务仅使该市区居民受益的协会(不论该协会的实际住所在何处)的补贴数额,向该市区的理事会征求意见。市区理事会的意见不能产生增加城市预算向上述协会提供信贷总额度的效果。市区理事会在规定时间内没有提出意见,则由市镇理事会或巴黎理事会审议该数额。

L.2511-15 条　第 2018-74 号法律,第 1 条,2018 年 2 月 8 日

在市镇理事会或巴黎理事会就城市规划的成立、复审或修改进行审议之前,如果这些规划及修正草案的范围涉及市区所辖区域的部分或者全部，市镇长在行政法院法令规定的条件下向市区理事会征询意见。

市区理事会也可以向市镇理事会或巴黎理事会提出涉及其所辖区域部分规划内容的修改意见。

市镇理事会或巴黎理事会在审议市区规划的市区内全部或部分治理施工草案之前，要在同等条件下，咨询市区理事会的意见。

当涉及市区管辖区域时，这些相同条款也适用于城市优先购买权的废除或恢复，以及《城市规划法典》第 L.211-4 条倒数第 2 款规定的相关审议。

根据本条规定出具的意见书，要附在相关施工的文件中。必要时，要附在提供公共调查的文件中，或供公众使用。

L.2511-16 条　第 2018-74 号法律，第 1 条，2018 年 2 月 8 日

市区理事会对下列议题进行审议：对当地教育、社会、文化、体育和信息的周边生活设施的安装和治理规划，以及当地少于 1 公顷、不涉及市镇全体居民或若干市区全体居民，或不涉及国家功能区域的绿化空间的设立和治理规划。全部设施的安装须符合市镇理事会或巴黎理事会按照第 L.2511-36 条的规定作出的决定。

市区理事会按照第 L.2511-21 条的规定，管理周边设施。为此，在巴黎、马赛和里昂，市区理事会批准关于这些设施占用公产的合同，但不包括学校设施。当这些设施按照第 L.2511-15 条第 3 款的规定被施工安装后，对设施的管理权即属市区理事会。

然而，1982 年 10 月 5 日前委托给第三方管理的这些设施，在市镇理事会或巴黎理事会与管理方签订管理协议的期限内，及该协议延续期间，管理权仍归属市镇理事会。此外，本条第 1 款所述某个类别的某些设施，因其性质或管理方式的原因，管理权仍属市镇理事会，这由大省的国家代表，在征求了行政法院院长的意见后，通过政令加以决定。

除人事和财政支出外，市区理事会承担依据前款规定而移交的设备的管理费用、行政办公地点的费用，以及为行使其职权而占有的动产以及设备所产生的费用。

此外，市区理事会还支持对上述设施进行建设和物资配置的出资，包括对上述设施的工程运作及相关供给物，以及本卷范围内相同设施必需的应急工程出资，并可无需办理事先批准手续。这两种情况的法律根据是第 L.2511-36-1 条中的特别拨款款项。

根据市镇理事会或巴黎理事会的年度框架决议，在其所确定的场合以及条件下，市区理事会也可以被授权在依据 L.2511-36-1 条授权的信贷范围内，投资那些上述条款之外的设备，这些设备所对应的工程项目由于其价金而无须经过实现的审批手续。

L.2511-17 条　第 2018-74 号法律，第 1 条，2018 年 2 月 8 日

另外，市镇理事会或巴黎理事会可以在征得市区理事会同意的前提下，将市镇的任何设备或服务的管理权委托给巴黎市区理事会。这些委托行为在市镇理事会下一届会议开始时自动结束。当委托的对象为市区理事会时，这一委托当然地授予其他提出申请的市区理事会。

L.2511-18 条　第 2018-74 号法律，第 1 条，2018 年 2 月 8 日

周边设施的清单是由市镇理事会或巴黎理事会和市区理事会一致审定的，如果有必要，可以按照相同程序进行修改。

如果市镇理事会或巴黎理事会和市区理事会对第 L.2511-16 条中的地方设备登记清单的意见不一致，以市镇理事会意见为准。

L.2511-19 条　第 2018-74 号法律，第 1 条，2018 年 2 月 8 日

对于仅在市区内从事活动，并且依据相关规定应当有巴黎市镇或者巴黎市代表的组织，由市区理事会为这些组织指定巴黎市镇或巴黎市的代表。

第 L.2511-20 条　第 2018-74 号法律，第 1 条，2018 年 2 月 8 日

由巴黎市镇分配的坐落在市区的住房，一半由该市镇长分配，一半由该市区长分配。

经咨询市区理事会的意见后，市镇理事会或巴黎理事会可以确定市镇长的优先住房分配名单。为了清除有害健康的房屋，修缮、重建或拆除住房而造成的再安置需求，或者为了履行任何带有文化性质的项目的施行，或者由于社会园区内由社会住房出租人提议的变动而造成再安置需求的，将优先获得安置。

按照本条第1款实施的，由市镇理事会或巴黎理事会审议确定的各个市区的住房，不得超过市区分配住房总数的50%。

对于位于巴黎市镇或者巴黎市辖区之外的由巴黎市镇或巴黎市进行分配的住房，由一个市镇委员会负责分配。该委员会由巴黎市区理事会理事担任的市区区长代表和巴黎市镇长代表组成，且双方数量相等。

此外，前4款的规定也适用于巴黎市镇通过协议保留的住房的分配决定或分配建议。

本条的适用条件，由最高行政法院的法令确定。

L.2511-21条　第2018-74号法律，第1条，2018年2月8日

由数量相同的市区长代表以及市镇长或巴黎市长代表组成的混合委员会，确定由第L.2511-16条和第L.2511-17条涉及的设备许可和使用的一般条件。该混合委员会坐落在该市区政府内。在赞成和反对票数相等的情况下，该区长拥有决定票。

L.2511-22条　第2018-74号法律，第1条，2018年2月8日

为实施市区理事会的管辖权，市镇理事会或巴黎理事会可以在它自己规定的情形和条件下，委托市区理事会准备、通过、执行和解决相关工程、供应和服务市场。因为金额关系，这些运作可不需预先办理手续，就可以进行。当上述委托给予一个市区时，它也可因此给予所有的市区。

这些行为和市镇理事会或巴黎理事会决定的其他同性质的行为，适用相同规范。由市区区长执行。这些资金的数额，由每个市区或市区组合进行评估。

为实施本条，市区区长可以接受市区理事会根据第L.2122-22条的规定所进行的委托。

除非不遵守本章所规定的内容或者不遵守适用于上述行为的行政法规规定，市镇理事会或巴黎理事会只能就市区理事会整体作出终止管辖权委托的决定。

在市镇理事会或巴黎理事会换届时，这些委托自动被终止。

在巴黎、马赛和里昂，为签订第L.2511-16条第2款第2项涉及的不超过

12 年的合同，市区区长可以根据第 L.2122-22 条规定的条件，接受市区理事会的委托。

市区区长至少每年要向市区理事会报告合同规定的设备使用条件，以及合同中每种设备的受益人。

这些内容是公开的，可供任何公民自由查阅。

L.2511-23 条　第 2018-74 号法律，第 1 条，2018 年 2 月 8 日

在不影响下列条款的情况下，市区理事会的决议适用第 L.2131-1 条至第 L.2131-6 条和 L.2131-8 条的规定，但不适用于为实施本章第二节的决议，以及这些理事会提出的意见。

市区理事会的审议结果要提交给市镇长或巴黎市长。后者在收到后的 15 天内，将这些决议转呈给大省的国家代表，并在转呈后的 48 小时内，通知市区区长。

在上述 15 天内，市镇长或巴黎市长如果不把市区理事会的决议转呈给大省的国家代表，他应要求后者对决议进行第二次审议。市镇长或巴黎市长应说明对上述决议提出异议的理由。市镇长或巴黎市长应在收到市区理事会的新决议后 15 天内，把新决议转呈给大省的国家代表，并在转呈后的 48 小时内，通知市区区长。

如果在规定时间内，市区区长没有收到转呈的通知，他可以直接把决议转呈给大省的国家代表。

在不影响大省的国家代表拥有的救济手段的情况下，市镇长或巴黎市长可以在他收到按照本条第 3 款规定进行二次审议的决议之日起 2 个月内，向行政法院提起诉讼。如果该诉讼附带中止执行的请求，并且在审议过程中，其提出的一项诉讼理由对决议的合法性产生合理的严重怀疑，行政法院院长或他授权的法官应在 48 小时内，宣布中止执行。对中止执行的决定，可以在收到书面通知的 15 天内，向最高行政法院提起上诉。

此时，最高行政法院争议庭庭长或被授权的行政法官应在 48 小时之内作出裁决。

L.2511-24 条　第 96-142 号法律，1996 年 2 月 21 日

各个协会参与城市生活。

每个市区都设立一个提案和咨询理事会。该理事会包括当地各个协会的代表，或要求加入的和在该市区实施活动的各联合会或全国联合会的成员。

在至少一季度召开一次的会议期间，协会代表如果愿意，这些协会以咨询的方式，参与市区理事会的辩论。他们可以在会上提出有关他们市区活动范围内的任何问题，并提出相关的任何建议。

市区理事会在他们与会的情况下，对他们的建议进行审议。

为此，这些协会必须事先通知市区区长，他们希望辩论的主题。

上述辩论的时间表，由市区理事会联络市区提案和咨询理事会后确定。为准备这些辩论，市区理事会应向市区提案和咨询理事会通报所有必要的信息。

第二分节　市区区长

L.2511-25 条　第 2018-74 号法律，第 1 条，2018 年 2 月 8 日

市区理事会由市区区长担任理事会主席。区长由市区理事会内部选举产生。市镇长或巴黎市长和市区区长的职能不能兼容。

市镇理事会或者巴黎理事会全体换届之后进行的市区区长选举，在市镇长选举产生的 8 天后进行。此时，市区理事会例外地由市镇长或巴黎市长召集。

市区理事会或巴黎理事会也可以从城市理事、巴黎理事和市区理事中指定 1 名或多名理事助理。其数量不得超过市区理事会理事总数的 30%，但不得少于 4 人。

在不影响上述几款规定的前提下，市区区长及其助理适用第 L.2122-4 条至第 L.2122-2-2 条、第 L.2122-8 条第 1 款和第 2 款、第 L.2122-10 条第 1 款和第 3 款、第 L.2122-12 条、第 L.2122-15 条、第 L.2122-16 条、第 L.2122-18 条第 2 款和最后 1 款、第 L.3122-3 条和第 L.4133-3 条的规定。如果适用第 L.2122-15 条，大省的国家代表要将市区区长或其助理辞职的情况告知市镇长或巴黎市长。

对市区理事会的选举提出异议的条件、形式和期限，适用于区长及其助理的选举无效诉求。当选举被宣布无效或由于其他任何原因，市区区长或其助理已停止履职时，市区理事会应在 15 天内召开大会予以补缺。

L.2511-25-1 条　第 2002-276 号法律，第 20 条，2002 年 2 月 27 日

市区理事会可以超越第 L.2511-25 条规定的限制，设立一个或多个助理席位，主要用于负责管理一个或多个街道，但助理的人数不得超过市区理事会法定人员总数的 10%。

主管街道的助理应知晓街道的所有重大问题。他管理街道居民的相关信息，并为他们参与街道生活提供便利。

L.2511-26 条　第 2018-74 号法令，第 1 条，2018 年 2 月 8 日

市区区长和他的助理在市区内，负责属于市镇长或者巴黎市长管理的民事身份、履行义务教育的各项学校事务，及《国家服务法典》规定的法律实施。

市区区长及其助理是负责市区民事身份事务的官员。但市镇长或者巴黎市长可以在整个市镇或者整个巴黎市的辖区内行使民事身份官员的职责。

另外，市镇长或巴黎市长也可以把自己在选举事务方面的某些职能委托给市区区长，但选举名单的年度审核事务例外。当此类委托授予一位市区区长时，其他市区区长也有权提出请求，获得同类委托。

L.2511-27 条　第 2018-74 号法令，第 1 条，2018 年 2 月 8 日

市镇长或巴黎市长可以在其监督和负责下，通过颁布政令，委托市镇政府服务部门总干事和市镇政府各服务部门的负责人，代理市镇长或巴黎市长签字。

在相同条件下，市区区长可以委托市区政府服务部门总干事，代理市区区长签字。

在巴黎、马赛和里昂，市区区长也可以在相同条件下，委托市区政府服务部门助理总干事，代理市区区长签字。

L.2511-28 条　第 2018-74 号法令，第 1 条，2018 年 2 月 8 日

市区区长可以根据第 L.2122-18 条第 1 款和第 L.2122-20 条的规定，进行管辖权委托。

在符合第 L.2122-17 条规定的情况下，市区区长可以由市镇理事会或巴黎理事会助理成员替代，或者由其他助理替代，或者，如果没有其他助理，就由市区理事会指定的、市区理事会的其他成员替代。

L.2511-29 条　第 2018-74 号法令，第 1 条，2018 年 2 月 8 日

在建立学校财政所的市区，由市区区长担任该组织主席。

该组织的市镇代表或巴黎市的代表，由市区区长在市区理事会成员中任命。

L.2511-30 条　第 2018-74 号法令，第 1 条，2018 年 2 月 8 日

市区区长对所有由市镇长或巴黎市长依据《城市规划法典》的规定以市镇名义或巴黎市名义所颁发的地区土地使用许可，以及对所有由市镇长或者巴黎市长依据本法规定颁发的对本区公产道路的使用许可，提出自己的意见。

在巴黎、马赛和里昂市区，市区区长对所有市镇长或巴黎市长依据本法典规定所颁发的在本区内的橱窗陈列和露台的许可，提出自己的意见。

市区区长对市镇在本区取得或转让不动产或不动产权利的计划，以及对位于本区的市镇不动产用途的改变，提出自己的意见。对于依据《城市规划法典》所作出的转让辖区内不动产的意向声明，市区区长享有知情权。市镇长或巴黎市长应该每月向市区区长通报这些意向声明的后续进展。

市区区长要对本区的不动产被改造成办公楼或住宅区的项目意见书，提出咨询意见。

L.2511-31 条　第 2018-74 号法令，第 1 条，2018 年 2 月 8 日

对于需要全部或者部分在市区内进行的设施项目，市镇长或巴黎市长应当告知市区区长该项目的一般条件。对于第 L.2511-21 条第 1 款涉及的设施项目，应当每半年告知市区区长最新进展。

市区区长要在市区理事会最近的一次会议上，通报这些进展情况。

L.2511-32 条，1996 年 2 月 21 日，第 96-142 号法律

市区区长以国家公权力机构身份所实施的行为，与市镇长以相同身份所实施的行为，适用相同的法律规定。

市区区长以市镇名义所实施的行为，与市镇长以相同身份所实施的行为，适用相同的法律规定。但是，如果这些行为根据第 L.2131-1 条至第 L.2131-5 条的规定需要移交给大省的国家代表时，则应适用第 L.2511-23 条的规定。

第三分节　市长、市长助理、市镇及市区委员的任期行使条件

L.2511-33 条　第 2018-74 号法令，第 1 条，2018 年 2 月 8 日

第 L.2123-1 条至第 L.2123-3 条、第 L.2123-5 条、第 L.2123-7 条、第 L.2123-8 条、第 L.2123-9 条、第 L.2123-12 条至第 L.2123-15 条、第 L.2123-20 条第 2 款和第 3 款、第 L.2123-24 条第 2 款、第 L.2123-24-1 条第 3 款、第 L.2123-25 条至第 L.2123-29 条、第 L.2123-31 条至第 L.2123-35 条以及第 L.2321-2 条第 3 款可适用于市长、市长助理、巴黎市镇的市区理事会成员以及马赛、里昂市镇的成员。

为实施第 L.2123 条第 2 款的规定，每季度固定工时津贴的时间，参照每周法定工作时间，相等于：

1. 市区区长，为该时间的 3 倍。
2. 市区区长助理，为该时间的 1.5 倍。
3. 市区理事会理事，为该时间的 30%。

L.2511-34 条　第 2017-257 号法律，第 5 条，2017 年 2 月 28 日

马赛和里昂的市镇理事会，对市长助理和特别委托行使助理职务的成员职务津贴，采取投票决定，津贴最高数额相当于第 L.2123-20 条第 1 款规定的 72.5%。

马赛和里昂的市镇理事会，对市镇理事会理事的职务津贴，采取投票决定，津贴最高数额相当于第 L.2123-20 条第 1 款规定的 34.5%。

L.2511-34-1 条　第 2017-257 号法律，第 5 条，2017 年 2 月 28 日

巴黎理事会对市长以及特别委托主席履行职务的津贴，采取投票决定，津贴最高数额相当于第 L.2123-20 条第 1 款规定的 192.5%。巴黎理事会对市长助理以及特别委托成员履行职务的津贴，采取投票决定，津贴最高数额相当于第 L.2123-20 条第 1 款规定的 90.5%。

L.2511-34-2 条　第 2018-74 号法令，第 1 条，2018 年 2 月 8 日

根据其内部规定所确定的条件，巴黎理事会以及马赛和里昂的市镇理事会发放给其成员的津贴数额，将依照他们在全体大会中的实际参与度进行调整。对于每一个成员来说，津贴数额的减少幅度不得少于依照本条规定所可获得的

数额的一半。

L.2511-35 条　第 2018-74 号法令,第 1 条,2018 年 2 月 8 日

市区区长的最高职务津贴不超过市镇长助理或巴黎市长助理的职务津贴。对于不是市镇理事或巴黎理事的巴黎、马赛和里昂市区区长助理的津贴,不得超过市镇理事或巴黎理事规定的金额。

第二节　财政条款

L.2511-36 条　第 2018-74 号法令,第 1 条,2018 年 2 月 8 日

市镇理事会或巴黎理事会在咨询了由各市镇长和市区区长组成的、被称作"设备规划会议委员会"的意见后,投票决定投资的支出。

预算附件和市镇或巴黎账户的附件,要根据每个市镇的情况,列出市镇投资支出的明细表。

L.2511-36-1 条　第 2018-74 号法令,第 1 条,2018 年 2 月 8 日

按照第 L.2511-37 条规定的每个市区的"特殊情况"一栏中,要设立"投资部分"一栏,第 L.2511-16 条第 5 款和第 6 款涉及的投资支出就列在其中。

该部分的投资收入,由市镇理事会或巴黎理事会投票决定的信贷额度支付构成。

列在"特殊情况"一栏中的投资收支总额,要列入市镇或者巴黎市的预算。

L.2511-37 条　第 2018-74 号法令,第 1 条,2018 年 2 月 8 日

每个市区理事会运行的收支总额,要列入市镇或巴黎市的预算。

每个市区理事会运行的收支,要详细列入被称作"市区特殊情况"的文件里。

该"市区特殊情况"的文件,要作为市镇或巴黎市预算的附件。

L.2511-38 条　第 2018-74 号法令,第 1 条,2018 年 2 月 8 日

市区理事会的运行收入,由地方管理补助金和地方活力补助金构成。

地方管理补助金按照第 L.2511-11 条至第 L.2511-21 条、第 L.2511-24 条、第 L.2511-26 条和第 L.2511-28 条至第 L.2511-31 条的规定配置。

地方活力补助金,主要用于市区居民信息、地方民主和地方生活活动相关的支出,尤其是与地方文化活动和紧急干预工程,以及和第 L.2511-16 条、第 L.2511-17 条规定相关的涉及设备管理的活动的支出。

用于地方管理和地方活力补助总额,由市镇理事会或巴黎理事会决定。这些补助按照第 L.2511-39 条、第 L.2511-39-1 条和第 L.2511-40 条的规定进行分配。

它们构成了市镇或巴黎市的必要支出。

第二章 有关巴黎的特别规定

第一节 组 织

L.2512-11 条 第 2017-257 号法律,第 38 条,2017 年 2 月 28 日

为扩大首都的国际影响力,巴黎市可以与除国家外的所有公法人以及私法人签订任何协议,给他们的借贷提供担保或按照本法典的第三部分第二卷第三编第一章、第二部分第二卷第五编和第一部分第五卷第一编规定的条件以及限度内,给予他们补贴。

L.2512-12 条 第 2017-257 号法律,第 38 条,2017 年 2 月 28 日

巴黎市行政长官和警察局长,在他们各自的管辖权内,是巴黎所有区域内的国家代表。

第二节 职 权

第一分节 警 察

L.2512-13 条,第 2017-257 号法律,第 25 条,2017 年 2 月 28 日

一、在巴黎的市镇,警察局长依据法兰西共和历八年获月 12 日颁发的确定巴黎警察总署的权力以及职权的执政官法令以及后续对其作出更正的法律,以及第 L.2512-7 条、第 L.2512-14 条和第 L.2512-17 条的规定来行使权力和职能。

二、然而,巴黎市长在下列事务中负责城市警察的行动:

1. 公共道路的卫生状况。

2. 按照本法典第 L.2212-2 条和第 L.2212-4 条和《公共卫生法典》第 L.1311-1 条和第 L.1312-1 条的规定,主要是住宅的建筑物和部分或全部用来居住的建筑物的卫生状况，但《建筑和居住法典》第 L.184-1 条第 1 款最后一款和第 L.143-3 条第四款的规定除外。

当这些建筑物有塌陷的危险时，巴黎市长行使《建筑和居住法典》第 L.129-1 条至第 L.129-4-1 条、第 L.511-7 条，以及本法典第 L.2213-24 条规定的警察权力，在建筑物有严重危险或即将发生危险的情况下，根据现场情况采取安全措施。

3. 邻居发出噪声时。

4. 按照本法典第 L.2213-7 条至第 L.2213-10 条规定行使殡葬业和葬礼地的警察权力，以及在本条第 2 款第 2 项涉及的殡葬历史性建筑物有塌陷的危险时，行使警察权力。

5. 维护集市和市场的良好秩序。

6. 按照本法典第 L.2213-23 条，维护浴场的良好秩序。

7. 按照本法典第 L.2215-1 条第 3 款、第 L.3221-4 条和第 L.3221-5 条的规定，在巴黎市镇公产混为一体、相互依存的建筑物中，行使警察的保全权。

8. 按照本法典第 L.2213-32 条的规定，负责外部的防火措施。

三、为实施本条，巴黎警察总署在巴黎行使由本法典和《建筑和居住法典》第 L.129-5 条和第 L.511-7 条赋予大省国家代表行使的行政监管权以及替换权力。

L.2512-13-1 条　第 2012-351 号法令，第 7 条，2012 年 3 月 12 日

警察局长和巴黎市长根据《国内安全法典》第一卷第三编第二章第三节规定的条件，主导巴黎预防犯罪政策的制订并且协同确保上述政策的实施。

L.2512-14 条　第 2017-257 号法律，第 25 条，2017 年 2 月 28 日

一、巴黎市长行使本部分第二卷第一编第三章第一节赋予市长的权力，但不妨碍本条第 2 款至第 7 款的适用。

二、对于巴黎警察局长在咨询了巴黎市长的意见后通过法令确定的一些地点、道路或者道路的一段，警察局长可以对车辆的行驶以及停靠条件作出永久性安排，或者出于保护人身和财产安全的目的以及保护共和国机构和外交代表的目的，仅允许部分人群或者车辆使用。

警察局长可以通过法令，采取同等性质和临时性质的措施，以确保由公共权力提供特别保护措施的人员的安全。或者在咨询了巴黎市长的意见后,在公共道路上发生诉求性游行或节日、体育或文化活动游行时,若游行是预定路线的或在本条第 2 项规定范围内进行的,可以出于公共秩序的动机而采取上述措施。

三、在对巴黎安全或者公共权力的良好运行至关重要的轴线路段上,巴黎市长在尊重巴黎警察局长有关巴黎市镇指定规划街道的调整命令的前提下,行使调节车辆流量或停车的管辖权。这些命令是为了保证治安车辆和救援车辆的正常通行。这些轴线路段的清单由法令确定。

四、对于那些在危机或紧急情况被用于保障人身和财产安全的轴线路段,巴黎市长需要结合制订这份轴线路段清单的动机,经咨询巴黎警察局长的意见后,行使调节车辆流量或停车的权力。这些轴线路段的清单由巴黎警察局长经咨询巴黎市长的意见后,颁布政令加以确定。

五、为实施本条,由巴黎警察局长以国家的名义,在巴黎行使赋予大省国家代表行政监控权和行政替代权。

六、《公路法典》赋予省长的权力,在巴黎由警察局长行使。

七、对本条的实施,由国家警察保证,或在必要时,调节车辆流量或停车的权力,分别由巴黎警察局长或巴黎市长管辖下的巴黎市镇公务员保证。

第八编　里昂大都会区的市镇

单一章

L.2581-1 条　第 2014-58 号法律,第 27 条,2014 年 1 月 27 日

由第 L.3611-1 条规定的里昂大都会区的市镇适用和其他市镇同样的法规,但与它相关的特别法规除外,特别是第 L.3641-1 条法规。

第三部分 大 省

第一卷 大省的组织

第一编 大省的名称及领土(略)

第二编 大省的机构(略)

第三编 大省权威机关实施行为的法律性质(略)

第四编 大省和国家的关系

第一章 国家提供服务

L.3141-1条 第2013-403号法律,第1条,2013年5月17日

为准备和执行大省理事会的决议,大省理事会主席在必要时,可以处分国家地方分权的服务。大省理事会主席可以直接给各服务部门负责人下达任何必要的指令,让他们执行委托给他们的各项任务。大省理事会主席监督这些职务的履行。

他可以在他的监督下和职责内,委托上述服务部门的负责人代他签字,让他们执行他交给他们的各项使命。

最高行政法院的法令规定这些服务的条件和方式。

第二章 国家服务和大省服务的协调

L.3142-1条 第2013-403号法律,第1条,2013年5月17日

在大省内,大省服务和国家服务之间的协调,由大省理事会主席和大省的国家代表共同来保证。

第三章 责 任

L.3143-1条 第2013-403号法律,第1条,2013年5月17日

当属于国家的权力机关在法律规定的情形以外或者以法律未规定的方式取代大省理事会主席来实施政策措施时,大省的责任将被取消或者减弱。

第二卷　大省的行政管理及服务（略）

第三卷　财政及账户（略）

第四卷　部分大省适用的特别条款

第一编　巴黎大省

第三章　财政条款

L.3413-1 条　第 2010-1657 号法律，第 108 条，2010 年 12 月 29 日

为了计算巴黎大省的总体补助额度，按照本条规定计算的巴黎市家庭税收所得分配，可定额地占巴黎大省税收所得分配的 20%。

前款所涉的家庭税收包括：

1. 用于居住或者从事酒店行业的建筑所适用的地税，加上根据《税务一般法典》第 1383 条至第 1387 条的规定针对新建、增建和重建物产已经享受的税收减免。以及按照同一《税务一般法典》第 1382 条的规定，大学寝室和军队人员租用营房所永久享受的税务减免。

2. 对于非建筑物所征收的相当于其孳息 30% 的税收。这些孳息需要加上按照《税务一般法典》第 1394 条的规定，原来大学和军队的土地所享受的税务减免，以及在得到国家补偿的前提下，按照 1908 年 12 月 31 日部级指令第 18 条定义的第一、二、三、四、五、六、八、九类的非建筑物按照《税务一般法典》第 1395 条和第 1395B 条的规定没有被免除的税务减免。

3. 居住税，加上大学寝室和军队人员营房按照《税务一般法典》第 1408 条规定所享有的永久性税务减免。

在计算巴黎市税务的计算中，前款所提到的数额将从第 L.2334-6 条所提到的税收结果中被扣除。

L.3413-2 条　第 2016-1917 号法律，第 138 条，2016 年 12 月 29 日

第 L.2334-7-2 条不适用于巴黎。巴黎理事会设定了取消巴黎市镇参与巴黎

大省社会救济和健康开支的财政条件。

第二编　上塞纳大省、塞纳-圣旦尼大省和瓦勒德马恩大省(略)

第三编　南科西嘉大省和高科西嘉大省(略)

第四编　外大省(略)

第五编　对巴黎大省、上塞纳大省、塞纳-圣旦尼大省和瓦勒德马恩大省的共同条款

单一章

L.3451-1条　第 2006-1772 号法律,第 63 条,2006 年 12 月 30 日,《法国官方公报》2006 年 12 月 31 日

巴黎大省、上塞纳大省、塞纳-圣旦尼大省和瓦勒德马恩大省及它们之间建立的省际机构,确保废水的卫生共同处理,包括它们的收集和运输,而当它们的市镇、它们的合作公共机构或混合型公会不处理时,卫生共同处理还包括废水的净化和污泥处理。在同等情况下,它们也可以保证雨水的共同收集、共同运输、共同储存和共同处理。

L.3451-2条　第 2006-1772 号法律,第 63 条,2006 年 12 月 30 日,《法国官方公报》2006 年 12 月 31 日

第 L.3451-1 条所指的大省份和省际机构,可以通过与相关市镇、合作公共机构或联合工会签订的协议,保证位于埃松省、塞纳和马恩省、德瓦兹谷省和伊夫林省的市镇的全部或部分雨水卫生共同处理和管理。

L.3451-3条　第 2006-1772 号法律,第 63 条,2006 年 12 月 30 日,《法国官方公报》2006 年 12 月 31 日

本法典第二部分第二卷第二编第四章第二节对市镇的条款,适用于巴黎大省、上塞纳大省、塞纳-圣旦尼大省和瓦勒德马恩大省,以及第 L.3451-1 条和第

L.3451-2 条规定的、为行使管辖权而创立的省际机构。

第六卷 里昂大都会区

第一编 一般条款

单一章

L.3611-1 条 第 2014-58 号法律,第 26 条,2014 年 1 月 27 日

根据《宪法》第 72 条的规定,创建了一个地位特殊的地方政权,称为"里昂大都会区",位于里昂城市共同体,在原先划定的罗纳大省内。

L.3611-2 条 第 2014-58 号法律,第 26 条,2014 年 1 月 27 日

里昂大都会区形成了一个团结互助的空间,建立和引导了该地区的整治及经济、生态、教育、体育、文化和社会发展规划,以提高竞争力和凝聚力。

它借助基础设施、网络和大都会区的结构性基础设施,确保大都会区经济、社会和环境发展的条件。

L.3611-3 条 第 2014-1543 号法令,第 3 条,2014 年 12 月 19 日

里昂大都会区通过本卷的规定和本法典第一部分、第三部分第一卷的第二、三、四编和第二、三卷,以及有关大省的现行法规进行自主管理。

为在里昂大都会区实施上述法规:

1. 用"里昂大都会区"取代"大省"。
2. 用"大都会区理事会"取代"总理事会"。
3. 用"大都会区理事会主席"取代"总理事会主席"。

L.3611-4 条 第 2014-1543 号法令,第 3 条,2014 年 12 月 19 日

为行使管辖权,里昂大都会区拥有和税收独立的市镇合作公共机构的同等权利并履行同等义务。

为行使管辖权,大都会区理事会主席拥有和税收独立的市镇合作公共机构主席的同等权利并履行同等义务。

另外,除非法律另有规定,里昂大都会区及其主席分别拥有法律直接授予税

收独立的市镇合作公共机构及其主席的特权。

里昂大都会区也拥有和税收独立的市镇合作公共机构同等的获得资助、补贴和支援措施的资格。

L.3611-5 条 第 2014-1543 号法令, 第 3 条, 2014 年 12 月 19 日

里昂大都会区作为其成员的、第 L.5721-2 条规定的地方政权组合和混合型公会, 拥有和全部或部分由税收独立的市镇合作公共机构或大省组成的地方政权和混合型公会同等的权利, 并履行同等义务。

它们也拥有和全部或部分由税收独立的市镇合作公共机构或大省组成的地方政权组合和混合型公会同等的获得资助、补贴和支持措施的资格。

L.3611-6 条 第 2014-1543 号法令, 第 22 条, 2014 年 12 月 19 日

里昂大都会区在所有大省拥有代表的公共机构、机构、委员会和组织中都有代表, 在必要的情况下需要对这些代表的组成、运作以及经费作出调整。

里昂大都会区在行使管辖权时, 在所有市镇和税收独立的市镇合作公共机构依法拥有代表的公共机构、机构、委员会和组织中都有代表, 在必要的情况下需要对这些代表的组成、运作以及经费作出调整。

里昂大都会区的理事可以代表大省团体或市镇合作公共机构, 在这些机构中拥有地方政权或其组织的席位。

L.3611-7 条 第 2014-1543 号法令, 第 29 条, 2014 年 12 月 19 日

在罗纳大省, 除非法律另有规定, 法律或大省行政法规认定的公共机构、公共事业机构、专业团体和协会, 在罗纳大省和里昂大都会区内, 拥有相关的管辖权。

第二编 地域范围和首府

L.3621-1 条 第 2014-58 号法律, 第 26 条, 2014 年 1 月 27 日

第 L.3611-1 条确定的里昂大都会区的地域范围, 在咨询了里昂大都会区理事会、有关各市镇的市镇委员会及相关大省的理事会后, 在听取最高行政法院意见的情况下, 通过法律的方式进行调整。然而, 当上述理事会都以决议的形式批准了变更方案的，可以通过最高行政法院的法令对里昂大都会区的地域范围进行调整。

L.3621-3 条　第 2014-58 号法律，第 26 条，2014 年 1 月 27 日

最高行政法院在咨询了罗纳大省理事会和有关市镇的市镇理事会后，以法令的形式确定罗纳大省的首府。第 L.3112-2 条适用于大省首府的变动。

L.3621-4 条　第 2014-1543 号法令，第 2 条，2014 年 12 月 19 日

作为第 L.3121-9 条的例外，罗纳大省理事会可以在里昂大都会区理事会所在的市镇举行会议。

第三编　组　织

第一章　大区理事会

L.3631-1 条　第 2014-58 号法律，第 26 条，2014 年 1 月 27 日

里昂大都会区理事按照《选举法典》规定的条件，通过直接普选产生。

L.3631-2 条　第 2014-1543 号法令，第 2 条，2014 年 12 月 19 日

大都会区理事会坐落在里昂市。但它可以在大都会区的任何其他地方举行会议。

L.3631-3 条　第 2014-58 号法律，第 26 条，2014 年 1 月 27 日

在不损害第 L.3121-9 条和第 L.3121-10 条的情况下，大都会区理事会应在选举后的第一个星期四举行会议。

L.3631-4 条　第 2014-58 号法律，第 26 条，2014 年 1 月 27 日

大都会区理事会主席经无记名投票，由理事会成员的绝对多数票当选。如果在两轮投票后仍无结果，则第三轮投票可以相对多数计票。在选票相同的情况下，年长者当选。

L.3631-5 条　第 2014-1543 号法令,第 6 条,2014 年 12 月 19 日

　　大都会区理事会选举产生常委会委员。常委会是由主席、一位或多位副主席组成,若有需要,可以增设一位或多位大都会区理事。

　　副主席的人数由大都会区理事会自由决定,但不能超过二十五位和大都会区理事会工作人员的 30%。

　　大都会区理事会副主席由理事会按照候选人名单投票,绝对多数票当选,不存在混合圈选(panachage)或优先性选票。在每份候选人名单上,异性候选人的数量差不能超过一个。如果经过两轮投票,没有一份名单获得绝对多数票,就举行第三轮投票,候选人以相对多数票当选。在选票相同的情况下,平均年龄最大的候选人名单当选。

　　除了主席和副主席外,大都会区理事会常委会委员以小选区多数选举制产生。如果在两轮投票后,没有候选人获得绝对多数票,则第三轮投票可以相对多数计票。在选票相同的情况下,年长者当选。

　　在主席以外的常委会委员席位空缺的情况下,补位选举应按照前两款的规定,依照应补位的数量进行。

L.3631-6 条　第 2014-58 号法律,第 26 条,2014 年 1 月 27 日

　　大都会区理事会可以将部分权力下放给常委会,除了第 L.3312-1 条至第 L.3312-3 条和第 L.1612-12 条至第 L.1612-15 条中提到的那些权力。

L.3631-7 条　第 2014-58 号法律,第 26 条,2014 年 1 月 27 日

　　在六分之一到场委员的要求下,可以公开投票选举。写上选民名字和表明他们投票意向的选举结果,被记录在《会议纪要》上。当票数相等时,大都会区理事会主席的一票是决定性的。

　　在下列情况下进行无记名投票:

　　1. 须由三分之一到场委员提出要求。

　　2. 涉及某项提名时。

　　不过,大区理事会也可一致决定对提名不进行无记名投票,除非法律或规章明确规定须无记名投票。

L.3631-8 条　第 2014-58 号法律,第 26 条,2014 年 1 月 27 日

大都会区理事会主席的职权是无法和大区理事会主席或大省理事会主席的职权兼容的。

大都会区理事会主席的职责也与欧洲委员会委员、欧洲中央银行执行理事会委员或法兰西银行货币政策理事会委员的职责不能兼容。

如果里昂大都会区理事会主席的职权行使让他如前两款所示的不能兼容,他会因此在最迟不超过选举或被任命不能兼任的职务之日起,停止行使里昂大都会区理事会主席的职权。在对该选举或者提名存在异议的情况下,不兼容性自确认选举或者提名的司法判决产生既判力之日起生效。

第二章　大都会区任期的行使条件

L.3632-1 条　第 2014-58 号法律,第 26 条,2014 年 1 月 27 日

为了有效地履行职权,大都会区理事拥有参照对应公职人员待遇指标阶梯的最高指标待遇津贴。

L.3632-2 条　第 2014-58 号法律,第 26 条,2014 年 1 月 27 日

大都会区理事会在它新一届首次运行后的 3 个月内,通过决议,确定理事的津贴。

新一届大都会区理事会成立后,对理事的津贴审议会在新一届理事会成立后的 3 个月内完成。

所有针对大都会区一位或多位理事职务津贴的决议,都应附有一个表格,列出发放给所有理事的津贴总表。

L.3632-3 条　第 2014-58 号法律,第 26 条,2014 年 1 月 27 日

为有效行使理事职权,大都会区理事会投票产生的理事最高津贴,是适用第 L.3632-1 条的参考数额确定的,最高可达其 70%。

大都会区理事会可以在其内部规范规定的条件下,根据理事参加全体会议、参加其所在委员会会议和他代表大区参加其他机构会议的情况,减少津贴数额的发放,但减少后的数额不可低于可以发放给每位理事的最高津贴的一半。

L.3632-4 条　第 2014-58 号法律，第 26 条，2014 年 1 月 27 日

为有效履行主席职权，大都会区理事会投票通过的主席职务津贴，是适用第 L.3632-1 条的参考数额确定的，最高可在理事津贴上增加 45％。

每位行使职权的副主席的职务津贴，在同等条件下，是实施第 L.3632-1 条的参考数额确定的，最高可在理事津贴上增加 40％。

大都会区理事会常委会委员的职务津贴，在同等条件下，除了行使职权的主席和副主席之外，最高可在理事津贴上增加 10％。

按照本条前两款增加的津贴，也可以按照第 L.3632-3 条第 2 款规定的发放条件被削减。

第三章　介入的特别方式

第一节　地区市镇长会议

L.3633-1 条　第 2014-58 号法律，第 26 条，2014 年 1 月 27 日

里昂大都会区地区市镇长会议在里昂大都会区范围内运行。会议的地域范围由大都会区理事会决议决定。大都会区理事会在制定和实施大都会区政策时，可以咨询该会议。咨询意见转交给大都会区理事会。

在该会议的首次会议上，市镇长们可以在会议成员中选出该会议的一位主席和一位副主席，后者在主席无法行使职权时替代主席。在主席的动议或一半成员的要求下，按照会议议程，该会议每年至少进行一次，其运行程序由大区理事会内部规范确定。

第二节　大都会区会议

L.3633-2 条　第 2014-58 号法律，第 26 条，2014 年 1 月 27 日

在里昂大都会区和其市镇之间有一个协调机构，称为"大都会区会议"，可以讨论任何涉及大都会区利益的话题或协调这些政权间的行动。这个机构依法由大都会区理事会主席主持，并由市镇长作为其成员。在会议主席的动议或会议一半以上成员的要求下，在确定的议事日程，该会议每年至少进行一次。

L.3633-3 条　第 2014-58 号法律，第 26 条，2014 年 1 月 27 日

大都会区会议在市镇理事会每次改选后的 6 个月后，会拟定一份大都会区与其市镇之间的大都会区政策协调协议。该协议按照第 L.1111-8 条规定的条件，作出里昂大都会区向其市镇委托管辖权的战略提议。在同等条件下，协议也提出了部分市镇委托里昂大都会区管辖权的战略。

大都会区会议以能代表大都会区总人口一半的市镇长的简单多数通过该草案。

在咨询大都会区辖区内的市镇的市镇理事会后，里昂大都会区理事会审议通过协议。

第三节 服务和设施的创建和区域化管理

L.3633-4 条 第 2014-58 号法律，第 26 条，2014 年 1 月 27 日

里昂大都会区可以通过协议向其一个或多个市镇、向其一个或多个公共机构或向其任何其他一个地方政权委托授予创建或管理某些设施或服务的管辖权。在同等条件下，这些地方政权和公共机构也可以向里昂大都会区委托属于它们管辖的、创建或管理某些设施或服务的管辖权。

协议确定所委托的行动或任务的资金以及财产方式。它可以约定向所涉及的地方政权或者机构提供的部分或者全部服务的方式。

第四编 管辖权

第一章 里昂大都会区的管辖权

L.3641-1 条 第 2018-957 号法律，第 1 条，2018 年 11 月 7 日

一、里昂大都会区对大区内的市镇全权行使下列管辖权：

1. 经济、社会和文化发展与调整：

（1）工业、商业、第三产业、手工业、旅游业、港口或机场活动区的创建、调整、维护和管理。

（2）经济发展行动，包括第 L.4211-1 条第 8 款提到的参与公司资本，促进地区和各项活动的开展和影响的行动，以及对引领地区的各项竞争力的领域的支持与参与。

（3）考虑到大区高教、科研和创新的规划，对高教和科研机构及科研项目的支持与援助计划。

（4）大都会区的文化、社会文化、社会教育和体育设施的建设、调整、维护和设施运作。

（5）促进旅游业，包括建立旅游局。

2. 大都会区空间治理：

（1）大都会区协调规划和部门计划。执行中的地方市镇规划和文件。治理行动的定义、创建和完成。对自然和风景遗产的评估行动。保留土地的构成。

（2）按照《运输法典》第 L.1231-1 条、第 L.1231-8 条及第 L.1231-14 条至第 L.1231-16 条定义的运输组织。里昂大都会区公共道路的建设、开发和维护。指示系统。公园和停车场。城市迁移规划。乘客候车厅。

（3）参与大都会区境内火车站的管理和治理。

（4）按照本法典第 L.1425-1 条的规定，建立、开发、获取和使用基础设施和网络电信。

3. 地方居住政策：

（1）地方居住规划。

（2）住房政策。为社会住房提供财政援助。有利于社会住房的行动。有利于弱势群体的住房行动。

（3）已建成住房园区的完善，重建住房和清除不良住房。

（4）按照 2000 年 7 月 5 日关于旅游者接待和住宿的第 2000-614 号法律第 1 条第 2 款第 1 项至第 3 项，创建、治理、维护和管理旅行者接待和家庭出租空间。

4. 城市政策：

（1）确立对地区的诊断和确定城市协议的方向。

（2）促进和协调城市发展、地方发展和经济社会一体化发展的协议机制，以及地方预防犯罪机制。

（3）城市协议定义的行动规划。

5. 集体利益服务项目的管理：

（1）卫生和水。

（2）对大都会区墓地、放骨灰处的建立、管理、扩展和转移，以及对大都会区火葬场的建立、管理和扩展。

（3）屠宰场、屠宰市场和国家利益的市场。

（4）按照本法典第一部分第四卷第二编第四章规定的消防救援服务。

（5）外部防火的公共服务。

6. 保护和体现环境价值及生活空间政策：

（1）对家庭废弃物及类似物品的管理。

（2）对空气污染的治理。

（3）对噪声污染的控制。

（4）支持控制能源需求的行动。

（5）按照《环境法典》第 L.229-26 条制订和通过地方气候-空气-能源计划，与国家减排温室效应气体、能源效率和可再生能源生产的目标相吻合。

（6）减少电力和天然气的公共分配份额。

（7）城市供热和制冷网络的建立、治理、维护和管理。

（8）建立和维护电动或混合动力车辆所需的充电基础设施。

（9）按照《环境法典》第 L.211-7 条管理水生环境和防洪。

（10）建立和管理消毒服务及健康与卫生服务。

二、里昂大都会区理事会用简单多数表决通过地方城市规划。

L.3641-2 条　第 2014-58 号法律，第 26 条，2014 年 1 月 27 日

在不违背本法典的情况下，里昂大都会区完全有权行使法律赋予大省的管辖权。

L.3641-3 条　第 2014-58 号法律，第 26 条，2014 年 1 月 27 日

里昂大都会区可以通过协议，赋予其市镇部分管辖权。

L.3641-4 条　第 2014-58 号法律，第 26 条，2014 年 1 月 27 日

一、罗纳-阿尔卑斯大区可以按照第 L.1111-8 条的规定，委托里昂大都会区行使部分管辖权。

二、在对方或自己的要求下，里昂大都会区通过与罗纳-阿尔卑斯大区签订的协议，代替大区行使第 L.4221-1-1 条第 2 目规定的委托管辖权。

该协议自收到请求之日起 18 个月内签署。

协议明确管辖权移交的范围以及财政条件，并在咨询了相关技术委员会的意见后，确定部分或者全部大区服务移交给大都会区的条件。它确认为行使管辖权而归大都会区使用的服务或部分服务的清单,并确定确切的移交日期。这些服务或部分服务归大都会区理事会主席负责。

然而,协议可以规定由这些管辖权移交产生的服务或部分服务应仍是大区服务,里昂大都会区为行使移交管辖权而使用这些服务。

L.3641-5 条　第 2017-86 号法律,第 123 条,2017 年 1 月 16 日

一、里昂大都会区制订出可执行的地方居住规划后,国家可以应它的请求,通过协议,将其下列管辖权移交给大都会区:

1. 对社会出租房屋、居间房屋的资助。对加入租赁的惠利并通知受益人。按照《建筑和居住法典》第 L.441-2 条和第 L.631-12 条授予的特别许可权,和根据全国住房办事处的授权,对私人住房资助。以及按照《建筑和居住法典》第 L.321-41 条的规定,对相关协议的签署权。

2. 不可分割的两项管辖权,即《建筑和居住法典》第三卷第一编第一章和同一法典第 L.441-2-3 条和第 L.441-2-3-1 条规定的对正规和独立住房的担保权,以及为行使该担保权,大省的国家代表根据同一法典第 L.441-1 条享有的全部或部分的保留权力的委托,但国家公务员和军人住房除外。

前款规定的委托管辖权由大都会区理事会主席行使。

二、里昂大都会区制订出可执行的地方居住规划后,国家还可以应它的请求,通过协议,也将其下列管辖权移交给大都会区:

1. 按照《建筑和居住法典》第六卷第四编第二章的规定,实施申购中标程序。

2. 按照《社会和家庭活动法典》第 L.345-2-2 条和第 L.345-2-3 条、第 L.312-1 条第 1 款第 8 段、第 L.322-1 条、第 L.345-2 条规范的机构资助规定,以及按照《建筑和居住法典》第 L.365-1 条、第 L.631-11 条和第 L.633-1 条的规定,进行社会的夜间值勤,对所有无家可归的个人或家庭,或者由于其经济状况和生存条件的不适应导致在取得住房方面具有特殊困难的个人或家庭提供借贷、住宿以及与住房配套的服务。

3.(已废除)

4. 对于《建筑和居住法典》第 L.443-7 条、第 L.443-8 条和第 L.443-9 条规定的且位于大都会区辖区内的住房,向廉租房机构发放转让许可。

按照《社会和家庭活动法典》第 L.345-1 条规定、实施本条第 2 款第 2 项规定的社会救助,以便按照同一法典第 L.312-1 条第 2 款第 8 项的规定,在相关组织内从事接待工作的管辖权,由大都会区理事会主席行使。

三、本条第 1 项和第 2 项的委托管辖权,是以国家的名义,并为了国家的利益行使的。

这一委托由一个为期 6 年的可续期协议确定。如果协议目标的执行结果无法令人满意,大省的国家代表可以在 3 年内对此提出异议。同样,大都会区也可以在相同的期限内,对不遵守国家承诺的行为进行谴责。

L.3641-6 条　第 2014-58 号法律,第 26 条,2014 年 1 月 27 日

当最高行政法院法令确定的有关治理、经济发展和创新、交通和环境、高教和科研的规划蓝图和文件在里昂大都会区生效或产生影响时,里昂大都会区完全有权与国家、其地方政权或其公共机构,在对这些蓝图和文件的建立、重订和修改方面进行合作。

里昂大都会区完全有权和国家合作制订国家-大区计划协议,协议对大都会区所在辖区以专章加以规定。

L.3641-7 条　第 2014-58 号法律,第 26 条,2014 年 1 月 27 日

在里昂大都会区的请求下,国家可以在咨询大区内有管辖权的理事会的意见后,向其移交大型设施和基础设施的资产、治理、维护和管理,在必要时,被移交的设施还可以位于大都会区辖区之外。移交是免费的,不会产生任何的赔偿、征税或任何的费用、工资或报酬。

移交经法令许可。由国家与受益大都会区签订的协议确定移交的具体方式。

L.3641-8 条　第 2015-991 号法律,第 18 条,2015 年 8 月 7 日

对于第 L.3641-1 条和第 L.3614-2 条规定的管辖权,里昂大都会区将取代等同于其辖区或者完全处于其辖区内的市镇公会或混合型公会。行使该管辖权所需的所有财产、费用和债务都被转交到大都会区,后者在所有有关管辖权的审议和命令中全权取代了原先的公会。行使管辖权的人员是里昂大都会区享有声誉的、符合大都会区工作人员身份和岗位条件的人员。

为实施第 L.3641-1 条规定的管辖权,里昂大都会区将代替辖区部分处于大都会区管辖范围内的市镇公会、混合型公会中位于大都会区辖区范围内的成员市镇,或者位于该辖区范围内的成员公共机构的部分。对于按第 L.5721-2 条规定转变为混合型公会的公会权限,以及该公会原先行使管辖权的辖区范围,都不发生变化。

2014 年 1 月 27 日关于地方公共行为现代化和大区确认的第 2014-58 号法律颁布前就已经存在的公会,在大都会区创建的 6 个月内,其法律地位应当与本条第 2 款的内容相一致。

里昂大都会区在都会区、混合型公会和所有其作为成员的公共机构中代替里昂市镇城市共同体。

对于在 2014 年 12 月 31 日属于罗纳大省的混合型公会,在这些公会各自的管辖范围内,里昂大都会区和罗纳大省是它们的法定成员。它们同时也是管理港口或机场设施的混合型公会的成员。

当里昂大都会区向负责运输的混合型公会移交地方运输基础设施和地方运输网络管理与营运的管辖权时,它可以保留《运输法典》第 L.1231-1 条规定的、与流动组织权力机构相关的所有其他的管辖权。

它可以把负责协调、组织和管理里昂大都会区的公共交通、罗纳大省的常规交通以及该省其他组织机构的混合型公会整合进来。

L.3641-9 条 第 2014-58 号法律,第 26 条,2014 年 1 月 27 日

第 L.2143-3 条适用于里昂大都会区,为实施该法条:

1. 用"里昂大都会区"取代"市镇合作公共机构或组织"。
2. 用"里昂大都会区的市镇"取代"机构成员市镇"。
3. 用"里昂大都会区残疾人无障碍委员会"取代"跨市镇残疾人无障碍委员会"。

第二章 大区理事会和理事会主席的权限

L.3642-1 条 第 2014-58 号法律,第 26 条,2014 年 1 月 27 日

里昂大都会区理事会通过决议处理大都会区事务。

L.3642-2 条　第 2015-382 号法律，第 2 条，2015 年 4 月 3 日，标号：RD-FX1430534L

一、1. 在不违背本法典第 L.2212-2 条的情况下，并且作为《公共健康法典》第 L.1311-2 条和第 L.1331-1 条第 2 款规定的例外，大都会区理事会主席行使制定卫生规章的权限。

作为《公共健康法典》第 L.1331-10 条的例外，由里昂大都会区理事会主席确定或取消非生活污水倾倒的许可。

有资质的消毒服务人员和卫生健康服务人员宣誓后，可以按照里昂大都会区行政法院法令规定，对违反卫生法规的行为进行调查和确认。

里昂大都会区理事会主席在发布正式通知后，有权要求所有权人按照《公共健康法典》第 L.1331-2 条、第 L.1331-3 条和第 L.1331-6 条至第 L.1331-9 条的规定付款。

2. 在不违背本法典第 L.2212-2 条的情况下，和作为本法典第 L.2224-16 条的例外，大都会区理事会主席行使规范家庭垃圾收集方面的权限。

有资质的消毒服务人员和卫生健康服务人员宣誓后，可以按照里昂大都会区行政法院法令规定，对违反家庭垃圾收集的行为进行调查和确认。

3. 作为 2000 年 7 月 5 日关于接待和留宿旅行者的第 2000-614 号法律第 9 条规定的例外，大都会区理事会主席行使对旅行者移动住宅停车的权限。

4. 大都会区理事会主席行使《国内安全法典》第 L.211-11 条规定的权限，以确保在大都会区内举办的文化体育活动的安全。

5. 不违背本法典第 L.2212-2 条的情况下，大都会区理事会主席对于居民区范围内的所有交通道路行使按照第 L.2213-1 条、第 L.2213-2 条、第 L.2213-3 条、第 L.2213-4 条、第 L.2213-5 条和第 L.2213-6-1 条赋予的交通政策方面的特权（大省的国家代表对于大流量道路所行使的权力除外）。居民区外，大都会区理事会主席也在市镇或者大都会区公产街道上行使交通政策，但不包括大都会区的国家代表对于大流量道路所行使的权力。

大都会区的市镇长对居民区范围内的所有交通道路以及居民区外的市镇或者大都会区公产街道行使按照第 L.2213-2 条、第 L.2213-3 条、第 L.2213-3-1 条和第 L.2213-6 条赋予的交通政策方面的特权。

大都会区辖区内的市镇长向大都会区理事会主席移交关于停车管理规章的

草案,征求后者的意见。自该草案被接受之日起 15 天内,如大都会区理事会主席不予回应,则草案被认可。

6. 大都会区理事会主席行使对大都会区内公共道路的维护政策。

7. 在不违背第 L.2212-2 条的情况下,并作为第 L.2213-33 条的例外,大都会区理事会主席向出租车营运商发放在公共道路上的停车许可。该停车许可可能在大都会区内一个或多个市镇受到限制。

8. 在不违背第 L.2212-2 条的情况下,并作为第 L.2213-32 条的例外,大都会区理事会主席行使制定外部防火规章的权限。

9. 在不违背第 L.2212-2 条的情况下,大都会区理事会主席行使《建筑和居住法典》第 L.123-3 条、第 L.129-1 条至第 L.129-6 条、第 L.511-1 条至第 L.511-4 条、第 L.511-5 条和第 L.511-6 条规定的权限。

二、当大都会区理事会主席按照本条第 1 款规定的内容签发政策政令时,他应尽快通知有关的市镇长。

三、按照本法典第 L.3642-3 条第 2 款和第 3 款,或按照《国内安全法典》第 L.511-2 条受聘的市镇警察,大都会区内的市镇警察和大都会区按照最高行政法院法令规定、有资质并宣誓后的警察,可以在大都会区理事会主席的指挥下,执行按照本条第 1 款作出的各项决定。

四、大省的国家代表可以在大都会区理事会主席缺席,并在通知后者仍无结果的情况下,行使本条 1 项和本条第 1 款第 9 项规定的大都会区理事会主席的权限。

L.3642-3 条 第 2014-1543 号法令,第 2 条,2014 年 12 月 19 日

一、为在里昂大都会区实施《国内安全法典》的第 L.511-5 条、第 L.512-4 条、第 L.512-5 条、第 L.512-6 条和第 L.513-1 条:

1. 用"里昂大都会区"取代"市镇合作公共机构"。
2. 用"里昂大都会区理事会主席"取代"市镇合作公共机构主席"。
3. 用"大都会区合作协议"取代"市镇合作协议"。

二、应大都会区若干市镇长的请求,获得三分之二的市镇理事会成员同意,并且其所代表的人口必须超过总人口的一半或者是获得一半的市镇理事会成员同意,但其所代表的人口必须超过总人口的三分之二,里昂大都会区可以招募一名或多名市镇警察,为这些市镇服务。任命他们为实习公务员并不妨碍对他们的征用。

招聘的市镇警察在相关市镇内行使《国内安全法典》第 L.511-1 条规定的管辖权,与《刑事诉讼法典》和特别刑事法律赋予司法警察的权力并不相悖。市镇警察在市镇内行使职权时,受该市镇长的指挥。

三、由里昂大都会区招聘的市镇警察由大都会区理事会主席任命,由大省的国家代表和共和国检察官批准,并按照《国内安全法典》第 L.511-2 条的规定宣誓。

对市镇警察的批准,也可由大省的国家代表或共和国检察官,在咨询了大都会区理事会主席的意见后,予以撤销或暂停。但在紧急情况下,共和国检察官可以在未经咨询的情况下,暂停批准。

L.3642-4 条　第 2014-58 号法律,第 26 条,2014 年 1 月 27 日

在得到相关安装市镇(按照《国内安全法典》第 L.511-2 条,它是行使管辖权的公共权力机构)同意的情况下,里昂大都会区可以决定是否获取、安装和维护用于预防犯罪的视频保护装置。它可以向相关市镇提供图像拍摄人员。

L.3642-5 条　第 2014-58 号法律,第 26 条,2014 年 1 月 27 日

在不影响相关市镇长对市镇警察管理权的前提下,里昂大都会区理事会主席主持和协调市镇所有有助于地方预防犯罪措施和诉之以法的管辖权行使。除非有超过大区一半以上人口的一个或多个代表大区市镇反对,大区安全和预防犯罪理事会由大都会区理事会主席主持。

该理事会下设工作组之间交换的机密情况和信息,不能通报给第三方。

第五编　财产和人员

L.3651-1 条　第 2014-1543 号法令,第 15 条,2014 年 12 月 19 日

在里昂大都会区内的,为行使本法典第 L.3641-1 条和第 L.3641-2 条规定的管辖权,或者为行使本法典第 L.3642-2 条第 1 款第 9 项行使的权限而使用的动产或不动产及其权利,当然地由辖区内的市镇以及罗纳大省转交给里昂大都会

区占有。

根据第 L.1321-4 条,前款所述的财产和权利,作为里昂大都会区的财产,在不迟于大都会区理事会首次会议后的 1 年内,完全移交完毕。

属于里昂大都会区市镇的财产和权利,也完全移交给里昂大都会区。当这些财产先前已由市镇按照第 L.1321-1 条和第 L.1321-2 条的规定交给公共机构处置时,财产权的移交应在相关市镇和里昂大都会区之间进行。

在不能达成非正式协议的情况下,最高行政法院在咨询依照内政部长的命令设立的一个委员会(其成员包括大都会区辖区范围内的市镇长、大都会区理事会主席和罗纳大省总理事会主席)的意见后,颁发法令,明确最终的财产移交。

移交是免费的,不会产生任何的赔偿、征税或任何的费用、工资或报酬,尤其不会产生《税务一般法典》第 879 条规定的缴款。

为行使管辖权,里昂大都会区全权取代辖区内市镇、罗纳大省和里昂城市共同体,行使和履行本条前 4 款规定的、与移交财产有关的全部权利和义务。

除非双方另有约定,否则合同在以前约定的条件下被履行,直至合同期满。

大都会区理事会把法人变更事项通知签约各相对方。法人变更对合同相对方不产生解除权,也不产生任何费用或赔偿。

L.3651-2 条　第 2015-382 号法律,第 3 条,2015 年 4 月 13 日

里昂大都会区内的市镇公共道路、罗纳大省公路及其连接和附属区域,在里昂大都会区成立的当天起全部移交给大都会区。大都会区内正在由里昂城市共同体和罗纳大省施工的公路基础设施,也在移交当日移交给里昂大都会区。

这些移交是免费的,不会产生《税务一般法典》第 879 条规定的缴款,也不会有其他任何性质的缴税、费用或税种。

所有相应的地役权、权利和义务全部由大都会区负责承担,并且移交公路也将被列入大都会区道路的类别。原来的高速公路或交通主干道状态被保留。

原先里昂大都会区市镇和罗纳大省为治理公路而获得的土地也一并移交给里昂大都会区。

移交给里昂大都会区后,受到影响的市镇化文件资料也将当然地更新。

里昂城市共同体主席和罗纳大省理事会主席向大区的国家代表和里昂大都会区理事会主席通报他们掌握的有关大都会区内公共道路的所有信息。

L.3651-3 条　第 2015-991 号法律, 第 117 条, 2015 年 8 月 7 日

一、里昂市镇的工作人员, 根据他们的身份和岗位条件, 都有权获得里昂大都会区的身份和岗位。如果愿意, 他们保留原先根据补偿规定发放的优惠和按照 1984 年 1 月 26 日关于地方公共职能的第 84-53 号法律第 111 条第 3 款规定的给予个人的惠利。

以上行为适用第 L.5111-7 条第 1 款。

二、参与第 L.3641-1 条规定的管辖权行使的市镇服务或市镇部分服务, 以及第 L.3642-2 条第 1 款第 9 项规定的权限, 按照第 L.5211-4-1 条的规定, 也被移交给大都会区。为实施该条款, 地方管辖权归属大都会区理事会主席。

以上行为适用第 L.5111-7 条第 1 款。

三、参与第 L.3641-2 条规定的管辖权行使的大省服务或大省部分服务, 按照以下条款所规定的条件, 也被移交给大都会区。

在咨询主管技术委员会的意见后, 大省和大都会区通过协议, 确定管辖权的移交时间和方式。然而, 在优化服务组织的框架内, 该协议可以规定, 因为部分移交管辖权的原因, 大省可保留管辖权移交涉及的全部或部分服务。

在 2015 年 4 月 1 日前未达成协议的情况下, 大省的国家代表可以在 1 个月内, 向大省理事会主席和大都会区理事会主席提交一份协议草案。后者有 1 个月的时间来签署该协议草案。如仍无法签署国家代表提交的该协议草案, 则根据主管地方政权事务的国务部长的命令来确定移交的时间和方式。

在等待服务或部分服务最终移交的期间, 从 2015 年 1 月 1 日起, 大都会区理事会主席向移交管辖权的大省服务部门主管下达指示。

自服务或部分服务的最终移交生效之日起, 在大省被移交管辖权的服务部门或部分服务部门中行使职能的、不具有公法身份的工作人员, 成为非大都会区身份工作人员, 在大都会区服务部门或部分服务部门中行使职能的地方公务员, 也当然归属大都会区管辖。

如果愿意, 工作人员保留原先根据补偿规定发放的优惠, 并保留按照 1984 年 1 月 26 日关于地方公共职能的第 84-53 号法律第 111 条第 3 款规定的给予个人的惠利。不具有大都会区身份的工作人员保留他们适用的合同给予他们的惠利。先前作为不具有大都会区身份的大省工作人员行使的服务, 可以被视作在大都会区行使的服务。

在补充社会保障方面，如果愿意，工作人员以前述 1984 年 1 月 26 日第 84-53 号法律第 88-2 条规定的身份，享有他们过去参与服务的个人惠利。

移交管辖权时隶属于大省的，在移交管辖权所涉及的服务部门或部分服务部门中行使职能的国家公务员和附属医院公务员，在他们的剩余服务期限之内隶属于里昂大都会区。

四、参与到第 L.3641-5 条规定的管辖权行使中的国家服务或部分国家服务，将依照该条规定以合同的方式转移给里昂大都会区。

五、参与到第 L.3641-7 条规定的管辖权行使的国家服务或者国家部分服务，应按照 2014 年 1 月 27 日关于地方公共行为现代化和大都会区确认的第 2014-58 号法律第 80 条至第 88 条的规定移交给里昂大都会区。为了实施这些条款，地方权力主管是大都会区理事会主席。

L.3651-4 条　第 2014-58 号法律，第 26 条，2014 年 1 月 27 日

为了组织良好的服务，第 L.5211-4-1 条第 3 款至第 L.5211-4-2 条适用于里昂大都会区与其市镇之间的关系。

第六编　财政和会计条款

第一章　预算和账目

L.3661-1 条　第 2014-1335 号法令，第 37 条，2014 年 11 月 6 日

里昂大都会区的预算是约定和授权政权每年收支的文件。投票通过的预算必须做到收支平衡。

里昂大都会区的预算分别由收支的经营和投资部分组成。某些干预措施、活动或服务在预算附表中列出。

里昂大都会区的预算分为章、条。

对本条的适用条件，由法令确定。

L.3661-2 条　第 2014-1335 号法令，第 37 条，2014 年 11 月 6 日

在对预算草案进行辩论之前，里昂大都会区理事会主席会提出一份关于大区运作、地方政策、改善状况的方针及规划的可持续发展情况报告。报告的内容，以及在必要的情况下报告的撰写方式，通过法令予以确定。

L.3661-3 条　第 2014-1335 号法令，第 37 条，2014 年 11 月 6 日

对津贴发放的议题，预算的审议和表决是分开进行的。但为了让津贴发放与其他发放条件有所区别，里昂大都会区理事会主席可以决定：

1. 把受益人的预算信贷个案化。或

2. 在预算中附表，列出受益人清单和每位受益人的津贴内容和金额。由此决定信贷个案化还是列出清单发放津贴。

L.3661-4 条　第 2014-1335 号法令，第 37 条，2014 年 11 月 6 日

除 10 周内提出的预算准则外，里昂大都会区适用第 L.3312-1 条的规定。

大区内各政权的预算草案，由大都会区理事会主席编制和提交理事会，并负责至少在审议预算的首次会议前 12 天，向里昂大都会区理事会成员通报各个相关报告。

初步预算、补充预算和预算修改决定，由里昂大都会区理事会投票表决。

L.3661-5 条　第 2014-1335 号法令，第 37 条，2014 年 11 月 6 日

大区预算是按预算的性质或预算的功能来投票表决的。如果预算是按其性质进行表决，它的内容还包括与预算功能交叉的内容介绍。如果按预算功能进行投票，则内容还包括有关与预算性质交叉的内容介绍。性质预算和功能预算的命名，由负责地方政权事务的部长和负责预算的部长联名颁发的政令确定。

所有预算文件也是由负责地方政权事务的部长和负责预算的部长联名颁发的政令所规定的模式展现的。

对本条的适用条件，由法令确定。

L.3661-6 条　第 2014-1335 号法令，第 37 条，2014 年 11 月 6 日

预算按照各章分别进行表决，但如果里昂大都会区理事会决定的情况下也可以按条进行表决。在两种情况下，里昂大都会区理事会可以明确规定对于某些信贷要按条进行表决。

在对每条进行表决时，里昂大都会区理事会主席可以通过明示裁定，在同一章的不同条款之间进行转账，但这不包括对那些特别信贷条款。

在预算表决时确定的每一部分预算的实际支出不得超过 7.5% 的框架下，里昂大都会区理事会可以将进行不同章之间资金转移的可能性委托给其主席行使。但这不包括人事费的支出。在这种情况下，里昂大都会区理事会主席须在最近的一次理事会会议上，就信贷使用事项通报理事会。

L.3661-7 条　第 2014-1335 号法令，第 37 条，2014 年 11 月 6 日

一、如果里昂大都会区理事会表决通过，列在预算投资支出部分的授予额度就包括规划许可和信贷支付。

规划许可确定了用于投资支出的最高限额。在上限没有被取消前，限制一直有效，没有时间限制。但可以对其进行修改。

信贷支付确定了与相关的规划许可相对应的可以在年度内对协议承诺作出授权或支付的最高额度。

投资部分的预算平衡仅可通过信贷支付情况评估。

二、如果里昂大都会区理事会表决通过，列在预算经营支出部分的授予额度就包括承诺许可和信贷支付。

本条第 2 款第 1 项所规定的特权仅适用由地方政权在其预算活动之外，并在其管辖权行使的框架内签订的、旨在向第三人支付除人事费用以外补贴、注资或者报酬的协议、决议或者决定。

承诺许可确定了实施前款的投资花费的上限。在上限没有被取消前，限制一直有效，没有时间限制。但可以对其进行修改。

信贷支付确定了与相关的规划许可相对应的可以在年度内对协议承诺作出授权或支付的最高额度。

经营部分的预算平衡仅可通过信贷支付情况评估。

在对行政账户表决时，里昂大都会区理事会主席要向理事会出具多年度的资产负债表。把相关的承诺许可、规划许可和信贷支付状况做出一张明细表，附在行政账户之后。

对本条的适用条件，由法令确定。

L.3661-8 条　第 2014-1335 号法令,第 37 条,2014 年 11 月 6 日

在预算更新后的首次审议表决之前,里昂大都会区理事会制定预算和投资规则。

该预算和投资规则特别具体规定了:

1. 对相关承诺许可、规划许可和信贷支付的管理方式,尤其是针对承诺许可和规划许可失效或者无效的管理。

2. 里昂大都会区理事会对正在履行的多年度承诺管理的通报方式。

该预算和财政规则还可以具体规定由负责地方政权事务的部长和负责预算的部长联名颁发的政令确定的、在规划许可中延期信贷支付的方式。

L.3661-9 条　第 2014-1335 号法令,第 37 条,2014 年 11 月 6 日

在预算的投资部分或经营部分包括规划许可和信贷支付,或包括承诺许可和信贷支付时,里昂大都会区理事会主席可以在预算被通过或预算未被通过前,对先前许可执行的投资支出和经营支出进行清算和授权,对预算每章的信贷支付额度上限,可达前一财政年度支付额度的三分之一。

不管预算是否被通过,相应的信贷额度要列入预算。会计人员有权支付符合这些条件的信贷授权。

L.3661-10 条　第 2014-1335 号法令,第 37 条,2014 年 11 月 6 日

里昂大都会区理事会主席每年要向理事会提交行政账户,账户在理事会成员的主持下被审议。

即使不再担任职务,大都会区理事会主席也可以参与对行政账户的讨论。但在对账户表决时,他必须回避。

行政账户由大区理事会表决通过。

在此之前,大区理事会应停止账户的运行,关闭账户。

L.3661-11 条　第 2014-1335 号法令,第 37 条,2014 年 11 月 6 日

关闭账户运行清算出的经营部分预算的盈余,加上前一年度的被转入的部分,将在行政账户表决后的首次预算决议之后,并且在任何情况下,在账户下次运行关闭之前,全部被用于财政拨款。由地方政权作出的拨款决议将建立在重

新使用这一部分款项的预算决定之上。

预算经营部分如出现亏损,投资需求或投资部分的超支则完全会在对行政账户表决后的首次预算决议中,无论如何,在账户下次运行关闭之前,被重新审议。

在第 L.1612-11 条末款设定的委托最后期限和按照《税务一般法典》第 1639-A 条规定的对地方税率表决的截止期之间,里昂大都会区理事会可以在行政账户通过表决前,以行政账户运行关闭为由,提前将经营部分的结果、投资部分的投资需求,或者,如有必要,将投资部分的超支和对分配的预算指标转结到预算中。

如果最终对行政账户的审议和相关金额有差异,里昂大都会区理事会应对行政账户表决后的首次预算决议规范化,并且无论如何,应在账户下次运行关闭之前,再次审议结果。

对本条的适用条件,由法令确定。

L.3661-12 条　第 2014-1335 号法令,第 37 条,2014 年 11 月 6 日

再次审议结果后,当预算投资部分显示盈余,大区政权可以在法令规定的情况和条件下,将该盈余转移至经营部分。

L.3661-13 条　第 2014-1335 号法令,第 37 条,2014 年 11 月 6 日

地方政权的行政账户应附上在本财政年度分配给每个市镇补贴的简要说明。每个市镇都有自己被补贴的清单和内容、补贴总额和总额与该市镇人口之间的关系。

L.3661-14 条　第 2014-1335 号法令,第 37 条,2014 年 11 月 6 日

为实施第 L.3313-1 条,向公众提供这些文件的地点是该地方政权的所在地。这些文件也可在大区的市镇政府内向公众开放。

L.3661-15 条　第 2018-1074 号法令,第 6 条,2018 年 12 月 26 日

这些预算文件是报告的附件,尤其是:

1. 关于政权财政状况的综合数据。

2. 地方政权以实物或补贴形式所作的援助名单。该文件仅附于行政账户之后。

3. 对最后实施地方政权主要预算和附加预算的支付结果的简要介绍。该文件仅附于行政账户之后。

4. 地方政权存在下述事实的组织的名单：

（1）地方政权持有该组织的部分资金。

（2）地方政权对该组织的借款进行过担保。

（3）地方政权向该组织支付超过 7.5 万欧元的补贴，或超过组织收支账户 50% 的收入。

该组织名册应记载组织的名称、公司名称和组织法律性质，以及地方政权财政承诺的性质和数额。

5. 能显示地方政权担保的借款流程及还款时间的表格。

6. 公共服务的受托人名单。

7. 能显示地方政权在第 L.1414-1 条所规定的合作方市场中产生的所有财政承诺的附录。

8. 能显示所有在合作方市场中投资部分所产生的债务的附录。

9. 第 L.3213-2 条所规定的资产变化情况。

10. 地方政权其他资产和财政状况，及其他相关承诺的情况。

对预算的修改决定或补充预算造成上述附件内容发生变化时，必须重新提供附件，以便对修改决定或补充预算进行表决。

在签订按照 2014 年 2 月 21 日关于城市和都市凝聚力的第 2014-173 号法律第 6 条规定的城市协议时，里昂大都会区在其年度预算后，要附上能显示在协议框架下它所作出的所有承诺的收支情况的附录。附录要列出协议规定的各地方政权，尤其是大区，采取的行动和方式的总表，把属于城市政策的方法和属于一般法的方法区别开来。

前列第 1 项提到的那些文件，要包含在当地一份或多份的出版物中。出版物在里昂大都会区的全部区域内发行。

对本条的适用条件，由法令确定。

L.3661-16 条　第 2016-1321 号法律,第 18 条,2016 年 10 月 7 日

第 L.3661-15 条第 4 项涉及的各个组织的账户被移交给地方政权,并按照第 L.3121-18 条的规定,在里昂大都会区理事会理事的要求下,由地方政权移交给理事,并按照第 L.3121-17 条的规定,移交给所有有关人员。

在行政账户的支撑下,不具有公共机构会计人员的各组织的账户,由地方政权移交给国家代表和地方政权的会计人员,这些组织的账户是:

1. 地方政权拥有其中至少 33% 的资金。或

2. 地方政权对组织借款提供担保的。或

3. 地方政权已经向组织支付超过 7.5 万欧元的补贴,或超过组织收支账户 50% 的收入,并超出了 2000 年 4 月 12 日关于公民在与行政管理关系中的各项权利的第 2000-321 号法律第 10 条第 4 款规定的门槛的账户。

第二章　收　入

第一节　税收和缴费

L.3662-1 条　第 2014-1335 号法令,第 18 条,2014 年 11 月 6 日

里昂大都会区的资源包括:

1. 本法典第二部分第三卷第三编第三章涉及的资源,它们的设立有利于市镇合作的公共机构。

2. 本法典第 L.3332-1 条、第 L.3332-2 条、第 L.3332-2-1 条、第 L.3333-1 条、第 L.3333-2 条和第 L.3333-8 条涉及的、在第 L.3611-1 条规定的区域内征收的资源。

3. 本法典第 L.5215-32 条至第 L.5215-35 条涉及的资源。为实施第 L.5215-32 条,里昂大都会区以按照第 L.2224-31 条的规定、行使电力公共配置组织的权力机构管辖权的名义,在该管辖权未被第 L.5212-24 条规定的权力机构行使的情况下,按照第 L.2333-2 条至第 L.2333-5 条的规定,对大区所有的市镇征收市镇电力最终消费税。在这种情况下,税收是按照一般法上的原则征收。里昂大都会区也可以按照《税务一般法典》第 1639A 条第 1 款第 1 项的规定,通过审议后,向被征收该税的市镇返还其已征税额的一小部分税。

4. 按照《城市规划法典》第 L.331-36 条的转账。

5. 按照 2009 年 12 月 30 日第 2009-1673 号法律第 77 条第 1、2、4 款规定

的 2010 年财政税款。

6. 必要时，按照 2009 年 12 月 30 日第 2009-1673 号法律第 78 条第 2.1 款规定的 2010 年财政税款，向里昂大都会区的市镇支付款项。

7. 必要时，按照 2009 年 12 月 30 日第 2009-1673 号法律第 78 条第 2.2 款规定的 2010 年财政税款，向里昂大都会区的罗纳大省支付款项。

L.3662-2 条　第 2014-1335 号法令，第 18 条，2014 年 11 月 6 日

一、为里昂大都会区的利益所收取的税收和缴费，如本年度预算所规定的那样，以总金额十二分之一的形式按月发放，第一笔放款应当在每年的 1 月 31 日之前完成。

如果发放数额无法以上述方式确定，则在去年征缴总金额的十二分之一限度内进行发放。如果还无法确定，则根据去年预算规定的征缴总金额的十二分之一发放。在本年度预算规定的征缴总金额确定后，再完成调整。

在本年度内，如果里昂大都会区可用资金暂时不足，可以提前征缴十二分之一或十二分之几的金额。补充征缴要在地区公共财政主任的建议下，依照省长颁发的命令执行。

征缴金额不能超过当年确定的税费总金额。

本条第一部分适用于 1972 年 7 月 13 日关于对部分类别的老年商人和手工业者采取优惠措施的第 72-657 号法律第 3 条规定的商业面积的税收规定。

配置给共同资金的税款或部分税款，不包括在本条规定的征缴体制中。

二、返还给里昂大都会区的、依照去年征收的企业增值税计算的部分年费产生的收益，按照总金额十二分之一比例，按月发放。

本条第 2 款规定的月付，可以按照本条第 1 款的规定，分期支付。

三、依照里昂大都会区能源产品征收的部分国内消费税，按照 2005 年 12 月 30 日关于 2006 年财政税款的第 2005-1719 号法律第 46 条第 2 款第 1 项和第 2 项确定的补偿权总金额的十二分之一按月支付。

L.3662-3 条　第 2014-58 号法律，第 26 条，2014 年 1 月 27 日

一、里昂市镇与罗纳大省之间签订了一项财政总议定书。它规定了在里昂大都会区成立时，当事各方对罗纳大省原有资产和负债的分配条件，投资贬值的计算模式，被移交的资产负债表之外的承诺估值和被移交的资产和负债的会计持续计算方法。

二、上述财政总议定书由按照第 L.3663-3 条规定组成的罗纳大省税费和资源移交评估地方委员会最迟在 2014 年 12 月 31 日前签订。

三、在未按上述时间签订议定书的情况下，在里昂大都会区成立时，当事各方对罗纳大省原有资产和负债的分配条件、投资贬值的计算模式、被移交的资产负债表之外的承诺估值和被移交的资产和负债的会计持续计算方法，都由地区的国家代表颁布命令来确定。该命令在上述第 2 款确定的日期后的 3 个月内颁布。

第二节　国家财政资助

L.3662-4 条　第 2018-1317 号法律，第 250 条，2018 年 12 月 28 日

一、里昂地区享有：

1. 按照第 L.5211-28 条和第 L.5211-28-1 条规定的计算方法计算的市镇合作公共机构运行的全部补助额度。

2. 各大省运行的全部补助额度的定额补助。定额补助包括应按照 L.3334-3 条第 3 款计算的基本补助，在必要时，还包括依据第 L.3334-3 条在里昂大都会区成立前，由罗纳大省所接受的担保。担保金额在大区和罗纳大省之间、根据它们各自的人口比例分摊。其金额根据罗纳大省和里昂大都会区按照第 L.3334-3 条规定的计算方法而变化。

3. 适用第 L.3334-7-1 条的补偿补助额度。在里昂大都会区成立前，由罗纳大省所接受的补偿补助，现在由罗纳大省和里昂大都会区，按照第 L.3334-2 条规定的人口比例分摊，其金额根据罗纳大省和里昂大都会区按照第 L.3334-7-1 条规定的计算方法而变化。

4. 必要时，适用第 L.3334-4 条和第 L.3334-6 条至第 L.3334-7 条的调整补助额度。2015 年，第 3334-6-1 条的最后 4 款不适用于罗纳大省和里昂大都会区。

5. 按照 2005 年 12 月 30 日第 2005-1719 号法律第 49 条第 1 款 B 第 2 项 b 规定的 2006 年财政税款，把警察的道路交通罚款收入支付给地方政权。

二、（废止）

L.3662-5 条　第 2014-1335 号法令，第 37 条，2014 年 11 月 6 日

里昂大都会区享有第 L.3332-3 条规定的资源。

第三节　税收资源的均衡

L.3662-6 条　第 2014-58 号法律，第 26 条，2014 年 1 月 27 日

第 L.2336-1 条至第 L.2336-7 条适用于里昂大都会区。

L.3662-7 条　第 2014-1335 号法令，第 36 条，2014 年 11 月 6 日

第 L.3335-1 条和第 L.3335-2 条适用于里昂大都会区。

2015 年、2016 年和 2017 年，为实施适用于罗纳大省和里昂大都会区的第 L.3335-2 条，罗纳大省于 2012 年、2013 年和 2014 年所征收的有偿转让税额，分别以 19.2％和 80.8％的比例分配给罗纳大省和里昂大都会区。

L.3662-8 条　第 2015-381 号法律，第 2 条，2015 年 4 月 3 日，标号：RDFX1430530L

按照第 L.3334-6 条规定计算的里昂大都会区和罗纳大省的财政潜力，考虑了按照第 L.3663-7 条规定实施的大区信贷额度的补偿金额。行政法院的法令规定了本节的实施方法。

第四节　投资部分的收入

L.3662-9 条　第 2014-1335 号法令，第 37 条，2014 年 11 月 6 日

除了第 L.3332-3 条涉及的收入，里昂大都会区投资部分的收入，在必要时，还可包括由法令规定的留置款收入。

第五节　预付款和借款

L.3662-10 条　第 2014-1335 号法令，第 37 条，2014 年 11 月 6 日

本法典第二部分第三卷第三编第七章适用于里昂大都会区。

第三章　罗纳大省和里昂大都会区间的成本以及产品的移交

L.3663-1 条　第 2014-58 号法律，第 26 条，2014 年 1 月 27 日

因罗纳大省和里昂大都会区按照第 L.3641-2 条规定进行的管辖权移交产

生的成本的净增加，都要附带把正常行使管辖权所需要的资源同时移交给里昂大都会区。从移交之日起，这些资源确保移交费用净增加的全面补偿。

L.3663-2 条 第 2014-58 号法律，第 26 条，2014 年 1 月 27 日

在管辖权移交前，对与移交相关的费用需要进行评估。

L.3663-3 条 第 2014-58 号法律，第 26 条，2014 年 1 月 27 日

对罗纳大省管辖权移交产生的费用补偿方式，应当咨询根据 2014 年 1 月 27 日关于公共行动现代化和大都会区确认的第 2014-58 号法律第 38 条规定成立的负责对移交费用和资源进行评估的罗纳大省地方评估委员会。

需要时，评估委员会对罗纳大省行政账户上的费用以及产品在罗纳大省和里昂大都会区之间的分配进行评估，以便按照第 L.3663-6 条来确定大都会区的补偿补助金额。

该地方评估委员会，在罗纳大省各职能部门和国家主导部门的支持下，对里昂大都会区成立之前大省行政运行的实际收入的区域分配进行评估。

L.3663-4 条 第 2014-58 号法律，第 26 条，2014 年 1 月 27 日

大省移交的这些费用，相当于里昂大都会区成立前罗纳大省在后者的地域辖区内所产生的开支。这些费用可以减去因为移交而产生的毛支出的减少部分或者收入的增加部分。这些费用也可能因罗纳大省向里昂大都会区移交资产负债表之外的承诺增值部分而增加数额。

在每一项管辖权移交之前由大省所实现的、并且在行政账户中记录在案的费用的参考期限、评估以及分配的方式，由第 L.3663-3 条提到的委员会成员三分之二多数决定。

在该委员会成员无法达成合意的情况下，被移交的投资费用的补偿金相当于由大省接受自欧洲基金和大省援助基金、罗列在大省行政账户上的用于里昂地区、里昂大都会区成立前 5 年的扣除税收和债务本金分期付款的平均支出。除此之外，还要加上罗纳大省向里昂大都会区移交的按年度偿还的债务本金额度。

在该委员会成员无法达成合意的情况下，被移交的经营费用的补偿金相当于，罗列在大省行政账目上的用于里昂地区、在里昂大都会区成立之前 3 年的支出款项的平均数。为确定补偿金而计算的开支数额,需要依照该 3 年行政开支的年利率增长的平均值进行更新。

L.3663-5 条　第 2014-58 号法律,第 26 条,2014 年 1 月 27 日

由于这些费用增减造成的开支数额,由主管地方政权事务的部长和预算部长,在征求第 L.3663-3 条涉及的委员会的意见后,联合颁发政令,对每项管辖权移交产生的开支数额加以确定。

L.3663-6 条　第 2014-58 号法律,第 26 条,2014 年 1 月 27 日

负责对移交费用和资源进行评估的罗纳大省地方评估委员会计算移交产生的大区的理论净储蓄率,按照第 L.3663-4 条估算与里昂大都会区区域有关的实际经营收入和实际费用支出。同样,理事会要计算与新罗纳大省区域有关的实际经营收入产生的理论上的净储蓄率,并依照里昂大都会区被估算的同样方法,按照第 L.3663-4 条的规定,估算新罗纳大省继续要承担的实际费用支出。

本条涉及的净储蓄率,与实际经营收入对实际经营费用、扣除债务资本金后的余额相对应,余额归入实际经营收入。

最后,该评估委员会要估算大区自己的补偿补助金数额,以纠正先前罗纳大省对大省内征收税费所得的地方分配,并保证在里昂大都会区成立时,上述理论净储蓄率之间的平等。

L.3663-7 条　第 2014-58 号法律,第 26 条,2014 年 1 月 27 日

主管地方政权事务的部长和预算部长,在征求按照第 L.3663-3 条成立的委员会超过半数成员通过的说明意见后,联名颁发政令,确定对大都会区的补偿补助额度。

如果这一补偿补助额度要支付给罗纳大省,它就是里昂大都会区的强制性支出,需要以后者的经营收入来支付。

如果这一补偿补助额度是支付给里昂大都会区的,它就是罗纳大省的强制性支出,要以后者的经营收入来支付。

L.3663-8 条　第 2014-58 号法律, 第 26 条, 2014 年 1 月 27 日

负责对移交费用和资源进行评估的罗纳大省地方评估委员会, 要在里昂大都会区成立后的 18 个月内, 提出报告, 分析和证明对区域化的收支的预测与这两个新区域各自第一个行政账户的结果之间的具体差异。

委员会可就此通过由委员会发起并由其多数成员通过的意见书, 提出建议, 纠正对大都会区的补偿补助数额。

这份报告呈交给主管地方政权事务的部长和预算部长。

L.3663-9 条　第 2018-1317 号法律, 第 250 条, 2018 年 12 月 28 日

一、为实施适用于里昂大都会区市镇的第 L.2334-4 条:

1. 所要考虑的依照企业增值税收取的市镇间收入所得, 要和里昂大都会区收取的所得乘以 53％的系数相对应。

2. 所要考虑的对网络企业的定额税费收取的市镇间收入产品, 要和里昂大都会区依照 78.29％系数收取的所得相对应。

二、为实施适用于里昂大都会区的第 L.2336-2 条第 1 款第 2b 项、第 L.5211-30 条第 2 款第 2 项和第 3 项, 及第 3 款第 1 项和第 2 项:

1. 大省依照企业增值费收取的收入产品, 要和里昂大都会区依照 35.33％系数收取的所得相对应。

2. 大省对网络企业的一揽子税费收取的所得, 要和里昂大都会区依照 78.29％系数收取的所得相对应。

三、为实施适用于里昂大都会区的第 L.3334-6 条:

1. 2015 年, 为计算里昂大都会区的税收潜力:

大省依照房产征收的土地税基数, 要和大省依照属里昂大都会区的市镇领地征收的土地税基数相对应。

要考虑, 大省依照企业增值税收取的所得, 以及大省对网络企业的定额税费收取的所得, 要和大省依照属里昂大都会区的市镇领地征收的所得相对应。

为实施 2009 年 12 月 30 日第 2009-1673 号法律第 78 条 1.2 款和第 2.2 款规定的 2010 年财政税款的盈亏数额, 要和罗纳大省 2014 年依照 58.42％系数征收或资助的所得相对应。

在里昂大都会区成立前的几年里, 大省按照《税务一般法典》第 1594 A 条征收税费的所得,要和罗纳大省依照80.8％系数征收行政费的所得相对应。

上年度大省按照《税务一般法典》第1001条第2款和第6款征收的收入产品,要和2014年,大省依照第L.3343-2条确定的2015年1月1日里昂大都会区人口和里昂大都会区与罗纳大省人口总和的比例系数,征收的所得相对应。

上年度大省按照第L.3334-3条规定、与1998年12月30日的1999年财政法(第98-1266号法律)第44条第D款第1项规定的补偿额相匹配的定额补助额度、收取的所得,要和2014年大省依照第L.3343-2条确定的2015年1月1日里昂大都会区人口和里昂大都会区与罗纳大省人口总和的比例系数,征收的所得相对应。

除了上年度大省按照第L.3334-3条规定、与1998年12月30日的1999年财政法(第98-1266号法律)第44条第4款第1项规定的补偿额相匹配的定额补助额度、收取的所得之外,大省在上年度根据L.3344-7-1条规定的补偿补助额度,和根据第L.3334-3条规定的定额补助额度、收取的所得,要和2014年大省依照第L.3343-2条确定的2015年1月1日里昂大都会区人口和里昂大都会区与罗纳大省人口总和的比例系数,征收的所得相对应。

2. 自2018年起,大省依照企业增值费收取的所得,要和里昂大都会区依照47％系数收取的所得相对应。

3. 自2016年起,大省对网络企业的定额税费收取的所得,要和里昂大都会区依照21.71％系数收取的所得相对应。

4. 自2016年起,在里昂大都会区成立前的几年里,大省按照《税务一般法典》第1594 A条征收税费的收入,要和罗纳大省征收行政费的所得的80.8％相对应。

四、为实施适用于罗纳大省的第L.3334-6条:

1. 2015年,为计算罗纳大省的税收潜力:

(1) 大省依照房产征收的土地税基数,要和大省依照2015年1月1日属罗纳大省的市镇领地征收的土地税基数相对应。

(2) 大省依照企业增值费收取的收入产品,以及大省对网络企业的定额税费收取的所得,要和大省依照2015年1月1日属罗纳大省的市镇领地征收的所得相对应。

(3) 为实施2009年12月30日第2009-1673号法律第78条1.2款和第

2.2 款规定的 2010 年财政税款的盈亏数额,要和罗纳大省 2014 年依照 41.58% 系数征收或资助的所得相对应。

(4) 在罗纳大省行使管辖权的最后 5 年里,大省按照《税务一般法典》第 1594 A 条征收税费的所得,要和罗纳大省依照 19.2% 系数征收行政费的所得相对应。

(5) 上年度大省按照《税务一般法典》第 1001 条第 2 款和第 6 款征收的所得,即大省依照第 L.3343-2 条确定的 2015 年 1 月 1 日罗纳大省人口和里昂大都会区与罗纳大省人口总和的比例系数,征收的所得。

(6) 上年度大省按照第 L.3334-3 条规定、与 1998 年 12 月 30 日的 1999 年财政法(第 98-1266 号法律)第 44 条第 4 款第 1 项规定的补偿额相匹配的定额补助额度、收取的所得,要和 2014 年大省依照第 L.3343-2 条确定的 2015 年 1 月 1 日罗纳大省人口和里昂大都会区与罗纳大省人口总和的比例系数,征收的所得相对应。

(7) 除了上年度大省按照第 L.3334-3 条规定、与 1998 年 12 月 30 日的 1999 年财政法(第 98-1266 号法律)第 44 条第 4 款第 1 项规定的补偿额相匹配定额补助额度、收取的所得之外,大省在上年度根据 L.3344-7-1 条规定的补偿补助额度,和根据第 L.3334-3 条规定的定额补助额度、收取的所得,要和 2014 年大省依照第 L.3343-2 条确定的 2015 年 1 月 1 日罗纳大省人口和里昂大都会区与罗纳大省人口总和的比例系数,征收的所得相对应。

2. 自 2016 年起,在里昂大都会区成立前的几年里,大省按照《税务一般法典》第 1594 A 条征收税费的收入产品,要和罗纳大省征收行政费的所得的 19.2% 相对应。

第四章 支 出

L.3664-1 条 第 2014-1335 号法令,第 37 条,2014 年 11 月 6 日

为了里昂大都会区,下列支出是强制性的:

1. 决策机关运行和大都会区市政厅维护的支出。

2. 第 L.3632-1 条至第 L.3632-4 条规定的职务津贴、第 L.3123-12 条涉及的议员培训费和第 L.1621-2 条规定的基金年费。

3. 按照第 L.3123-20-2 条规定的普通社保制度年费和第 L.3123-22 条至第

L.3123-24 条规定的议员退休制度年费。

4. 全国地方公职中心年费。

5. 大都会区雇员薪水、相关的缴费和社保缴款。

6. 按照 1984 年 1 月 26 日对地方公职身份的第 84-53 号法律第 88-1 条规定,和按照 1983 年 7 月 13 日对公务员权利和义务的第 83-634 号法律第 9 条规定的相关酬金。

7. 债务的利息。

8. 学院运作经费。

9. 大都会区高等院校运作的参与经费。

10. 与组织学校交通有关的费用。

11. 由大都会区承担的相关社会行动、民众健康和社会融合经费。

12. 自主就业的个人津贴。

13. 大省动物流行疾病防治费用。

14. 大省-大都会区消防救援服务的参与费用。

15. 适用《城市规划法典》第 L.318-2 条的、对已移交给大区的财物的维护费用。

16. 学院的建设和大修费用。

17. 大区道路的维修和建设费用。

18. 偿还资金债务的费用。

19. 已届清偿期的债务。

20. 对折旧的补助额度。

21. 对购买,尤其是和认购金融产品风险有关的补助额度。

22. 对设备的追加补助。

23. 按照 1983 年 7 月 13 日第 83-634 号法律第 6.4 条规定的缴款。

24. 按照第 L.2224-8 条第 2 款规定,用于集体卫生系统的费用。

25. 按照《公共卫生法典》第 L.1422-1 条规定,用于大都会区消毒、健康和卫生服务费用。

26. 按照本法典第二部分第二卷第二编第三章的规定,有关公墓的关闭、维修和迁移的费用。

27. 为实施 2000 年 7 月关于旅行者接待和住宿的第 2000-614 号法律第

2 条和第 3 条的临时性费用。

28. 为实施《文化遗产法典》第 L.622-9 条的费用。

29. 按照本法典第 L.3663-6 条和第 L.3663-7 条规定，由大区补偿补助额度的支付产生的费用。

对本条第 20 项、第 21 项和第 22 项的适用方法，由法令确定。

L.3664-2 条　第 2014-1335 号法令，第 37 条，2014 年 11 月 6 日

用于社会互助捐款收入和自主就业个人津贴的费用，要显示在地方政权预算的单独一章里。

L.3664-3 条　第 2014-1335 号法令，第 37 条，2014 年 11 月 6 日

里昂大都会区理事会在表决预算或修改决定时，可以分别对投资部分和经营部分没有规定的支出的项目许可和承诺许可进行表决。每个部分的许可金额，不得超过它们各自实际支出总额的 2%。

如果在履行行为结束时，不存在项目授权承诺或者非规定支出的授权承诺的，则上述授权将失效。

本条对相关许可的适用条件，由法令确定。

第五章　会　计

L.3665-1 条　第 2014-1335 号法令，第 37 条，2014 年 11 月 6 日

主管地方政权事务的部长和预算部长在咨询地方财政委员会后，联名颁发政令，具体规定里昂大都会区理事会主席牵头的大区支出承诺会计账目的执行条件。

L.3665-2 条　第 2014-1335 号法令，第 37 条，2014 年 11 月 6 日

地方政权的会计人员，以其自身的责任并且在遵循施加于它的监管的情况下，在里昂大都会区理事会向地方政权定期支付贷款的范围内，是接受收入和支付开支的唯一执行人。

第四部分　大区(略)

第五部分　地方合作

第一卷　一般条款

单一编

单一章

L.5111-1 条　第 2015-991 号法律，第 72 条，2015 年 8 月 7 日

地方政权可以按照法律规定的形式和条件，创建合作公共机构，以联合行使其管辖权。

按照第 L.5711-1 条和第 L.5721-8 条规定的市镇合作公共机构和混合型公会、都市集合体、区域和农村平衡集合体、大省办事处、省际机构或组织、区际协议联合体，属于地方政权组合的范畴。

以提供服务作为目标的协议可以在省际、大区间，以及它们的公共机构、部门间、混合型公会之间订立。当第 L.5211-39-1 条所定义的服务双边化报告中有规定时，具有相同目标的协议同样也可以在市镇合作公共机构间，或者在税收独立的市镇合作公共机构的成员市镇间订立。当这些协议所实现的服务属于欧盟法定义的非经济类公共利益服务的，或者当涉及其他公共利益的任务时，属于应按照第 L.5111-1-1 条第 1 款和第 3 款的规定的条件实现的服务的，这些协议不适用《公共市场法典》规定。参与对某项服务的投资本身，并不能构成本款所指的合作。

L.5111-1-1 条　第 2015-991 号法律，第 72 条，2015 年 8 月 7 日

一、当协议的目的是确保共同行使法律认可的或被移交给协议签署方的管辖权时，在省际、里昂大都会区间、地区间、它们的公共机构、它们的组织间、属巴黎大区的市镇间和混合型公会间签订的协议规定以下内容：

1. 或者把属于协议一方的服务和设施提供给协议的另一方。
2. 或者把协议双方现有的服务和设施整合为属于该协议方的统一服务。

在以上 1.所指的情况下，协议应规定使用服务一方的偿还条件和由后者承担的经营费用。由服务的受益人承担运营成本。

在以上 2.所指的情况下，协议应规定统一服务支出偿还的方式，以利协议各方的结算。在咨询了相关技术委员会的意见后，它还应规定如此运作后，会对有关工作人员产生的结果。

提供服务或统一服务的工作人员，要听从行政职能部门的职务安排，以便行使他们的服务任务。

二、市镇合作公共机构间，或税收独立的市镇合作公共机构的成员市镇间，按照第 L.5111-1 条最后一款签订的协议，须适用本条第"一、"部分规定的条件。作为该部分 1.的例外，当这些协议的目的是为了统一市镇合作公共机构的成员市镇长以国家或者作为协议方的公共机构的名义作出决定的指令的话，相关市镇同样被视作是协议的签署方。

三、大省、里昂大都会区、大区，以及它们的公共机构和第 L.5721-2 条规定的、它们隶属的混合型公会，尤其是在成立一家混合型公会时，可以享有以确保功能性服务为目的的统一服务。该功能性服务的定义为，有助于行使相关地方政权的管辖权，但与管辖权无直接关联的行政服务或技术服务。

四、本条的适用条件，由最高行政法院的法令确定。

L.5111-2 条　第 96-142 号政令，1996 年 2 月 21 日

当地方政权组合在某个被移交管辖权领域行使权限时，管辖权的移交要按照决策机关的决定，有利于该地方政权组合。

L.5111-3 条　第 99-586 号法律，第 31 条，1999 年 7 月 12 日

当一个非税收独立的地方政权间的合作公共机构，改制为另一种类型的地方政权间的合作公共机构时，改制所应当适用的规则，应当是建立一个新公共合作机构所要适用的规则。当一个税收独立的市镇合作公共机构，改制为另一个税收独立的市镇合作公共机构时，该改制不适用成立一家新法人单位的规则。

L.5111-4 条　第 2016-925 号法律，第 104 条，2016 年 7 月 7 日

本法典第二部分第二卷第五编第二章和第三章的规定，适用于地方政权组合和其他地方公共机构。

市镇合作公共机构可以适用第 L.2251-3 条和第 L.2251-4 条。

L.O5111-5 条　第 2003-704 号法律,第 2 条,2003 年 8 月 1 日《法国官方公报》2003 年 8 月 2 日

第 L.O1113-1 条至第 L.O1113-7 条,仅适用于地方政权之间的集合。

L.5111-6 条　第 2012-281 号法律,第 4 条,2012 年 2 月 29 日

建立第 L.5212-1 条涉及的市镇公会,第 L.5711-1 条或第 L.5721-1 条涉及的混合型公会,只有在与第 L.5210-1-1 条涉及的大省市镇合作规划兼容的情况下,或在与该条第 3 款规定的合理化配置方向兼容的情况下,该大省的国家代表才能批准。

本条不适用于建立市镇公会,或在学前教育学校、小学运行、幼童接待或社会活动领域享有管辖权的混合型公会。

L.5111-7 条　第 2015-991 号法律,第 117 条,2015 年 8 月 7 日

一、工作人员因为本部分所规定的重组情形而更换雇主时,如果他们有意,可以保留过去他们适用的补偿制度规定的利益和按照 1984 年 1 月 26 日关于政权公共职能的第 84-53 号法律第 111 条第 3 款规定的个人利益。地方政权或新机构可以按照最高行政法院法令规定的方法和范围,给他们发放交通补贴。

复一、前款所指的工作人员,由新雇主在社会保障协议方面当然替代旧雇主,并在必要时,替代旧雇主按照 1984 年 1 月 26 日关于政权公共职能的第 84-53 号法律第 88-2 条规定的、与有关组织签订社会保障补充合同。必要时,协议和合同按照原先的条件履行,直到期满为止,除非旧雇主、新雇主和组织之间有相反的约定。

他们可以约定协议的履行期限,必要时,可以约定一个晚于原合同约定的合同履行期,以便协调职工的社会保障制度。新雇主要把法人的更换情况通知相关组织。协议的法人更换,以及必要时,合同法人的更换,不会使组织获得解除合同或补偿的权利。

如果愿意,工作人员可以保留过去适用于他们的、上述第 88-2 条规定的相关头衔的利益。

二、如果因建立税收独立的市镇合作公共机构,或建立税收独立的市镇合作公共机构组合,导致工作人员更换雇主,而新雇主又拥有至少 50 名雇员,新雇主有义务在技术委员会内对雇员参加社会保障制度重新谈判。同样,工作人员更换雇主是由于按照第 L.5111-1-1 条规定建立了统一服务部门、建立了第 L.5211-4-1 条第 2 款所指的服务部门,或建立了第 L.5211-4-2 条规定的共同服务部门,且新部门拥有至少 50 名雇员时,也需要重新谈判。在这种情况下,相关协议方在统一服务或共同服务成立伊始,就要开始谈判。

L.5111-8 条　第 2014-58 号法律,第 70 条,2014 年 1 月 27 日

因本法典第五部分规定的岗位重组后,岗位被取消的公务员,有义务在 1984 年 1 月 26 日关于政权公共职能的第 84-53 号法律第 97 条规定的期限内,听从管理中心或国家政权公共职能中心负责向他建议的所有目标、培训和有利于他再上岗的评估。

第二卷　市镇合作

第一编　市镇合作的公共机构

L.5210-1 条　第 96-142 号政令,1996 年 2 月 21 日

市镇合作的进步,建立在市镇自愿于互助区域内,制定共同发展规划的基础上。

L.5210-1-1A 条　第 2015-991 号法律,第 44 条,2015 年 8 月 7 日

市镇公会、市镇共同体、城市共同体、居民区共同体和大都会区,组成了市镇合作公共机构。

L.5210-1-1 条　第 2015-991 号法律,第 33 条,2015 年 8 月 7 日

一、在每个大省,考虑到对周边区域协调性以及现有组织管辖权分配和实施状态的评估,将制定一个大省市镇合作规划,规划确定了税收独立的市镇合作公共机构的区域一体化覆盖,以及取消飞地和地域的不连贯状态。

二、该规划还规定了税收独立的市镇合作公共机构和现有混合型公会的区域划分合理化方式。规划可以提出建立、改制或合并税收独立的市镇合作公共机构，以及改变它们区域的建议。然而，规划却不能在现存的某一个税收独立的市镇合作公共机构区域内新设若干税收独立的市镇间合作公共机构。

规划也可以提出取消、改制或合并市镇公会或混合型公会的建议。

这些建议附在规划书的附录后，附录包括市镇合作公共机构、混合型公会的区域划分，区域协调蓝图和地区自然公园图。

三、规划考虑到以下方向：

1. 组建至少有 15 000 名居民的税收独立的市镇合作公共机构。但是，组建不少于 5 000 名居民的税收独立的市镇合作公共机构、拟定组建税收独立的市镇合作公共机构规划的门槛，可以依据以下情况进行调整：

（1）在人口密度低于全国人口密度的大省内，税收独立的市镇合作公共机构的人口密度要低于全国人口密度的一半。由该大省区域内大部分市镇的人口密度和全国人口密度的比例加权到 15 000 名居民，由此来确定合适的人口门槛。

（2）税收独立的市镇合作公共机构的人口密度低于全国人口密度的 30%。

（3）按照 1985 年 1 月 9 日关于发展和保护山区或岛屿地区市镇群体的第 85-30 号法律第 3 条的规定，至少有一半的市镇位于被定为山区的地区。

（4）或包括一个因为 2012 年 1 月 1 日至 2015 年 8 月 7 日关于共和国新政权组织的第 2015-991 号法律公布日期间发生合并、合并后人口总数达 12 000 名居民以上的所有税收独立的市镇合作公共机构。

为实施上述第 1 款，人口总数是指按照 2002 年 2 月 27 日关于周边地区民主的第 2002-276 号法律第 156 条发布的最新法令统计出来的真实市民人数，全国人口密度是指大都会区的大省、海外领地和行使大省管辖权地方政权的市民总人数，除以这些大省和地方政权的面积总和。而一个大省、一个税收独立的市镇合作公共机构或一个拟定组建税收独立的市镇合作公共机构规划的人口密度，是指市镇真实的市民总人数除以这些市镇的面积总和。

2. 税收独立的市镇合作公共机构之间的空间协调性尤其应当依照国家统计和经济研究所定义的城市单位区域划分来进行定义。

3. 财政互助和区域互助的增长。

4. 市镇公会和混合型公会数量的减少，尤其是取消市镇合作公共机构之间的，或市镇合作公共机构与混合型公会之间的双重职位所导致的。

5. 把市镇公会或混合型公会行使的管辖权移交给一个税收独立的市镇合作公共机构，或移交给另一个以现存组织区域合理化和加强区域互助为目标的、行使同样管辖权的公会。

6. 有关空间治理、环境保护和尊重可持续发展原则的管辖权结构的合理化。

7. 在按照第 L.5741-1 条和第 L.5741-4 条组建的所有大都会区区域范围内和区域与农村平衡范围内的合作深化。

8. 对新市镇组建的审议。

四、大省的国家代表拟定一个规划提案。它被提交给大省市镇合作委员会审议。

它被提交给市镇的市镇理事会和与改变市镇合作现状提案相关的市镇合作公共机构及混合型公会的决策机关咨询意见。这些提案要在收到书面通知后的 2 个月内公布审议结果。逾期未有审议结果的，提案被视作同意。

当一项提案涉及不同的市镇、合作公共机构或分属不同大省的混合型公会，该大省的国家代表受理并征求其他相关大省国家代表的意见。他要在咨询了大省市镇合作委员会的意见后的 2 个月内，公示他的决定。逾期未公示决定的，提案被视作同意。

这个规划提案，以及前两款涉及的所有建议，随后都被移交给市镇合作省级委员会征求意见。自征求意见之日起，后者有 3 个月的时间公示审议结果。逾期未有审议结果的，提案被视作同意。

市镇合作省级委员会按照本条第 1 款至第 3 款审议规划提案。根据委员会成员三分之二多数作出的修正意见，被修订在规划提案中。

该提案由该大省的国家代表颁布的政令公示，并在该大省至少一家当地出版社的出版物中发行。

如此制定的规划，按同等程序每 6 年修订一次。

五、在只有一个市镇组成的海岛领土内，各大省的市镇合作规划没有必要规定由各税收独立的市镇合作公共机构确定的领土覆盖区域。

六、作为领土连续性原则的例外，并在遵守本条第 3 款第 2 项规定的情况下，一个由本大省行政管辖但位于他大省的飞地市镇，可以属于一个总部位于行政管辖大省的税收独立的市镇合作公共机构。

七、在埃松大省、塞纳-马恩大省、瓦勒德瓦兹大省和伊夫林大省，总部设在巴黎的、如法国国家统计和经济研究所定义的税收独立的市镇合作公共机构，就包括只有一个行政主管机构的、无飞地的、拥有至少 20 万居民的若干市镇。但是，考虑到某些空间的特点，考虑到某些自然地理的特殊性、市镇合作公共机构成员市镇的数量、以及居民的密度或相关税收独立的市镇合作公共机构的面积，大省的国家代表可能会降低这个人口数量门槛。

L.5210-1-2 条　第 2015-991 号法律，第 45 条，2015 年 8 月 7 日

一、在不违反第 L.2113-9 条和第 L.5210-1-1 条第 5 款的情况下，当大省的国家代表发现一个市镇不属于任何一个税收独立的市镇合作公共机构，或该市镇自建一块飞地，或在一个市镇合作公共机构内自建一块没有区域连续性的空间时，它会根据大省的市镇合作规划，通过政令的形式，确定该市镇隶属于某个税收独立的市镇合作公共机构的规划草案。

该草案会用书面通知的形式，提交给税收独立的市镇合作公共机构的主席、属该税收独立的市镇合作公共机构成员市镇的、属同一大省的所有市镇长，以及所涉及的市镇的市镇长。如果不属同一大省份，则通知相关所有大省份的国家代表，以便收集决策机关和市镇理事会的所有意见。这些机构自收到书面通知起，有 3 个月的时间对该政令提意见。逾期未有意见的，草案被视作通过。

当相关市镇位于按照 1985 年 1 月 9 日关于发展和保护山区第 85-30 号法律第 3 条规定的被定义为山区的地区时，草案要被同时提交给同一法律第 7 条设定的山区理事会。后者自收到书面通知起，有 3 个月的时间对该政令提出意见。逾期未有提出意见的，草案被视作通过。

该草案还附有市镇和税收独立的市镇合作公共机构的意见书，以及在必要时，连同山区委员会的意见书，由相关大省的国家代表通知相关大省的市镇合作公共机构的各个委员会。当草案涉及不同大省份的市镇时，相关委员会要进行跨大省审议。在收到通知后 1 个月未出意见的，草案被视作通过。

大省的国家代表或相关大省的国家代表，按照政令实施相关市镇的行政归属管辖，除非大省或跨大省市镇合作机构委员会以三分之二的票数宣布赞成该市镇行政管辖归属于相邻的另一个税收独立的市镇合作公共机构。在后一种情况下，大省的国家代表或相关大省份的国家代表要实施大省或跨大省市镇合作机构委员会建议的归属方案。

大省的国家代表或相关大省份的国家代表的政令，必要时，要包括退出原先归属另一个税收独立的市镇合作公共机构的内容。

二、当实施本条第 1 款时，税收独立的市镇合作公共机构成员市镇和相关市镇理事会，自收到归属草案书面通知起，有 3 个月的时间，对依照第 L.5211-6-1 条规定组成的、区域扩展后的合作公共机构的决策机关的构成进行表决。

当大省的国家代表或相关大省份的国家代表的政令被实施时，政令要确认依照市镇委员会确定的决策机关内市镇理事的席位分配数。

当实施大省的国家代表或相关大省的国家代表颁布的、依照大省或跨大省市镇合作机构理事会的建议、将市镇行政管辖归属于另一个税收独立的市镇合作公共机构的政令时，区域扩展后的合作公共机构成员市镇的市镇理事会，自收到政令起有 1 个月的时间，对依照第 L.5211-6-1 条规定组成的决策机关的构成进行表决。

市镇理事按照第 L.5211-6-2 条第 1 款规定的条件，通过任命或者选举产生。

L.5210-2 条　第 99-586 号法律，第 32 条，1999 年 7 月 12 日

一个市镇不能隶属于一个以上的税收独立的市镇合作公共机构。

L.5210-3 条　第 2013-403 号法律，第 1 条，2013 年 5 月 17 日

相关大省理事会和大区理事会可以提出申请，由税收独立的市镇合作公共机构牵头进行协作，制定该区域发展和规划的所有草案，以确定它们之间的伙伴关系或合作关系的总目标。

L.5210-4 条　第 2013-403 号法律，第 1 条，2013 年 5 月 17 日

如果它的章程明确允许，市镇合作公共机构可以以大省或大区的名义，并为了两个行政单位的利益，请求行使所有全部或部分属于这两个地方政权的管辖权。

大区理事会或大省理事会主席有义务在 6 个月的时间里，将相关的请求载入全体决策大会的议程中。

决策大会对该请求作出决议时应当说明理由。

市镇合作公共机构行使这种管辖权，需要在它和大省或大区之间签订一份协议，以确定移交管辖权的范围、时限、财政条件和行使的方式。该协议还要在不损害第三人权益的情况下，约定在管辖权委托框架内的责任分担情况。

对本条的实施，并不会赋予移交管辖权的地方政体的缔约相对方任何解除合同或者获得赔偿的权利。

第一章 共同条款

第一节 一般规则

L.5211-1 条 第 2013-403 号法律，第 37 条，2013 年 5 月 17 日

本法典的第二部分第一卷第二编第一章关于市镇理事会运作的规定，适用于市镇合作公共机构的决策机关的运作，除非与本章的规定相抵触。

为实施第 L.2121-8 条、第 L.2121-9 条、第 L.2121-11 条、第 L.2121-12 条、第 L.2121-19 条、第 L.2121-22 条和第 L.2121-27-1 条，这些市镇合作公共机构如果拥有一个至少 3 500 名居民的市镇，它就须遵守适用于 3 500 名居民以上的市镇规则。否则，它们就适用于 3 500 名居民以下的市镇规则。

第 L.2121-22-1 条适用于拥有 50 000 名或更多居民的市镇合作公共机构。

为实施第 L.2121-4 条，市镇合作公共机构的决策机关成员的辞职，须向公共合作机构主席递交辞呈。主席收下辞职，辞职即刻生效，并马上通知该辞职成员所属市镇的市镇长。

L.5211-2 条 第 2011-525 号法律，第 81 条，2011 年 5 月 17 日

除非与第 L.2122-4 条第 2 款至第 4 款相违背，本法典第二部分第一卷第二编第二章关于市镇长及其助的规定，适用于市镇合作公共机构主席和机构管理局的成员，除非与本章的规定相抵触。

L.5211-3 条 第 2015-991 号法律，第 128 条，2015 年 8 月 7 日

本法典第二部分第一册第三编第一章关于对市镇行为的合法性和可执行性进行监管的规定，适用于市镇合作公共机构。第 L.2131-1 条通过电子方式转移文件的规定，仅对税收独立的市镇合作公共机构在2015年8月7日关于共和国新政权组织的第2015-991号法律颁发日起的5年内具有强制效力。

L.5211-4条　第99-586号法令，第34条，1999年7月12日
适用于市镇行政监管的法律和法规，适用于市镇合作公共机构。

L.5211-4-1条　第2016-1917号法律，第138条，2016年12月29日
一、将一个市镇的管辖权移交给一个市镇合作公共机构，将导致市镇实施的服务或部分服务的移交。然而，为了更好地组织服务，市镇可以以管辖权仅部分移交为由，保留与管辖权移交相关的部分或者全部服务。

地方政权的公务员，以及不具备公务员身份的地方职员，如果他们所从事的职务完全属于依照前款规定被移交或被部分移交的服务时，将同时被移交给市镇合作公共机构。他们在拥有自己的身份和岗位的条件下，隶属于这些合作公共机构。

本款前2项规定的移交方式，由市镇和市镇合作公共机构共同决定。该决定作出之前，要首先制作出一份影响分析报告，其中应特别描述移交对组织和工作条件、对政权机构公务员和不具有公务员身份的行政人员的酬金和既得权利产生的影响。影响分析要附在决定之后。决定和所有附件要提交给相关技术委员会征求意见。

可以向仅在被移交的服务或部分服务中从事兼职职务的政权机构公务员和不具有公务员身份的行政人员提出移交的建议。在建议被拒绝的情况下，为了行使他们的部分职能，他们以个人的名义，在移交服务或部分服务中所行使的职能将自动地并且在无期限地供跨市镇公共机构的决策机构主席使用。为了行使这部分职能，他们归决策机构主席的职能领导。这种工作方式需要通过市镇和市镇合作公共机构之间签订协议来确定。

如果他们愿意，按照前款转移的行政人员，可以保留他们适用的薪酬制度，且按照1984年1月26日关于行使地方公职的人员身份的第84-53号法律第111条第3款规定的个人福利执行。

二、当市镇按照第1款规定的条件保留全部或部分服务时，当市镇隶属的市镇合作公共机构行使其管辖权时，可以使用这些服务的部分或者全部。

三、市镇合作公共机构的服务，可以全部或部分归一个或多个成员市镇行使，如果这对良好的组织服务有利。

四、在本条第 2 款和第 3 款规定的使用情况下，市镇合作公共机构和每个相关市镇间达成的协议，在咨询相关技术委员会意见后，确定具体的实现方式。该协议特别规定了享用服务的市镇和市镇合作公共机构偿还运作费用的条件。该条件由法令确定。

市镇长或合作公共机构主席，可以直接向使用服务的部门负责人发出他委托后者完成任务的必要指令。他负责监督这些任务的完成。

在他的监督和并且自担责任的情况下，市镇长或合作公共机构主席可以通过法令，委托这些服务部门的负责人代表他签字，以便执行前款规定的赋予后者的任务。

根据本条第 2 款和第 3 款行使被移交的服务或部分服务的政权机构公务员和不具有公务员身份的行政人员，根据不同的情形，当然地并且无期限地归属于市镇合作公共机构的决策机构主席或市镇长。为了行使这部分职能，他们归决策机关主席或市镇长的职能领导。这种移交的行使方式由本条第 4 款第 1 项涉及的协议规定。

复四、当市镇合作公共机构在其成员市镇中交还管辖权时：

1. 第一款倒数第 2 项提到的公务员和不具有公务员身份的行政人员的移交状态自动终止。

在原先管理部门不再行使职能的公务员，在对等的行政委员会给出意见后，会收到依照其行政级别给出的职务岗位分配。

在原先管理部门不再行使职能的、不具有公务员身份的行政人员，在对等的行政委员会给出意见后，会收到和原先承担同样责任水平的岗位分配。

2. 适用第 1 款第 2 项由市镇移交的，或者由市镇合作公共机构所聘用的、完全从事被交还的管辖权的实现的政权机构公务员和不具有公务员身份的行政人员的分配，由市镇合作公共机构和它的成员市镇之间签订的共同协议来确定。该协议要听取市镇合作公共机构技术委员会和市镇技术委员会的意见。协议根据不同情况，听取对等的咨询理事会或行政委员会的意见后，书面通知政权机构公务员和不具有公务员身份的行政人员。

上述人员未能在被返还管辖权的 3 个月内就分配条件达成一致的，由大省的国家代表通过政令决定分配。

政权机构公务员和不具有公务员身份的行政人员,依照协议或分配政令决定的身份和岗位条件,被转交给市镇。

3. 适用第 1 款倒数第 2 项的政权机构公务员和不具有公务员身份的行政人员,或由市镇合作公共机构聘用的、在其部分职能中行使被返还管辖权的政权机构公务员和不具有公务员身份的行政人员,会收到在市镇合作公共机构内的、与其行政级别或责任水平相符的岗位分配。

L.5211-4-2 条 第 2018-1317 号法律,第 250 条第 5 款,2018 年 12 月 28 日

除了被移交的管辖权之外,税收独立的市镇合作公共机构、一个或者多个成员市镇,以及在需要的情况下,隶属于它们中的一个或者多个的公共机构,可以自行组织一些共用服务,承担运作和操作方面的任务履行,并且这些任务决定的指导由市镇长以市镇或者国家的名义作出,但是当这些市镇或者公共机构依照 1984 年 1 月 26 日第 84-53 号有关市镇以及公共机构运行的章程性规定的法律第 15、16 条的规定强制性地隶属于一个管理中心时,该法律第 23 条所提到的任务不适用本款规定。

这些服务共用的效力由税收独立的市镇合作公共机构进行管理。作为例外,一项共用服务可以由该公共机构的决策机关决定交由其所选择的市镇进行管理。

当公务员或者没有正式头衔的职员的全部职责都存在于共用的服务或者部分的共用服务时,在依据不同场合向同级别的行政委员会或者咨询委员会征求意见后,将会当然地被移交给承担上述共用服务的税收独立的市镇合作公共机构或者市镇。当公务员或者没有正式头衔的职员的部分职责存在于共用的服务或者部分的共用服务时,对于他们投入到这些服务中的时间,将会不设期限地以个人名义被移交给承担上述服务的税收独立的市镇合作公共机构或者市镇。

本条所规定的协议将确定由市镇移交的公务员以及没有正式头衔的职员的人数。

在从事共用服务时,这些职员处于管理此项服务的公共机构的主席或者市镇的市镇长的职能管辖之下。

公共机构的主席以及市镇的市镇长可以在自行监督和自行担责的条件下,

通过政令的方式将署名权委托给该共用服务的主管，以便后者在履行所委托事务时行使。

L.5211-4-3 条　第 2010-1563 号法律，第 66 条，2010 年 12 月 16 日

为了实现手段共享，一个税收独立的市镇合作公共机构可以依据一项共同使用规章所确立的方式，将其一部分财产与成员市镇进行分享，其中也包含成员市镇对于先前并未被移交给市镇合作公共机构的管辖权的行使。

第二节　创　立

L.5211-5 条　第 2014-58 号法律，第 43 条，2014 年 1 月 27 日

一、在不影响第 L.5212-2 条规定的情况下，市镇合作公共机构的地域管辖边界可以由大省的国家代表通过政令的方式确定，这适用于所有作为成员的市镇都处于同一大省的情形，在其余的情况下则由相关大省国家代表通过联合政令的形式确定：

1. 自第一次决策会议之日起的 2 个月内，由申请成立市镇合作公共机构的一名或者多名市镇委员提出。

2. 或者，由一名或者多名国家代表在听取了相关的市镇合作公共机构委员会的意见后作出。如果国家代表在两个月的期限内未作出回应，则视为对上述意见的否决。

该政令需要列出相关的市镇名单。

自接到该项政令之日起，各相关市镇的市镇理事会拥有 3 个月的期限对边界划分计划以及新设立的市镇合作公共机构的法律地位发表意见。在该期限内未作出决议的，视为赞同。

二、在不影响第 L.5217-1 条规定的情况下，市镇合作公共机构的创立可以由相关各大省的国家代表在征得了政令上明确列举的相关市镇的市镇理事会的同意后，通过政令的形式作出。该同意必须由三分之二的市镇理事会作出，并且其所代表的人口必须超过总人口的一半，或者是由一半的市镇理事会作出，但其所代表的人口必须超过总人口的三分之二。

该多数必须包含：

1. 对于公会的成立而言，人口数超过总人口四分之一的市镇的市镇理事会。

2. 对于税收独立的市镇合作公共机构的成立而言，人口最多的市镇的市镇理事会，当该市镇的人口超过总人口数的四分之一时。

三、管辖权的移交将会导致第 L.1321-1 条的前三款、第 L.1321-2 条的前两款，以及第 L.1321-3 条、第 L.1321-4 条、第 L.1321-5 条自移交之日起当然适用于所有行使管辖权所必须的财产、设备及公共服务，以及在它们之上的所有权利义务。

然而，当市镇合作公共机构在经济活动区（zones d'activité économique）享有管辖权时，属于其成员市镇所有的不动产将可以转化为该公共机构的所有物，如果这对于管辖权的行使而言是必不可少的。关于该不动产移转的金融以及财产条件，由决策机关以及各成员市镇的市镇理事会共同作出的决议来确定，该决议遵循创立公共机构所需满足的多数条件，并最迟在管辖权移交之后的1 年内作出。当管辖权的行使需要适用共同体利益的定义时，1 年的期限从该定义之日起算。当公共机构在协同调整区域内享有管辖权的，也适用同样的规则。

自管辖权移交之日起，市镇合作公共机构在所有决议和所有行动中当然替代创立它的市镇。

除非当事人另有约定，合同直至其履行期届满都按照先前约定的条件履行。法人替代成为合同的主体并不能使缔约相对方获得解除权或者补偿权。移交管辖权的市镇应当对其缔约相对方履行告知义务。

四、在不影响第 L.5212-4 条规定的情况下，创立市镇合作公共机构的政令确定机构所在地。

L.5211-5-1 条　第 2010-1563 号法律，第 41 条，第 9 条第 5 款，2010 年 12 月 16 日

市镇合作公共机构的章程尤其需要载明如下事项：

（1）作为机构成员的市镇名单。

（2）机构所在地。

（3）在需要的情况下，该机构设立的期限。

（4）（5）（6）（已废止）

（7）移交给公共机构行使的管辖权。

在市镇合作公共机构设立之时，这些章程与根据第 L.5211-5 条规定所拟的市镇名单一起提交给市镇理事会。

这些章程由相关各大省的国家代表通过政令的方式予以通过。

第三节　机构及运行

第一分节　机　构

L.5211-6 条　第 2017-257 号法律，第 68 条，2017 年 2 月 28 日

大都会区、城市集合体、居民区共同体和城市共同体受一个决策机关管理。该决策机关的市镇成员代表由所有那些市镇理事会根据名单进行投票产生的市镇在市镇选举中依照法律的规定以普遍直选的方式选举产生。其他的市镇合作公共机构由另一个决策机构来管理，该决策机构由根据《选举法典》第一篇第五部分规定的条件选举产生的共同体理事组成。

在市镇理事会整体换届之后，决策机构应当最迟在市长选举之后第四个星期的星期五召开会议。

决策机构第一次集会时，在选举产生机构主席、副主席以及其他机构成员之后，主席应当宣读由第 L.1111-1-1 条所规定的地区当选人宪章。主席应当将上述宪章的副本交给共同体理事，并且将本法典本部分第四章第二节第一分节的内容的副本交给城市共同体的共同体理事，将本部分第六章第三节的内容的副本交给居民区共同体，将本部分第五章第二节第四分节的内容副本交给城市共同体以及大都会区的共同体理事，同时转交的还包括上述条款中所援引的其他条款。

当一个市镇仅仅拥有一名共同体理事时，依据第 L.273-10 条和第 L.273-12 条对其进行替换的人就是替补共同体理事，当共同体理事提前告知公共机构主席的情况下，在他缺席的场合替补共同体理事可以参与到决策会议之中，并且也拥有表决权。替补委员将直接接收有关决策会议召开的通知以及相关的附件。《选举法典》第 L.273-5 条的规定适用于替补共同体理事。

L.5211-6-1 条　第 2017-257 号法律，第 75 条，2017 年 2 月 28 日

一、共同体理事的数量以及分配通过下列方式予以确定：

1. 依据本条第 2 至第 6 款所规定的方式。

2. 或者在市镇共同体或者居民区共同体中,由至少三分之二的市镇成员的市镇理事会(并且其代表一半以上的总人口)或者是至少一半的市镇成员的市镇理事会(并且其代表三分之二以上的总人口)达成协议。这一多数应当包含人口最多的市镇的市镇理事会,当其人口占总人口的四分之一以上时。

由本款第 2 项所规定的协议按照下列方式进行委员席位的分配:

(1) 在市镇之间所分配的席位总数不得比依照本条第 3 至第 4 款所分配的席位多出 25%。

(2) 席位的分配要按照各市镇的人口数量进行分配,这一人口数量以根据 2002 年 2 月 7 日的第 2002-276 号就近民主法律第 156 条而颁布的最新法令予以确定。

(3) 每一市镇至少要占据一个席位。

(4) 任何一个市镇都不可拥有多半数的席位。

(5) 在不影响第(3)(4)两目的情况下,被分配给每一个市镇的席位所占的比例不得与该市镇人口在总人口中所占比例有 20% 以上的偏差,除非:

——当按照本条第 3 和第 4 款的规定将会使分配给一个市镇的席位所占比例与该市镇人口在总人口中所占的比例之间存在 20% 以上的偏差,并且通过协议达成的分配方案维持或者减小了这一偏差。

——当该市镇被分配到两个席位,而按照本条第 4 款第 1 项的规定,其将只能获得一个席位。

二、在大都会区以及城市共同体中,或者在市镇共同体和居民区共同体未能达成协议的情况下,决策机构的组成按照第 3 至第 6 款确立的规则,并依照下述原则加以确定:

1. 根据第三项表格所确立的各市镇成员合比例的代表席位分配确保了该分配以人口数作为本质要素。

2. 市镇合作公共机构的每一个市镇成员所分配到的席位确保了所有市镇都得到代表。

三、每一个决策机构的共同体理事数目按照下表进行分配。

税收独立的市镇合作公共机构的城市人口（名）	席位（个）
<3 500	16
3 500—4 999	18
5 000—9 999	22
10 000—19 999	26
20 000—29 999	30
30 000—39 999	34
40 000—49 999	38
50 000—74 999	40
75 000—99 999	42
100 000—149 999	48
150 000—199 999	56
200 000—249 999	64
250 000—349 999	72
350 000—499 999	80
500 000—699 999	90
700 000—1 000 000	100
>1 000 000	130

这一人数可以依据第 4 款第 2、4 或 5 项的规定进行调整。

四、席位的分配依照下列方式进行：

1. 由第 3 款表格所确定的席位按照最大平均数的方式按比例在各市镇之间进行分配，其依据的是根据 2002 年 2 月 7 日的第 2002-276 号就近民主法律第 156 条而颁布的最新法令。

2. 对于那些按照第 4 款第 1 项未能分配到席位的市镇，应分得一个席位，该席位在第 3 款表格所确立的席位数之上另外增加。

3. 如果在适用了第 4 款第 1、2 项的规定之后，某个市镇获得了在决策机构超过半数的席位：

——取所有共同体理事席位的半数，在非整数的情况下取小于它的最接近的整数，该市镇只能取得这一数目的席位。

——根据上一条的规定，最终没有被分配给该市镇的席位，应当在其他市镇之间按照最大平均数的规则进行分配,其依据是根据 2002 年 2 月 7 日的第 2002-276 号就近民主法律第 156 条而颁布的最新法令所确定的人口数。

4. 如果按照第 4 款第 1 至第 3 项的规定,一个市镇所分配到的席位数大于其市镇理事会的人数的,决策机构的总席位需要按比例减少至必要数目,最终的结果是,当重新依据第 4 款第 1 至第 3 项的规定,该市镇所拥有的席位数量应当少于或者等于其市镇委员的数量。

4. 副项 在埃克斯—马赛—普罗旺斯大区,在根据第 4 款第 1 项按照最大平均数的比例分配席位的基础上,额外依据第 4 款第 1、2 项规定的分配原则,增加总席位的 20%。

5. 在分配最后席位时如果出现市镇之间最大平均数相等的情形时,每一个市镇都将获得一个席位。

五、在市镇共同体、居民区共同体和城市共同体中,如果依照第 4 款第 2 项所分配的席位数量超出了第 3 款第 2 项所规定席位的 30%,适用第 3 和第 4 款所确定的总席位的 10% 按照第 4 款所规定的方式在市镇之间进行分配。在这种情况下,第 6 款的规定不能适用。

六、在除了埃克斯—马赛—普罗旺斯大区之外的大都会区以及城市共同体中,或者当市镇共同体以及居民区共同体不存在本条第 1 款第 2 项所规定的协议的情况下,市镇可以创造并且分配少于依据第 3 和第 4 款所确定的总席位数的 10% 的新席位。

依据第 3、第 4 以及第 5 款的规定分配给一个市镇的席位所占的比例不得与该市镇人口在总人口中所占比例存在超过 20% 的偏差,除非:

——当按照本条第 3 和第 4 款的规定将会使分配给一个市镇的席位所占比例与该市镇人口在总人口中所占的比例之间存在 20% 以上的偏差,并且第 6 款的适用维持或者减少了这一偏差。

——当依照第 4 款第 1 项的规定仅享有一个席位的市镇被分配一个新席位时。

在大都会区以及城市共同体中,根据本条第 6 款所作的席位分配可以适用于决策机关人员一半以上的市镇所分配到的席位。

有关额外席位的创造以及分配的决定,应当由至少三分之二的市镇成员的市镇理事会(并且其代表一半以上的总人口)或者是至少一半的市镇成员的市镇理事会(并且其代表三分之二以上的总人口)的多数来作出。该多数应当包含人口最多的市镇的市镇理事会,当其人口占总人口的四分之一以上时。

七、最迟在市镇理事会全体换届的前一年的 8 月 31 日之前,应当进行第 1、4、6 款所规定的操作。对于依据第 1 和第 4 款所作出的有关席位数目和分配的决议,以及此前所提及的根据 2002 年 2 月 7 日的第 2002-276 号就近民主法律第 156 条而颁布的最新法令,市镇合作公共机构决策机关的席位总数以及在下届全面改选时分配给每一个市镇的席位数,应当由大省的国家代表通过政令(当所有的市镇都同属于一个大省时)或者由相关大省的国家代表通过联合政令的方式(在相反的情况下)加以确认记录,最迟应当在市镇理事会换届前一年的 10 月 31 日完成。

在依据第 L.5211-5 条、第 L.5211-41 条、第 L.5211-41-1 条或者第 L.5211-41-3 条设立新的市镇合作公共机构时,由本条第 1、4、6 款所规定的决议应当与有关税收独立的市镇合作公共机构的边界草案一起作出。成立或者兼并文件中应当载明市镇合作公共机构决策机关的席位总数以及每一个市镇成员的席位分配情况。

L.5211-6-2 条　第 2017-257 号法律,第 68 条,2017 年 2 月 28 日

作为第 L.5211-6 条和第 L.5211-6-1 条的例外,在两次市镇理事会换届选举之间:

1. 在设立一个税收独立的市镇合作公共机构,或者至少包含一个税收独立的市镇合作公共机构的不同市镇合作公共机构之间的合并,上述市镇合作公共机构通过并入一个或者多个市镇而形成的边界扩张,或者对其中一个成员市镇领土边界的变更,或者由行政审判机关作出的共同体理事席位分配的无效决定,在上述情况下按照第 L.5211-6-1 条的规定来确定共同体理事席位的数目以及具体分配。

在那些市镇理事会依照《选举法典》第一编第五部分第二章的规定选举产生的市镇,共同体理事依照该第一编第五部分第三章的方式来任命。

对于那些市镇理事会是依照上述第一编第四部分第三章内容的规定选举产生的市镇:

(1) 如果市镇分到的席位多于或者等于其上一届市镇理事会选举产生的共

同体理事的人数,则此前选举产生的共同体理事也将成为新决策机关的成员。在必要的情况下,按照本项第(2)目的规定通过选举产生而外的席位。

(2) 如果在上一次市镇委员会的换届中并没有对共同体理事进行选举,或者有必要创设额外的席位,相关的共同体理事由市镇理事会从其成员之中选举产生,在必要的情况下,从注册在候选名单上的街道委员中选出,不能增加或者删除名字且不改变代表的顺序,每一个名单都由两种性别的候选人组成。名单之间的席位分配按照最大平均数的代表比例进行。如果名单上的候选人数目少于分配给该名单的席位数,多余的席位将会分配给下一个最大平均数。

(3) 如果分配给市镇的席位数少于上次市镇理事会全体换届选举时产生的共同体理事的人数,新的决策机关成员由市镇理事会从选举名单上的共同体理事之中选举产生,不能增加或者删除名字且不改变代表的顺序。名单之间的席位分配按照最大平均数的代表比例进行。如果名单上的候选人数目少于分配给该名单的席位数,多余的席位将会分配给下一个最大平均数。

为了适用上述第(2)、(3)目,如果市镇仅拥有一个席位,共同体理事候选人名单上的人数应当为2人。名单上的第二个候选人依据第L.5211-6条规定的条件成为替补共同体理事。

没有成为税收独立的市镇合作公共机构新决策机关成员的共同体理事的任期,至新决策机关召集之日起终止。

不管出于何种原因,如果依据第(2)、(3)目所确定的共同体理事席位出现空缺,则要依据第(2)目的规定重新进行选举。

如果行政审判机关发现税收独立的市镇合作公共机构中的一名或者多名候选人不具有选举资格的,将仅仅导致该不适格候选人的选举无效。审判机关将按照名单的顺序对其余的候选人进行选举。

1. 副项 在税收独立的市镇合作公共机构之间发生合并或者当其机构的边界发生扩张,并且该合并或者扩张之后的新边界包含了一个在最新一次市镇理事会全体换届选举中产生的新市镇,且依据第L.5211-6-1条分配给该市镇的共同体理事席位要少于合并扩张之前原有市镇的席位时,直到下一次市镇理事会换届选举为止,要额外分配给该市镇一些席位,分配的数目应确保原有的每一个市镇都得到代表。

如果在适用1副项第1段的规定时,新增的市镇获得了决策机关全部席位的一半以上的,或者其所分得的席位数超过其拥有的共同体理事人数的,分别适用第 L.5211-6-1 条第 1 款第 3 和第 4 项的规定。

2. 当税收独立的市镇合作公共机构中的一个或者多个市镇成员退出的,不需要进行席位的重新分配。

3. 当税收独立的市镇合作公共机构的多个成员市镇被一个新市镇所取代时,该新市镇所分得的席位数目等于先前各市镇所分得的席位数目的总和。如果通过上述规则的适用,新增的市镇获得了决策机关全部席位的一半以上的,或者其所分得的席位数超过其拥有的共同体理事人数的,分别适用第 L.5211-6-1 条第 1 款第 3 和第 4 项的规定。代表新市镇的共同体理事依照本条 1 的规定加以指定。

4. 直到新市镇产生之后的下届市镇理事会换届之前,当共同体理事席位出现空缺时,适用本条第 1 项第(1)目配,居民在 1 000 人以下的新市镇也包含在内。

L.5211-6-3 条　第 2013-403 号法律,第 39 条,2013 年 5 月 17 日

当依照《选举法典》第 L.273-6 条的规定,宣告居民人数少于 1 000 的市镇的市镇理事会的选举或者共同体理事的选举无效时,除非由于该无效宣告使得市镇所从属的市镇合作公共机构决策机关席位空缺比例超过了总人数的 20%,该决策机关仅能就常规事务或者特别紧急的事务的管理进行决议。它既不能对财政预算进行表决,也不能对公共机构的账户进行授权。

L.5211-7 条　第 2013-403 号法律,第 37 条,2013 年 5 月 17 日

一、市镇公会依照第 L.2122-7 条所规定的条件由市镇理事会选出代表所组成的决策机构加以管理。

一、副项(已废止)

二、有关市镇代表的候选资格、不适格,以及不兼容的规定,准用《选举法典》第 L.44 条至第 L.46 条、第 L.228 条至第 L.237-1 条,以及第 L.239 条的规定。

公会或者成员市镇的雇员不得在该公共机构的决策机关中担任该成员市镇的代表。

L.5211-8 条　第 2010-1563 号法律,第 8 条,2010 年 12 月 16 日

在不影响第 L.2121-33 条适用的情况下,代表的任期与该代表所属的市镇理事会相连。该任期至市镇理事会全体换届之后确立的市镇合作公共机构决策机关成立之日终止。

在市镇理事会全体换届之后,市镇合作公共机构决策机关最迟应当在市长选举后第 4 个星期的星期五召开集会。

在市镇理事会中止或者解散,或者在市镇理事会依据《选举法典》第 L.270 条进行换届时,或者在所有在职人员提出辞职时,代表的任期将会延长至依照第 L.5211-6 条指定新代表为止。

无论出于何种原因,当市镇理事会的代表席位出现空缺时,如果涉及市镇公会,该理事会应当在 1 个月的期限内根据第 L.2122-7 条规定的条件进行替换,如果涉及其他类型的市镇合作公共机构,则依据相关的法律规定在 1 个月内进行替换。

如果一个市镇没有指定代表,如果只需一名代表,则由市长在市镇合作公共机构的决策机关中代表该市镇,在其他的情况下则由市长及其第一助理代表。在这种情况下决策机关被认为是人员齐备的。

当市镇理事会的选举被宣告无效,除非由于该无效宣告使得市镇所从属的市镇合作公共机构决策机关席位空缺比例超过了总人数的 20%,否则该决策机关仅能就常规事务或者特别紧急的事务的管理进行决议。它既不能对财政预算进行表决,也不能对公共机构的账户进行授权。

L.5211-9 条　第 2014-125 号法律,第 9 条,2014 年 2 月 14 日。第 2014-366 号法律,第 154 条,2014 年 3 月 24 日。第 2017-86 号法律,第 85 条,2017 年 1 月 27 日

主席是市镇合作公共机构的执行机关。

他准备并执行市镇合作公共机构决策机关的决议。他安排支出,并且规定市镇合作公共机构的收入使用。

他是行政事务的唯一负责人,但他可以在自身监督以及在自己担责的情况下,通过政令将其一部分的职权委托给副主席,如果不存在副主席或者副主席无法履行职务,或者所有的副主席都已经接受委托,则可以委托给办公室的其他成员。他还可以在自身监督以及在自己担责的情况下，通过政令将自己的署名权委托给服务总主管、服务总主管助理、技术服务总主管、技术服务主管以及服务负责人。委托给服务总主管、服务总主管助理、技术服务总主管、技术服务主管以及服务负责人的署名权可以扩展适用于决策机关依据第 L.5211-10 条规定授予主席的权限，除非决策机关在决定将上述权限授权给主席行使时作出相反的规定。这些代理权在收回之前一直有效。

担任国会议员、议会议员，或者欧洲议会代表任期内的办公室成员不得接受或者保留委托。

主席是市镇合作公共机构服务的总负责人。

他在诉讼中代表市镇合作公共机构。

市镇合作公共机构的主席依照《国内安全法典》第 L.522-2 条规定的条件来任命乡村治安官（gardes champêtres）。

在决策机关授权的情况下，市镇合作公共机构主席以机构的名义行使后者依据《城市规划法典》所享有的先买权、优先权。他也可以在决策机关规定的条件下，在财产转让之时委托他人行使这些权利。在最近一次决策机关的会议上，他应对这一权限的行使情况进行汇报。

在决策机关成立之后直至主席选举结束之日，主席的职责由机关中最年长者承担。

L.5211-9-1 条　第 2001-1248 号法律，第 47 条，2001 年 12 月 21 日

如果根据财政法官的终审裁判，市镇合作公共机构的主席被认定为是事实上的会计人员的，则直到其收到账目交割证明书之前，他的财政安排资格将被中止。在这种情况下，决策机关将会作出决议以便将第 L.5211-9 条第 2 款第 2 句中所提到的职权交由副主席行使。这一职权行使直至主席收到账目交割证明书之日终止。

L.5211-9-2 条　第 2015-991 号法律，第 75 条，2015 年 8 月 7 日

一、（一）在不影响本法第 L.2212-2 条适用的情况下，当税收独立的市镇合作公共机构在清洁卫生方面拥有管辖权时，作为《公共卫生法典》第 L.1311-2 条以及第 L.1331-1 条第 2 款规定的例外，该机构成员市镇的市长将规制此类活动所必要的管辖权移交给机构主席行使。

在不影响本法第 L.2212-2 条适用的情况下，作为第 L.2224-16 条的例外，如果地方政权团体在生活垃圾收集方面拥有管辖权的，该团体成员市镇的市长或者作为该团体成员之一的市镇合作公共机构的成员市镇的市长，应将规制此类活动所必要的管辖权移交给该团体的主席行使。

作为对 2000 年 7 月 5 日有关旅客接待和住宿的第 2000-614 号法律第 9 条规定的例外，如果税收独立的市镇合作公共机构在游客接待区域和游客通道的建设方面拥有管辖权的，该机构成员市镇的市长应当将规制此类活动所必要的管辖权移交给机构主席行使。

在不影响本法第 L.2212-2 条适用的情况下，当税收独立的市镇合作公共机构在公共交通道路方面拥有管辖权的，作为对第 L.2213-1 条至第 L.2213-6-1 条规定的例外，该机构成员市镇的市长应将他在交通以及车辆停放方面的治安特权移交给机构主席行使。

在不影响本法第 L.2212-2 条适用的情况下，如果税收独立的市镇合作公共机构在公共交通道路方面拥有管辖权的，作为第 L.2213-33 条规定的例外，该机构成员市镇的市长应将他对出租车司机在公共道路上的运行以及停靠许可证的发放权移交给机构主席行使。停靠许可证可以仅局限于一个或者多个成员市镇。

在不影响本法第 L.2212-2 条适用的情况下，在居住方面拥有管辖权的市镇合作公共机构的成员市镇应将他依据《建筑和居住法典》第 L.123-3 条、第 L.129-1 条到第 L.129-6 条、第 L.511-1 条至第 L.511-4 条、第 L.511-5 条和第 L.511-6 条所享有的特权移交给机构的主席行使。如果大都会区将它在居住方面的全部或者部分管辖权移交给领土理事会的（conseil de territoire），大都会区理事会的主席应将上述提到的相关特权移交给领土理事会的主席，后者在该领土边界的范围内在适用本条第 2、第 4、第 6 款的最后 3 项以及第 7 款时替代前者。

（二）税收独立的市镇合作公共机构的成员市镇的市长可以将他依据 1995 年 1 月 21 日有关治安导向和规划的第 95-73 号法律第 23 条所享有的特权移交给机构的主席行使，以便确保在共同体机构范围内举办的文化体育大型活动的安全。

在不影响本法第 L.2212-2 条适用的情况下,如果市镇合作公共机构在对火灾的对外防务方面拥有管辖权的,作为对第 L.2213-32 条规定的例外,该机构成员市镇的市长应将规制此类活动所必要的管辖权移交给机构主席行使。

二、当市镇合作公共机构的主席在本条第 1 款所规定的事项内颁布政令时,他应当在最短的时间内通知相关市镇的市长。自第 1 款所规定的管辖权移交之日起,市镇合作公共机构主席在管辖权移交的范围内全面替代成员市镇的市长。

三、在市镇合作公共机构或者地方政权团体主席选举之后的 6 个月内,或者在本条第 1 款(一)中所提到的管辖权被移交给公共机构或者团体之日起的 6 个月内,一名或者多名市长可以在每一个相关领域内,对于管辖权的移交提出异议。为此目的,他们应当将他们的异议通知市镇合作公共机构或者地方政权团体的主席。这一通知将会导致在提起异议的市长所在市镇的管辖权移交终止。

如果一名或者多名相关市镇的市长对于管辖权移交的政策提出异议,市镇合作公共机构的主席可以拒绝在本条第 1 款(一)中所提到的成员市镇市长的管辖权发生当然的移交。在接到异议通知之日起 6 个月内,他将其放弃当然移交的决定通知每一个成员市镇的市长。在这种情况下,该通知发生终止管辖权移交的法律后果。

四、对于第 1 款(二)中所规定的情形,在一名或者多名利益相关的市镇市长提议的情况下,管辖权移交的决定由相关大省的国家代表,在征得所有成员市镇的市长以及市镇合作公共机构主席的一致同意的前提下,以政令的方式作出。该管辖权移交的终止适用相同的规定。

作为对前款的例外,当市镇合作公共机构是一个城市共同体时,管辖权移交的决定由相关大省的国家代表,在征得了城市共同体主席以及至少三分之二以上的成员市镇市长(且其所代表的人数超过了总人口的一半以上),或者是至少二分之一以上的成员市镇市长(且其所代表的人数超过了总人数的三分之二以上)一致同意的前提下,以政令的方式作出。

五、根据《国内安全法典》第 L.511-1 条和 L.511-2 条所招募的市镇警务人员,以及经过特别宣誓的职员,可以在市镇合作公共机构主席的监督下,行使依据本条第 1 项由成员市镇市长移交的权限所作出的决定。

六、大省的国家代表,在其没有获得税收独立的市镇合作公共机构主席的授权并且对后者进行催告无果的情况下，可以行使移交给税收独立的市镇合作公共机构主席行使的有关交通运行以及车辆停靠方面的权限。

当税收独立的市镇合作公共机构主席怠于履行《建筑和居住法典》第 L.123-3 条、第 L.511-1 条到第 L.511-4 条、第 L.511-5 条、第 L.511-6 条所规定的权限时，大省的国家代表可以代为履行。

在第 6 款前 2 项提到的情形下，大省的国家代表在本法第 L.2215-1 条规定的条件下替代市镇合作公共机构的主席。大省国家代表采取措施所产生的费用由市镇合作公共机构负担。

当税收独立的市镇合作公共机构主席怠于履行《建筑和居住法典》第 L.129-1 条至第 L.129-6 条所规定的权限时，大省的国家代表可以在本法第 L.2122-34 条规定的条件下代为履行。

七、涉及本条第 1 款（一）最后 1 项所提到管辖权的服务或者部分服务，由成员市镇的市长一并移交给市镇合作公共机构的主席。

已经移交管辖权的成员市镇市长和市镇合作公共机构主席通过协议的方式确定这些服务移交的具体条件。

L.5211-10 条　第 2014-58 号法律，第 43 条、第 45 条、第 92 条，2014 年 1 月 27 日

市镇合作公共机构办公室由主席、副主席，以及可能的其他成员共同构成。

副主席的人数由决策机关确定，但该人数不得超过决策机关总人数的 20%（取最接近的整数），并且也不能超过 15 人。对于大都会区，副主席的人数确定为 20 人。

然而，如果依据上款的规定所确定的副主席人数少于 4 人的，该人数被确定为 4 人。

决策机关可以在三分之二多数的情况下任命超过本条第 2、3 款所规定的副主席，但该人数不得超过决策机关总人数的 30%，并且不能超过 15 人。对于大都会区而言不得超过 20 人。在这种情况下，第 L.5211-12 条可以适用。

办公室成员的任期与决策机关成员的任期同时到期。

办公室主席、接受委任的副主席或者办公室的全体人员可以接受决策机关的委托，以下事项除外：

1. 对于财政预算、机构组织以及税收比例确定的投票权。

2. 对行政账户的认可。

3. 根据第 L.1615-2 条进行催告之后，市镇合作公共机构做出的具有财政预算性质的决定。

4. 涉及变更市镇合作公共机构最初组成条件、运行模式以及存续时间的决定。

5. 加入一个公共机构的决定。

6. 公共服务管理的委托。

7. 有关共同体的空间规划，共同体边界内居住情况社会平衡以及城市政策方面的规定。

在每一次的决策机关会议上，办公室主席都要对办公室的工作以及决策机关委托的职权的行使情况进行汇报。

对于财政预算中约定的旨在进行金融投资而实施的借贷，以及对于借款管理有益的金融操作，包括对于汇率风险覆盖的操作，上述行为依据本条规定进行的委托授权在市镇理事会全体换届竞选开始之日终止。

L.5211-10-1 条　第 2017-86 号法律，第 57 条，2017 年 1 月 27 日

一、在人口数超过 20 000 居民的税收独立的市镇合作公共机构内设立发展理事会。

该理事会由公共机构辖区内的经济、社会、文化、教育、科学、环境以及社团各领域的代表组成。

通过决策机关的决议，相邻的公共机构可以决定成立并且组织一个共同的发展理事会，在双方的辖区范围内均拥有管辖权。

二、发展理事会的组成由市镇合作公共机构的决策机关决定，该理事会中男性代表与女性代表的人数差不得超过 1 人，且应当能够反映该地区的不同年龄构成。

共同体理事或者大都会委员不得同时担任发展理事会的成员。

发展理事会的工作没有薪水。

三、　发展理事会的组织遵循自由原则。

市镇合作公共机构对其履行职责的情况进行监督。

四、区域计划的制定,以及该计划中涉及的远景文件和规划文件的起草都要征求发展理事会的意见,另外在市镇合作公共机构辖区内推动可持续发展的地方政策的酝酿以及评估过程中也要征求其意见。

发展理事会还可以被要求就辖区内的所有其他问题提供咨询意见。

五、发展理事会将会起草一份行动报告,该报告需要在市镇合作公共机构的决策机关进行审查和讨论。

六、本条同样适用于里昂大都会区。

第二分节　运　行

L.5211-11 条　第 99-586 号法律,第 36 条,1999 年 7 月 12 日

市镇合作公共机构的决策机关至少在每一个季度召集一次会议,对于仅仅针对涉及共同体利益的某一单一项目或者某一单一服务而设立的公会,至少在每半年召集一次会议。出于这一目的,主席召集决策机关的成员。决策机关在市镇合作公共机构的所在地,或者在决策机关所选择的成员市镇内召开集会。

在 5 名成员或者主席的要求下,决策机关可以在不经过讨论的情况下,在绝对多数的成员出席或者代表的情况下,以不公开的形式召开集会。

第四节　理事会、理事会成员行使任期的条件

L.5211-12 条　第 2017-1837 号法律,第 100 条,2017 年 12 月 30 日

由辖区范围大于一个税收独立的市镇合作公共机构、市镇共同体、城市共同体、居民区共同体、大都会区以及一个新的居民区公会的市镇公会的理事会或者委员会,为了切实履行主席和副主席的职务而投票产生的最高额报酬,由最高行政法院参照公共职务的税前收入数额以法令的形式进行确定。对于大都会区理事会的主席、居民人数超过 100 000 人的城市共同体理事会的主席、居民人数超过 100 000 人的居民区共同体理事会主席、居民人数超过 100 000 人的市镇共同体的理事会主席的报酬,可以在上述确定的数额标准之上增加 40%,前提是增加后的报酬总额不能超过在不考虑上述增加时决策机关成员所能获得的最高报酬。

所有支付报酬的总额不应当超过报酬整体额度,该额度的计算是将主席履行职能所能获得的最高额报酬加上副主席履行职能所能获得的最高额报酬。对

于总成员数按照第 L.5211-6-1 条第 3 至第 6 款的规定来确定的决策机关,其副主席的人数依照第 L.5211-10 条第 2、3 款的规定来加以确认,当人数更少时,则按副主席的实际人数来进行计算。

作为对上述规定的例外,副主席所获得的报酬可以超过本条第 1 款所确定的额度,但前提是其获得的报酬不得超过主席所能获得的最高报酬,并且所支付的报酬总额不超过依据本条第 2 款所确定的报酬整体额度。

当市镇合作公共机构的决策机关进行重组时,确定其成员报酬的决议应当在重组后的 3 个月内进行。

所有关于其某个或者数个成员职务报酬的市镇合作公共机构决策机关的决议,都应当附上该机构所有成员所获报酬的清单文件。

如果市镇合作公共机构的决策机关成员同时在其他职务的任期内,或者他以该身份在地方行政机关的行政理事会、全国公共土地管理中心、地区混合型经济公司的行政理事会、监事会担任职务,或者是担任混合型经济公司的负责人的,对于他所有的职务,他可以获取的报酬和补贴的总额不得超过 1958 年 12 月 13 日关于议会成员报酬的第 58-1210 号组织法律所确定的数额的 1.5 倍。这一上限的计算要扣除强制性的社会保险金额。

如果在适用前款规定时,市镇合作公共机构决策机关成员的总收入超过了上限,则超出部分应当被作为该成员最近担任职务的公法法人财政预算的储备金。

L.5211-13 条 第 2015-991 号法律,第 42 条,2015 年 8 月 7 日

当第 L.5211-12 条所提到市镇合作公共机构决策机关的成员并没有因为其在该机构中所从事的职务而收取报酬时,如果他在这些理事会或委员会、办公室,或者在他作为成员的以及决议所成立的委员会、第 L.5211-49 条所规定的咨询委员会,或者他们作为机构代表的组织办公室或者决策机关参加会议时产生交通费用,且会议是在他们所代表的市镇之外的市镇所举办的,则这些费用可以被偿还。

这些花费由会议的组织者承担。

本条的具体实施办法将由一部具体法令确定。

L.5211-13-1 条　第 2013-907 号法律,第 34 条,2013 年 10 月 11 日

在年度决议所确定的条件下,市镇合作公共机构可以将汽车调配给他的公共机构成员或者雇员使用,当他们的任期和职务行使证明了使用汽车的正当性时。

其他任何物上的特权都需要通过特定的决议来加以确认,在决议中要对物件使用的方式加以规定。

L.5211-14 条　第 2002-276 号法律,第 97 条,2002 年 2 月 27 日

第 L.2123-18 条、第 L.2123-25-1 条至第 L.2123-27 条、第 L.2123-28 条第 1 款和第 2 款、第 L.2123-29 条适用于第 L.5211-12 条和第 L.5215-1 条提及的市镇合作公共机构的决策机关成员。

L.5211-15 条　第 2002-276 号法律,第 96 条,2002 年 2 月 27 日

依照适用于市镇委员和市长的第 L.2123-31 条至第 L.2123-33 条规定的条件,市镇合作公共机构对于在其决策机关成员或者主席任职期间发生在他们身上的事故承担责任。

第 L.2123-34 条有关选举人的责任规定适用于接受委托的主席或者副主席。

第五节　章程的变更

第一分节　有关管辖权的变更

L.5211-16 条　第 99-586 号法律,第 37 条,1999 年 7 月 12 日

在城市化方面拥有管辖权的市镇合作公共机构,在卖方的提议下,可以以支付终身年金的方式(rente viagère),取得对于他们的不动产修复、调整和装备而言所必须的不动产的所有权。

当以这样的方式转让的不动产部分或者全部为卖方所占用时,则终身年金买卖合同应当包含一个以卖方或者其配偶作为受益人的条款,从合同订立之日起,后者在其有生之年对于该不动产的全部或者部分享有居住权。

L.5211-17 条　第 2010-1563 号法律,第 89 条,2010 年 12 月 16 日

作为市镇合作公共机构成员的市镇可以在任何时候向前者移交那些法律或者机构决定中没有提及的管辖权的全部或者一部分,以及行使这些管辖权所必须的财产、设备以及公共服务。

这些移交将由决策机关以及市镇理事会的联合决议作出,该决议参照建立市镇合作公共机构所需要的多数来通过。每一个市镇成员的市镇理事会自市长接到市镇合作公共机构决策机关的决议之日起,拥有 3 个月的时间就移交发表意见。若该期间内未作出表态,则被认为赞同该决议。

对于税收独立的市镇合作公共机构,前款所提到的市镇合作公共机构决策机关的决议将会明确与管辖权移交有关的成本花费,以及该成本依据 2005 年 12 月 30 日第 2005-1719 号法律第 85 条第 3 款(三)第 3 项第(3)目的规定在市镇合作公共机构以及各成员市镇中所占的代表比例。

管辖权的移交由相关大省的国家代表通过政令的形式确定。

管辖权的移交将会当然产生将第 L.1321-1 条的前 3 款、第 L.1321-2 条的前 2 款,以及第 L.1321-3 条、第 L.1321-4 条和第 L.1321-5 条直接适用于所有对于行使管辖权而言所必须的财产、设备以及公共服务,及在管辖权移交之日在它们之上的所有权利义务的效果。

然而,当市镇合作公共机构在经济活动区享有管辖权时,属于其成员市镇所有的不动产将可以转化为该公共机构的所有物,如果这对于管辖权的行使而言是必不可少的。关于该不动产移转的金融以及财产条件由决策机关以及各成员市镇的市镇理事会共同作出的决议来确定,该决议遵循创立公共机构所需满足的多数条件,并最迟在管辖权移交之后的 1 年内作出。当管辖权的行使需要适用共同体利益的定义时,1 年的期限从该定义之日起算。当公共机构在协同调整区域内享有管辖权的,也适用同样的规则。

自管辖权移交之日起,市镇合作公共机构在所有决议和所有行动中当然替代创立它的市镇。

除非当事人另有约定,合同直至其履行期届满都按照先前约定的条件履行。法人替代成为合同的主体并不能使缔约相对方获得解除权或者补偿权。移交管辖权的市镇应当对其缔约相对方履行告知义务。

第二分节 与管辖边界和组织相关的变更

L.5211-18 条 第 2016-1918 号法律,第 75 条第 5 款,2016 年 12 月 29 日

一、在不影响第 L.5215-40 条适用的前提下,通过相关大省国家代表的政

令，市镇合作公共机构的管辖边界可以通过加入新市镇的方式进行扩张：

1. 在该新市镇的市镇理事会的请求下。在这种情况下变更应当得到市镇合作公共机构的决策机关的同意。

2. 或是由市镇合作公共机构发起。在这种情况下，变更应当得到目标市镇的市镇理事会同意。

3. 或由国家代表发起。在这种情况下，变更应当征得市镇合作公共机构的决策机关以及目标市镇的市镇理事会同意。

在这三种情况下，每一个市镇成员的市镇理事会自市长接到市镇合作公共机构决策机关的决议之日起，拥有3个月的时间就新市镇的接纳发表意见，该意见的提出遵循有关建立市镇合作公共机构时所需要的多数条件。如果在这一期限内未作出决议，则认为对该决定持赞成态度。同样的规则也适用于作为合并对象的市镇的市镇理事会。在第1和第3项所涉及的情况中，决策机关自接到申请之日起拥有3个月的时间进行决议。

二、管辖权的移交将会当然产生将第L.1321-1条的前3款、第L.1321-2条的前2款，以及第L.1321-3条、第L.1321-4条和第L.1321-5条直接适用于所有对于行使管辖权而言所必须的财产、设备以及公共服务，以及在管辖权移交之日在它们之上的所有权利义务的后果。

然而，当市镇合作公共机构在经济活动区享有管辖权时，属于其成员市镇所有的不动产将可以转化为该公共机构的所有物，如果这对于管辖权的行使而言是必不可少的。关于该不动产移转的金融以及财产条件由决策机关以及各成员市镇的市镇理事会共同作出的决议来确定，该决议遵循创立公共机构所需满足的多数条件，并最迟在管辖权移交之后的1年内作出。当管辖权的行使需要适用共同体利益的定义时，1年的期限从该定义之日起算。当公共机构在协同调整区域内享有管辖权的，也适用同样的规则。

自管辖权移交之日起，市镇合作公共机构在所有决议和所有行动中当然替代创立它的市镇。

除非当事人另有约定，合同直至其履行期届满都按照先前约定的条件履行。法人替代成为合同的主体并不能使缔约相对方获得解除权或者补偿权。移交管辖权的市镇应当对其缔约相对方履行告知义务。

如果新市镇的加入在本年度内发生，市镇合作公共机构可以在市镇以及市镇合作公共机构共同决议的情况下，收取依照第 L.5211-19 条最后 1 款所提到的税收缴款。缴款的方式通过市镇与市镇合作公共机构之间达成的协议来确定。

L.5211-19 条 第 2016-1918 号法律，第 75 条第 5 款，2016 年 12 月 29 日

按照第 L.5211-25-1 条所规定的条件，在取得了公共机构决策机关同意的情况下，一个市镇可以决定退出市镇合作公共机构，但城市共同体和大都会区除外。如果市镇合作公共机构与相关的市镇理事会之间就第 L.5211-25-1 条第 2 款所提到的财产及其实现的产品、债务清偿的余额分配不能达成一致，这一分配由大省的国家代表通过政令的方式进行确定。这一政令由相关大省的国家代表接到市镇合作公共机构决策机关以及相关市镇的申请之日起 6 个月内作出。

这一退出决定的作出需要市镇理事会达到建立市镇合作公共机构时所需要的多数票通过。每一个市镇成员的市镇理事会自市长接到市镇合作公共机构决策机关的决议之日起，拥有 3 个月的时间就该退出决定发表意见。如果在该期限内未作出决议，则认为对该决定持赞成立场。

当市镇退出了作为混合型公会成员的市镇合作公共机构时，这一退出将会导致混合型公会辖区的减小。市镇退出的金融以及财产条件由市镇理事会、混合型公会以及市镇合作公共机构的决策机关所作出的共同决议来确定。在无法达成一致的情况下，由国家代表通过政令的方式确定。

退出决定由相关大省的国家代表作出。

如果市镇的退出是在年内发生的，该市镇先前所隶属的市镇合作公共机构需要将在退出决定生效之后其继续收取的税收返还给市镇。该返还额度是依照市镇合作公共机构适用于市镇退出年度所作出的财产决议来进行计算，在有需要的情况下应当扣除机构依据《税务一般法典》第 1609 条（三）的第五和第六项的规定所支付的款项。这笔转账构成了市镇合作公共机构的必要开支。

L.5211-20 条 第 2004-809 号法律，第 159 条，2004 年 8 月 17 日

市镇合作公共机构的决策机关就第 L.5211-17 条至第 L.5211-19 条的规定，以及有关机构解散之外的事项的章程变更进行决议。

每一个市镇成员的市镇理事会自市长接到市镇合作公共机构决策机关的决

议之日起,拥有 3 个月的时间就所决定的变更事项提出意见。如果在这一期限内未作出决议,则认为对该决定持赞成立场。

有关变更的决定需要得到市镇理事会就市镇合作公共机构成立所需要的多数票同意。

有关变更的决定由相关大省的国家代表通过政令的方式作出。

第六节　财政条款

第一分节　一般规定

L.5211-21 条　第 2016-1918 号法律,第 86 条,2016 年 12 月 29 日

一、第 L.2333-29 条至第 L.2333-39 条所规定的居住税,以及第 L.2333-40 条至第 L.2333-47 条所规定的固定额度的居住税可以由下列机构的决策机关按照第 L.2333-26 条所规定的条件设立:

1. 旅游市镇团体或者《旅游法典》第一编第三部分第四章第二节列举的旅游性车站。

2. 享受本法典第 L.5211-24 条规定的某项补贴的市镇合作公共机构。

3. 从事旅游推进活动的市镇合作公共机构,以及在它们的权限范围内从事它们的自然空间保护以及管理活动的市镇合作公共机构。

4. 里昂大都会区。

那些设立了居住税或者固定额度居住税的市镇合作公共机构的成员市镇不能收取上述税款。当里昂大都会区设立上述税目时,其所在辖区内的市镇也不能收取这些税款。

对于上述第 1 到第 4 项所提到公法人,如果其成员市镇已经为自己设立了居住税或者固定额度居住税,那么在本条第 1 项所提到的决定进行公示或者当它们收到上述决定的通知之日起 2 个月内,可以通过决议的方式对上述决定提出异议。

根据第 L.5211-43 条的规定合并而产生的市镇合作公共机构,可以通过决议来确定直到合并开始发生税收层面效力的当年度 2 月份的居住税。在没有作出决议的情况下,在居住税方面适用于作为合并客体的市镇合作公共机构或者合并之后市镇合作公共机构辖区内的市镇的法律规范,在合并之后的 1 年内依然继续适用。在这一情况下,合并之后产生的市镇合作公共机构代替作为合并客体的市镇合作公共机构来收取居住税。本条也同样适用于某个市镇并入后市镇合作公共机构辖区范围发生变化的情况。

二、当市镇合作公共机构为了所从事的自然空间保护以及管理活动而设立居住税的，除了《旅游法典》第 L.133-7 条规定的情况外，居住税以及固定额度的居住税缴款可以被用于促进以旅游业为宗旨的对自然空间保护以及管理。如果该市镇合作公共机构的辖区部分或者全部位于一个国家公园或者由行政公共机构管理的地区自然公园内部，居住税以及固定额度的居住税缴款可以通过协议的形式作为公园管理机构的储备金。

三、为了将本法典第二部分第三编第三篇第三章第六节第一分节的内容适用于本条第 1 款所提到的市镇合作公共机构以及里昂大都会区时：

1. 有关市镇理事会的表述根据情况被替换为共同体理事会，或者里昂大都会区理事会。

2. 有关市长的表述根据情况被替换为市镇合作公共机构主席或者里昂大都会区理事会主席。

L.5211-21-1 条　第 2014-1335 号法令，第 10 条，2014 年 11 月 6 日

行使旅游方面管辖权的市镇合作公共机构或者第 L.5211-21 条和第 L.5722-6 条所提到的收取居住税以及固定额度的居住税款的公共机构，以及里昂大都会区，可以依据第 L.2333-54 条规定的条件直接从博彩业的毛利润中扣取税款，除非赌场所在的市镇依据《国内安全法典》第 L.321-1 条的规定提出异议。它们可以通过协议的方式将所收取税款的一部分或者全部返还给市镇。

L.5211-22 条　第 99-586 号法律，第 39 条，1999 年 7 月 12 日

当自动扶梯由一个市镇合作公共机构经营时，市镇的税收在征得前者同意的情况下可以直接由市镇合作公共机构来设立并收取。

L.5211-23 条　第 2010-1657 号法律，第 179 条，2010 年 12 月 29 日

由市镇合作公共机构收取的农村设备补助金要被记录在财政预算的投资一栏内。

L.5211-24 条　第 99-586 号法律，第 39 条，1999 年 7 月 12 日

当市镇合作公共机构依据 1993 年 12 月 31 日关于总体运行补助金改革、修正《市镇法典》以及《税务一般法典》的第 93-1436 号法律出台之前的规定，代替构成公共机构的市镇收取《市镇法典》第 L.234-13 条所规定的补助金时，它可以继续收取这些补助金。对于 1994 年而言，所收取的补助金与 1993 年相同。从 1995 年开始，每年被用于总体运行补助金的比例都要比往年增加一半。

当前款第 1 句中所提及的市镇合作公共机构转变为另一市镇合作公共机构时，这一转变并不影响前款提及的补助金的支付方式，该补助金依然被直接交给新成立的市镇合作公共机构，当然前提是这一新机构依然行使旅游方面的管辖权。

L.5211-25 条　第 2016-1888 号法律，第 70 条，2016 年 12 月 28 日

作为第 L.2333-81 条第 2 款规定的例外，并且在没有任何相关地域的市镇表示反对的情况下，当一个已经存在或者为此目的而设立的市镇合作公共机构接受了滑雪赛道的建设和管理，以及除高山滑雪之外的其他非机动雪上娱乐项目的管辖权时，决策大会决定由第 L.2333-81 条规定的特许权使用费并确定其数额。该使用费作为其收益而被收取。

L.5211-25-1 条　第 2010-1563 号法律，第 40 条，2010 年 12 月 16 日

在收回移交给市镇合作公共机构的管辖权时：

1. 被交付管辖权移交受益方使用的动产和不动产应当由公共机构返还给先前有管辖权的市镇并且重新计入它们的财政净收入，同时还要按照同样的计算标准加入被清算的财产。与这些财产相关的债务清偿的余额也需要被返还给拥有所有权的市镇。

2. 在管辖权移交之后实现或者取得的动产或者不动产，需要在重新获得管辖权的市镇之间进行分配，或者在退出的市镇与市镇合作公共机构之间进行分配，或者在涉及公会的特殊情况时，如果其章程许可，在重新获得管辖权的市镇和公会之间进行分配。这一规定同样适用于上述财产在此场合下所产生的孳息产品。在管辖权移交之前所订立的债务的偿还余额将会依照相同的条件在重新获得管辖权的市镇之间进行分配，或者在退出的市镇与市镇合作公共机构之间进行分配，或者在有些情况下，在市镇和公会之间进行分配。如果市镇合作公共机构的决策机关和相关市镇的市镇理事会之间无法达成一致，这一分配由相关大省的国家代表通过政令的方式进行。这一政令要在市镇合作公共机构的决策机关或者一个或者多个相关市镇向大省国家代表提出申请之日起 6 个月的时间内提起。

除非当事人另有约定，合同将会按照它们原先的约定继续履行直至履行期届满。公法人成为由市镇合作公共机构所签订的合同的当事人的事实并不会使合同相对方当然取得任何解除合同或者要求赔偿的权利。归还管辖权的市镇合作公共机构应当将此告知合同相对方。

L.5211-26 条　第 2015-997 号法律，第 132 条，2015 年 8 月 7 日

一、在市镇合作公共机构被请求解散的场合，一项决定其终止行使移交管辖权的法令，或者在有的情况下是政令，将根据请求或者依据法律当然终止该市镇合作公共机构的税收制度以及其收受国家补助金的权利。这一法令，或者有时候是政令的出台将会随即导致第 L.5211-25-1 条的适用。如果清算的条件已经齐备，相同的政令或者法令可以依据本条第 3 款规定的条件同时宣布市镇合作公共机构的解散。

二、在存在清算障碍的情况下，有管辖权的行政有权机关作出暂不解散的决定，通过第二个法令或者政令来解散市镇合作公共机构。该机构仅仅在与解散相关的事宜方面保有其法人资格。市镇合作公共机构的主席每 3 个月都要向有管辖权的行政机关就清算操作的最新进展情况进行汇报。

在清算期间的公共机构的预算以及行政账户适用第 L.1612-1 至第 L.1612-20 条的规定。如果在停止行使管辖权决定作出之后的第二年 6 月 30 日之前仍未采用行政账户的，大省国家代表在大区审计庭意见作出之后的 1 个月内，依据管理账户暂停公共机构的账户运行。

如果市镇合作公共机构所拥有的资金不足以覆盖所有与解散有关的负担，其决策大会在清算之年的 3 月 31 日之前，或者在决策机关重组之年的 4 月 15 日之前，出台一个清算活动预算，来确定各财政成员之间的分担。这些分担构成必要性支出。

在市镇合作公共机构提出申请，或者有管辖权的行政机关在查阅本条第

2 款所规定的清算推进报告后认为清算条件已经齐备的,后者依照本条第 3 款的规定宣布市镇合作公共机构解散。

最迟于停止行使管辖权决定作出之后的第二年 6 月 30 日之前,有管辖权的行政机关根据最高行政法院的法令所确定的条件任命一名清算人,在尊重第三人权利的前提下对债权债务进行查明,对积极财产进行转让。清算人任职的最初期间为 1 年,但是可以通过决定延长相同的期限,直至清算完成为止。从其获得任命之日起,清算人便取代市镇合作公共机构的主席,成为该机构财政部门的有权号令者。如果决策大会在清算之年的 3 月 31 日之前,或者在决策机关重组之年的 4 月 15 日之前没有出台预算方案,大省的国家代表在进行催告后,作为第 L.1612-2 条的突破,根据清算人所作的方案来规定预算,并同时赋予其执行力。针对相关活动的额外预算并不需要根据第 L.1612-9 条的规定被转交给大区审计庭。在大省国家代表依据本条第 2 款暂停公共机构的账户运行之后,清算人依照第 L.5211-25-1 条的规定对积极财产和消极财产进行分配,并且代替市镇合作公共机构的决策机关作出最近一期清算活动的行政账户,该账户由大省国家代表终止运行。

三、有管辖权的行政机关通过法令或者政令作出市镇合作公共机构解散的决定,并且在尊重第三方权利的前提下,根据最后一期的市镇合作公共机构的行政账户对全部积极财产和消极财产进行分配,该账户是由市镇合作公共机构投票决定的,或者由大省国家代表依据本条第 2 款所规定的条件所终止运行的。

解散的市镇合作公共机构的成员,按照解散机构的政令或者法令的规定,通过预算决议的方式来更正取回结果中的错误。

L.5211-27 条　第 99-586 号法律,第 39 条,1999 年 7 月 12 日

在成立市镇合作公共机构的政令被认定为无效的情况下,机构所在地大省的国家代表在收到该判决通知之日起 8 日内,依照第 L.5211-26 条规定的条件以及职责来任命清算人。

L.5211-27-1 条　第 99-641 号法律,第 13 条,1999 年 7 月 28 日

如果市镇在 1999 年参与大省的社会保障支出由市镇合作公共机构替代成员市镇作出时,该机构自 2000 年起需要向市镇返还获利。

作为市镇合作公共机构的一项必要支出的返还,在 2000 年和 2001 年,其数额相当于依照第 L.2334-7-2 条所规定的提取数额。对于此后的年度,依照固定额度补助金的方式进行评估。

L.5211-27-2 条,2006 年 4 月 21 日第 2006-460 号法令,第 3 条,2006 年 7 月 1 日生效

第 L.2241-3 条的规定适用于市镇合作公共机构。

第二分节　税收独立的市镇合作公共机构

L.5211-28 条　第 2018-1317 号法律,第 250 条第 5 款,2018 年 12 月 28 日

一、税收独立的市镇合作公共机构,自其开始收取税收收入的第一年开始,将会收到一笔跨市镇的补助金:

1. 城市共同体和大都会区,包括大巴黎大都会区和埃克斯-马赛-普罗旺斯大都会区以及里昂大都会区。

2. 居民区共同体。

3. 依照《税务一般法典》第 1609C 条所规定的城市共同体。

4. 不适用《税务一般法典》第 1609C 条所规定的城市共同体。

二、本条第 1 款所规定的跨市镇补助金从本法典第 L.2334-13 条所规定的调整补助金中去提取。

自从 2019 年起,每一年所分得的跨市镇补助金的数额等于市镇合作公共机构在前一年度收取的数额总值加上 3 000 万欧元。在 2019 年,跨市镇补助金应当额外增加 700 万欧元。这一增加部分由第 L.2334-7-1 条所规定的估低价格部分来进行资助。

三、对于在 2018 年市镇合作公共机构所收取的居民人均补助金小于 5 欧元时,在 2019 年,在适用本条第 4 款的规定时,需要首先加上平均补助金与 5 欧元乘以分配年度 1 月 1 日时公共机构所集合的市镇的人口数,与 2018 年该公共机构所收取的金额之间的差额。对于那些在 2019 年居民税收潜力是同一范畴内的公共机构的平均居民税收潜力的两倍以上的机构而言,将不得享受这一额外金额。

当税收独立的市镇合作公共机构的辖区范围在 2019 年 1 月 1 日和 2018 年

1月1日之间存在差异时,需要考虑的 2018 年人均补助金通过如下的方式取得:

1. 首先计算在 2018 年 1 月 1 日税收独立的市镇合作公共机构的成员市镇 2018 年度收取的跨市镇补助的数额,按照市镇人口占公共机构总人口的比例进行分配。

2. 然后加上该公共机构在 2019 年 1 月 1 日所集合的成员市镇依照本条第 3 款第 1 项的规定计算所得的份额。

通过上述规定计算所得到的跨市镇补助金的额外增加部分由第 L.2334-7-1 条所规定的估低价格部分来进行资助。

四、跨市镇补助金按照如下方式进行分配:

1. 在依照本条第 4 款第 2 项的规定抽取必要费用之后,该补助金在各税收独立的市镇合作公共机构之间按照 30% 的基础补助金和 70% 的调整补助金的方式进行分配。

每一个税收独立的市镇合作公共机构收取:

(1) 基础补助金,按照公共机构在分配年度的 1 月 1 日所集合的市镇的人口进行计算,同时加权机构的税收整合系数。

(2) 调整补助金,按照公共机构在分配年度的 1 月 1 日所集合的市镇的人口进行计算,同时加权机构的税收整合系数,同时乘以以下数额:

——属于同一范畴的公共机构的平均居民人均税收潜力与该公共机构的人均税收潜力之间的比例关系。

——公共机构的平均居民人均收入与该公共机构的人均收入之间的比例关系。此处所考虑的人口是总人口数。

2. 自收取补助金的第三年开始,税收独立的市镇合作公共机构的所收取的人均补助金不得少于前一年度的人均补助金的 95%。

当一个税收独立的市镇合作公共机构变更范畴时,无论是因为 L.5211-41-3 条框架内所规定的合并,还是作为一个或者多个税收独立的市镇合作公共机构的延续,在其进入新范畴或者在合并之后收取补助金的最初 2 年内,每年所收取的补助金至少要与前一年相同。

对于从无到有创立的税收独立的市镇合作公共机构在其第一年内,收取的补助金数额按照本条第 4 款第 1 项规定的条件进行计算,在第二年所收取的人均补助金至少应当相当于前一年的数额。

对于税收一体化系数大于 0.35 的大都会区,城市共同体和居民区共同体,所收取的人均补助金至少应当相当于前一年的数额。

对于税收一体化系数大于 0.5 的市镇共同体,所收取的人均补助金至少应当相当于前一年的数额。

对于人均居民税收潜力小于同一范畴内的公共机构的人均居民税收潜力的 60% 的税收独立的市镇合作公共机构,所收取的人均补助金至少应当相当于前一年的数额。

3. 一个税收独立的市镇合作公共机构所收取的人均补助金的数额不得超过上一年度的 110%。在 2019 年时,上述上限不适用于在 2019 年 1 月 1 日时变更范畴的机构,也不适用于在 2017 年 1 月 1 日时从无到有的市镇共同体。

4. 当税收独立的市镇合作公共机构的辖区范围在分配年度 1 月 1 日和分配年度前一年的 1 月 1 日之间存在差异时,为了计算第 2 款所规定的担保以及第 3 款所提到的上限时所需要考虑的人均补助金,按照如下方式取得:

(1) 首先计算前一年 1 月 1 日时税收独立的市镇合作公共机构的成员市镇收取的跨市镇补助的数额,按照市镇人口占公共机构总人口的比例进行分配。

(2) 之后加上依照本条第 4 款所规定的计算方法,在分配年度 1 月 1 日时机构所包含的每一个市镇的份额。

L.5211-28-1 条 第 2016-1917 号法律,第 138 条,2016 年 12 月 29 日

自 2004 年起,税收独立的市镇合作机构将会收取一项抵偿补助金,其数额等于 2003 年度适用有关 1999 年财政法律(1998 年 12 月 30 日第 98-1266 号法律)第 44 条第 1 款(四)以及在 2004 年度财政法(2003 年 12 月 30 日第 2003-1311 号法律)出台以前《税务一般法典》第 1648B 条第 2 款第 2 副款规定的数额,并参照第 L.2334-7 条第 1 款第 3 项所规定的比例。

自 2012 年起,根据前款所引的 1999 年财政法律第 44 条第 1 款(四)收取的金额,可以在第 L.2334-7-1 条所规定的条件下,与税收独立的市镇合作公共机构以相同的比例减少。

自 2004 年起首次适用《税务一般法典》第 1609C 条的市镇合作公共机构代替它的成员市镇收取后者依据前款所引 1999 年财政法律第 44 条第 1 款(四)的

固定数额的抵偿补助金。如果在《税务一般法典》第 1609C 条生效的前一年,通过本法第 L.2334-7 条第 2 款最后一款规定的适用,一个或者多个成员市镇被依据 2009 年 12 月 30 日第 2009-1673 号法律第 77 条第 1.2.4.2 规定的计算方式收取款项时,则该款项应当从付给市镇合作公共机构的补助金中予以扣除。

自 2005 年起,如果适用《税务一般法典》第 1609C 条规定的市镇集合的辖区范围发生变化的,付给这一市镇集合的补助金数额将会依据已经被用来计算 1999 年财政法律(1998 年 12 月 30 日第 98-1266 号法律)第 44 条第 1 款(四)的抵偿款的加入或者离开公共机构的市镇职业比例基数金额来进行增加或者减少。

当某一市镇选择退出时,市镇集合的抵偿补助金数额根据情况,需要增加该市镇因为适用 2003 年度财政法律(2002 年 12 月 30 日第 2002-1575 号法律)第 29 条第 3 款第 1 项的规定而被收取的款项,这一款项是依据退出市镇法国电信的职业比例基数来加以计算的。

当某一市镇选择退出时,市镇集合的抵偿补助金数额根据情况,需要增加该市镇因为适用本法典第 L.2334-7 条第 2 款最后 1 项规定而收取的款项,这是依据 2009 年 12 月 30 日第 2009-1673 号法律第 77 条第 1.2.4.2 规定的方式计算的。

L.5211-28-2 条　第 2014-58 号法律,第 43 条,2014 年 1 月 27 日

为了实现资源的统合,市镇合作公共机构可以在其决策机关与所有成员市镇的市镇理事会达成一致协议的情况下,替代各成员市镇收取其依据第 L.2334-1 条及以下所规定的运行总体补助金。在适用第 L.5217-1 条和第 L.5218-1 条规定的大都会区,这一协议必须由三分之二以上的成员市镇理事会(其所代表的人口占总人口的一半以上)或者一半的成员市镇理事会(其所代表的人口占总人口的三分之二以上)作出。

市镇合作公共机构每年都要向所有成员市镇返还一部分补助金,该返还补助金的总额等于其代替成员市镇所收取的补助金。

返还给每一个成员市镇的具体补助金数额由市镇合作公共机构的决策机关以参与表决人数的三分之二的绝对多数决定。这一数额的计算标准首要参考的一方面是市镇居民收入与市镇合作公共机构居民平均收入之间的差值,另一方面是市镇居民税收潜力与市镇合作公共机构辖区内的居民平均税收潜力相比存在的不足。

这一返还的补助金构成市镇合作公共机构的一项必要支出。

L.5211-28-3 条　第 2015-991 号法律,第 80 条,2015 年 8 月 7 日

税收独立的市镇合作机构和其成员市镇,可以在获得三分之二以上的成员市镇理事会(其所代表的人口占总人口的一半以上)或者一半的成员市镇理事会(其所代表的人口占总人口的三分之二以上)同意的情况下,通过市镇合作公共机构的决策机关和成员市镇的市镇理事会的共同协议,决定如下一项或者多项直接税收的合并管理:居住税,针对建筑物的土地税,以及针对非建筑物的土地税。

对于所有决定实施统一管理的税收,对于该税收额度的确定由市镇合作公共机构的决策机关依据适用于其成员市镇投票条件与限制的规定来进行投票。

对于本条所规定的统一税收管理实施的第一年,如果对于建筑物或者非建筑物的土地税决定适用统一管理的,其税额不得超过上一年度成员市镇的土地税的平均税收额度,同时要权衡这些市镇在基数中所占的重要性。

对于本条所规定的统一税收管理实施的第一年,如果居住税适用统一管理的,其税额不得超过上一年度成员市镇的平均税收额度。

作为本条第 3 款和第 4 款的例外,如果在本条所规定的税收统一管理开始之前的一年,市镇合作公共机构获取了一份额外的税收收入时,在计算第 3、4 款所提到的平均税收额度时,应当加上市镇合作公共机构所收取的这一额外税收。

适用于每一个市镇的税收税率都要向市镇合作公共机构所确定的税率,直到最终适用一个统一税率为止,两者的差异每年都要按照相同的比例递减,这一比例的确定要参照在决定税收统一管理的前一年成员市镇间最高税额和最低税额之间的比例关系而定。

如果这一关系超过 90％,则市镇合作公共机构的税率自第一年起即开始适用。当这一关系大于 80％但小于 90％时,这一差距在第一年需要减少一半,在第二年时应当完全消除。当关系大于 70％但小于 80％,该减少的比例变为每年三分之一;当关系大于 60％但小于 70％,变为四分之一;当关系大于 50％但小于 60％,变为五分之一;当关系大于 40％但小于 50％,变为六分之一;当关系大于30%但小于40%,变为七分之一;当关系大于20%但小于30%,变为八分之一;当关系大于10%但小于20%,变为九分之一;当该关系小于或者等于10%,变为十分之一。

L.5211-29条 第2018-1317号法律,第250条第5款,2018年12月28日

一、税收独立的市镇合作公共机构的税收潜力通过将以下各数额进行叠加来确定:

1. 通过对居住税、建筑物的土地税、非建筑物的土地税、企业土地税的跨市镇税收基数的每一项适用全国平均税率所得到的结果。

2. 以企业增值税、非建筑土地税的增加税额、依据《税务一般法典》第1379-0副条所规定的针对网络企业征收的固定数额的税收,以及本法典第2331-3条第6款所规定的商业面积税为名义而收取的跨市镇款项。

3. 依据2009年12月30日关于2010年财政的第2009-1673号法律第78条第1.1条和第2.1条的规定,由集合体在前一年收取的或者负担的盈余或亏欠的款项。对于第一年适用第L.5211-41-3条规定的集合体,这一款项相当于先前存在的集合体在前一年收取的或者负担的盈余或亏欠的款项。

4. 集合体前一年以第L.5211-28-1条规定的补偿补助金名义所收取的款项,但是需要扣除2004年度财政法(2003年12月30日第2003-1311号法律)出台以前《税务一般法典》第1648B条第二款第2副款规定的数额。

作为例外,由新的居民区公会转化而来的居民区共同体的税收潜力,以及至少有一方是在2015年1月1日之前由居民区公会转化而成的居民区共同体的被合并的市镇合作公共机构的税收潜力,在2018年时需要加权居民区共同体企业不动产税的人均毛基数与2015年1月1日存在的居民区公会企业不动产税的人均毛基数以及在2015年1月1日之前转化为居民区共同体的企业不动产税的人均毛基数之和的比例系数,除非该比例系数小于1,然后相应乘以60%(2019)、70%(2020)、80%(2021)和90%(2022)。对于这些居民区共同体,该加权适用于在2015年1月1日之前由新的居民区公会所转化而来的居民区共同体在2015年1月1日时的辖区以及2015年1月1日时存在的居民区公会的辖区范围相对应的税收潜力部分。本条规定同样适用于埃克斯-马赛-普罗旺斯大都会区。

所要考察的基数是其结果用于前一年跨市镇征税标的的毛基数。全国平均税率将依据本法典第 L.5211-28 条定义的集合体的类别分别加以计算，其相当于该集合体征收上述名目税收所得的款项与该集合体基数的总额之间的比例。这里所考察的税收标的以及结果都是已知的前一年的毛标的和毛结果。

二、1. 由城市共同体、包括埃克斯-马赛-普罗旺斯大区和里昂大都会区在内的大都会区、新的居民区公会以及居民区共同体确定的税收一体化系数，对于每一类型的公共机构而言，等于以下两者之间的关系：

（1）由公共机构所获得的居住税、对建筑物的土地税、对非建筑物的土地税、非建筑物的土地税的附加税、企业增值税、企业土地捐助金、网络企业所征收的固定税额、商业面积税、生活垃圾清理的税收以及酬劳、清洁卫生的酬劳，以及适用 2009 年 12 月 30 日第 2009-1673 号法律第 78 条第 1.1 和 2.1 所获取或者负担积极财产或者消极财产的总金额，扣除其中的移交费用。

（2）由在该地域范围内的所有市镇合作公共机构所获得的居住税、对建筑物的土地税、对非建筑物的土地税、非建筑物的土地税的附加税、企业增值税、企业土地捐助金、网络企业所征收的固定税额、商业面积税、生活垃圾清理的税收及酬劳、清洁卫生的酬劳，以及适用 2009 年 12 月 30 日第 2009-1673 号法律第 78 条第 1.1 和 2.1 所获取或者负担积极财产或者消极财产的总金额，扣除其中的移交费用。

在第（1）和（2）目中所提及的税收收入，以及适用 2009 年 12 月 30 日第 2009-1673 号法律第 78 条第 1.1 和 2.1 由市镇合作公共机构所获取或者负担积极财产或者消极财产，依据《税务一般法典》第 1609C 条的规定，需要加上前一年由第 L.5211-28-1 条第 1 款所规定的补偿补助金，扣除 2004 年度财政法（2003 年 12 月 30 日第 2003-1311 号法律）出台以前《税务一般法典》第 1648B 条第 2 款第 2 副款规定的补偿额，并且在必要的情况下，需要扣除 1996 年 11 月 14 日关于城市重振协议实施计划的第 96-987 号法律第 4 条（二）所约定的金额、1996 年 12 月 26 日关于科西嘉地区的第 96-1143 号法律第 3 条（二）所规定的金额、2009 年 5 月 27 日关于外大省经济发展的第 2009-594 号法律第 5 条第 7 款规定的金额，以及 2010 年度财政法（2009 年 12 月 30 日第 2009-1673 号法律）第 2 条第 5.3.2 款第 3 项所规定的金额。

1. 副项　由市镇共同体所确定的税收一体化系数，对于每一类型的公共机

构而言,等于以下两者之间的关系:

(1) 对于适用《税务一般法典》第1609C条规定的市镇共同体,需要从中扣除移交的费用。

(2) 在该地域范围的所有市镇、新市镇团体以及所有的市镇合作公共机构收取的居住税、对建筑物的土地税、对非建筑物的土地税、非建筑物的土地税的附加税、企业增值税、企业土地捐助金、网络企业所征收的固定税额、商业面积税、生活垃圾清理的税收及酬劳、清洁卫生的酬劳,以及适用2009年12月30日第2009-1673号法律第78条第1.1和2.1所获取或者负担积极财产或者消极财产的总金额。

在(1)和(2)段中所提及的税收收入,以及适用2009年12月30日第2009-1673号法律第78条第1.1和2.1由市镇合作公共机构所获取或者负担积极财产或者消极财产,依据《税务一般法典》第1609C条的规定,需要加上前一年由第L.5211-28-1条第1款所规定的补偿补助金,扣除2004年度财政法(2003年12月30日第2003-1311号法律)出台以前《税务一般法典》第1648B条第2款第2副款规定的补偿额,并且在必要的情况下,需要扣除1996年11月14日关于城市重振协议实施计划的第96-987号法律第4条(二)所约定的金额、1996年12月26日关于科西嘉地区的第96-1143号法律第3条(二)所规定的金额、2009年5月27日关于外大省经济发展的第2009-594号法律第5条第7款规定的金额,以及2010年度财政法(2009年12月30日第2009-1673号法律)第2条第5.3.2款第3项所规定的金额。

作为例外,对于不适用《税务一般法典》第1609C条规定的市镇共同体的税收一体化系数的计算,第(1)和(2)目中所提及的税收收入将不计入商业面积税。

2. 为了确定一个类型的市镇合作公共机构的平均税收一体化系数,需要考察税收收入,并且在必要的时候考虑本类型内收取跨市镇补助金2年以上的所有市镇合作公共机构的移交费用,以及在该公共机构内部的市镇以及新的市镇团体的税收收入。为了确定本法典第L.5211-28条第1款第1项所提到的大都会区以及城市共同体的税收一体化系数,将不包括大巴黎大都会区所移交的收入以及支出。

3. 自2019年开始,在计算跨市镇补助金时所参考的税收一体化系数不得超过0.6。

4. 为了计算跨市镇补助金，大都会区的税收一体化系数将需要加权 1.1 的系数。

三、居民区共同体、大都会区、城市共同体以及适用《税务一般法典》第 1609C 条规定的市镇共同体的税收一体化系数的移交费用，是在最新可获得的行政账户中确认的，分别是该条第 5 款和第 6 款所规定的补偿金以及共同体团结补助金数额的一半。对于不适用该法典第 1609C 条的城市共同体而言，将只考虑共同体团结补助金数额的一半。在需要的情况下，分配的补偿金需要减去市镇依据第 1609C 条第 5 款第 2 项的规定所转移的金额。如果这一金额要高于分配的补偿金，剩余的部分将添至本条第 2 款第 1(1) 项和第 1 副项中所提到的税收标的之中。

除了相反的规定，本分节规定所需要考虑的人口数依据本法典第 L.2334-2 条规定的条件进行计算。

四、对于在同一范畴内第一年接受补助金分配时，税收独立的市镇合作公共机构的税收一体化系数，应当等于该机构所属范畴的平均税收一体化系数。

作为例外，如果市镇合作公共机构产生于第 L.5211-41-3 条框架内的合并，所要考虑的税收一体化系数是此前存在的市镇合作公共机构的税收一体化系数。如果在此之前存在多个市镇合作公共机构，则第一年需要考虑的税收一体化系数是这些机构中税收一体化系数最高者，但是不得超过上述各机构加权过其人口之后的平均税收一体化系数的 105％。

对于在同一范畴内第二年接受补助金分配时，没有纠正移交成本的税收一体化系数，需要加权本条第 2 款第 2 项所规定的税收独立的市镇合作公共机构所属范畴的平均税收一体化系数和没有矫正移交成本的平均税收一体化系数。

L.5211-31 条　第 99-586 号法律，第 105 条，1999 年 7 月 12 日

分配给税收独立的市镇合作公共机构的调度补助金按月支付。

L.5211-35-1 条　第 2010-1657 号法律，第 108 条，2010 年 12 月 29 日

一、从 2001 年 1 月 1 日起，作为第 L.2332-2 条的例外，在其预算表决之前，新设立的并且适用《税务一般法典》第 1609C 条规定的市镇共同体从 1 月份开始就可每月获取预支款，该数额应当在成员市镇所收取的税收数额的十二分之一的范围之内,在需要的情况下还应当加入此前存在的税收独立的市镇合作公共机构所收取的税收。

作为对价,适用《税务一般法典》第1609C条规定的该市镇合作公共机构的成员市镇,以及先前存在的市镇合作公共机构不再收取新市镇合作公共机构获得的企业转移土地津贴的十二分之一,而是由市镇合作公共机构每月向其支付一定的补偿金。

对于每一个共同体以及每一个市镇合作公共机构而言,该规范自适用于当年的预算中有关税收和补偿金数额确定之日起开始实施。

二、自2002年1月1日起,第1款的规定适用于所有新设立的税收独立的市镇合作公共机构。

三、自2002年1月1日起,为了将第2款所规定的内容适用于新设立的适用《税务一般法典》第1609C条规定的市镇共同体,这些机构从1月开始收取的每月的预支款,在本年度预算表决之前,每一种税收的数额都必须被分别限制在前一年成员市镇所收取的基础税收总额的十二分之一以内。

对于转入上述市镇合作公共机构的预支款,自其数额确定之日起,要借助当年所确定的税收产品基础来进行调整。

L.5211-35-2条 第2014-891号法律,第18条,2014年8月8日

在依据第L.5211-41-3条所规定的条件发生市镇合作公共机构的合并时,市镇合作公共机构替代其成员收取电力最终消费以及加工的市镇税收时,适用第L.5211-41-1条和第L.5212-24条第6、7款所规定的条件。

第三分节 民主化和透明化

L.5211-36条 第2015-991号法律,第107条,2015年8月7日

除了专门适用于它们的条款,第二部分第三编的规定适用于市镇合作公共机构。

但是第L.2312-1条和第L.2313-1条仅仅适用于包含了至少一个超过3 500名居民的市镇的市镇合作公共机构。如果市镇合作公共机构的居民人数在10 000人以上,并且至少包含一个人口超过3 500名居民的市镇,第L.2312-1条第2款所规定的财政方向的比例包含了第L.2312-1条所提到的内容。这一比例将会强制性地转移给市镇合作公共机构的成员市镇。

供大众查阅的场所为公共机构所在地以及市镇合作公共机构的成员市镇的市政府。

L.5211-37 条　第 2009-526 号法律，第 121 条，2009 年 5 月 12 日

每一年市镇合作公共机构所进行的财产取得以及转让行为的小结都要经过决策机构的表决。该小结应当附于相关机构的行政账户之中。

市镇合作公共机构所计划的所有不动产以及不动产物权的转让，都需要由决策机构就其条件以及根本特征进行表决。该决议根据国家有权机关的意见而作出。该意见在权威机关被通知之日起的 1 个月期限届满后视为作出。当这些操作是在与市镇订立契约的框架内进行时，该决议的副本应当在决议作出之后的 2 个月内转交给相关市镇。

L.5211-39 条　第 2013-403 号法律，第 37 条，2013 年 5 月 17 日。第 2014-58 号法律，第 76 条，2014 年 1 月 27 日

每一年的 9 月 30 日之前，市镇合作公共机构的主席都需要向每一个成员市镇的市政府转达附带决策机关决定的行政账户的该公共机构的所有行为的报告。市镇长需要在公开会议上向市镇理事会交流该报告的内容，其间需要听取市镇合作公共机构决策机关中的市镇代表的意见。在其提出请求的情况下，市镇合作公共机构主席的意见可以被各成员市镇的市镇理事会所听取。该请求也可以由后者提出。

成员市镇的代表每年至少两次向市镇理事会汇报市镇合作公共机构的活动情况。

L.5211-39-1 条　第 2010-1563 号法律，第 67 条，2010 年 12 月 16 日

为了确保服务的更好组织，在市镇理事会换届的下一年，税收独立的市镇合作公共机构的主席要确立一份公共机构和成员市镇之间的服务分担报告。该报告需要包含一个在任期内适用的服务分担框架的草案。该框架草案尤其应当涉及该服务分担计划对于市镇合作公共机构以及成员市镇人员的预期影响，以及其运作的成本。

该报告将转达给各成员市镇的市镇理事会以征求意见。每一个成员市镇的市镇理事会拥有 3 个月的时间对其发表意见。如果未在该期间内作出决议,则视为赞同。

框架草案由税收独立的市镇合作公共机构的决策机关表决通过。

分担框架将会转达给市镇合作公共机构成员市镇的每一个市镇理事会。

每一年,在预算方向辩论之际,或者在没有辩论时于预算表决之时,该分担框架的预付款将成为税收独立的市镇合作公共机构主席向其决策机关进行汇报的内容。

L.5211-40 条　第 99-586 号法律,第 40 条,1999 年 7 月 12 日

在公共机构的决策机关或者三分之一的成员市镇的市长提出请求的情况下,税收独立的市镇合作公共机构的主席应当向所有成员市镇的市长进行咨询。

L.5211-40-1 条　第 2010-1563 号法律,第 62 条,2010 年 12 月 16 日

当税收独立的市镇合作公共机构依据第 L.2121-22 条的规定成立委员会时,它可以规定该机构成员市镇的市镇理事会按照其所规定的方式参与其中。

第七节　转变与合并

L.5211-41 条　第 2013-403 号法律,第 37 条,2013 年 5 月 17 日

当税收独立的市镇合作公共机构已经代其成员市镇行使了本法典为其他一类市镇合作公共机构所规定的管辖权时,该市镇合作公共机构可以在满足其创设条件的前提下,被转化为该类别的市镇合作公共机构,该转化通过决策机关以及成员市镇的市镇理事会依照创立市镇合作公共机构的条件以联合决议的方式作出。每一个成员市镇的市镇理事会,在该决策机关所作出的决议通知到市长之日起的 3 个月内可以对该转化决定作出表态。在该期限内未作表态的,视作赞同。在不影响第 L.5217-1 条的情况下,如果所有成员市镇属于同一个大省,则由该大省的国家代表通过政令的方式作出转化的决定,否则由各相关大省国家代表的联合政令方式作出。

转化之前的市镇合作公共机构的所有财产以及权利全部移交给新的市镇合作公共机构,后者在所有的决议和所有的行为中当然地实现对前者的替代。被转化的公共机构的所有人员被认为在新机构的章程以及岗位条件下属于后者所有。

原机构决策机关中的共同体理事在其所剩余的任期内,在新的市镇合作公共机构中保留其职务。

L.5211-41-1 条　第 2014-58 号法律,第 43 条、第 72 条,2014 年 1 月 27 日

如果将这些新市镇纳入辖区之中有助于确保空间以及经济的融贯性以及金融和社会的互助性,并且对于居民区共同体的发展以及成为区域的城市发展中心、对于城市共同体的发展以及成为地区发展中心,或者对于大都会区的发展以及成为欧洲中心而言是必不可少的,已经作出转化决定的市镇合作公共机构的辖区可以扩展至新的市镇。然而对于那些依据第 L.5214-23-1 条所规定的条件,其获取补助的要求由第 L.5211-29 条第 2 款第 4 项所规定的市镇共同体的成员市镇而言,在没有征得它们同意的情况下不能将其纳入其中。

当所有的成员市镇都属于同一大省时,公共机构辖区扩展的决定由大省的国家代表通过政令的方式作出,如果当辖区扩张的计划超过了一个大省的疆域时,由各大省国家代表在征求相关的市镇合作公共机构的大省委员会的意见之后,以联合政令的方式作出。如果该意见没有在 2 个月的期限内作出,则视为持否定立场。在得到了公共机构委员会以及未来辖区内至少三分之二的市镇委员的同意且其所代表的人数占总人口的一半以上,或者是未来辖区内至少一半的市镇委员的同意且其代表的人数占总人口的三分之二以上时,其辖区可以得到扩张。这一多数必须包含人数最多的成员市镇的市镇理事会,且后者的人数超过总人口的四分之一。如果在接到辖区扩展计划的通知之日起 3 个月内并未作出决议,则视为赞同该决议。

在不影响第 L.5217-1 条适用的情况下,市镇合作公共机构辖区的扩展及其转化将由大省国家代表通过同一个政令作出。这一政令相当于市镇在其所属的市镇合作公共机构的退出决定。在市镇公会和混合型公会的特殊情况下,该退出依照第 L.5216-7 或者第 L.5215-22 条所规定的条件作出。

市镇合作公共机构的转化将导致对所有与管辖权移交相关的财产、设备以及公共服务,这些财产、设备以及公共服务所附带的权利,适用第 L.5211-18 条第 2 款的规定。

L.5211-41-2 条　第 2013-403 号法律,第 37 条,2013 年 5 月 17 日

　　当市镇公会已经代其成员市镇行使了本法典为居民区共同体或者市镇共同体所拥有的管辖权时,该市镇公会在满足相关条件的情况下可以转化为上述两种类型的机构。该转化决定由公会理事会以及成员市镇的市镇理事会依照创设市镇合作公共机构所需的多数原则以共同决议的方式作出。公会理事会以及各成员市镇的市镇理事会在其市长或者公会主席接到涉及转化的决议文件之日起 3 个月内进行表态。如果在该期限内未作出表态,则视为支持该项决定。如果所有成员市镇属于同一个大省,则由该大省的国家代表通过政令的方式作出转化的决定,否则由各相关大省国家代表的联合政令方式作出。

　　转化之前的公会的所有财产以及权利全部移交给新的市镇合作公共机构,后者在所有的决议和所有的行为中当然地实现对前者的替代。

　　合同将会按照其原有的约定继续得到履行,除非当事人有相反的约定。缔约相对方将被告知法人的更换。在公会所签订的合同中所发生的法人的更换并不能产生任何终止合同或者请求补偿的权利。

　　被转化的公会的所有人员被认为在新机构的章程以及岗位条件下属于后者所有。

　　市镇合作公共机构向居民区共同体的转化需要以无偿的方式进行并且不产生任何的补偿金、权利、税收、《税务一般法典》第 879 条所规定的贡献金,以及任何报酬。

　　市镇共同体或者居民区共同体决策机关成员的人数及其分配由第 L.5211-6-1 条所规定的条件确定。

　　直到转化为市镇共同体或者居民区共同体之后的市镇理事会全体换届选举之日止,共同体理事应当按照第 L.5211-6-1 条第(1)所规定的条件进行指定。转化发生前在职的代表的任期被延长至转化完成后的一个月新的决策机关成立之日为止。

L.5211-41-3 条　第 2013-403 号法律,第 37 条,2013 年 5 月 17 日

　　一、如果多个市镇合作公共机构中至少有一个是税收独立的,则可以依据下列的条件进行合并。

　　新市镇合作公共机构的辖区规划,当所有的成员市镇都属于同一个大省时,由该大省的国家代表通过政令的方式作出，在相反的情况下由所涉及的各大省的国家代表通过联合政令的方式作出：

（1）由一个或者多个成员市镇的市镇理事会，或者计划合并的市镇合作公共机构的决策机关主动发起，在收到第一份决议起的 2 个月内。

（2）由国家代表提起。

（3）由跨市镇合作的大省委员会提起。

确定辖区规划的政令需要列举相关的市镇合作公共机构，并且依据第 3 款第 1 项的规定，确定税收独立的市镇合作公共机构所属的类型。对于四周邻接地且在没有飞地的情况下，该辖区规划还可以包含能够确保空间以及经济的融贯性、金融和社会的互助性，从而对新的市镇合作公共机构在尊重省际互助框架的前提下的发展而言至关重要的市镇。

辖区规划，以及一份解释性报告和预算、财政的影响力分析，一同由大省国家代表告知在辖区范围内的所有市镇的市镇长。市镇理事会拥有 3 个月的时间对辖区规划、新的市镇合作公共机构的类型以及法律地位进行表态。在此期间内未作出决议的，视为赞同。

辖区规划同时也需要由大省的国家代表向合并所涉及的市镇合作公共机构征求意见。在收到规划之日起 3 个月内没有作出决议的，视为赞同。

辖区规划，以及一份解释性报告和对市镇以及市镇合作公共机构预算和财政的影响力分析，一同由大省国家代表告知市镇合作的大省委员会。如果辖区规划所涉及的市镇或者市镇合作公共机构来自不同的大省时，相关的委员会以跨大省的形式集合。如果在 3 个月内没有作出决议的，视为赞同。

在尊重第 L.5210-1-1 条第 1、2 款所规定的目的以及该条第 3 款所确立的方向的基础上，对已经适用的辖区规划所进行的变动由跨市镇的大省委员会以超过全部成员的三分之二的人数通过，并且被并入大省国家代表所作出的政令之中。

二、合并的决定可以由相关大省的国家代表，在取得政令中所明列的市镇合作公共机构以及市镇对章程的同意的情况下，通过政令的方式作出。该同意需要由所有市镇超过三分之二的市镇理事会作出，且其所代表的人数占总人数的一半以上，或者由所有市镇超过一半的市镇理事会作出，且其所代表的人数占总人数的三分之二以上。该多数必须包含所有涉及合并的市镇合作公共机构中至少三分之一的成员市镇。对于那些并未被完全囊括在辖区规划之内的市镇，在取得它们同意的情况下，政令等同于这些市镇从原有的市镇合作公共机构中退出的决定。

三、合并之后产生的市镇合作公共机构属于法律赋予其最多管辖权限的税收独立的市镇合作公共机构所属的类型，或者是拥有数量最多的法定强制管辖权限的市镇合作公共机构的类型，但是需要满足此类公共机构的设立条件。

市镇以强制的形式移交给合并之前的市镇合作公共机构行使的管辖权，由新的市镇合作公共机构在其辖区内行使。

在不影响第 L.5214-16 条第 2 款和第 L.5216-5 条第 2 款规定的前提下，在合并之前以选择性的方式或者补充的形式被移交的管辖权由新的市镇合作公共机构在整个辖区内形式，或者如果该新机构的决策机关在合并政令生效后的 3 个月内作出决定，也可以将这些管辖权返还给市镇。然而，如果这些管辖权移交既不是强制性的，也不是选择性的，则该期限将会被延长至 2 年。决策机关的决议可以决定管辖权的部分交还。直到决议作出，或者直到上述期限届满之日，新的市镇合作公共机构在原有的市镇合作公共机构的辖区范围内，行使由成员市镇以选择性的方式或者补充的方式所移交的管辖权。

如果说合并产生的市镇合作公共机构所拥有的强制性管辖权的数量超过了合并之前的市镇合作公共机构，其章程在必要的情况下应当对新管辖权作出规定，以便满足法律对于此类市镇合作公共机构所规定的强制性和任意性的管辖权。

当新市镇合作公共机构管辖权的行使需要符合共同体的利益时，该利益最迟应当在宣布合并的政令作出之后的 2 年内加以界定。否则，新机构将会行使所有被移交的管辖权。直至共同体利益被界定之前，在合并前适用于各市镇合作公共机构的共同体利益将会在其原先所辖的区域内被保留。

所有被合并的市镇合作公共机构的财产、权利以及义务都将移交给合并后的市镇合作公共机构。

当合并导致市镇向新的公共机构进行管辖权移交的，这些移交将遵循第 L.5211-17 条第 4 和第 5 款所规定的金融和财产条件。

合并后的市镇合作公共机构在决议以及采取行动时，当然地替代原有的公共机构以及包含在其辖区范围内的市镇，来行使管辖权。

合同将会按照其原有的约定继续得到履行，除非当事人有相反的约定。缔约相对方将被告知合并后法人的更换。由市镇合作公共机构或者市镇所订立的合同中所发生的法人的更换并不能产生任何终止合同或者请求补偿的权利。

公共机构的合并需要以无偿的方式进行并且不产生任何的补偿金、权利、税收、《税务一般法典》第879条所规定的贡献金，以及任何报酬。

被合并的市镇合作公共机构的所有人员被认为在新机构的章程以及岗位条件下属于后者所有。如果对其有利益，工作人员可以保留对其适用的补偿机制，并且其作为个体也可以保留依据1984年1月26日第84-53号有关地区公共机构运行的章程性规定的法律第111条第3款所获得的利益。

四、新的市镇合作公共机构的决策机关成员的人数以及分配应当依据第L.5211-6-1条所规定的条件加以确定。

直至新公共机构成立后的下一次市镇理事会全体换届选举之日，其成员依照第L.5211-6-2条所规定的条件进行指定。

五、在市镇合作公共机构合并之前在任的成员的任期将会延长至新的决策机关成立之时，最晚至合并之后的第4周的周五。在过渡期，合并后的公共机构的主席由被合并的市镇合作公共机构主席中最为年长者来担任。成员以及主席的权限仅限于保全性或者紧急性的管理行为。

第八节　跨市镇合作的大省委员会

第一分节　构　成

L.5211-42条　第99-586号法律，第42条，1999年7月12日

在每一个大省中都要设立一个跨市镇合作的大省委员会。

它由大省的国家代表主持。或者由总报告人以及从市长中选出的助手来进行协助。

L.5211-43条　第2018-699号法律，第70条，2018年8月3日

一、跨市镇合作的大省委员会的人员构成如下：

1. 40％的市长、市长助理以及市镇委员，他们按照各市镇人口的重要性所确定比例的最大平均数，由市长团体选举产生。

2. 40％的办事机构设置在大省内的税收独立的市镇合作公共机构的代表，

他们由这些机构的决策机关团体按照代表比例的最大平均数选举产生。

3. 5%的混合型公会或者市镇公会的代表,按照比例的最大平均数由此类公会的主席团体选举产生。

4. 10%的大省委员会代表,由大省委员会按照比例的最大平均数选举产生。

5. 5%的大省区域内的地区理事会代表,由该地区理事会按照比例的最大平均数选举产生。

罗纳大省的跨市镇合作的大省委员会被命名为"跨市镇合作的大省-都市理事会"。它除了包含本款第1至第5项所提到的成员之外,还包括占上述成员人数5%的里昂都市理事会的代表,由该都市理事会按照比例的最大平均数选举产生。

对于科西嘉,每一个委员会都有10%的科西嘉议会委员,以及5%的由执行理事会主席指定的执行委员,以取代本款第4、5项所规定的成员。

对于本款第1项所规定的市镇代表的指定,如果说只有一份满足条件的候选人名单由大省市长联合会转交给大省的国家代表,并且不存在任何其他的个体或者团体候选人,大省国家代表对其进行备案,并且不再进行不同市长团体代表的选举。对于第2项所提及的税收独立的市镇合作公共机构代表的指定,以及第3项所提及的公会代表的指定,适用相同的规则。

委员会成员的任期在他们所担任职务进行换届时终止。对他们的替换依照本条所规定的方式进行。

二、当他们不是以地方代理身份作为跨市镇合作的大省委员会的成员时,下列人员在不具表决权的情况下参与到委员会的工作中去:

1. 大省内所有选举产生的代表以及议员,当该大省的议员人数少于5人时。

2. 大省内选举产生的代表以及议员各2名,当该大省的议员人数等于或者大于5人。

在后一种情况下,在委员会召集之前,大省内的其他议员都将收到针对会议日程上的每一个事项所作的解释性报告。

L.5211-44条 第2015-991号法律,第35条,2015年8月7日

第L.5211-42和L.5211-43条的适用条件由最高行政法院的法令加以确定。

该法令尤其应当确定大省委员会的成员总数，该人数应当根据总人口，大省所包含的市镇以及税收独立的市镇合作公共机构的数量及其人口的重要程度，第L.5211-43条第1款第1项所提及的市长团体建立所依据的人口标准，以及大省委员会成员的指定方式和运作规则来加以确定。

如果规定需要在一定期限内获得跨市镇合作的大省委员会的意见，大省国家代表应当及时通知该理事会，并且在前述期限开始后的1周内向其成员转交召集通知。

L.52211-44-1条　第2010-1563号法律，第56条，2010年12月16日

对于其辖区包含1985年1月9日有关山地保护的第85-30号法律第3条所规定的山地区域的大省，跨市镇的大省委员会中的市镇及市镇合作公共机构的代表团体的构成按照全部或者部分处于该区域内的市镇，以及市镇合作公共机构的代表比例来决定。对于其办事处位于该委员会的市镇及市镇合作公共机构的代表团体，应当至少包含全部或者部分处于该区域内的市镇以及市镇合作公共机构的代表各1名。

第二分节　权　限

L.5211-45条　第2010-1563号法律，第57条，2010年12月16日

跨市镇合作的大省委员会应当建立并且随时更新处于其大省内的市镇合作公共机构的状况说明。它可以提出任何旨在强化市镇间合作的建议。为了这一目的，应相关共同体代表的要求，可以听取他们的意见。国家代表依照第L.5211-5条所规定的条件，就涉及市镇合作公共机构设立的所有草案，向理事会征询意见，并就涉及混合型公会设立的所有草案向其征询意见。大省国家代表或者20%的成员可以向理事会提出请求。并且对于所有改变市镇合作公共机构辖区范围的草案，或者与第L.5210-1-1条所规定的跨市镇合作大区框架建议不一致的合并草案，也都要向理事会提出咨询。所有旨在起草一份跨市镇发展与调整宪章而组建的市镇协会都需要向理事会告知。理事会所作出的建议以及观察都将对大众公开。

当大省国家代表就市镇公会依据第L.5212-29条、第L.5212-29-1条和第L.5212-30条的规定提出的退出请求，或者市镇共同体依据第L.5214-26条的规定提出的退出请求向跨市镇合作的大省委员会进行咨询时,后者应当包括第 L.5211-43 条第(1)所规定的由团体选举产生一半成员,其中有 2 个成员代表那些人口在 2 000 人以下的市镇,并且包括第 L.5211-43 条第(2)所规定的由团体选出的四分之一的成员,以及该 L.5211-43 条第(3)所规定的团体的一半成员。

第九节 居民的信息和参与

L.5211-46 条 第 2015-1341 号法令,第 3 条第 5 款,2015 年 10 月 23 日

任何的自然人和法人都有权要求获知市镇合作公共机构决策机关的会议记录,这些机构的预算、账户及其主席的政令,并且可以要求对其部分或者全部进行复印。

每个人都可以在自担责任的情况下公布这些信息。

本条第 1 款所规定的文件,既可以为主席也可以为国家去中心化的服务机关所获取,这些获取的条件由《大众与行政关系法典》第 L.311-9 条所规定。

L.5211-47 条 第 99-586 号法律,第 43 条,1999 年 7 月 12 日

在至少包含了一个人口超过 3 500 居民的市镇的市镇合作公共机构中,决策机关以及执行机关所作出的规范文件的正文需要在 1 个月内转交给成员市镇进行张贴,或者根据最高行政法院的法令所确定的条件发表在行政文件的汇编之中。

L.5211-48 条 第 99-586 号法律,第 43 条,1999 年 7 月 12 日

在市镇合作公共机构决策机关依照第 L.2251-1 条和第 L.2251-4 条以及第一部分第五卷第一编的规定在经济介入的场合所作出的决议的正文,以及赞成公共服务代理协议的决议正文,将会被编入旨在在相关市镇全境进行传播的地方发表物之中。

L.5211-49 条 第 2004-809 号法律,第 122 条,2004 年 8 月 13 日,2005 年 1 月 1 日生效

市镇合作公共机构的成员市镇的选民可以就该机构的主席或者决策机关所作出的决定被征求意见,并且要在市镇管辖权事务的确定上表达立场。

在全体成员市镇的市长提议的情况下,或者在决策机关一半以上成员提出书面申请的情况下,机构的决策大会对征求意见的组织原则以及方式进行决议。在这种情况下,不能提出紧急状况的理由。

注册在市镇合作公共机构选民名册上的五分之一的选民可以要求决策机关就其所作出的一项决定的意见征求被记入议事日程。在这一年,所有的选民正对征求意见只能提出一次请求。根据以上条款的规定所作出的组织征求意见的决定权,属于该公共机构的决策机关。

决定进行意见征求的决议需要注明,该征求意见仅仅是建议的征询。

该征求意见所产生的费用由组织此次征求意见的市镇合作公共机构来负担。

L.5211-49-1 条　第 2002-276 号法律,第 5 条,2002 年 2 月 27 日

市镇合作公共机构的决策机关可以成立一个针对全部或者部分在其辖区范围内的、属于其管辖权限内的、与跨市镇利益相关的一切事务的咨询理事会。

主席可以向该咨询理事会咨询所有符合其设立宗旨的公共服务以及周边设备相关的问题或者规划,它也可以就与同样的宗旨相关的所有涉及跨市镇利益的问题向主席传达其建议。

这些理事会包含了所有由决策机关在主席的提议下、依照其代表性以及权限所任命的任期 1 年的成员,尤其包含地方协会的代表。它们由主席所指定的一名决策机关的成员来主持。

L.5211-50 条　第 2015-1341 号法律,第 3 条第 5 款,2015 年 10 月 23 日

一份以征求意见为内容的信息文件可以由公众在市镇合作公共机构的所在地、每一个市政府,以及在必要的情况下,在公共机构成员市镇的附属政府中进行查阅。公众对于上述文件的接触权的条件由《大众与行政关系法典》第 L.311-9 条所规定。

L.5211-51 条　第 99-586 号法律,第 43 条,1999 年 7 月 12 日

在知道了征求意见的结果之后,市镇合作公共机构的决策机关依照第 L.2121-20 条和第 L.2121-21 条所规定的条件作出决议。

L.5211-52 条　第 99-586 号法律，第 43 条，1999 年 7 月 12 日

从市镇理事会进行整体换届的前一年的 1 月 1 日开始，以及在全民直接或者间接选举之前的选举活动中，任何市镇合作公共机构成员市镇的选民意见征询均不能进行。针对同一问题的征求意见之间所间隔的时间不得少于 2 年。

两次征求意见之间至少间隔 1 年。

L.5211-53 条　第 2013-403 号法律，第 37 条，2013 年 5 月 17 日

如果说市镇合作公共机构决策机关成员或者其主席的指定，成为行政法庭或者最高行政法院诉讼的争议内容，在该决定成为终局性之前，任何意见征求都不能进行。

L.5211-54 条　第 99-586 号法律，第 43 条，1999 年 7 月 12 日

最高行政法院的法令来确定本节内容的适用条件。

第十节　其他规定

L.5211-56 条　第 2010-1563 号法律，第 17 条，2010 年 12 月 16 日

在不影响专门适用于大都会区、城市共同体或者居民区共同体的相关规定的情况下，当某一个市镇合作公共机构为了共同体、另一个市镇合作公共机构或者是混合型公会的利益而承担某项服务时，产生的相关费用将根据具体情况，被计入第 L.5212-18 条、第 L.5212-21 条、第 L.5214-23 条和第 L.5216-8 条所规定的预算中的附带预算之中。该附带预算的收入包括所承担服务所产生的税收以及报酬，以及作为服务承担的获益方的共同体或者市镇合作公共机构的贡献。

上述条款不适用于为了共同体或者市镇合作公共机构的利益所实现的投资操作，这些操作在预算上以及在账目上都被作为是在任期内所作出的行为。在这种情况下，市镇合作公共机构为了数个共同体或者市镇合作公共机构的利益而同时进行的性质相同的投资行为可以通过一个单一的公开市场实现。

L.5211-57 条　第 99-586 号法律，第 43 条，1999 年 7 月 12 日

当税收独立的市镇合作公共机构的理事会所作出的决定仅仅对一个成员市镇产生后果时，该决定只有在得到该市镇的市镇理事会意见之后才能作出。如

果在收到共同体的建议草案之日起3个月内并未给出意见,则视为赞同。当该意见为反对时,上述决定在取得市镇合作公共机构理事会的三分之二成员多数的情况下作出。

L.5211-58条　第2000-629号法律,第4条,2000年7月8日

所有在市镇名册中记录在案的纳税人,都可以以起诉或者答辩的名义,并且在自担风险的情况下,行使他认为属于市镇所隶属的市镇合作公共机构的诉讼,前提是其已经催告后者进行决议,但后者拒绝或者怠于行使的。

纳税人需要向行政法院提交一份详细的备忘录。

市镇合作公共机构的主席在依据第L.5211-11条规定召开的最近一次会议上将上述备忘录转交给市镇合作公共机构的决策机关。

当裁判作出之后,纳税人只有在取得新授权的情况下才能提起上诉或者申诉。

L.5211-59条　第2012-351号法令,第7条,2012年3月12日

对于行使地方法规规定的犯罪预防管辖权的税收独立的市镇合作公共机构,其主席依照《国内安全法典》第L.132-3条规定的条件,主持并且协调配合这一管辖权行使的行动。

L.5211-61条　第2017-1838号法律,第4条第5款,2017年12月16日

一个税收独立的市镇合作公共机构可以将其所有的管辖权移交给市镇公会或者混合型公会,只要在该公会成立之后或者在公共机构加入之后其辖区范围能够涵盖全部的共同体。

作为对前款规定的例外,在对用水以及水流管理、饮用水供应、共同或者非共同的清洁、生活垃圾及类似废弃物的收集和处理、电和天然气的分配等方面,一个税收独立的市镇合作公共机构或者一个地域性的公共机构可以将在其辖区内的全部或者部分的管辖权移交给一个市镇公会或者混合型公会,或者移交给多个处于该辖区不同位置的分散公会。

在有关水域治理以及洪水防范的领域,一个税收独立的市镇合作公共机构或者一个地域性的公共机构可以将《环境法典》第L.211-7条第1副款所定义的全部或者部分的管辖权移交给一个市镇公会或者混合型公会。作为对本条第一款的例外，该全部或者部分管辖权的移交对象可以是全部或者部分处于税收独立的市镇合作公共机构或地域性公共机构中的市镇公会或者混合型公会，或者是多个处于该辖区不同位置的分散公会。

一个税收独立的市镇合作公共机构或者一个地域性的公共机构可以将本条第3款所提到的管辖权的全部或者一部分委托给《环境法典》第 L.213-12 条所提到的混合型公会行使。这一全部或者部分的委托对象可以是全部或者部分处于该公共机构地域范围内的混合型公会，或者是多个处于该辖区不同位置的分散公会。这一委托需要遵循第 L.1111-8 条最后两款所规定的方式。

当适用前款的规定或者依据第 L.5214-21 条、第 L.5215-22 条或者第 L.5216-7 条，一个税收独立的市镇合作公共机构仅仅一部分辖区是混合型公会的成员时，在依据第 L.5211-17 条至第 L.5211-20 条以及第 L.5212-27 条的规定确定该公共机构多数时所需考虑的人口，是包含在该混合型公会辖区范围之内的人口数量。

L.5211-62 条　第 2014-336 号法律，第 136 条第五项，2014 年 3 月 24 日

当税收独立的市镇合作公共机构行使属于地方城市规划时，它的决策机关至少应该每年组织一次有关地方城市化政策的辩论。

第二章　市镇公会

第一节　创　立

L.5212-1 条　第 1996-142 号法律，1996 年 2 月 24 日

市镇公会是一个旨在实现反映跨市镇利益的工程或者服务的市镇合作公共机构。

L.5212-2 条　第 2013-403 号法律，第 1 条第 5 款，2013 年 5 月 17 日

除非是由所有市镇理事会以联名决议的方式作出，市镇公会的创立需要伴随一份相关市镇的名单。该名单由相关大省的国家代表在一名或者多名市镇委员的提议下确立。这份名单将被告知大省委员会。

L.5212-4 条　第 99-586 号法律,第 35 条,1999 年 7 月 12 日

市镇公会的创立政令需要在成员市镇的建议下确立市镇的办事处。

在必要的情况下,它需要决定那些拒绝加入的市镇的公会参与的条件。

L.5212-5 条　第 1996-142 号法律,1996 年 2 月 24 日

市镇公会的设立或者不设定期限,或者由创立的决定来确定一个固定的期限。

第二节　机　构

第一分节　公会理事会

L.5212-6 条　第 99-586 号法律,第 36 条,1999 年 7 月 12 日

公会理事会遵循第 L.5211-7 条和 L.5211-8 条,以及在机构决定没有作出相反约定的情况下,遵循第 L.5212-7 条的规定设立。

L.5212-7 条　第 2016-1500 号法律,第 12 条,2016 年 11 月 8 日

每一个市镇在理事会中都拥有两位提名的代表。代表的职权以志愿的方式履行。

创立的决定或者变更的决定可以指定一名或者多名替补代表,在代表无法行使职权时参加理事会并行使决议权。

市镇理事会的选择既可以是所有符合市镇理事会条件的全体公民,但必须尊重第 L.5211-7 条第 2 款第 2 项的规定。

在依照 2010 年 12 月 16 日地方政体改革的第 2010-1563 号法律之前的第 L.2113-1 条及以下的规定所发生的数个市镇的合并时,当某一个加入市镇的居民数超过了主市镇居民数的一半时,该市镇将会当然地在合并后市镇的公会理事会中拥有一个席位,前提是该公会理事会拥有多个席位。

如果加入市镇的市镇理事会是通过选举产生的,该市镇的代表将从市镇选举的名单中进行指定。

在其他的情况下,该席位由市长来占据。

所有依照第 L.2113-10 条所设立的代表市镇,其在公会理事会中均有代表,并且享有咨询权,该代表由市长,或者在必要的情况下,由代表市镇理事会中指定的一个成员来担任。

当一个新的市镇替代原有的同一公会中的数个成员市镇时，在下一次市镇理事会总体选举之前，新市镇在公会理事会中所分得的席位将会相当于之前被替换的各市镇所享有的席位的总和，除非公会的规章排除了上述规则的适用。

L.5212-7-1 条　第 2013-403 号法律，第 37 条，2013 年 5 月 17 日

公会理事会的席位数量，以及这些席位在市镇成员之间的分配，可以在如下的主体请求之下进行变更：

1. 公会理事会。

2. 或成员市镇的市镇理事会，在对公会的辖区以及权限进行变更时，或者为了建立理事会中市镇的代表以及市镇的人口之间更好的对应关系时提出。

所有的请求都由公共机构毫无迟延地送达各相关地市镇。自该送达之日起，相关市镇的市镇理事会拥有 3 个月的时间对此变更决定进行表态。在规定期限内未作表态的，视为同意。

变更决定需要得到市镇理事会按照本法典规定的市镇合作公共机构的公会理事会席位分配所应当达到的多数同意。

变更决定由相关大省的国家代表通过政令的形式作出。

L.5212-8 条　第 2010-1563 号法律，第 45 条，2010 年 12 月 16 日

创立决定或者变更决定可以规定，市镇理事会所指定的代表可以组成一个团体以便选举理事会的代表。除非市镇公会的章程有相反的规定，作为对第 L.5212-16 条第 1 项的例外，如此选举产生的代表，对于该团体中至少一个代表市镇相关的所有事务，具有在决议中投票表决的权利。

第三节　运　行

L.5212-15 条　第 1996-142 号法律，1996 年 2 月 24 日

公会所包含的机构的行政管理适用一般法的规定。

对于公会尤其应当适用针对类似机构的涉及咨询或者监督委员会的建立、人员的组成以及任命、预算的形成以及通过、账户的通过、内部管理规则以及财政规则的法律。

公会理事会对这些机构行使市镇理事会面对市镇机构所行使的相同性质的权利。

然而,如果公会的目的是为了给病人、老人、儿童或者绝症患者提供救助的,委员会可以决定该理事会一方面在其办公地点,一方面在医院或者收容养老机构中行使救助管理。

L.5212-16 条　第 1996-142 号法律,1996 年 2 月 24 日

一个市镇可以仅仅加入公会所行使的一部分职能中去。

在这种情况下,创立决定或者变更决定确定公会的市镇成员名单、公会所能行使的管辖权的清单,以及每一个成员市镇移交给公会的部分或者全部管辖权的条件。公会在每一个向其移交管辖权的市镇区域范围内行使上述管辖权。

根据创立决定所规定的条件,每一个市镇都必须承担移交管辖权所产生的费用,以及一部分的总体管理费用。

作为第 L.5211-1 条的例外,适用下列规则:

1. 对于涉及所有市镇利益的事项,尤其是对于主席以及办公室成员的选举、预算的确定、行政账户的通过,以及所有涉及公会最初组成、运作以及存续期限的变更的决定。所有的代表都应当参与投票。在其他的情况下,只有决议所涉及的相关市镇的代表才能参与投票。

2. 除非依据第 L.2121-14 条和第 L.2131-11 条的规定,主席应当参与所有的投票。

3. 为了考虑到所有市镇移交给公会的管辖权,创立决定可以确定每一个市镇代表的特殊规定。

公会理事会可以为了行使其一项或者多项管辖权成立委员会,以研究并且准备它的决定。

L.5212-17 条　第 2013-1212 号法令,第 6 条,2013 年 12 月 18 日,2013 年 12 月 20 日发布

对于在 1988 年 1 月 6 日之前,也就是 1988 年 1 月 5 日关于完善去中心化的第 88-13 号法律生效之前已经存在的公会,如果这些公会的成员市镇的市镇理事会依照第 L.5211-5 条第 2 款所确定的多数决条件,表达了他们希望变更公会创立决定的意愿,可以对其适用第 L.5212-16 条的规定。

第四节　金融条款

L.5212-18 条　第 1996-142 号法律,1996 年 2 月 24 日

公会理事会的预算应当包含公会建立所针对的机构,或者服务的成立以及维持所产生的费用。

L.5212-19 条　第 2006-1537 号法律,第 37 条,2006 年 12 月 7 日,2006 年 12 月 8 日发布

公会预算的收入部分包括:

1. 成员市镇的贡献。
2. 公会的动产和不动产所产生的收入。
3. 公会从公共行政部分、协会、特殊个体处收取的其所提供服务的对价。
4. 国家、大区、大省以及市镇的补贴。
5. 捐赠以及遗赠。
6. 与他们提供的服务以及进行的投资相关的税收、报酬以及贡献。
7. 借款收入。

L.5212-20 条　第 2004-809 号法律,第 181 条,2004 年 8 月 13 日,2004 年 8 月 17 日发布

第 L.5212-19 条第(1)款中所提到的会员市镇的贡献在公会的存续期间对于这些市镇而言是必须的,并且限于公会所决定的业务必要的范围之内。

公会理事会可以决定用第 L.2331-3 条第 1 款中所提到的税收收入来替代会员市镇的一部分或者全部贡献。

但是,对于这些税收收入的收取必须首先征求市镇理事会的意见,并且后者并不反对适用其他的收入来填补自己的份额。

L.5212-21 条　第 1996-142 号法律,1996 年 2 月 24 日

公会的预算收入可以包括:

1. 当公会承担生活垃圾的收集、销毁以及处理,那么或者生活垃圾处理税以及第 L.2333-78 条所规定的报酬，或者在有些情况下来自野营地的生活垃圾的处理收入，归公会所有。

2. 或者当公会承担垃圾、废弃物以及残余物的处理，那么垃圾、废弃物以及残余物的处理报酬，或者第 L.2333-76 条所规定的收入报酬，归公会所有。

L.5212-21-1 条　第 2003-1311 号法律第 116 条第 1 款第 3 项，2003 年 12 月 31 日

在不影响第 L.1618-2 条适用的前提下，市镇公会可以突破其面对国家的对于上一年度剩余的履行投资金额的提存义务，但是应当在工商业公共服务框架内的不动产经营折旧补助金的限额之内。

L.5212-22 条　第 1996-142 号法律，1996 年 2 月 24 日

公会的预算以及账户的副本每一年都应当送交参与公会的市镇的市镇理事会。

L.5212-23 条　第 1996-142 号法律，1996 年 2 月 24 日

这些市镇的市镇理事会可以要求向其公开公会理事会及其办公室的决议的会议记录。

L.5212-24 条　第 2014-1655 号法律，第 37 条第 5 款，2014 年 12 月 29 日

当一个跨市镇的公会行使第 L.2224-31 条规定的公共用电分配的组织管辖权时，第 L.2333-2 条所规定的市镇的最终用电税，由公会代替作为其成员的税收独立的市镇合作公共机收取，对于所有根据国家数据统计和经济研究机构在当年 1 月 1 日统计的居民人数少于 2 000 人的市镇，或者是公会在 2010 年 12 月 31 日时代收税收的市镇，最终用电税也由公会代收。对于其他的市镇，如果公会和相关的市镇依据《税务一般法典》第 1639 条 A 副款第一项所规定的条件而作出联合决议的话，这一税收也可以由公会代为收取。如果这一权限是由大省行使的，那么对于根据国家数据统计和经济研究机构在当年 1 月 1 日统计的居民人数少于 2000 人的市镇，该税收由大省代为收取。对于其他的市镇，如果大省和相关的市镇依据《税务一般法典》第 1639 条 A 副款第一项所规定的条件而作出联合决议的话，这一税收也可以由大省代为收取。在所有的情况下，该税收均按照一般法的规定进行收取。

如果公会或者大省依照前款的规定代替市镇收取税收的，跨市镇公会决策机关以及大省委员会依照第 L.2334 条第 2 款的规定确定税收额度。

作为前款规定的例外，当跨市镇公会位于大都会区辖区之外时，它可以从以下数值中选择统一的相乘系数：0；2；4；6；8；8.50；10；12。当市镇所选择的系数超过 8.50 时，对于适用超过部分而产生的税收收入，公会应当将其用于本地消费者能源需求的管理操作。

市镇公会决策机关以及大省委员会的决定必须在 10 月 1 日之前作出，以便能够在次年适用。在必要的情况下，跨市镇公会或者大省委员会的主席最迟在决定作出之日起 15 日内将该决定告知公共审计部门。

在新决定对其撤回或者修改之前，依照前款规定进行告知的决定具有适用效力。

当公会依照第 L.5212-27 条的规定发生合并时，在每一个合并前的公会适用的有关最终用电税的规定，在该合并开始产生税法上效果的年度内继续适用。

在该合并开始产生税法上效果的年度的 10 月 1 日之前，合并之后产生的公会公布下一年度适用于其整个辖区范围的规定。如果没有决议依照第 L.2333-4 条所规定的条件确定同意的相乘系数，那么将适用合并产生税法上效果的年度的前一年，最接近此前存在的所有公会（在需要的情况下，为所有的市镇）所采纳的系数的平均数。

如果在开具发票的期间存在税收额度的变更，相关的用电量应当根据每一个阶段所对应的期限比例进行分摊。

公会或者行使相关管辖权的大省，以及市镇或者市镇合作公共机构，可以按照《税务一般法典》第 1639 条 A 副款第 1 款第 1 项所规定的条件作出联合决议，由市镇公会和大省将其在辖区内收取税收的一部分转交给市镇或者税收独立的市镇合作公共机构。

L.5212-24-1 条　第 2013-403 号法律，第 1 条第 5 款，2013 年 5 月 17 日

纳税义务人应当根据不同的情形，在相关季度结束之后的 2 个月的期限内向跨市镇公会和大省的审计部门提交第 L.3333-3-1 条所规定的声明，并且依照同样的方式、周期以及期限提交相关的缴税凭证。

纳税义务人应当根据不同的情形,在相关季度结束之后的 2 个月的期限内向跨市镇公会和大省的主席提交本条第 1 款所提到的声明。

对于声明的费用以及转账的费用,纳税人可以提取他所交给跨市镇公会或者大省的税收的 2%。从 2012 年 1 月 1 日开始,该提取的费用改为 1%。

L.5212-24-2 条　第 2013-403 号法律,第 1 条第 5 款,2013 年 5 月 17 日

根据不同的情况,该税收由跨市镇公会或者大省委员会的主席,按照第 L.3333-3-2 条所规定的条件进行管理和惩罚。在必要的情况下,需要告知的信息中应当包含每一个市镇的分摊。

根据不同的情况,跨市镇公会以及大省委员会所享有的取回权按照第 L.3333-3-3 条所规定的条件行使。有关征税对象、税收缴纳的申诉以及对于起诉的异议,应当依照第 L.3333-3-2 条第 2 款第 4 项所规定的条件进行。

跨市镇公会主席应当通知大省委员会有关采取的控制手段、税收数额的更正或者依职权确定的税收额度。在所移交的信息的基础上,大省委员会的主席按照第 L.3333-2 条的规定收取用于大省的税收。

当用电被分配到位于多个市镇的供电站时,税收的收入应当根据每一个供电站的消费在各共同体之间按照比例进行分摊。

L.5212-25 条　第 99-586 号法律,第 38 条,1999 年 7 月 12 日

如果一项税收或者预算规则的适用将会导致公会成员市镇运行资源的增幅或者降幅等于或者超过运行部分总收入的 10%(对于居民人数少于 2 000 的市镇)或者 5%(对于其他类型的市镇),每一个成员市镇都可以要求公会理事会对适用于来年的各市镇对公会预算的金融贡献分摊方式的规则作出调整。

如果公会理事会在 6 个月的期限内没有支持这一请求,或者说公会理事会的决议并没有得到市镇理事会依照第 L.5211-20 条第 2、3 款规定的条件进行批准的,大省的国家代表可以在相关市镇的请求下,并且在征求大区审计庭意见的情况下,对各市镇对公会预算的金融贡献分摊方式的规则作出调整。

L.5212-26 条　第 2018-1317 号法律,第 259 条第 5 款,2018 年 12 月 28 日

为了实现对当地电力分配、可再生能源的电力发展、能源消耗的管理,或者温室效应气体排放减少等方面的公共设备的建设或者运行进行投资,协助基金可以被转给第 L.5212-24 条所规定的公会以及作为成员的市镇或者市镇合作公共机构,只需要同时获得公会理事会以及相关的市镇理事会或者市镇合作公共机构决策机关的简单多数同意即可。

协助基金的总额度不得超过相关项目税后成本的四分之三。

第五节 对于构成和运行初始条件的变动

第二分节 合 并

L.5212-27 条 第 2010-1563 号法律,第 46 条,2010 年 12 月 16 日

一、市镇公会以及混合型公会可以在本条所规定的条件下进行。

如果所有的成员都属于同一个大省时,新公会的辖区规划可以由大省的国家代表通过政令的形式确定,在相反的情况下则由相关大省的国家代表通过联合政令的方式确定:

1. 由一个或者多个公会成员的决策机关,或者计划合并的公会的决策机关,在收到第一份决议起的 2 个月内主动发起。

2. 由大省的国家代表,在征求了拥有权限的跨市镇合作大省委员会的意见之后主动发起。如果在征求意见之日起 2 个月内未作出回复,则视为同意。

3. 由一个或者多个跨市镇合作大省委员会主动发起。

该政令需要列明所有相关公会的名录。相关公会需要就辖区规划以及章程被征求意见。如果在被告知规划之日起 3 个月内未给出意见,则视为同意。

大省的国家代表同时还需要将辖区规划告知每一个市镇的市镇长,并且在必要的情况下还需要告知计划合并的每一个成员公会的决策机关。相关公会的成员的决策机关拥有 3 个月的期间对于新公会的辖区规划以及章程提出意见。如果在 3 个月的期间内未作出决议,则视为同意。

在尊重第 L.5210-1-1 条第 1 和第 2 款所规定的目标,以及第 3 款所规定的方向的情况下,对于辖区规划进行修改建议的采纳,需要由跨市镇合作的大省委员会以三分之二成员多数同意,并且将附在大省国家代表的政令之中。

二、合并的决定可以由大省的国家,在得到各公会成员的决策机关对于政令中所列举的合并所关涉的公会名单以及新公会章程的同意之后,通过政令的方式作出。这一同意必须由三分之二以上的作为公会成员的市镇或者市镇合作公共机构的决策机关(其所代表的人口占总人口的一半以上)或者一半的市镇或者市镇合作公共机构的决策机关(其所代表的人口占总人口的三分之二以上)作出。

当该合并规划中包含了第 L.5721-1 条所规定的一个或者多个混合型公会时,对于合并的同意需要由相关公会及其成员的决策机关以联合决议的方式作出。

三、合并之后所产生的公共机构依法当然成为市镇公会(当所有的合并成员均为市镇公会时)或者第 L.5711-1 条,或者依据其构成形式,第 L.5721-1 条所规定的公会(在所有其他的情况下)。

章程需要在移交给现存公会行使的管辖权中确定由新公会在其辖区范围内行使的管辖权。其余的管辖权将会成为返还给成员公会行使的内容。

所有被合并机构的财产、权利以及义务都将转移给合并之后的公会。

当合并产生将原公会的管辖权移交给新公会的效力时,这些移交将依据第 L.5211-17 条第 5、6 款所规定的金融和财产条件来进行。

合并之后产生的公会,在其辖区范围内,将会当然取代原公会在所有决议以及所有行动中的地位,以行使相应的管辖权。

合同将会按照其原有的约定继续得到履行,除非当事人有相反的约定。缔约相对方将被告知合并后公会对于法人的替换。由原公会订立的合同中所发生的法人的更换并不能产生任何终止合同或者请求补偿的权利。

公会的合并需要以无偿的方式进行并且不产生任何的补偿金、权利、税收、《税务一般法典》第 879 条所规定的贡献金,以及任何报酬。

被合并的公会的所有人员被认为在新公会的章程以及岗位条件下属于后者所有。如果对其有利益,工作人员可以保留对其适用的补偿机制,并且其作为个体也可以保留依据 1984 年 1 月 26 日第 84-53 号有关地区公共机构运行的章程性规定的法律第 111 条第 3 款所获得的利益。

四、合并之后将会对新公会理事会的成员代表进行一次新的选举。

在公会合并之前在任的成员的任期将会延长至新的决策机关成立之时,最晚至合并之后的第 4 周的周五。在过渡期,合并后的公会主席由被合并的市镇合作公共机构主席中最为年长者来担任。

大会代表以及主席的权限仅限于保全性或者紧急性的管理行为。

如果任何一个前公会成员的市镇，市镇合作公共机构以及所有其他成员没有指定自己的代表，在新公会的决策机关中，这一成员由市镇长或者主席担任（如果该成员只有一个代表席位），或者由市长及其第一助理，或主席以及一名副主席担任（在其他的情形下）。

第三分节　市镇的退出

L.5212-29 条　第 2004-809 号法律，第 172 条，2004 年 8 月 13 日，2004 年 8 月 17 日发布，2005 年 1 月 1 日生效

作为第 L.5211-19 条的例外规定，大省的国家代表可以在征求了第 L.5211-45 条第 2 款所规定的跨市镇合作大省委员会的意见之后，授权一个市镇退出公会，如果在规章调整或者该市镇相对于该规章的处境发生变化之后，该市镇对于公会的参与失去了对象。如果在 2 个月的期限内大省委员会未作出答复，则视为反对。

市镇移交给公会的所有动产以及不动产，包括在其上所产生的权利和义务，都将返还给市镇。对于这些财产上所附带债务的余款，如果其也由市镇移交给市镇合作公共机构，并且在退出之时上述款项尚未结清的，这部分负担也将重新由退出的市镇承担。

对于市镇加入以后公会取得或者建造的财产，以及为此目的所作出的贷款，如果在市镇间无法达成一致，则由大省的国家代表在征求了公会理事会以及相关市镇的市镇理事会的意见之后，来确定市镇退出的条件。这一退出可以以市镇承担一部分公会在其作为成员期间贷款所产生的债务为条件。

如果说被要求由退出的市镇承担的贷款金额得到减小，该市镇所应当支付的年金金额也应当在相应程度内减小。

公会的退出将会导致该公会作为成员的混合型公会的辖区范围按照第 L.5211-19 条第 3 款所规定的条件进行缩小。

本条的规定不适用于分配电力的公会。

L.5212-29-1 条　第 2004-809 号法律，第 172 条，2004 年 8 月 13 日，2004 年 8 月 17 日发布，2005 年 1 月 1 日生效

大省的国家代表可以在征求了第 L.5211-45 条第 2 款所规定的跨市镇合作

大省委员会的意见之后,并且在尊重第 L.5212-29 条第 2 款至第 5 款规定的前提下,授权一个市镇退出公会以便其能够加入一个市镇共同体,或者取回市镇依据第 L.5512-6 条转移给公会的一项或者多项管辖权,并移交给其作为成员的市镇共同体。如果跨市镇合作大省委员会没有在 2 个月的期限内给出答复,则视为持否定意见。

L.5212-30 条　第 2004-809 号法律,第 172 条,2004 年 8 月 13 日,2004 年 8 月 17 日发布,2005 年 1 月 1 日生效

如果一个市镇认为章程中有关市镇在公会理事会中的代表方式、公会所行使的管辖权,以及市镇对于公会负担的分摊规定,将会对其参与公会目标造成实质性的损害,它可以在本法典针对每一种情形规定的条件下要求对相关的章程规定进行修改。

当对章程中有关市镇在公会理事会中的代表方式、公会所行使的管辖权,以及市镇对于公会负担的分摊规定进行的修改,将会对某个市镇参与公会目标造成实质性的损害,该市镇可以在本法典针对每一种情形规定的条件下,在修改作出的 2 个月内提出退出公会的申请。

如果在 6 个月的时间内未能得到肯定的答复,市镇可以请求大省的国家代表在征求了第 L.5211-45 条第 2 款所规定的跨市镇合作大省委员会的意见之后,授权其退出公会。如果跨市镇合作大省委员会没有在 2 个月的期限内给出答复,则视为持否定意见。

市镇移交给公会的所有动产以及不动产,包括在其上所产生的权利和义务,都将返还给市镇。对于这些财产上所附带债务的余款,如果其也由市镇移交给市镇合作公共机构,并且在退出之时上述款项尚未结清的,这部分负担也将重新由退出的市镇承担。

对于市镇加入以后公会取得或者建造的财产,以及为此目的所作出的贷款,如果在市镇间无法达成一致,则由大省的国家代表在征求了公会理事会以及相关市镇的市镇理事会的意见之后,来确定市镇退出的条件。这一退出可以以市镇承担一部分公会在其作为成员期间贷款所产生的债务为条件。

如果说被要求由退出的市镇承担的贷款金额得到减小,该市镇所应当支付的年金金额也应当在相应程度内减小。

公会的退出将会导致该公会作为成员的混合型公会的辖区范围按照第 L.5211-19 条第 3 款所规定的条件进行缩小。

本条规定仅仅适用于加入相关公会至少 6 年以上的市镇。

第五分节　公会加入市镇合作公共机构

L.5212-32 条　第 1996-142 号法律，1996 年 2 月 24 日

除非有得到创立决定所确认的相反规定，公会加入市镇合作公共机构必须得到公会成员市镇的市镇理事会的同意，该同意需要依据第 L.5212-2 条第 2 款所规定的多数原则作出。

第六节　解　散

L.5212-33 条　第 2013-403 号法律，第 1 条第 5 款，2013 年 5 月 17 日

公会在下列情况下解散：

1. 由于创立决定中所规定的期限届满、公会创立目标的实现、仅仅剩余一个市镇成员，或者其创立所旨在实现的服务被移交给税收独立的市镇合作公共机构或者第 L.5711-1 条、L.5721-2 条所提到的混合型公会，当然发生解除。在前面提到的最后一种情形下，解散公会的成员市镇将会自动成为接受该公会所有管辖权的混合型公会的成员。与混合型公会解散时的情形相同，混合型公会将会依照第 L.5711-4 条第 3 款至最后一款规定的条件替代解散的市镇公会。

2. 基于所有相关的市镇理事会的同意而解散。

它可以在下列情形下解散：

（1）在多数市镇理事会充分说理的请求下，由大省国家代表通过政令的方式决定。

（2）或者由最高行政法院依职权作出的法令决定。

解散政令或者法令的副本应当转交给大省委员会以为告知。

在尊重第 L.5211-25-1 条和第 L.5211-26 条并且不损害第三人权利的情况下，解散的政令或者法令应当确定公会清算的方式。

相关人员在各市镇之间的分配需要咨询同级别的行政委员会的意见。它不能产生人员精简的后果。相关人员应当获得一个同级别的职务，并且要兼顾他们已经取得的权利。被分配到的市镇需要承担相应的财政负担。

L.5212-34 条　第 2010-1563 号法律,第 50 条,2010 年 12 月 16 日

如果公会至少在 2 年的时间内没有从事任何活动的,大省国家代表可以在征求各成员市镇的市镇理事会的意见之后通过政令解散公会。

在收到国家代表解散提议的通知之后的 3 个月内没有作出回应的,视为赞成解散。

第四章　市镇共同体

第一节　创　立

L.5214-1 条　第 2014-173 号法律,第 11 条,2014 年 2 月 21 日

市镇共同体是一种集合了多个不存在飞地的市镇的市镇合作公共机构。

它的宗旨是将多个市镇集合在一个团结的空间中,以便能够制定一个该空间发展以及调整的方案。当该市镇共同体包含一个或者多个城市政策优先区域,并且行使由第 L.5214-16 条第 2 款第 2 副项所规定的权限时,该共同方案中应当增加社会与城市化融合相关的内容,以便能够对市镇共同体在城市政策以及强化团结等方面的发展方向作出定义。它决定了市镇共同体的管辖权参与到社会和地域目标的方式。

第 1 款所规定的条件并不适用于 1999 年 7 月 12 日有关市镇合作强化和简化的第 99-586 号法律公布之前就已经存在的市镇共同体,也不适用于依据同一部法律的第 51 条和第 56 条由一个区县或者一个共同体转变而来的市镇共同体。

L.5214-4 条　第 1996-142 号法律,1996 年 2 月 24 日

市镇共同体的设立或者不设定期限,或者由创立共同体的决定来确定一个固定的期限。

第二节　机　构

L.5214-8 条　第 2015-366 号法律,第 3 条,第 9 条,第 12 条第 5 款,2015 年 3 月 31 日

第 L.2123-2 条、第 L.2123-3 条、第 L.2123-5 条、第 L.2123-7 条至第 L.2123-16 条、第 L.2123-18-2 条和第 L.2123-18-4 条的规定,以及第 L.2123-24-1 条第

2 款的规定适用于市镇共同体理事会的成员。

为了适用第 L.2123-11-2 条的规定,每个月的津贴数额最多不得超过利益相关方在第 L.5211-12 条所规定的最高税额范围内因为履行职务所收取的税前月补助金和他在任期结束后所获得所有收入之间差价的 80%,从津贴开始发放的第 7 个月起,不得超过上述差额的 40%。

这一津贴不得与依据第 L.2123-11-2 条向市镇当选人支付的金额,也不得与依据第 L.3123-9-2 条和第 L.4135-9-2 条支付的款项同时适用。

第四节 管辖权

L.5214-16 条 第 2018-957 号法律,第 1 条,2018 年 11 月 7 日

一、市镇共同体当然地替代成员市镇行使以下各组管辖权:

1. 为了实施共同体利益的活动而进行的空间调整。地区协调框架和部门框架。地方城市化框架,市镇地图和城市化文件。

2. 依据第 L.4251-17 条所规定的经济发展活动:工业、商业、第三产业、手工业、旅游业、港口业和航空业活动区的建立、调整、维护和管理;地区贸易政策和对符合跨市镇共同体利益的贸易活动的扶持;旅游业的发展,包括旅游咨询处的建立。

3. 根据《环境法典》第 L.211-7 条所规定的条件对水域的管理和对洪水的防范。

4. 对于 2000 年 7 月 5 日有关旅游者接待和住宿的第 2000-614 号法律第 1 条第 2 款第 1 至第 3 项所定义的旅游者接待处以及家庭居住区的调整、维护和管理。

5. 对于生活垃圾和类似废物的收集和处理。

作为对本条第 1 款第 2 项的例外,对于依据《旅游法典》第 L.133-13 条和第 L.151-3 条的规定被列入旅游目的地名录的旅游市镇,或者最迟在 2017 年 1 月 1 日时已经开启了旅游目的地名录的程序,该市镇可以在该日期之前通过决议来保留"旅游业的发展,包括旅游咨询处的建立"的管辖权。

以上所提到的程序被视为在 2017 年 1 月 1 日之前已经开启:

1. 向大省的国家代表提交了一份旅游目的地名录的申请文件。

2. 或者由市镇理事会作出决议,准备在 2018 年 1 月 1 日之前提交旅游目的地名录的申请文件。

3. 或者市镇理事会作出决议，准备在 2018 年 1 月 1 日之前提交关于将其旅游咨询处列入旅游目的地名录所要求的旅游咨询处名录的文件。在这种情况下，该程序的完成需要市镇在完成旅游咨询处列入名录的下一年，提交旅游目的地名录的申请文件。

如果没有在上述所规定的期限内完成向国家代表的文件提交，或者其中的一项申请被有权行政机构驳回时，旅游市镇所作出的保留"旅游业的发展，包括旅游咨询处的建立"的管辖权的决议将停止发生效力，并且该项管辖权由市镇共同体代替市镇行使。

二、另外，市镇共同体为了跨市镇利益的实现，还应当代替市镇行使如下 9 组管辖权中的至少 3 项：

1. 对环境的保护和美化，在必要的情况下在能源请求掌控扶持的大省框架内进行。

2. 住房和生活环境政策。

2. 副项　在城市政策方面：地区诊断的起草。城市合同发展方向的定义。城市化发展、地区发展、社会经济融入的合同条款以及犯罪预防条款的发起和协助。城市合同中所定义的活动的计划。

3. 公路的建设、调整和维护。

如果市镇共同体行使"共同体公路的建设、调整和维护"的管辖权，并且其辖区被涵盖在城市流通规划之中，公共交通服务将会导致承载此段运输的公共道路及其附着的人行步道实现共同体的利益。然而，市镇共同体的理事会依照本条第四项规定的条件，可以决定限制部分人行步道的共同体利益范围，仅针对承载公共交通服务的设备。

4. 对于体现共同体利益的文体设施以及学前或者基础教育设施的建立、维持以及运作。

5. 体现共同体利益的社会活动。

当市镇共同体行使这一管辖权时，它可以将部分或者全部的责任交给一个跨市镇的社会活动中心，后者依照《社会和家庭活动法典》第 L.123-4-1 条所规定的条件而设立。

6. 清洁卫生。

7. 水。

8. 公共服务之家的设立以及管理,以及根据 2000 年 4 月 12 日关于公民在与行政机关的关系中所具有的权利的第 2000-321 号法律第 27-2 条规定所定义的公共服务的义务。

三、每一组中所移交的管辖权由建立共同体时所需要的多数原则进行决定。

四、当第 1、2 款所提到的管辖权的行使需要以承认共同体利益为前提时,该利益由市镇共同体理事会以三分之二的多数加以确定。

该定义最迟在决定管辖权移交的协议生效之后的 2 年之内作出。在相反的情况下,市镇共同体有权行使所有移交的管辖权。

五、为了对某一设施的创立以及运行进行投资,协助基金可以在取得了共同体理事会以及相关市镇理事会普通多数同意的情况下,支付给市镇共同体及其成员市镇。

该协助基金的总额不得超过除补贴之外的基金受益人所承担的投资份额。

六、如果市镇共同体在该领域内享有管辖权,可以在获得相关市镇的联合决议之后,在共同体理事会为了实现共同体居住社会平衡政策而规定的区域范围内行使城市的优先购买权。

七、通过和大省所签订的协议,在社会活动的领域内,市镇共同体可以直接行使依照《社会和家庭活动法典》第 L.121-1 条和 L.121-2 条由大省行使的部分或者全部管辖权。

该协议需要明确管辖权移交的范围以及财政条件,以及相对应的大省服务移交给市镇共同体的条件。

L.5214-16-1 条　第 2015-991 号法律,第 72 条,2015 年 8 月 7 日

在不影响第 L.5211-56 条规定的情况下,市镇共同体可以通过其与相关的区域共同体或者公共机构所签订的协议,将与其权限相关的一些设备或者服务的建立和管理移交给一个或者多个成员市镇、成员市镇的组合或者所有其他的区域共同体或者公共机构。

在相同的条件下,这些区域共同体或者公共机构可以向市镇共同体移交与其权限相关的部分设备和服务的建立和管理。

L.5214-16-2 条　第 2014-58 号法律，第 51 条，2014 年 1 月 27 日

当市镇共同体至少行使第 L.5214-16 条第 2 款第 1、2、4 项所规定的三项管辖权中的至少一项，或者行使 1982 年 12 月 30 日关于内部交通发展方向的第 82-1153 号法律所定义的人员公共交通组织的管辖权时，市镇共同体可以组织一个自行车停放的公共服务。

L.5214-21 条　第 2018-702 号法律，第 4 条第 5 款，2018 年 8 月 3 日

一、和市镇公会或者混合型公会辖区范围相同的市镇共同体，将会当然地取代这一市镇公会或者混合型公会以行使其相应的管辖权。

对于完全包含在其辖区之内的市镇公会或者混合型公会，市镇公会就其已经行使的或者将要行使的管辖权，同样当然地取代前者。

对于本款上述所规定的内容，市镇共同体对于市镇公会的替代按照第 L.5211-41 条第 2 款所规定的条件进行。

二、对于其已经行使的或者将要行使的管辖权，当这些市镇与一些共同体以外的市镇集合构成市镇公会或者混合型公会时，市镇共同体将会当然替代其成员市镇。如果所涉及的是一个市镇公会，则后者将转变为第 L.5711-1 条意义上的混合型公会。无论是公会的权限，还是其辖区范围都不会发生变更。

三、当合并成为市镇共同体的市镇合作公共机构原先是混合型公会成员的，本条也同样适用。

L.5214-22 条　第 99-586 号法律，第 55 条，1999 年 7 月 12 日

对于市镇共同体行使原先由全部或者一部分在其辖区内的，或者覆盖其全部辖区的市镇公会所行使的管辖权，由最高行政法院通过法令来确定具体的条件。

第五节　财政条款

L.524-23 条　第 2015-991 号法律，第 18 条第 5 款，2015 年 8 月 7 日

市镇共同体的预算收入包括：

1.《税务一般法典》第 1379-0 条第 2 款，以及在必要的情况下第 1 款所提及的税收收入，以及该条第 1 款所提到的税收收入。

另外，市镇共同体还可以以行使第 L.2224-31 条所提到的公共电力分配的组织管辖权的名义，替代所有根据国家数据统计和经济研究机构在当年 1 月 1 日统计的居民人数少于 2 000 人的市镇，按照第 L.2333-2 条至第 L.2333-5 条所规定的条件收取市镇的最终电力消费税，除非这一管辖权已经由第 L.5212-24 条所提到的有权机关行使。对于其他的市镇而言，如果市镇共同体和相关的市镇依据《税务一般法典》第 1639 条 A 副款第 1 项所规定的条件而作出联合决议的话，这一税收也可以由市镇共同体代为收取。在任何情况下，该税收都按照一般法的规定进行收取。通过前引条款第 1 款第 1 项所规定的联合决议，市镇共同体可以将其代收的税收收入的一部分返还给相关辖区的成员市镇。

2. 市镇共同体的动产或者不动产的收入。

3. 作为服务的对价而从公共行政机关、协会以及个体处所收取的报酬。

4. 国家、大区、大省以及市镇的补贴。

5. 赠与或遗赠的收入。

6. 与所承担的服务相对应的税收、报酬以及贡献的收入。

7. 贷款的收益。

8. 第 L.2333-64 条所规定的公共交通经费收入，当该共同体有权行使《交通法典》第一部分第二卷第三编所规定的流通管辖权时。

9. 职业税改革的补助津贴以及全国个人担保基金所转入的钱款。

10. 在必要的情况下，《税务一般法典》第 1528 条、第 1529 条、第 1530 条以及第 1530 副款所规定的税收收入。

L.5214-23-2 条 第 2010-1657 号法律，第 51 条第 5 款，2010 年 12 月 29 日，第 2017-1837 号法律，第 101 条，2017 年 12 月 30 日

市镇共同体由于新建筑所享受的临时税收减免以及依据《税务一般法典》第 1384C 条和第 1384D 条所列举场地的建筑所有权土地税的减免所损失的收入，将会通过国家的补贴来进行弥补，该补贴的决定参照向市镇发放的补助条件，由第 L.2335-3 条所规定。

市镇共同体由于《税务一般法典》第 1384A 条、第 1384C 条和第 1384 D 条所规定的建筑所有权土地税的减免延长至 15 到 20 年而损失的收入，也根据本法第 L.2335-3 条的规定进行补偿。

对于在 2005 年 12 月 1 日至 2022 年 12 月 31 日之间享受补贴或者扶持贷款的社会性居住场所，除了依据《建筑和居住法典》第三卷第三编唯一章的第一节第三分节所规定的贷款所资助的新建筑以外，对于市镇共同体由于《税务一般法典》第 1384 A 条、第 1384 C 条规定的在 15 到 20 年时间内建筑所有权土地税的减免所损失的收入，通过从国家收入中提取的方式来加以补偿。在这种场合，每一年支付给每一个市镇共同体的补偿金额，从 2009 年起，相当于每一年损失的金额与缩减比例之间的乘积。对于 2009 年来说，该缩减比例相当于在 2008 年依据 2008 年 12 月 27 日关于 2009 年财政的第 2008-1425 号法律第 48 条第 1 至第 10 款所规定的所有补偿金总额与该同一条第 11 款为 2009 年所规定的补偿金数额之间的差值。对于 2010 年，依据前款的规定以及针对 2009 年所确立的变化比例所计算的补偿金，需要进一步适用缩减比例，该缩减比例相当于在 2009 年依据 2009 年 12 月 30 日关于 2010 年财政的第 2009-1673 号法律第 47 条第 1 至第 8 款所规定的所有补偿金总额与该同一条第 9 款为 2009 年所规定的补偿金数额之间的差值。从 2011 年开始，前款所规定的补助金数额依照第 L.2335-3 条的规定进行计算。

第六节　市镇共同体组成以及运作的初始条件的变更

第三分节　市镇的退出

L.5214-26 条　第 2004-809 号法律，第 172 条，2004 年 8 月 13 日，2004 年 8 月 17 日发布，2005 年 1 月 1 日生效

作为第 L.5211-26 条的例外，大省的国家代表可以在征求第 L.5211-45 条第 2 款所规定的跨市镇合作大省委员会的意见之后，并且在尊重第 L.5212-29 条第 2 至第 5 款规定的前提下，授权一个市镇退出公会以便于其能够加入市镇共同体，或者从公会中撤回一项或者多项市镇转移给它的管辖权，以便实现这些管辖权向其作为成员的市镇共同体的移交。如果在 2 个月的期限内大省委员会未作出答复，则视为反对。

该退出依照第 L.5211-25-1 所规定的条件进行。它相当于市镇共同体作为其成员的混合型公会辖区的缩减，缩减的条件由 L.5211-19 条第 3 款所确定。

第四分节　市镇共同体加入混合型公会

L.5214-27 条　第 2004-809 号法律,第 180 条第 4、5 款,2004 年 8 月 13 日,2004 年 8 月 17 日发布

除非存在相反的条款并且得到了机构决定的确认,市镇共同体加入混合型公会需要以市镇共同体成员市镇的市镇理事会按照成立共同体决定时所需要的多数同意为前提。

第七节　解　散

L.5214-28 条　第 2013-403 号法律,第 1 条第 5 款,2013 年 5 月 17 日

市镇共同体在如下情况下解散:

(1) 在机构决定所确定的期限届满之后当然解散,或者当其仅有一个市镇成员时。

(2) 或者得到所有相关市镇理事会的同意。

市镇共同体还可以在下列情况下解散:

(1) 多数市镇理事会以合理的理由提出申请,由大省的国家代表通过政令的方式作出决定。

(2) 或者当市镇共同体选择了《税务一般法典》第 1690 条 C 所规定的税收体系时,在符合创立共同体时的多数原则的市镇理事会提出请求的情况下,由大省的国家代表通过政令的方式作出决定。

(3) 或者依职权,按照最高行政法院的意见,通过法令的方式作出决定。

解散的政令或者法令的副本应当交给市镇理事会作为告知。

解散的政令或者法令在尊重第 L.5211-25-1 条的规定并且在不损害第三方利益的情况下,确定市镇共同体的清算条件。

相关人员在各市镇之间的分配需要咨询同级别的行政委员会的意见。它不能产生人员精简的后果。相关人员应当获得一个同级别的职务,并且要兼顾他们已经取得的权利。被分配到的市镇需要承担相应的财政负担。

L.5214-29 条　第 2009-526 号法律,第 86 条第 5 款,2009 年 5 月 12 日

如果市镇共同体至少在 2 年的时间内没有从事任何活动的,大省国家代表

可以在征求各成员市镇的市镇理事会的意见之后通过政令解散市镇共同体。

在收到国家代表解散提议的通知之后的3个月内没有作出回应的，视为赞成解散。

第五章　城市共同体

第一节　创　立

L.5215-1条　第2015-991号法律，第70条，2015年8月7日

城市共同体是汇集了一些不存在飞地的市镇，并且在其成立之日包含了25 000名以上居民并且形成一个互助空间的市镇合作公共机构，其设立的目的在于在其全体辖区范围内起草或者推行城市化发展和调整的共同规划。当城市共同体包含一个或者多个城市政策的优先级区域时，该共同规划中应当加入一个社会和市镇整合的内容，以便能够在城市政策以及市镇成员之间的团结强化方面对城市共同体的方向作出定义。该规划需要决定城市共同体为实现社会和区域整合而行使管辖权的方式。

对于在1999年7月12日有关简化跨市镇合作的第99-586号法律公布之前就已经存在的城市共同体，上述条件并不适用。

如果城市共同体是由前款所规定的城市共同体与其他一个或者多个市镇合作公共机构合并之后产生的，则本条第1款所规定的人口限制并不适用。

当市镇合作公共机构的成员中有一个大区的首府，并且该公共机构行使由第L.5215-20条所规定的城市共同体的全部强制性管辖权，并且其成员市镇在2020年1月1日之前依据第L.5211-5条第2款第1项所规定的多数决条件进行表决的，可以不适用本条第1款所规定的人数限制。

L.5215-4条　第1996-142号法律，1996年2月24日

城市共同体的设立不设时间限制。

第二节　机　构

第一分节　共同体理事会

L.5215-16条　第2015-366号法律，第12条第5款，2015年3月31日

本法第二部分第一卷第二编第三章有关市镇委员任期的规定，除了第

L.2123-18-1 条、第 L.2123-18-3 条和第 L.2123-22 条之外,适用于所有共同体理事会的成员,但不影响适用于这些成员各自的特别规范。

为了适用第 L.2123-11-2 条,每个月的补助金额最高可以达到该相关成员在第 L.5211-12 条的范围内因履行职务所能收取的税前每月补偿金和他在任期届满之后所能获得的全部资金之间的差价的 80%,或者从开始支付补偿金之日起的第 7 个月开始,为上述差价的 40%。

该补助金不得与依据第 L.2123-24-1 条或者第 L.3123-9-2 条和第 L.4135-9-2 条的规定支付给市镇选举代表的款项叠加适用。

依据第 L.2123-24-1 条第二、第三项的规定所确定的共同体理事因为履行职务所获得的补偿金,被包含在第 L.5211-12 条第 2 款所规定的补偿金总额之中。

L.5215-17 条 第 2013-403 号法律,第 37 条,2013 年 5 月 17 日

对于至少 40 万居民的城市共同体,由市镇理事会投票决定的为了履行共同体理事任期的补偿金,最多不得超过第 L.2123-20 条第 1 款所提到的参考数额的 28%。

L.5215-18 条 第 2013-403 号法律,第 37 条,2013 年 5 月 17 日

在居民人口数超过 10 万的城市共同体的理事会中,共同体理事小组的运作可以成为决议的对象,但是在此场合不得对共同体理事补偿金的数额进行调整。

在这些理事会中,共同体理事小组的成立通过向共同体主席提交一份由所有成员签名的声明来完成,同时附上所有成员的名录及其代表。

在由其所确定的条件下,共同体理事会可以为共同体理事小组自身的目的或者共同目的为其指定一处行政办公地点,配备办公室的硬件设施,并且负担档案、信件以及通讯的费用。

主席可以在共同体理事会确定的条件下,并且根据每一个小组代表的提议,为共同体理事小组指派一名或者多名人员。在城市共同体的预算中,共同体理事将会为此目的专门开设一章,在其中列入由此产生的花费,但是这部分费用不得超过每年支付给共同体理事会成员总金额的 30%。

共同体理事会的主席是上述各项费用的安排者。

每一个委员小组的代表决定移交给他们行使的业务的条件以及行使方式。

第三节 管辖权

第一分节 一般性条款

L.5215-19 条 第 1996-142 号法律,1996 年 2 月 24 日

城市共同体的理事会通过决议的方式来规范属于其管辖权范围内的事务。

第二分节 强制性管辖权

L.5215-20 条 第 2018-957 号法律,第 1 条,2018 年 11 月 7 日

一、城市共同体当然地替代其成员市镇,行使下列各项管辖权:

1. 在共同体区域内的经济、社会以及文化的发展和调整方面:

(1) 工业、商业、第三产业、手工业、旅游业、港口业和航空业活动区的建立、调整、维护和管理。

(2) 经济发展活动。

(3) 设备、设备网络、文化、社会文化、社会教育、体育机构的建立和调整、维护和管理,当这些设备和机构符合共同体的利益时。

(4) 由《教育法典》第 L.521-3 条以及第二卷第一编、第四卷第二编第一章规定的初中以及高中。

(5) 旅游业的推广,包括旅游局的建立。

(6) 对于高等教育研究机构以及科研项目的支持和补助计划。

2. 在共同体区域的调整方面:

(1) 地区整合规划以及部门规划。地区城市化计划以及城市化文件。对于《城市规划法典》第 L.300-1 条所规定的共同体利益调整活动给出定义,并进行启动和实现。在取得市镇委员意见的情况下,设立保留区域。

(2) 依照《交通法典》第 L.1231-1 条、第 L.1231-8 条和第 L.1231-14 条至第 L.1231-16 条所规定的公共流通性的组织,但不包括同一部法典第 L.3421-2 条所规定的内容。公共道路的建设、调整以及维护。公园以及停车区域。城市出行计划。

3. 在共同体辖区内的住房社会均衡方面:

(1) 住房的地区项目。

(2) 住房政策。社会住房的经济补助。有利于社会住房的活动。有利于弱势群体住房的活动。

（3）住房条件改善计划，无法居住房屋的改建与重新安置。

4. 在城市政策方面：地区诊断的起草。城市合同发展方向的定义。城市化发展、地区发展、社会经济融入的合同条款以及犯罪预防条款的发起和协助。城市合同中所定义的活动的计划。

5. 在集体利益服务的管理方面：

（1）清洁消毒和用水。

（2）墓地的建立、扩张以及迁移，火葬场以及骨灰存放处的建立以及扩张。

（3）屠宰场、屠宰市场以及共同体利益的市场。

（4）火灾以及救助的服务，根据本法典第一部分第四卷第二编第四章确定的条件。

（5）对能源迁移的贡献。

（6）城市供热和供冷网络的建立、调整、维护和管理。

（7）电和气公共分配的特许经营。

（8）电动车充电装置的建立与维护。

6. 在环境保护以及生活政策的落实方面：

（1）生活垃圾以及类似垃圾的收集和处理。

（2）对抗空气污染。

（3）对抗噪声污染。

（4）支持能源需求的管理行动。

（5）根据《环境法典》第 L.211-7 条所规定的条件对水域的管理和对洪水的防范。

7. 对于 2000 年 7 月 5 日有关旅游者接待和住宿的第 2000-614 号法律第 1 条第二项第（1）至（3）所定义的旅游者接待处以及家庭居住区的调整、维护和管理。

当前文所提到的管辖权的行使需要以共同体利益的承认作为前提，则该利益将由城市共同体理事会超过三分之二的多数决定。该决定最迟需要在移交管辖权的决议生效之日起 2 年内作出。反之，城市共同体行使全部的管辖权。

二、（废止）

三、通过和大省所签订的协议，在社会活动的领域内，城市共同体可以直接行使依照《社会和家庭活动法典》第 L.121-1 条和 L.121-2 条由大省行使的部分或者全部管辖权。

该协议需要明确管辖权移交的范围以及财政条件，以及相对应的大省服务移交给城市共同体的条件。

四、如果城市共同体的城市出行计划中所包含的公共交通服务的实现需要借用大省的公共道路，则通过和大省所签订的协议，城市共同体可以在流通组织有权机关的区域范围内，替代大省在公共道路方面行使依据《公共道路法典》第 L.131-1 条至第 L.131-8 条所规定的由大省行使的部分或者全部管辖权。大省委员会拒绝管辖权委托的决定必须通过充分说理的决议形式作出。合同需要明确管辖权委托的范围以及经济条件，以及相关的大省服务同时移交给城市共同体的条件。

五、在起草、重审或者变更有关调整、经济发展和创新、高等教育和科研、交通、环境方面的框架以及规划文件时，当这些框架或者文件可能对城市共同体的辖区产生影响的，需要征询共同体理事会的意见。

在大区和国家之间依据 1982 年 7 月 29 日关于规划改革的第 82-653 号法律第三章的规定签订合同时，大区理事会需要向城市共同体的理事会征求意见，以便能够充分顾及该地区的特殊性。

L.5215-20-1 条　第 2018-957 号法律，第 1 条，2018 年 11 月 7 日

一、对于在 1999 年 7 月 12 日有关简化跨市镇合作的第 99-586 号法律公布之前就已经存在的城市共同体，继续强制性地代替其成员市镇，行使以下管辖权：

1. 发展和调整的跨市镇宪章、地区整合框架、地方城市化规划以及城市化文件、地区住房项目、保留区域的建立，市镇委员需要被征求意见。

2.《城市化法典》第 L.300-1 条意义上的共同体利益调整措施的定义、创立以及实现；经济发展行动；工业、第三产业、旅游业、港口或者航空区域的创立或者装备；共同体利益重塑行动；旅游业的推动，包括旅游局的建立。

3.（废除）

4. 在本条 2 和 3 中行业以及区域内，并且由共同体决定并且实现的教育场所的建设、调整以及维护。在投入服务之后满 10 年之日起，在该场所所在地的市镇提出请求的情况下,这些场所的所有权及其维护将移交给相关市镇。在这种情况下,这些场所所订立的借贷每年的承担方式将由共同体理事会以及相关市镇理事会通过联合决议的方式作出。对于高等教育研究机构以及科研项目的支持和补助计划。

5. 火灾以及救援业务,但本法典第一部分第四卷第二编第四章的规定除外。

6. 依照《交通法典》第 L.1231-1 条、第 L.1231-8 条和第 L.1231-14 条至第 L.1231-16 条所规定的公共流通性的组织,它同时可以组织自行车的自主使用服务。

7. 初中和高中。

8. 用水、清洁消毒,但不包括农业水利,生活垃圾的处理,城市供热供冷网络的建立、调整和管理。

8. 副款　依照《环境法典》第 L.211-7 条的规定,进行水域管理以及防洪工作。

9. 墓地的建设、对已建墓地的扩张,以及骨灰放置处。

10. 屠宰场、屠宰市场以及共同体利益的市场。

11. 公共道路及信号系统,电动汽车充电桩的设立以及维护。

12. 公园以及停车场所。

13. 对于 2000 年 7 月 5 日有关旅游者接待和住宿的第 2000-614 号法律第 1 条第 2 款第(1)至(3)所定义的旅游者接待处以及家庭居住区的调整、维护和管理。

14. 对能源转型所作的贡献。

15. 电和器公共分配的特许经营。

然而这些管辖权可以不包括上述第 2、3、9、11 和 12 条所包含的主要用于市镇居民的设备或者操作,如果在该共同体成立之时或者在此之后,以成立共同体所需要的多数原则决议通过的话。

二、在此前提到的 1999 年 7 月 12 日第 99-586 号法律公布之前就已经存在的城市共同体,以及第 L.5215-1 条 3 款所提到的城市共同体,继续依照一般法的规定,代替其成员市镇行使此前由后者自由移交给它的管辖权。

二、副款　在此前提到的 1999 年 7 月 12 日第 99-586 号法律公布之前就已经存在的城市共同体,可以继续代替其成员市镇,行使有关城市政策的如下管辖权:地区诊断的起草。城市合同发展方向的定义。城市化发展、地区发展、社会经济融入的合同条款以及犯罪预防条款的发起和协助。城市合同中所定义的活动的计划。

三、第 1 款中所提到的市镇共同体以及成员市镇的市镇理事会可以决定将共同体的权限扩展至第 L.5215-20 条第 1 款所规定的全部管辖权。

该扩张决定需要由共同体理事会以及至少代表共同体人口数一半以上的过半数的成员市镇的市镇理事会通过共同决议作出。

四、在起草、重审或者变更有关调整、经济发展和创新、高等教育和科研、交通、环境方面的框架以及规划文件时,当这些框架或者文件可能对城市共同体的辖区产生影响的,需要征询共同体理事会的意见。

在大区和国家之间依据 1982 年 7 月 29 日关于规划改革的第 82-653 号法律第三章的规定签订合同时,大区理事会需要向城市共同体的理事会征求意见,以便能够充分顾及该地区的特殊性。

L.5215-21 条　第 2010-1563 号法律,第 48 条,2010 年 12 月 16 日

城市共同体将会当然地替代与其辖区范围相同的市镇公会或者混合型公会以行使后者的所有管辖权。

对于全部被包含在城市共同体辖区范围内的市镇公会或者混合型公会,共同体也当然替代后者行使其全部的管辖权。

城市共同体对于公会的替代依照第 L.5211-41 条第 2 款所规定的条件进行。

L.5215-22 条　第 2014-58 号法律,第 59 条第 5 款,2014 年 1 月 27 日;第 2016-1087 号法律,第 63 条第 5 款,2016 年 8 月 8 日

一、当市镇公会或者混合型公会的一部分市镇成为城市共同体的一部分时,无论是通过创建这样一个共同体,或者是通过市镇合作公共机构的合并而产生的共同体,还是通过将一个市镇合作公共机构转型成城市共同体,并且该共同体全部包含在公会的辖区范围之内时,这一城市共同体的创建、合并或者转型,同时意味着该共同体的成员市镇依照第 L.5215-20 条第 1 款所规定的情形对公会所行使的管辖权的撤回,本条第 1 款最后一项所组织的管辖权除外。这一管辖权的撤回依照第 L.5211-25-1 条以及第 L.5211-19 条第 3 款所规定的条件进行。如果在公会的决策机关和相关的市镇理事会之间无法就财产及其产生的产品,以及第 L.5211-25-1 条第 2 款所规定的债务承担的余额分配达成合意的,该分配方案由大省的国家代表通过政令的方式确定。

对于第 L.5215-20 条第 1 款规定之外的被移交的管辖权,在公会的范围内,城市共同体将替代其成员市镇来行使。这一规定并不影响市镇公会的权限,后者将变成第 L.5711-1 条意义上的混合型公会,或其他相关的混合型公会。这一规定同样也不影响公会行使其管辖权的辖区范围。

对于第 L.5215-20 条第 1 款第 5 项所规定的公共电力分配的特许经营授权管辖权的行使,城市共同体将会在公会的范围内取代构成它的市镇。这一规定并不影响市镇公会的权限,后者将变成第 L.5711-1 条意义上的混合型公会,或其他相关的混合型公会。这一规定同样也不影响公会行使其管辖权的辖区范围。城市共同体在公会理事会内部所享有的席位,将与由该城市共同体所替代的成员市镇的人口所占的比重成比例,但是不得超过总席位的一半。对于在 2014 年 1 月 27 日关于都市的区域性公共活动以及确认的现代化的第 2014-58 号法律颁行之日前已经存在的公会的章程,必须要在该法颁布后的 6 个月内对章程进行更新,以便与本款内容相符合。

一、副款(废止)

二、当市镇公会或者混合型公会的一部分市镇与在该公会外部的市镇共同作为城市共同体的一部分时,无论是通过创建这样一个共同体,或者是通过市镇合作公共机构的合并而产生的共同体,还是通过将一个市镇合作公共机构转型成城市共同体,这一城市共同体的创建、合并或者转型,同时意味着该共同体的成员市镇依照本条第一项的规定对公会所行使的管辖权的撤回,并且该撤回依照本条第 1 款第 1 项所规定的条件进行。它相当于共同体在管辖权移交的范围内对于市镇的替代,并且依照同一款最后两项所规定的条件进行。

三、当共同体的辖区由于添加了来自一个或者多个市镇公会或者混合型公会的成员市镇而得到扩张的,这一扩张在本条第 1、第 2 款所规定的场合以及条件下,相当于市镇对公会的退出或者城市共同体在公会范围内对于成员市镇的替代。

在符合第 L.5211-17 条的规定的情况下,当城市共同体的管辖权扩张至其全部或者部分成员市镇先前移交给一个或者多个市镇公会或者混合型公会的管辖权时,该城市共同体在第 1 款第 2 项所规定的条件下在公会的范围内替代这些成员市镇。

四、作为对本条第 1、2、3 款的例外,如果行使在用水和消毒卫生领域行使管辖权的城市共同体在接收上述管辖权时至少包含了来自三个不同的市镇合作公共机构的市镇时,城市共同体在公会的范围内,依照本条第 1 款所规定的条件实现对上述市镇的替代。然而,大省的国家代表在征求了跨市镇合作大省委员会的意见之后,可以授权该城市共同体在接收上述管辖权的下一年的 1 月 1 日之前从公会中撤出,该撤出遵循本条第 1 款第 1 项所规定的条件进行。

四、副款 作为对本条第 1、2、3 款的例外,对于《环境法典》第 L.211-7 条所提到的在水域管理以及洪水防范方面所享有的管辖权,当市镇公会或者混合型公会的一部分市镇属于城市共同体成员,并且该城市共同体的全部或者部分被包含在上述公会的辖区范围之内时,该城市共同体在第 1 款第 2 项所规定的条件下在公会的范围内替代这些成员市镇。

五、当原先作为混合型公会成员的市镇合作公共机构通过合并的方式创建城市共同体时,也适用本条规定。

L.5215-23 条 第 99-586 号法律,第 8 条,1999 年 7 月 12 日

对于在 1999 年 7 月 12 日有关简化跨市镇合作的第 99-586 号法律公布之前就已经存在的城市共同体,无论其管辖权是否依照第 L.5215-20-1 条规定的条件被扩张,当其又与共同体外的市镇形成集合时,仅在行使这些管辖权时可以替代其成员市镇。这一规定并不影响市镇公会的权限,后者将变成第 L.5711-1 条意义上的混合型公会,或其他相关的混合型公会。

L.5215-24 条 第 1996-142 号法律,1996 年 2 月 24 日

向城市共同体所作的管辖权的移交,将会使得共同体的主席以及理事会获得法律、法规授予市镇长以及市镇理事会的权限。

L.5215-26 条，2004 年 8 月 13 日第 2004-809 号法律，第 186 条，2004 年 8 月 17 日发布

为了对设备的实现或者运作提供资助，当共同体理事会和相关的市镇理事会以简单多数的方式达成合意时，一个补助基金可以支付给城市共同体以及其城市市镇。

该补助基金的总额不得超过除去补贴之外的该基金受益人所要负担的资金总额。

L.5215-27 条 第 1996-142 号法律，1996 年 2 月 24 日

通过和相关市镇的协议，城市共同体可以将自己管辖权范围内的部分设备或者服务的设立或者管理委托给一个或者多个市镇，这些市镇的集合，或者任何其他的地区共同体或者公共机构行使。

在相同的条件下，这些共同体可以委托给城市共同体行使他们对于部分设备以及服务的创建以及管理上所享有的管辖权。

L.5215-28 条 第 2013-403 号法律，第 1 条第五款，2013 年 5 月 17 日

对于隶属于居民区的市镇的公有领域范围内的动产和不动产，在城市共同体创建之时便当然地由其使用，前提是这对于共同体管辖权的行使而言是必要的。

对于财产的所有权以及财产上所附带的权利义务的终局性转让需要通过合意的方式作出。

如果无法达成合意，最高行政法院在征求了依据内政部政令确定其组成结构，并且尤其包含了市镇长以及大省委员的委员会的意见之后，通过法令的形式最迟在管辖权移交给城市共同体的 1 年内实现所有权的最终转移。

前一款所规定的财产及其之上的权利义务的转让将不会产生任何赔偿金、权利、税收，以及《税务一般法典》第 879 条所规定的贡献金，以及任何报酬。

L.5215-29 条 第 99-586 号法律，第 55 条，1999 年 7 月 12 日

最高行政法院通过法令的形式确定市镇以及市镇共同体对于所确定的事项完成的条件，尤其是有关这些事项的资助。

L.5215-30 条，2004 年 8 月 13 日第 2004-809 号法律，第 165 条，2004 年 8 月 17 日发布

最高行政法院通过法令的方式确定城市共同体的技术服务对于由市镇暂时保留的公共道路进行维护的条件。

另外，对于市镇保留管辖权的其他领域，城市共同体可以在共同体理事会决议所确定的条件下，将相关的技术服务供提出申请的市镇使用。

市镇长直接向移交相关技术服务的主管下达实现任务的指令，并对这些任务实施监管。

在其监管以及负责下，市镇长可以通过政令的形式将署名权委托给相关服务的主管，以便其能够行使依据前款规定被委派的任务。

L.5215-31 条　第 2015-1341 号法令，第 5 条，2015 年 10 月 23 日

对于城市共同体行使管辖权的居民区辖区范围内，对国家、大省以及城市共同体的道路可以进行重新分配。

与之相关的分类以及再分类需要在进行了《大众与行政关系法典》所规定的调研以及向共同体理事会、大省委员会提出咨询之后作出。

根据所涉及的是否为全国性的道路，这些决定或者由内政部和负责设备的部门通过联合政令的形式作出，或者由内政部的政令作出。

第四节　财政条款

L.5215-32 条　第 2014-872 号法律，第 2 条，2014 年 8 月 4 日；第 2014-891 号法律，第 18 条，2014 年 8 月 8 日

城市共同体的预算收入包括：

(1)《税务一般法典》第 1379-0 条第 2 款、在必要的情况下第 1 款所提及的税收收入，以及该条第 5 款所提到的税收收入。

另外，城市共同体还可以以行使第 L.2224-31 条所提到的公共电力分配的组织管辖权的名义，替代所有根据国家数据统计和经济研究机构在当年 1 月 1 日统计的居民人数少于 2 000 人的市镇，按照第 L.2333-2 条至第 L.2333-5 条所规定的条件收取市镇的最终电力消费税，除非这一管辖权已经由第 L.5212-24 条所提到的有权机关行使。对于其他的市镇而言，如果城市共同体和相关的

市镇依据《税务一般法典》第 1639 条 A 副款第一项所规定的条件而作出联合决议的话,这一税收也可以由市镇共同体代为收取。在任何情况下,该税收都按照一般法的规定进行收取。通过前引条款第一项第 1 款所规定的联合决议,城市共同体可以将其代收的税收收入的一部分返还给相关辖区的成员市镇。

(2) 或者是回收生活垃圾所产生的税收收入、在露营区域回收生活垃圾的报酬,或者是回收垃圾、废物以及残余物时所产生的报酬。

(3)(废止)

(4) 应当从运行总体补助金中进行扣除的部分收入。

(5) 动产与不动产所产生的收入。

(6) 与所移交的管辖权相对应的税收收入。

(7) 所有与城市共同体官方负责的、特许授权的或者出租的服务相对应的不同的报酬和权利,以及它在企业中的参与并因为其所提供的服务而获得的对价。

(8) 由《城市规划法典》第 L.332-6-1 条第 2 款所规定的公共设备支出的收入。

(9) 调整税的跨市镇部分收入,或者与移交管辖权相对应的所有替代税收。

(10) 针对所移交管辖权的所有暂时性地方贡献。

(11) 国家、地方政权以及它们的集合,或者混合型公会的补贴。

(12) 赠与和遗赠的收入。

(13) 借贷的收入。

(14)(废止)

(15) 由第 L.2333-64 条所规定的支付给公共交通的费用。

(16) 职业税改革的补助津贴以及全国个人担保基金所转入的钱款。

(17) 在必要的情况下,《税务一般法典》第 1528 条、第 1529 条、第 1530 条以及第 1530 副款所规定的税收收入。

L.5215-33 条 第 1996-142 号法律,1996 年 2 月 24 日

第 L.5212-21 条的规定适用于城市共同体。

L.5215-35 条 第 2010-1657 号法律,第 51 条第 5 款,2010 年 12 月 29 日;第 2017-1837 号法律,第 101 条,2017 年 12 月 30 日

城市共同体由于新建筑所享受的临时税收减免以及依据《税务一般法典》第

1384C 条和第 1384D 条所列举场地的建筑所有权土地税的减免所损失的收入，将会通过国家的补贴来进行弥补，该补贴的决定参照向市镇发放的补助条件，由第 L.2335-3 条所规定。

城市共同体由于《税务一般法典》第 1384A 条、第 1384 C 条和第 1384 D 条所规定的建筑所有权土地税的减免延长至 15 到 20 年而损失的收入，也根据本法第 L.2335-3 条的规定进行补偿。

对于在 2005 年 12 月 1 日至 2022 年 12 月 31 日之间享受补贴或者扶持贷款的社会性居住场所，除了依据《建筑和居住法典》第三卷第三编唯一章的第 1 节第 3 分节所规定的贷款所资助的新建筑以外，对于城市共同体由于《税务一般法典》第 1384 A 条、第 1384C 条规定的在 15 到 20 年时间内建筑所有权土地税的减免所损失的收入，通过从国家收入中提取的方式来加以补偿。在这种场合，每 1 年支付给每一个城市共同体的补偿金额，从 2009 年起，相当于每 1 年损失的金额与缩减比例之间的乘积。对于 2009 年来说，该缩减比例相当于在 2008 年依据 2008 年 12 月 27 日关于 2009 年财政的第 2008-1425 号法律第 48 条第 1 至第 10 款所规定的所有补偿金总额与该同一条第 11 款为 2009 年所规定的补偿金数额之间的差值。对于 2010 年，依据前款的规定以及针对 2009 年所确立的变化比例所计算的补偿金，需要进一步适用缩减比例，该缩减比例相当于在 2009 年依据 2009 年 12 月 30 日关于 2010 年财政的第 2009-1673 号法律第 47 条第 1 至第 8 款所规定的所有补偿金总额与该同一条第 9 款为 2009 年所规定的补偿金数额之间的差值。从 2011 年开始，前款所规定的补助金数额依照第 L.2335-3 条的规定进行计算。

L.5215-36 条　第 2016-1917 号法律，第 138 条，2016 年 12 月 29 日

城市共同体所获得的固定额度补助金中需要加入支付给其成员市镇的固定额度补助金的一部分。这一部分相当于在 1981 年时从成员市镇的固定额度补助金中所抽取的金额，并同时适用定额补助金每年的增长比例。

L.5215-37 条　第 1996-142 号法律，1996 年 2 月 24 日

对于城市共同体的成员市镇，如果它们因为加入共同体而导致预算上的严重失衡的，共同体理事会可以向其提供一笔经济补助。

L.5215-38 条　第 1996-142 号法律，1996 年 2 月 24 日

对于每一个共同体而言，根据法律规定应当由市镇所承担的费用，如果这些费用与共同体具有管辖权的服务相关的，则构成共同体的强制性支出。

L.5215-39 条　第 99-586 号法律，第 55 条，1999 年 7 月 12 日

自向城市共同体移交管辖权之日起，该共同体将会承担市镇、公会以及包含在居民区中的市镇的债务，同时也要因为管辖权的移交而承担这些共同体以及机构所负的义务。

对于贷款的每年还款费用构成城市共同体的一项必要支出。

由大省向市镇或者其集合支付的旨在实现被移交管辖权的工程的担保以及年度补贴，都将转入城市共同体，无论双方的协议中是否有相反约定。

第五节　变　更

L.5215-40 条　第 1996-142 号法律，1996 年 2 月 24 日

城市共同体在其中行使管辖权的居民区范围，可以在后续由大省国家代表的决议，通过并入新的市镇而得到扩张。这可以是由这些新市镇的市镇理事会提出申请，也可以由共同体理事会依其职权作出。

在上述的第一种情况下，变更需要得到共同体理事会的同意，在第二种情况下，则需要得到相关的市镇理事会的同意。

L.5215-40-1 条　第 2014-58 号法律，第 72 条，2014 年 1 月 27 日

自 1999 年 7 月 12 日有关简化跨市镇合作的第 99-586 号法律公布之日起的 3 个月内，如果将这些新市镇纳入辖区之中有助于确保空间以及经济的融贯性以及金融和社会的互助性，并且对于城市共同体的发展以及成为大区大都会区而言是必不可少的，城市共同体的辖区可以被扩展至包括新的市镇。然而对于那些依据第 L.5214-23-1 条所规定的条件，其获取补助的要求由第 L.5211-29 条第 2 款第 4 项所规定的城市共同体的成员市镇而言，在没有征得它们同意的情况下不能将其纳入其中。

当所有的成员市镇都属于同一大省时，公共机构辖区扩展的决定由大省的国家代表通过政令的方式作出，如果当辖区扩张的计划超过了一个大省的疆域时，由各大省国家代表在征求相关的市镇合作公共机构的大省委员会的意见之后，以联合政令的方式作出。如果该意见没有在 2 个月的期限内作出，则视为持否定立场。在得到了城市共同体理事会以及未来辖区内至少三分之二的市镇委员的同意且其所代表的人数占总人口的一半以上，或者是未来辖区内至少一半的市镇委员的同意且其代表的人数占总人口的三分之二以上时，其辖区可以得到扩张。这一多数必须包含人数最多的成员市镇的市镇理事会，当后者的人数超过总人口的四分之一时。如果在接到辖区扩展计划的通知之日起 3 个月内并未作出决议，则视为赞同该决议。

市镇合作公共机构辖区的扩展及其转化将由大省国家代表通过同一个政令作出。这一政令相当于市镇在其所属的市镇合作公共机构的退出决定。对于市镇公会以及混合型公会的特殊情况，该退出依照第 L.5215-22 条所规定的条件进行。

辖区的扩张将会导致对于所有加入城市共同体的市镇依照第 L.5211-22 条所规定的条件分配席位。市镇合作公共机构的转化将导致对所有与管辖权移交相关的财产、设备以及公共服务，以及这些财产、设备和公共服务所附带的权利，适用第 L.5211-18 条第 2 款的规定。

从第一款所规定的 3 年期限届满之后，每隔 12 年都可以重复以上所述的程序。

第六节 解散以及转化

L.5215-42 条 第 2010-1563 号法律，第 47 条，2010 年 12 月 16 日

城市共同体可以因为其成员市镇的市镇理事会的请求而被解散，如果该请求是得到辖区内至少三分之二的市镇委员的同意且其所代表的人数占总人口的一半以上，或者得到辖区内至少一半的市镇委员的同意且其代表的人数占总人口的三分之二以上。同时这一多数还必须包含人口数超过所有相关人口总数一半以上的市镇的市镇理事会，或者在不存在此类市镇的情况下，人口数最为重要的市镇的市镇理事会。如果在接到辖区扩张计划之日起的 3 个月内没有作出回复，则视为赞成该计划。

最高行政法院的法令依据第 L.5211-25-1 条的规定，并且在保护第三人权利的前提下确定共同体清算的条件；该法令在征求依据 L.5215-28 条的规定成立

的委员会的意见后,对于诸如财产转移、权利和义务转让的条件加以明确。

共同体的职员将会在成员市镇及其可能的合作机构之间进行分配,这一分配由地区公共职能高等理事会主席所主持的一个委员会进行,但是其不能对于现有的编制作出精简,并且需要考虑他们的既得权利。被分配职员的成员市镇及其可能的合作机构需要负担由此产生的相关费用。

最高行政法院的一项法令对于这一分配的条件以及方式作出规定,并且明确这一委员会的构成。

第六章 居民区共同体

第一节 创 立

L.5216-1 条 第 2015-991 号法律,第 70 条,2015 年 8 月 7 日

居民区共同体是一个集合了多个市镇的市镇合作公共机构,在其成立之时囊括了 50 000 人以上的居民,并且拥有一个或者多个人口数在 15 000 人以上的中心市镇。但是 15 000 人的人口标准不适用于包含了大省会市镇的居民区共同体,或者其中人口最多的市镇是一个拥有 15 000 人以上的城市单元的中心。当居民区共同体包含大省的大省会市镇时,50 000 人的人口标准将被下调至 30 000 人。50 000 人的人口标准也可以参考第 L.2334-2 条所定义的人口来进行评价,前提是后者至少超过了人口标准的 20%,并且它超过了总人口的至少 50%。居民区共同体的辖区不能包含一个隶属于在 1999 年 1 月 1 日时适用《税务一般法典》第 1690 条 C 所规定的税收体系的市镇合作公共机构的市镇,如果该市镇的市镇理事会对于确定市镇名录的政令作出反对意见,或者当既有公共机构超过四分之一的市镇的市镇理事会对于该市镇的退出持反对意见。这些市镇形成一个团结互助的空间,旨在共同起草并且推动区域内的城市化发展共同规划。当居民区共同体包含一个或者多个城市政策的优先区域时,该共同规划中应当加入一个社会和市镇整合的内容,以便能够城市政策以及市镇成员之间的团结强化方面对居民区共同体的方向作出定义。该规划需要决定居民区共同体为实现社会和区域整合而行使管辖权的方式。

以试验的目的,在 2013 年 5 月 17 日有关大省委员、市镇委员和共同体理事选举和调整选举日程的第 2013-403 号法律出台之日起的 3 年期限内,国家可以授权成立第 1 款规定意义上的居民区共同体,当其至少包含了 30 000 人以上的居民,并且包含了大省内人口最多的市镇。

以试验的目的,在 2014 年 1 月 27 日有关地方公共行动现代化和都市确认的第 2014-58 号法律出台之后的 18 个月期限内,国家可以授权成立第 1 款规定意义上的居民区共同体,当其至少包含了 25000 人以上的居民,包含一个人口数达到 15000 的中心市镇,并且包括这一中心市镇在内的大部分市镇属于《环境法典》第 L.321-2 条所定义的海滨市镇。

L.5216-2 条　第 99-586 号法律,第 1 条,1999 年 7 月 12 日

居民区共同体的设立并不设年限。

第二节　居民区共同体理事会(略)

第三节　居民区共同体理事行使任期的条件

L.5216-4 条　第 2015-336 号法律,第 12 条第 5 款,2015 年 3 月 31 日

第二部分第一卷第二编第三章有关市镇委员任期行使的条件,除了第 L.2123-18-1 条、第 L.2123-18-3 条和第 L.2123-22 条之外,适用于居民区共同体的成员,但不影响适用于后者的特别规范。

为了适用第 L.2123-11-2 条,每个月的补助金额最高可以达到该相关成员在第 L.5211-12 条的范围内因履行职务所能收取的税前每月补偿金和他在任期届满之后所能获得的全部资金之间的差价的 80%,或者从开始支付补偿金之日起的第 7 个月开始,为上述差价的 40%。

该补助金不得与依据第 L.2123-24-1 条或者第 L.3123-9-2 条和第 L.4135-9-2 条的规定支付给市镇选举代表的款项叠加适用。

依据第 L.2123-24-1 条第 2、第 3 款的规定所确定的共同体理事因为履行职务所获得的补偿金,被包含在第 L.5211-12 条第 2 款所规定的补偿金总额之中。

L.5216-4-1 条　第 2013-403 号法律,第 3 条,2013 年 5 月 17 日

对于至少 40 万居民的居民区共同体,由市镇理事会投票决定的为了履行共同体理事任期的补偿金,最多不得超过第 L.2123-20 条第 1 款所提到的参考数额的 28%。

对于人口数在 100 000 到 390 000 之间的居民区共同体,该补偿金的数额最大为本条第 1 款规定的参考数额的 6%。

当决策机关的职员是依照第 L.5211-6-1 条第 1 款第 2 项的规定所确定的,依照本条前两款规定所支付的补偿金的总额,不得超过该职员原本依据第 L.5211-6-1 条的规定所能够获得的补偿金的总额。

L.5216-4-2 条　第 2013-403 号法律,第 37 条,2013 年 5 月 17 日

在居民人口数超过 10 万的居民区共同体的理事会中,共同体理事小组的运作可以成为决议的对象,但是在此场合不得对共同体理事补偿金的数额进行调整。

在这些理事会中,共同体理事小组的成立通过向共同体主席提交一份由所有成员签名的声明来完成,同时附上所有成员的名录及其代表。

在由其所确定的条件下,共同体理事会可以为共同体理事小组自身的目的或者共同目的为其指定一处行政办公地点,配备办公室的硬件设施,并且负担档案、信件以及通讯的费用。

主席可以在共同体理事会确定的条件下,并且根据每一个小组代表的提议,为共同体理事小组指派一名或者多名人员。在居民区共同体的预算中,共同体理事将会为此目的专门开设一章,在其中列入由此产生的花费,但是这部分费用不得超过每年支付给共同体理事会成员总金额的 30%。

共同体理事会的主席是上述各项费用的安排者。

每一个委员小组的代表决定移交给他们行使的业务的条件以及行使方式。

第四节　管辖权

L.5216-5 条　第 2018-1021 号法律,第 21 条,2018 年 11 月 23 日

一、居民区共同体当然地替代其成员市镇行使以下各项管辖权:

(1) 在经济发展方面:依据第 L.4251-17 条所规定的经济发展活动。工业、商业、第三产业、手工业、旅游业、港口业和航空业活动区的建立、调整、维护和管理。地区贸易政策和对符合跨市镇共同体利益的贸易活动的扶持。旅游业的发展,包括旅游咨询处的建立。

(2) 在共同体空间的调整方面:地区整合规划以及部门规划。地区城市化计划以及城市化文件。共同体利益调整区域的创建和实现。《交通法典》第一部分第二卷第三章所规定的流通的组织,但不影响该法典第 L.3421-2 条的适用。

(3) 在社会住房的平衡方面:地方的住房项目。共同体利益的住房政策。对于共同体利益的社会住房有利的行动或者补助。为了实施社会住房平衡的共同体政策而保留的土地。有利于弱势群体住房的行动。对于共同体利益的不动产园区的改善。

(4) 在城市政策方面:地区诊断的起草。城市合同发展方向的定义。城市化发展、地区发展、社会经济融入的合同条款以及犯罪预防条款的发起和协助。城市合同中所定义的活动的计划。

在大省以及外大省领地上:城市化发展的合同规定,地区发展以及共同体利益的经济和社会融入。共同体利益以及预防犯罪的地方性规范。

(5) 依照《环境法典》第 L.211-7 条的规定,进行水域管理以及防洪工作。

(6) 在游客接待方面:对于 2000 年 7 月 5 日有关旅游者接待和住宿的第 2000-614 号法律第 1 条第 2 款第(1)至(3)所定义的旅游者接待处以及家庭居住区的调整、维护和管理。

(7) 生活垃圾以及类似废物的收集和处理。

作为对本条第 1 款第(2)的例外,对于依据《旅游法典》第 L.133-13 条和第 L.151-3 条的规定被列入旅游目的地名录的旅游市镇,或者最迟在 2017 年 1 月 1 日时已经开启了旅游目的地名录的程序,该市镇可以在该日期之前通过决议来保留"旅游业的发展,包括旅游咨询处的建立"的管辖权。

前款所提到的程序被视为在 2017 年 1 月 1 日之前已经开启:

1. 向大省的国家代表提交了一份旅游目的地名录的申请文件。

2. 或者由市镇理事会作出决议,准备在 2018 年 1 月 1 日之前提交旅游目的地名录的申请文件。

3. 或者市镇理事会作出决议,准备在 2018 年 1 月 1 日之前提交关于将其旅游咨询处列入旅游目的地名录所要求的旅游咨询处名录的文件。在这种情况下,该程序的完成需要市镇在完成旅游咨询处列入名录的下一年,提交旅游目的地名录的申请文件。

如果没有在本条前 4 款所规定的期限内完成向国家代表的文件提交,或者其中的一项申请被有权行政机构驳回时,旅游市镇所作出的保留"旅游业的发展,包括旅游咨询处的建立"的管辖权的决议将停止发生效力,并且该项管辖权由居民区共同体代替市镇行使。

二、居民区共同体另外还需要代替其成员市镇行使以下七项管辖权中的至少三项：

（1）对于共同体利益道路的创建、调整以及维护。对于共同体利益停车场的创立、调整以及管理。

如果居民区共同体行使"共同体公路的建设、调整和维护"的管辖权，并且其辖区被涵盖在城市流动规划之中，公共交通服务将会导致承载此段运输的公共道路及其附着的人行步道实现共同体的利益。然而，市镇共同体的理事会依照本条第四项规定的条件，可以决定限制部分人行步道的共同体利益范围，仅针对承载公共交通服务的设备。

（2）清洁消毒。

（3）用水。

（4）在环境和生活空间的保护以及优化方面：空气污染的治理，噪声污染的治理，能源请求管理活动方面的支持。

（5）共同体利益的文体设施的建设、调整、维护以及管理。

（6）共同体利益的社会活动。

当居民区共同体行使这一管辖权时，它可以将部分或者全部的责任交给一个跨市镇的社会活动中心，后者依照《社会和家庭活动法典》第 L.123-4-1 条所规定的条件而设立。

（7）公共服务之家的设立以及管理，以及根据 2000 年 4 月 12 日关于公民在与行政机关的关系中所具有的权利的第 2000-321 号法律第 27-2 条规定所定义的公共服务的义务。

这些管辖权选择的决定由相关市镇的市镇理事会以设立共同体时所需要的多数来作出。

二、副款　在相关市镇通过共同决议表决后，居民区共同体在共同体理事会为了实施社会住房平衡的共同体政策所划定的区域范围内，是城市优先权的权利人。

三、当第 1、第 2 款所提到的管辖权的行使需要以承认共同体利益为前提时，该利益由居民区共同体理事会以三分之二的多数加以确定。该定义最迟在决定管辖权移交的协议生效之后的 2 年之内作出。在相反的情况下，居民区共同体有权行使所有移交的管辖权。

四、（废止）

五、通过和大省所签订的协议，在社会活动的领域内，居民区共同体可以直接行使依照《社会和家庭活动法典》第 L.121-1 条和 L.121-2 条由大省行使的部分或者全部管辖权。

该协议需要明确管辖权移交的范围以及财政条件，以及相对应的大省服务移交给居民区共同体的条件。

六、为了对设备的实现或者运作提供资助，当共同体理事会和相关的居民区理事会以简单多数的方式达成合意时，一个补助基金可以支付给居民区共同体以及其城市市镇。

该补助基金的总额不得超过除去补贴之外的该基金受益人所要负担的资金总额。

七、如果居民区共同体的城市出行计划中所包含的公共交通服务的实现需要借用大省的公共道路，则通过和大省所签订的协议，居民区共同体可以在流通组织有权机关的区域范围内，替代大省在公共道路方面行使依据《公共道路法典》第 L.131-1 条至第 L.131-8 条所规定的由大省行使的部分或者全部管辖权。大省委员会拒绝管辖权委托的决定必须通过充分说理的决议形式作出。合同需要明确管辖权委托的范围以及经济条件，以及相关的大省服务同时移交给居民区共同体的条件。

L.5216-6 条　第 2010-1563 号法律，第 48 条，2010 年 12 月 16 日

居民区共同体将会当然地替代与其辖区范围相同的市镇公会或者混合型公会以行使后者的所有管辖权。

对于全部被包含在居民区共同体辖区范围内的市镇公会或者混合型公会，共同体也当然替代后者行使其全部的管辖权。

居民区共同体对于公会的替代依照第 L.5211-41 条第 2 款所规定的条件进行。

L.5216-7 条　第 2018-702 号法律，第 4 条第五项，2018 年 8 月 3 日

第一、当市镇公会或者混合型公会的一部分市镇成为居民区共同体的一部分时,无论是通过创建这样一个共同体,或者是通过市镇合作公共机构的合并而产生的共同体,还是通过将一个市镇合作公共机构转型成居民区共同体,并且该共同体全部包含在公会的辖区范围之内时,这一居民区共同体的创建、合并或者转型,同时意味着该共同体的成员市镇依照第 L.5215-20 条第 1 款所规定的情形对公会所行使的管辖权的撤回,本条第一项最后一款所组织的管辖权除外。这一管辖权的撤回依照第 L.5211-25-1 条以及第 L.5211-19 条第 3 款所规定的条件进行。如果在公会的决策机关和相关的市镇理事会之间无法就财产及其产生的产品,以及第 L.5211-25-1 条第 2 款所规定的债务承担的余额分配无法达成合意的,该分配方案由大省的国家代表通过政令的方式确定。

对于第 L.5216-5 条第 1、第 2 款所没有涉及的管辖权的移交行使,居民区共同体在公会的范围内替代组成它的成员市镇。这一规定并不影响市镇公会的权限,后者将变成第 L.5711-1 条意义上的混合型公会,或其他相关的混合型公会。这一规定同样也不影响公会行使其管辖权的辖区范围。

一、副款(废止)

二、当市镇公会或者混合型公会的一部分市镇与在该公会外部的市镇共同作为居民区共同体的一部分时,无论是通过创建这样一个共同体,或者是通过市镇合作公共机构的合并而产生的共同体,还是通过将一个市镇合作公共机构转型成居民区共同体,这一居民区共同体的创建、合并或者转型,同时意味着该共同体的成员市镇依照本条第 1 款的规定对公会所行使的管辖权的撤回,并且该撤回依照本条第 1 款第 1 项所规定的条件进行。它相当于共同体在管辖权移交的范围内对于市镇的替代,并且依照同一款最后两项所规定的条件进行。

三、当共同体的辖区由于添加了来自一个或者多个市镇公会或者混合型公会的成员市镇而得到扩张的,这一扩张在本条第 1、第 2 款所规定的场合以及条件下,相当于市镇对公会的退出或者居民区共同体在公会范围内对于成员市镇的替代。

在符合第 L.5211-17 条的规定的情况下,当居民区共同体的管辖权扩张至其全部或者部分成员市镇先前移交给一个或者多个市镇公会或者混合型公会的管辖权时,该居民区共同体在第 1 款第 2 项所规定的条件下在公会的范围内替代这些成员市镇。

四、作为对本条第 1、2、3 款的例外,如果行使在用水和消毒卫生领域行使管辖权的居民区共同体在接收上述管辖权时至少包含了来自三个不同的市镇合作公共机构的市镇,居民区共同体在公会的范围内,依照本条第一项所规定的条件实现对上述市镇的替代。然而,大省的国家代表在征求了跨市镇合作大省委员会的意见之后,可以授权该居民区共同体在接收上述管辖权的下一年的1月1日之前从公会中撤出,该撤出遵循本条第一项第1款所规定的条件进行。

四、副款　作为对本条第1、2、3款的例外,对于《环境法典》第L.211-7条所提到的在水域管理以及洪水防范方面所享有的管辖权,当市镇公会或者混合型公会的一部分市镇属于居民区共同体成员,并且该居民区共同体的全部或者部分被包含在上述公会的辖区范围之内时,该居民区共同体在第1款第2项所规定的条件下在公会的范围内替代这些成员市镇。

五、当原先作为混合型公会成员的市镇合作公共机构通过合并的方式创建居民区共同体时,也适用本条规定。

L.5216-7-1条　第2002-276号法律,第48条,2002年2月27日

第L.5215-27条的规定同样适用于居民区共同体。

L.5216-7-2条　第2004年8月13日第2004-809号法律,第173条,2005年1月1日生效

直到2005年1月1日,作为第L.5211-26条的例外,大省的国家代表可以在征求了第L.5211-45条第2款所规定的跨市镇合作大省委员会的意见之后,授权一个市镇退出居民区共同体以便于其能够加入另一个市镇合作公共机构,前提是该公共机构的决策机关接收了加入请求。如果跨市镇合作的大省委员会没有在2个月的期限内发表意见的,视为赞成。该退出不应影响第L.5216-1条所规定的条件。该退出决定依照第L.5211-25-1条所规定的条件进行。

第五节　财政条款

L.5216-8条　第2009-1673号法律,第77条,2009年12月30日;第2014-891号法律,第18条,2014年8月8日

居民区共同体的预算收入包括:

(1)《税务一般法典》第L.1379-0副条第一和第5款所规定的税收收入。

另外，居民区共同体还可以以行使第 L.2224-31 条所提到的公共电力分配的组织管辖权的名义，替代所有根据国家数据统计和经济研究机构在当年 1 月 1 日统计的居民人数少于 2000 人的市镇，按照第 L.2333-2 条至第 L.2333-5 条所规定的条件收取市镇的最终电力消费税，除非这一管辖权已经由第 L.5212-24 条所提到的有权机关行使。对于其他的市镇而言，如果居民区共同体和相关的市镇依据《税务一般法典》第 1639 条 A 副款第一项所规定的条件而作出联合决议的话，这一税收也可以由市镇共同体代为收取。在任何情况下，该税收都按照一般法的规定进行收取。通过前引条款第 1 款第 1 项所规定的联合决议，居民区共同体可以将其代收的税收收入的一部分返还给相关辖区的成员市镇。

（2）居民区共同体的动产或者不动产的收入。

（3）作为服务的对价而从公共行政机关、协会以及个体处所收取的报酬。

（4）国家、大区、大省以及市镇的补贴。

（5）赠与或遗赠的收入。

（6）与所承担的服务相对应的税收、报酬以及贡献的收入。

（7）贷款的收益。

（8）第 L.2333-64 条所规定的公共交通经费收入，当该共同体有权行使《交通法典》第一部分第二卷第三编所规定的流通管辖权时。

（9）职业税改革的补助津贴以及全国个人担保基金所转入的钱款。

（10）在必要的情况下，《税务一般法典》第 1528 条、第 1529 条、第 1530 条以及第 1530 副款所规定的税收收入。

L.5216-8-1 条　第 2010-1657 号法律，第 51 条第 5 款，2010 年 12 月 29 日；第 2017-1837 号法律，第 101 条，2017 年 12 月 30 日

居民区共同体由于《税务一般法典》第 1384A 条、第 1384C 条和第 1384 D 条所规定的建筑所有权土地税的减免延长至 15 到 20 年而损失的收入，也根据本法第 L.2335-3 条的规定进行补偿。

对于在 2005 年 12 月 1 日至 2022 年 12 月 31 日之间享受补贴或者扶持贷款的社会性居住场所，除了依据《建筑和居住法典》第三卷第三编唯一章的第 1 节第 3 分节所规定的贷款所资助的新建筑以外，对于居民区共同体由于《税务一般法典》第 1384A 条、第 1384 C 条规定的在 15 到 20 年时间内建筑所有权土地税的减免所损失的收入，通过从国家收入中提取的方式来加以补偿。在这种场合，每一年支付给每一个居民区共同体的补偿金额，从 2009 年起，相当于每一年损失的金额与缩减比例之间的乘积。对于 2009 年来说，该缩减比例相当于在 2008 年依据 2008 年 12 月 27 日关于 2009 年财政的第 2008-1425 号法律第 48 条第 1 至第 10 款所规定的所有补偿金总额与该同一条第 11 款为 2009 年所规定的补偿金数额之间的差值。对于 2010 年，依据前款的规定以及针对 2009 年所确立的变化比例所计算的补偿金，需要进一步适用缩减比例，该缩减比例相当于在 2009 年依据 2009 年 12 月 30 日关于 2010 年财政的第 2009-1673 号法律第 47 条第 1 至第 8 款所规定的所有补偿金总额与该同一条第 9 款为 2009 年所规定的补偿金数额之间的差值。

从 2011 年开始，前款所规定的补助金数额依照第 L.2335-3 条的规定进行计算。

第六节 解　散

L.5216-9 条　第 2010-1563 号法律，第 47 条，2010 年 12 月 16 日

当居民区共同体只有一个市镇成员时，将依据最高行政法院的法令当然解散，在其他情况下，解散需要得到辖区内至少三分之二的市镇委员的同意且其所代表的人数占总人口的一半以上，或者得到辖区内至少一半的市镇委员的同意且其代表的人数占总人口的三分之二以上，同时这一多数还必须包含人口数超过所有相关人口总数一半以上的市镇的市镇理事会，或者在不存在此类市镇的情况下，人口数最为重要的市镇的市镇理事会。该法令在符合第 L.5211-25-1 条规定的内容，并且在尊重第三人权利的情况下，确定居民区共同体的清算条件。

相关人员在各市镇之间的分配需要咨询同级别的行政理事会的意见。它不能产生人员精简的后果。相关人员应当获得一个同级别的职务，并且要兼顾他们已经取得的权利。被分配到的市镇需要承担相应的财政负担。

L.5216-10 条　第 2014-58 号法律，第 72 条，2014 年 1 月 27 日

自 1999 年 7 月 12 日有关简化跨市镇合作的第 99-586 号法律公布之日起的 3 个月内，如果将这些新市镇纳入辖区之中有助于确保空间以及经济的融贯性以及金融和社会的互助性，并且对于居民区共同体的发展以及成为大区大都会区而言是必不可少的,居民区共同体的辖区可以被扩展至包括新的市镇。然而对于那些依据第 L.5214-23-1 条所规定的条件,其获取补助的要求由第 L.5211-29 条第 2 款第 4 项所规定的居民区共同体的成员市镇而言,在没有征得它们同意的情况下不能将其纳入其中。

当所有的成员市镇都属于同一大省时,公共机构辖区扩展的决定由大省的国家代表通过政令的方式作出,如果当辖区扩张的计划超过了一个大省的疆域时,由各大省国家代表在征求相关的市镇合作公共机构的大省委员会的意见之后,以联合政令的方式作出。如果该意见没有在 2 个月的期限内作出,则视为持否定立场。在得到了居民区共同体理事会以及未来辖区内至少三分之二的市镇委员的同意且其所代表的人数占总人口的一半以上,或者是得到了未来辖区内至少一半的市镇委员的同意且其代表的人数占总人口的三分之二以上时,其辖区可以得到扩张。这一多数必须包含人数最多的成员市镇的市镇理事会,当后者的人数超过总人口的四分之一时。如果在接到辖区扩展计划的通知之日起 3 个月内并未作出决议,则视为赞同该决议。

市镇合作公共机构辖区的扩展及其转化将由大省国家代表通过同一个政令作出。这一政令相当于市镇在其所属的市镇合作公共机构的退出决定。对于市镇公会以及混合型公会的特殊情况,该退出依照第 L.5215-22 条所规定的条件进行。

辖区的扩张将会导致对于所有加入居民区共同体的市镇依照第 L.5211-22 条所规定的条件分配席位。市镇合作公共机构的转化将导致对所有与管辖权移交相关的财产、设备和公共服务,以及这些财产、设备以及公共服务所附带的权利,适用第 L.5211-18 条第 2 款的规定。

从第一款所规定的 3 年期限届满之后,每隔 12 年都可以重复上面所说的程序。

第七章 大都会区

第一节 创 立

L.5217-1 条　第 2017-257 号法律,第 70 条,2017 年 2 月 28 日

大都会区汇集了一些不存在飞地的、处于一个互助空间之内的市镇的税收独立的市镇合作公共机构,其目的在于制定并且施行辖区内整体性的调整计划以及经济、生态、教育、文化和社会发展的整体计划，以便促进区域融合及其竞争力，并且参与到地区可持续稳固发展之中。它旨在提升大都会区的经济职能、交通运输网络、大学资源以及研究创新方面的价值，以大区间和跨区域合作为理念，并且关注区域发展的均衡。

在 2015 年 1 月 1 日，对于在创立大都会区时，依据国家数据统计和经济研究机构的统计，在一个城市区域内汇集了超过 40 万居民的税收独立的市镇合作公共机构，将依照法令被转化为大都会区。

在取得了三分之二的相关市镇理事会同意，并且其所代表的人口必须超过总人口的一半或者是取得一半市镇理事会的同意，但其所代表的人口必须超过总人口的三分之二时，以下机构可以提出申请，以法令的形式转变成大都会区：

（1）在大都会区成立时拥有 40 万居民的税收独立的市镇合作公共机构。

（2）本条第 2 款以及（1）中所没有提到的市镇合作公共机构，或者依照国家数据统计和经济研究机构的统计拥有 40 万以上居民的工作区域中心，并且它们依照本法典的规定，替代其成员市镇行使 2014 年 1 月 27 日关于地区公共行为现代化以及大都会区确认的第 2014-57 号法律颁布之时，第 L.5217-2 条第 1 款所列举的管辖权。

（3）依照国家数据统计和经济研究机构的统计拥有 40 万以上居民的工作区域中心，并且其包含了大区的首府在内。

（4）拥有 25 万居民的税收独立的市镇合作公共机构，或者在 2015 年 12 月 31 日时，其辖区范围包括了大区的首府，依照国家数据统计和经济研究机构的统计拥有 50 万以上居民的工作区域中心。

对于第（2）款所提到的市镇合作公共机构，为了确定是否赋予其大都会区的地位，该法令需要考虑国家的战略领导职能，以及在市镇合作公共机构辖区范围内切实施行的大都会区职能，以及它在全国区域发展平衡中所扮演的角色。

市镇合作公共机构在转化为大都会区之前所取得的所有管辖权在转化后都将当然移交给大都会区行使。

大都会区的创立通过法令的形式作出。该法令将会确定大都会区的名称、其辖区范围、其总部地址、其创立之时的权限，以及该创立发生效力的具体日期。它将会指定大都会区的公共会计员。大都会区的创立不设时间限制。

日后所有关于大都会区的名称、总部地址、公共会计员任命方面的变动、额外管辖权的移交,以及辖区范围的扩展,都需要由相关大省的国家代表,依照第 L.5211-17 条至第 L.5211-20 条所规定的条件,以政令的形式作出。

本条规定既不适用于法兰西岛,也不适用于里昂城市共同体。

在其成立之时,斯特拉斯堡大都会区作为欧盟机构所在地,被命名为"作为欧洲都市的斯特拉斯堡"。

在其成立之时,里尔大都会区被命名为"里尔欧洲都市"。

第二节　管辖权

L.5217-2 条　第 2017-86 号法律,第 81 条第 5 款,2017 年 1 月 27 日;第 2018-957 号法律,第 1 条,2018 年 11 月 7 日

一、大都会区当然替代其成员市镇,行使如下管辖权:

1. 在经济、社会和文化的调整和发展方面:

(1) 工业、商业、第三产业、手工业、旅游业、港口业和航空业活动区的建立、调整、维护和管理。

(2) 经济发展活动,其中包括第 L.4211-1 条第(8)款所提到的对公司资本的参与,以及对其辖区范围内的驾驶竞争基地的支持与参与。

(3) 共同体利益的文体设施的建设、调整、维护以及管理。

(4) 旅游业的发展,其中包括旅游局的设立。

(5) 对于高等教育研究机构以及科研项目的支持和补助计划,需要考虑大区的高等教育、研究和创新框架。

2. 在大都会区空间的调整方面:

(1) 地区整合规划以及部门规划。地区城市化计划以及城市化文件。《城市化法典》第 L.300-1 条意义上的共同体利益调整措施的定义、创立以及实现。对于自然和农业资源的升值活动。保留区域的设立。

(2) 依照《交通法典》第 L.1231-1 条、第 L.1231-8 条和第 L.1231-14 条至第 L.1231-16 条所规定的公共流通性的组织。公共道路的建立、调整和维护。照明。游客庇护所。停车场地和区域。城市流通计划。

(3) 旨在向所有城市流通方式开放的公共区域及其附属设施的建设、调整以及维护。

(4) 对于处在大都会区辖区内的火车站管理和调整的参与。

(5)本法典第L.1425-1条所规定的电信基础设施和网络的建立、开发、取得以及投入运营。

3. 在当地住房政策方面：

(1)当地住房项目。

(2)住房政策。社会住房的经济补助。有利于社会住房的活动。有利于弱势群体住房的活动。

(3)对于已建造的不动产园区的完善，对于不适宜居住房屋的重建与拆除。

(4)在游客接待方面：对于2000年7月5日有关旅游者接待和住宿的第2000-614号法律第1条第2款第(1)至(3)所定义的旅游者接待处以及家庭居住区的调整、维护和管理。

4. 在城市政策方面：

(1)地区诊断的起草。城市合同发展方向的定义。

(2)城市化发展、地区发展、社会经济融入的合同条款以及犯罪预防条款的发起和协助。

(3)城市合同中所定义的活动的计划。

5. 在公共利益服务的管理方面：

(1)清洁卫生和用水。

(2)大都会区利益的墓地的建立、扩张以及迁移，火葬场以及骨灰存放处的建立以及扩张。

(3)屠宰场、屠宰市场以及共同体利益的市场。

(4)火灾以及救助的服务，根据本法典第一部分第四卷第二编第四章确定的条件。

(5)对于火灾的外部防卫的公共服务。

6. 在环境保护和改善以及生活政策制定方面：

(1)生活垃圾及类似物品的处理。

(2)空气污染的应对。

(3)噪声污染的应对。

(4)能源过渡的贡献。

(5)对能源需求管理行动的支持。

(6)根据《环境法典》第L.229-60条的区域气候-空气-能源计划的起草和适

用,需要与全国在温室气体排放、能源效率、可再生能源生产方面的目标相一致。

(7) 电、气公共分配的特许。

(8) 城市供暖和供冷网络的建立、调整、维护和管理。

(9) 依据本法典第 L.2224-37 条规定,对于电动汽车或者混合型汽车充电所必须的充电设备的建立和维护。

(10) 依据《环境法典》第 L.211-7 条所规定的条件对水域的管理和对洪水的预防。

(11) 依据《公法人财产一般法典》第 L.2124-4 条所规定的条件,成为沙滩的国家特许经营机关。

当第 1 款所提到的管辖权的行使需要以承认共同体利益为前提,该利益由大都会区理事会以三分之二的多数加以确定。该定义最迟在决定设立大都会区的法令生效之后的 2 年之内作出。在相反的情况下,大都会区有权行使所有移交的管辖权。

二、当大都会区拥有地区住房执行计划时,其可以提出申请,由国家通过协议的方式将本款第 1、2 项所列举的管辖权委托给大都会区行使:

1. 当地社会住房以及中介房屋补助的分配,并且优先照顾添附型租赁并且通知受益人,授予《建筑和居住法典》第 L.441-2 条和第 L.631-12 条所规定的特别授权,以及在取得全国住房办事处委托的情况下,对私人住房予以特别补助,并且签署《建筑和居住法典》第 L.321-4 条所提到的协议。

2. 在不存在分离可能性的情况下,对于《建筑和居住法典》第三卷前提编中前提性章节,以及同一部法典的第 L.441-2-3 条和第 L.441-2-3-1 条中所提到的拥有体面和独立住房权利的保障,以及为了实施该项担保,大省的国家代表依照该法典第 L.441-1 条所保留区域的全部或者部分委托,但是那些被用于国家机关和军事目的的保留住房除外。

依据本条第 2 款第 2 项所委托的管辖权,由大都会区理事会的主席行使。

本条第 2 款第 1、2 项所委托的管辖权将以国家的名义行使。

该委托通过一份有效期为 6 年但是可以更新的协议来调整。大省的国家代表可以在 3 年内提出异议,当该协议的履行无法充分完成协议所规定的目标。在不尊重国家职责的场合下,大都会区也可以在相同的期限内提出异议。

三、当大都会区拥有地区住房执行计划时,由其提出申请,国家也可以将以下管辖权中的全部或者一部分委托给大都会区：

1.《建筑和居住法典》第六卷第四编第二章所规定的受益人的征用程序的实施。

2. 社会巡查管理，对于所有因为其收入问题或者生存条件而无家可归或者在获取住房方面存在特别困难的个体或者家庭，在尊重《社会和家庭活动法典》第 L.345-2-2 条和第 L.345-2-3 条的情况下提供接待、安顿和提供住宿的管理，以及对于该法典第 L.312-1 条第 1 项第(8)、第 L.322-1 条、第 L.345-2 条、《建筑和居住法典》第 L.365-1 条、第 L.631-11 条和第 L.633-1 条所提及的作出贡献的组织、机构的经济资助。

3. (废止)

4. 向那些在其辖区内的低租金住房组织发放同一部法典第 L.443-7 条、第 L.443-8 条和第 L.443-9 条规定的住房转让许可。

本条第 3 款第 2 项所规定的与《社会和家庭活动法典》第 L.345-1 条规定的社会补助有关的、为了同一部法典第 L.312-1 条第 1 款第 8 项所提及的组织的借贷而转移的管辖权，由大都会区理事会的主席行使。

本条第三项第 1 到 4 款所规定的管辖权的委托将以国家的名义行使。

该委托通过一份有效期为 6 年但是可以更新的协议来调整。大省的国家代表可以在 3 年内提出异议，当该协议的履行无法充分完成协议所规定的目标。在不尊重国家职责的场合下，大都会区也可以在相同的期限内提出异议。

四、通过与大省所签订的协议，大都会区可以通过移交的形式在其辖区范围内代替大省，或者通过委托的形式以大省的名义行使下列管辖权集合中的部分或者全部：

1. 通过适用第 1990 年 5 月 30 日有关住房权利落实的第 90-449 号法律第 6 条的规定，对住房团结基金的补助进行分配。

2. 依照《社会和家庭活动法典》第 L.123-2 条的规定交由社会救助大省公共服务部门所行使的职权。

3. 依照同一部法典第 L.263-1 条所规定的条件，对大省融入项目的采纳、调整以及落实。

4. 依照该法典第 L.263-3 条和第 L.263-4 条的规定，针对困难青年人的帮助。

5. 依据该法典第 L.121-2 条第 2 款的规定,针对困难的青年人和困难或者割裂家庭的特别预防行为。

6. 针对老年人以及依照该法典第 L.113-2 条、第 L.121-1 条和第 L.121-2 条所规定的全部或者部分的管辖权,法定社会保障金的负担除外。

7. 依照《旅游法典》第一卷第三编第二章所规定的旅游业,文化,旨在实现体育活动的设备和基础设施的建造、开发以及维护,或者上述管辖权中的一部分。

8. 对于初中的建造、重建、调整、维护和运行。针对这一点,大都会区将承担接待、饮食和住宿,以及整体维护和技术维护,在其所负责的初中内的学生活动范围界定和监督除外。

9. 对于被列为公产道路的大省公共道路及其附属区域进行管理。这一管辖权的转移将由大省国家代表通过政令的方式作出。该政令将导致大都会区取得地役权以及相关的权利义务,并且将决定大都会区的所接收的公产道路的性质评级。

协议需要载明移交或者委托的管辖权内容,移交或者委托的经济条件,并且在取得有权技术委员会的意见之后,载明相关部分或全部与移交和委托的管辖权相关的大省服务的转让条件。这些服务或者部分服务将处于大都会区理事会主席的管理之下。

如果在大都会区成立之后的第二年的 1 月 1 日之前,在大都会区和大省之间没有就本条第(四)项所提到 1 到 8 组管辖权中的至少三组达成协议的,除了第 8 款中所提及的管辖权之外,其他管辖权都将被当然地移交给大都会区。这些移交将同时伴随着依据第 L.5217-3 条规定的相关资源的转让。本条第 4 款第 1 项所提到的与移交相关的协议将会在大都会区建立之后第二年的 4 月 1 日之前在大省和大都会区之间签订。如果未能签订,则大都会区所在地大省的国家代表将会在大都会区建立之后第二年的 5 月 1 日之前,向大省委员会主席以及大都会区主席提交一份协议草案,后者有 1 个月的时间签署该草案。如果未能签署,移交的日期和方式将由大都会区所在地大省的国家代表通过政令的方式确定。

本条第 4 款第 9 项中所提到的管辖权将由大省和大都会区之间签订的协议来确定。该协议将会组织移交给大都会区行使的管辖权,或者由大省对于这些管辖权行使的具体方式作出规定,这些方式需要与大都会区所实行的政策相匹配。如果在大都会区成立之后的第二年的1月1日之前,在大都会区和大省之间没有达成协议,这一管辖权将会当然移交给大都会区。

本条第4款不适用于大巴黎大都会区。

五、通过大都会区和大区之间签订的协议,在大都会区或者大区的请求下,大都会区在其辖区范围内,代替大省行使第L.4221-1-1条所规定的管辖权。

该协议在接受到请求之日起的18个月内签订。

协议需要明确管辖权移交的范围以及经济条件,并且在取得有权技术委员会的意见之后,载明相关的部分或者全部与移交和委托的管辖权相关的大区服务的转让条件。协议将会建立为了行使上述任务而需要移交给大都会区的部分或者全部服务的清单,并且确定上述移交的最终日期。这些服务或者部分服务将处于大都会区理事会主席的管理之下。

然而,本条第5款所提到的协议可以规定,管辖权移交相关的服务或者部分服务依然属于大区服务,并将其交由大都会区以便后者行使其管辖权。

六、对于经济、创新、交通、环境、高等教育和研究的调整和发展的框架及规划文件的起草、审查以及变更,如果这些框架和文件将会对大都会区产生影响,大都会区都将当然地参与其中,上述框架和文件的清单由最高行政法院通过法令的形式确定,并且属于国家、区域共同体及其公共机构的管辖范围。

对于依照1982年7月29日出台的关于规划改革且其中对其辖区有专门规定的第82-653号法律与国家签订的规划合同的起草,大都会区当然地参与其中。

在斯特拉斯堡,该合同将在国家和作为欧洲都市的斯特拉斯堡之间签署。

为了确保斯特拉斯堡作为欧盟机构所在地的城市职能和手段的实现(这些职能和手段是由法国作为签约国的欧盟条约以及议定书所赋予的),国家将与其签署一个特别协议,命名为"三年合同,斯特拉斯堡,欧盟首都"。

七、国家可以在大都会区提出申请的情况下向其转让大型基础设施和设备的所有权、调整、维护和管理。这一转让将以无偿的方式进行,并且不会产生任何的补偿金或者税收,也不产生任何权利、工资和报酬。

该转让通过法令的形式授权。国家和大都会区之间通过的合同将会确定具体的转让方式。

提出请求的大都会区可以在《教育法典》第 L.822-1 条所规定的条件下行使有关学生宿舍建造、重建、扩张、重大修缮、设施配备以及管理方面的管辖权。

大都会区可以创立《社会和家庭活动法典》第 L.312-1 条第 1 款第 10 项所规定的机构。由它负责此类机构的建造、重建、扩张、重大修缮、设施配备以及管理。

八、为了强化和发展与其欧洲邻国的关系，大都会区可以加入本法典第 L.1115-4 条、第 L.1115-4-1 条和第 L.1115-4-2 条所规定的跨国合作机构。

与外国相邻的大都会区起草一份与相关大省、大区以及市镇相关的跨国合作框架。

本条第 8 款第 2 项规定的适用将不影响里尔欧洲都市以及作为欧洲都市的斯特拉斯堡在其作为成员的欧洲区域合作集团中所开展的地区合作行动。

九、大都会区将负责在其辖区范围内行使的管辖权的权威机关职能。它将负责对面向公众的服务责任给出界定，并且负责对相关服务进行管理，以及对于行使管辖权所涉及的网络进行介入的规划以及合作。

十、大都会区理事会以参与投票人数的简单多数方式通过当地的城市化方案。

L.5217-3 条　第 2017-257 号法律，第 71 条，2017 年 2 月 28 日

在不影响第 L.2212-2 条的情况下，并且作为对第 L.2213-32 条的突破，大都会区理事会的主席行使有关应对洪水的内部防卫管理的权限。

在不影响第 L.2212-2 条的情况下，并且作为对第 L.2213-1 条到第 L.2213-6-1 条的突破，大都会区理事会的主席将行使市长在居民区以外的跨市镇街道运行以及停车方面享有的特权。

L.5217-4 条　第 2014-58 号法律，第 43 条，2014 年 1 月 27 日

依据第 L.5217-1 条规定发生转化的市镇合作公共机构将当然地被大都会区所替代。

大都会区对于市镇合作公共机构的替代将依据第 L.5211-41 条最后两款所规定的条件进行。

L.5217-5 条　第 2014-58 号法律,第 43 条,2014 年 1 月 27 日

在大都会区辖区范围内的具有不动产或者动产性质的财产或者权利,并且是为了行使第 L.5217-2 条第 1 款所提到的管辖权移交而使用,将会当然地由其市镇成员移交给大都会区使用。一个经过辩论的会议记录将会载明这些财产以及权利的构成及其法律地位。

本条第 1 款所提到的财产以及权利,至迟在大都会区理事会第一次会议之后的一年时间内并入大都会区的财产中。

那些依据第 L.5217-4 条转变而来的税收独立的市镇合作公共机构所拥有的财产和权利,将会以完全所有权的方式转让给大都会区。如果这些财产是由市镇依据第 L.1321-1 条、第 L.1321-2 条的规定而被移交给公共机构的,这一转让将在大都会区和相关的市镇之间进行。

如果无法达成一致,由最高行政法院通过法令的形式实现最终转让。该法令的作出需要首先征求委员会的意见,该委员会的构成由负责地方政权事务的相关部门通过政令的方式确定,并且包括该移交相关市镇的市镇长、大都会区理事会的主席、税收独立的市镇合作公共机构决策机关的主席。该委员会自行选举其主席。

这一转让将以无偿的方式进行,并且不会产生任何的补偿金或者税收,也不产生任何权利、工资和报酬。

为了行使受让的管辖权,大都会区当然替代成员市镇以及依照第 L.5217-4 条转变的税收独立的市镇合作公共机构行使在适用本条第 1 款移交给大都会区占有的财产上享有的所有权利义务,并且为了在大都会区行使上述管辖权,大都会区可以在所有的决议和所有的行动中替代它们。

合同将会按照其原有的约定继续得到履行,除非当事人有相反的约定。缔约相对方将被告知大都会区对于法人的替换。由原公会订立的合同中所发生的法人的更换并不能产生任何终止合同或者请求补偿的权利。

第三节　法律制度

L.5217-6 条　第 2014-58 号法律,第 43 条,2014 年 1 月 27 日

大都会区理事会是由大都会区理事会的主席所主持的。它是由大都会区委员所构成的。

L.5217-7 条　第 2016-1087 号法律，第 63 条第 5 款，2016 年 8 月 8 日

一、第 L.5215-16 条至第 L.5215-18 条、第 L.5215-21 条、第 L.5215-26 条至第 L.5215-29 条、第 L.5215-40 条和第 L.5215-42 条适用于大都会区。

在适用第 L.5211-17 条时，其所规定的多数要求适用第 L.5211-5 条的规定。

二、当市镇公会或者混合型公会的一部分市镇成为大都会区的一部分时，无论是通过创建这样一个共同体，通过市镇合作公共机构的合并而产生的共同体，还是通过将一个市镇合作公共机构转型成大都会区，并且该大都会区全部包含在公会的辖区范围之内时，这一大都会区的创建、合并或者转型，同时意味着该大都会区的成员市镇依照第 L.5217-2 条第 1 款所规定的情形对公会所行使的管辖权的撤回，本条第 1 款最后一项所组织的管辖权除外。这一管辖权的撤回依照第 L.5211-25-1 条以及第 L.5211-19 条第 3 款所规定的条件进行。如果在公会的决策机关和相关的市镇理事会之间无法就财产及其产生的产品，以及第 L.5211-25-1 条第二项所规定的债务承担的余额分配无法达成合意的，该分配方案由大省的国家代表通过政令的方式确定。该政令在相关市镇的市镇合作公共机构决策机关向相关大省国家代表提出申请之日起的 6 个月内作出。

对于第 L.5217-2 条第 1 款未涉及的管辖权的移交行使，大都会区在公会的范围内替代组成它的成员市镇。这一规定并不影响市镇公会的权限，后者将变成第 L.5711-1 条意义上的混合型公会，或其他相关的混合型公会。这一规定同样也不影响公会行使其管辖权的辖区范围。

三、当市镇公会或者混合型公会的一部分市镇与在该公会外部的市镇共同作为大都会区的一部分时，无论是通过创建这样一个大都会区，通过市镇合作公共机构的合并而产生的大都会区，还是通过将一个市镇合作公共机构转型成大都会区，这一大都会区的创建、合并或者转型，同时意味着该大都会区的成员市镇依照本条第 1 款的规定对公会所行使的管辖权的撤回，并且该撤回依照本条第 2 款第 1 项所规定的条件进行。它相当于大都会区在管辖权移交的范围内对于市镇的替代，并且依照同一款最后两项所规定的条件进行。

四、当大都会区的辖区由于添加了来自一个或者多个市镇公会或者混合型公会的成员市镇而得到扩张时，这一扩张在本条第 2、第 3 款所规定的场合以及条件下，相当于市镇对公会的退出或者大都会区在公会范围内对于成员市镇的替代。

在符合第 L.5211-17 条的规定的情况下，当大都会区的管辖权扩张至其全部或者部分成员市镇先前移交给一个或者多个市镇公会或者混合型公会的管辖权时，该大都会区在本条第 2 款第 2 项所规定的条件下，在公会的范围内替代这些成员市镇。

四、副款　作为本条第 2、3、4 款的例外，如果对用水和消毒卫生领域行使管辖权的大都会区，在接收上述管辖权时至少包含了来自三个不同的市镇合作公共机构的市镇时，大都会区在公会的范围内，依照本条第 1 款所规定的条件实现对上述市镇的替代。然而，大省的国家代表在征求了跨市镇合作大省委员会的意见之后，可以授权该大都会区在接收上述管辖权的下一年的 1 月 1 日之前从公会中撤出，该撤出以本条第 2 款第 1 项所规定的条件进行。

四、副款二　作为本条第二、三、四款的例外，对于《环境法典》第 L.211-7 条所提到的在水域管理以及洪水防范方面所享有的管辖权，当市镇公会或者混合型公会的一部分市镇属于大都会区，并且该大都会区的全部或者部分被包含在上述公会的辖区范围之内时，该大都会区在第 2 款第 2 项所规定的条件下在公会的范围内替代这些成员市镇。

五、当大都会区在市镇公会或者混合型公会的范围内替代市镇行使某项管辖权时，大都会区所享有的代表席位应当对应于大都会区所替代的市镇人口在公会中所占的比例，但是不得超过总席位数的一半。

六、作为对本条第 2 款至第 5 款规定的例外，当市镇公会或者混合型公会的一部分市镇属于大都会区，并且该大都会区的全部或者部分被包含在上述公会的辖区范围之内时，该大都会区将在公会范围内，替代其成员市镇行使第 L.5217-2 条第 1 款第 6 项所规定的公共电力分配的特许经营管辖权，这构成了第 L.5215-22 条规定的例外。这一规定并不影响市镇公会的权限，后者将变成第 L.5711-1 条意义上的混合型公会，或其他相关的混合型公会。这一规定同样也不影响公会行使其管辖权的辖区范围。大都会区在公会理事会内部所享有的席位，将与由该大都会区所替代的成员市镇的人口所占的比例相对应，但是不得超过总席位的一半。对于在 2014 年 1 月 27 日关于都市的区域性公共活动以及确认的现代化的第 2014-58 号法律颁行之日前已经存在的公会的章程，必须要在该法颁布后的 6 个月内对章程进行更新，以便与本款内容相符合。

七、当原先作为混合型公会成员的市镇合作公共机构通过合并的方式创建大都会区时,也适用本条规定。

第四节 大都会区会议

L.5217-8 条 第 2014-58 号法律,第 43 条,2014 年 1 月 27 日

大都会区会议是一个大都会区与其成员市镇之间进行合作的机制,在其中可以就所有与大都会区利益相关的问题进行讨论,也可以讨论这些共同体行动的协调问题。

该机构由大都会区理事会的主席当然领导,并且需要包括成员市镇的市镇长。

它至少 2 年召开一次,它可以由大都会区理事会主席主动发起,也可以由过半数的市镇长提出申请,并且确定一个具体的日程。

第五节 发展理事会

L.5217-9 条 第 2015-991 号法律,第 88 条,2015 年 8 月 7 日

里尔欧洲都市以及作为欧洲都市的斯特拉斯堡将会聚集邻国的地方公共机构、跨国组织以及它们作为成员的欧洲区域合作集团,使它们按照大都会区理事会内部规章所确定的方式,参与到发展理事会的工作中。

在斯特拉斯堡,欧洲都市发展理事会将联合欧洲机构以及组织的代表。

第六节 财政和会计条款

L.5217-10 条 第 2014-1490 号法令,第 1 条,2014 年 12 月 11 日

除了本节所规定的内容外,大都会区同时适用第二部分第三卷的规定。

L.5217-10-1 条 第 2014-1490 号法令,第 1 条,2014 年 12 月 11 日

大都会区的预算是用于规定大都会区每年被授权的收入以及支出的文件。表决通过的预算需要实现收支上的平衡。

大都会区预算设有经营栏和投资栏,每栏都包含收入和支出。某一些介入行为、活动以及服务将在预算的附录中单独列出。

大都会区的预算将会区分为章和条目。

一项法令将确定本条的适用条件。

L.5217-10-2 条　第 2014-1490 号法令，第 1 条，2014 年 12 月 11 日

在对预算计划进行讨论之前，大都会区理事会的主席将会出示一份与大都会区运行相关的可持续发展计划的现状、大都会区在其辖区内所从事的活动，以及旨在改善这一现状的指导方向以及项目的报告。在必要的情况下，这一份报告的内容以及其起草的具体方式将由法令加以确定。

L.5217-10-3 条　第 2014-1490 号法令，第 1 条，2014 年 12 月 11 日

对于补贴的分配将需要一次不同于预算表决的决议。然而，对于那些没有附带授予条件的补贴的分配，大都会区理事会可以决定：

（1）在预算中按照受益人单独列出。

（2）或在预算的附件中建立一个受益人的清单，并且注明每一个人所获得的补贴的数额。对于补贴数额的单独化处理，或者依据本条第（2）项所建立的清单，都相当于对相关补贴的发放决定。

L.5217-10-4 条　第 2014-1490 号法令，第 1 条，2014 年 12 月 11 日

为了适用第 L.2312-1 条，预算方针的陈述将在预算审查之前的 10 个星期前进行。

大都会区预算的草案由大都会区理事会的主席进行准备和陈述，并且其必须在对该预算进行审查的第一次会议召开之前的 12 天内将该草案及其相关的报告与大都会区理事会的成员进行沟通。

最初版本的预算、补充预算以及变更决定均由大都会区理事会进行表决。

L.5217-10-5 条　第 2014-1490 号法令，第 1 条，2014 年 12 月 11 日

大都会区的预算或者按照其性质进行表决，或者按照其功能进行表决。如果是按照性质进行表决的，则需要同时进行一个有关功能方面的交叉报告。如果是按照功能进行表决的，则需要同时进行一个有关性质方面的交叉报告。有关性质和功能的明细将由负责地方政权的部门和负责预算的部门通过联合政令的方式确定。

预算文件的呈现方式应当符合由负责地方政权的部长和负责预算的部长通过联合政令所确定的模板。

一项法令将确定本条适用的具体条件。

L.5217-10-6 条　第 2014-1490 号法令，第 1 条，2014 年 12 月 11 日

预算按照各章分别进行表决，但是大都会区也可以决定按照条进行表决。在两种情况下，大都会区可以决定就某些特别信贷条款进行分类。

在对每条进行表决时，大都会区理事会的主席可以通过明示裁定，在同一章的不同条款之间进行转账，但这不包括对那些特别信贷条款。

在预算表决时确定的每一部分预算的实际支出不得超过 7.5% 的框架下，大都会区理事会可以委托其主席进行跨章资金转移的可能性，但这不包括人事费的支出。在这种情况下，大都会区理事会主席在最近的一次理事会会议上，就信贷的使用情况通报理事会。

L.5217-10-7 条　第 2014-1490 号法令，第 1 条，2014 年 12 月 11 日

一、如果大都会区理事会表决通过，列在预算投资支出部分的授予额度就包括规划许可和信贷支付。

规划许可确定了用于投资支出的最高限额。在上限没有被取消前，限制一直有效，没有时间限制。但可以对其进行修改。

信贷支付确定了与相关的规划许可相对应的可以在年度内对协议承诺作出授权或支付的最高额度。

要仅仅根据信贷支付情况来评估投资部分的预算平衡。

二、如果大都会区理事会表决通过，列在预算经营支出部分的授予额度就包括承诺许可和信贷支付。

本条前款表述的内容仅适用于那些地方政体借以承诺在执行预算之外，在行使管辖权的框架内，向某个第三方支付除人事经费以外的津贴、费用或者报酬的协议、决议或者决定。

承诺许可确定了实施前款的投资花费的上限。在上限没有被取消前，限制一直有效，没有时间限制。但可以对其进行修改。

信贷支付确定了与相关的规划许可相对应的可以在年度内对协议承诺作出授权或支付的最高额度。

要根据信贷支付情况来评估经营部分的预算平衡。

在对行政账户表决时，里昂大都会区理事会主席要向理事会出具多年度的资产负债表。把相关的承诺许可、规划许可和信贷支付状况做出一张明细表，附在行政账户之后。

对本条的适用条件，由法令确定。

L.5217-10-8 条　第 2014-1490 号法令，第 1 条，2014 年 12 月 11 日

在预算更新后的首次审议表决之前，大都会区理事会制定预算和投资规则。

该预算和投资规则特别具体规定了：

1. 对相关承诺许可、规划许可和信贷支付的管理方式，尤其是针对承诺许可和规划许可失效或者无效的管理。

2. 大都会区理事会对正在履行的多年度承诺管理的通报方式。

该预算和财政规则还可以具体规定由负责地方政体事务的部长和负责预算的部长联名颁发的政令确定的、在规划许可中延期信贷支付的方式。

L.5217-10-9 条　第 2014-1490 号法令，第 1 条，2014 年 12 月 11 日

在预算的投资部分或经营部分，包括规划许可和信贷支付，或包括承诺许可和信贷支付时，大都会区理事会主席可以在预算被通过或预算未被通过前，对先前许可执行的投资支出和经营支出进行清算和授权，对预算每章的信贷支付额度上限，可达前财政年度支付额度的三分之一。不管预算是否被通过，相应的信贷额度要列入预算。会计人员有权支付符合这些条件的信贷授权。

L.5217-10-10 条　第 2014-1490 号法令，第 1 条，2014 年 12 月 11 日

大都会区理事会主席每年要向大都会区理事会提交行政账户，账户在理事会成员的主持下被审议。

即使不再担任职务，大都会区理事会主席也可以参与对行政账户的讨论。但在对账户表决时，他必须回避。

行政账户由大都会区理事会表决通过。

在此之前，大都会区理事会应停止账户的运行，关闭账户。

L.5217-10-11 条　第 2014-1490 号法令,第 1 条,2014 年 12 月 11 日

关闭账户运行清算出的预算经营部分的盈余,加上前年度的延期发放部分,完全会对行政账户表决后的首次预算决议和对账户下次运行关闭前的运行产生影响。大都会区会在再次获得这一结果的预算决议支持下,审议预算。

预算经营部分如出现亏损,投资需求或投资部分的超支则完全会在对行政账户表决后的首次预算决议中,无论如何,在账户下次运行关闭之前,被重新审议。

在第 L.1612-11 条末款设定的委托最后期限和按照《税务一般法典》第 1639-A 条规定的对地方税率表决的截止期之前,大都会区理事会可以在行政账户通过表决前,以行政账户运行关闭为由,提前延期审议预算中经营部分的结果、投资部分的投资需求,或者,如有必要,加上投资部分的超支和对分配的预测。

如果最终对行政账户的审议和相关金额有差异,大都会区理事会应对行政账户表决后的首次预算决议规范化,并且无论如何,应在账户下次运行关闭之前,再次审议结果。

对本条的适用条件,由法令确定。

L.5217-10-12 条　第 2014-1490 号法令,第 1 条,2014 年 12 月 11 日

再次审议结果后,当预算投资部分显示盈余,共同体可以在法令规定的情况和条件下,将该盈余转移至经营部分。

L.5217-10-13 条　第 2014-1490 号法令,第 1 条,2014 年 12 月 11 日

为了适用第 L.2313-1 条,向公众开放的场所是大都会区所在地以及在大都会区辖区内的市镇政府所在地。

L.5217-10-14 条　第 2018-1074 号法律,第 6 条,2018 年 11 月 26 日

这些预算文件是报告的附件,尤其是:

1. 关于大都会区财政状况的综合数据。
2. 大都会区以实物或补贴形式所作的赠与援助名单。该文件仅附于行政账户之后。

3. 对最后实施大都会区主要预算和附加预算的支付结果的简要介绍。该文件仅附于行政账户之后。

4. 大都会区向各组织支付款项的组织名册：

（1）大都会区持有该款项的部分资金。

（2）大都会区对借款的担保。

（3）大都会区向组织支付超过 7.5 万欧元的补贴，或超过组织收支账户 50% 的收入。

该组织名册会显示组织的名称、公司名称和组织法律性质，以及大都会区财政承诺的性质和数额。

5. 能显示大都会区担保的借款流程及还款时间的表格。

6. 公共服务的代表名单。

7. 能显示按照第 L.1414-1 条规定，大都会区通过合作协议作出的所有财政承诺。

8. 能显示与合伙协议投资部分有关的债务状况的附录。

9. 第 L.3323-2 条所规定的资产变化情况。

10. 大都会区其他资产和财政状况，及其他相关承诺的情况。

对预算的修改决定或补充预算造成上述附件内容发生变化时，必须重新提供附件，以便对修改决定或补充预算进行表决。

在签订按照 2014 年 2 月 21 日关于城市和都市凝聚力的第 2014-173 号法律第 6 条规定的城市协议时，大都会区在其年度预算后，要附上能显示在协议框架下它所作出的所有承诺的收支情况的附录。附录要列出协议规定的各合同方，尤其是大省以及大区，采取的行动和方法的总表，把属于城市政策的方法和属于一般法的方法区别开来。

前列第 1 项提到的那些文件，要包含在当地一份或多份的出版物中。出版物在大都会区的全部区域内发行。

对本条的适用条件，由法令确定。

L.5217-10-15 条　第 2016-1321 号法律，第 18 条，2016 年 10 月 7 日

第 L.5217-10-14 条第 4 款涉及的各个组织的账户被移交给大都会区。

在大都会区理事会的成员提出申请的情况下，大都会区将上述账户按照第

L.2121-13 条规定的条件向他们交流，或者按照第 L.2121-26 条所规定的条件向所有利益相关人员进行交流。

在行政账户的支撑下，不具有公共机构会计人员的各组织的账户，由大都会区移交给国家代表和地方政体的会计人员，这些组织的账户是：

1. 大都会区拥有其中至少 33% 的资金。

2. 或大都会区对组织借款提供担保的。

3. 大都会区已经向组织支付超过 7.5 万欧元的补贴，或超过组织收支账户 50% 的收入，并超出了 2000 年 4 月 12 日关于公民在与行政管理关系中的各项权利的第 2000-321 号法律第 10 条第 4 款规定的门槛的账户。

L.5217-11 条　第 2014-58 号法律，第 43 条，2014 年 1 月 27 日

第 L.5215-32 条至第 L.5215-35 条的规定适用于大都会区。

L.5217-12 条　第 2018-1317 号法律，第 250 条第 5 款，2018 年 12 月 28 日

一、从其成立之后的下一年的 1 月 1 日开始，大都会区将享受运行总体补助金，其金额相当与下列两种情形中的一种：

1. 跨市镇的补助金，其数额依照第 L.5211-28 条的规定进行计算。

2. 补偿补助金，其数额依照第 L.5211-28-1 条的规定进行计算。

二、为了适用本条第 1 款中的第 1 项，需要考虑的人口数依照第 L.2334-2 条的规定进行确定。

L.5217-12-1 条　第 2016-1917 号法律，第 60 条第 5 款，2016 年 12 月 29 日

大都会区的必要支出至少包括以下内容：

1. 办公室的费用以及为大都会区的业务而进行的打印费用，保存大都会区文件以及大都会区行政文件收集产生的费用。

2. 运营的补贴金额、一般社会保障金的缴纳、退休金的缴纳、基金费用缴纳以及大都会区选举委员的培训费用。

3. 大都会区工作人员的薪酬，以及为他们缴纳参与的社会保障金。

4. 在 1984 年 1 月 26 日有关地区公共职能章程性规定的第 84-53 号法律第 88-1 条所规定的条件下，用于 1983 年 7 月 13 日有关公务员权利和义务的第 83-

634 号法律第 9 条所提到的费用的支出。

5. 向地区公共职能国家中心预算所缴纳的金额。

6. 在必要的情况下，大都会区警务人员的待遇以及其他费用。

7. 与火警和救助服务相关的人员以及设备费用，如果大都会区行使这方面的管辖权。

8. 由大都会区所负责的津贴，如果这些津贴按正常流程进行清算以及通过的。

9. 大都会区在国家教育方面的负担。

10. 市镇疫情控制的支出，以及大都会区依照《公共健康法典》第 L.1422-1 条规定的条件承担大都会区清洁卫生的服务费用，如果大都会区行使这方面的管辖权的话。

11. 由第二部分第二卷第二编第三章规定的情形下对于公墓进行关闭、维护或者迁移，如果大都会区行使这方面的管辖权的话。

12. 第 L.2224-8 条第二项所提到的公共消毒系统所产生的费用，如果大都会区行使这方面的管辖权的话。

13. 第 L.2213-30 条所规定的与卫生相关的费用，如果大都会区行使这方面的管辖权的话。

14. 对于大都会区道路维护所产生的费用。

15. 对于《农村和渔业法典》第 L.151-40 条提到的建筑的良好状态维护和保存所支出的费用，如果大都会区行使这方面的管辖权的话。

16. 依照法律的规定对于大都会区的财产以及收入进行的先取权以及征税。

17. 适用第 L.2122-34 条所产生的费用。

18. （废止）

19. 适用《文化遗产法典》第 L.622-9 条所产生的费用。

20. 按照法令所确定的条件对不动产的折旧补助。

21. 依照法令所确定的条件支付的设备津贴的折旧补助。

22. 储备金的补助，尤其是针对购买金融产品的风险，其成立、调整以及转用的方式都由法令进行确定。

23. 债务的利息以及对于债务本金的偿还所支出的费用。

24. 由于适用 2000 年 7 月 5 日有关旅游人员接待以及住宿的第 2000-614 号法律第 2、3 条的规定所产生的费用。

25. 对于已到期债务的清偿。

26. 由此前提及的 1983 年 7 月 13 日第 83-634 号法律第 6 项所规定的贡献金。

L.5217-12-2 条 第 2014-1490 号法令，第 1 条，2014 年 12 月 11 日

在必要的情况下，活跃人群互助收入的支出以及个体化的自治补助费用，将会在大都会区预算中以专章的形式进行规定。

L.5217-12-3 条 第 2014-1490 号法令，第 1 条，2014 年 12 月 11 日

大都会区理事会在表决预算或修改决定时，可以分别对投资部分和经营部分的非规定支出的项目许可和承诺许可进行表决。每个部分的许可金额，不得超过它们各自实际支出总额的 2%。

在没有对上述许可之一予以承诺的情况下，财政年度末会对此检查，上述许可失效。

本条对相关许可的适用条件，由法令确定。

L.5217-12-4 条 第 2014-1490 号法令，第 1 条，2014 年 12 月 11 日

主管地方政体事务的部长和预算部长在咨询地方财政理事会后，联名颁发政令，具体规定大都会区理事会主席管理费用支出的会计事务的条件。

L.5217-12-5 条 第 2014-1490 号法令，第 1 条，2014 年 12 月 11 日

地方政体的会计人员，在其职责内并在相关在它负责监管的情形下，在大都会区理事会向地方政体定期支付贷款的范围内，是接受收入和支付开支的唯一执行人。

L.5217-13 条 第 2014-1490 号法令，第 1 条，2014 年 12 月 11 日

所有因为大区或者大省和大都会区之间依照第 L.5217-2 条第 4、5 款的规定进行的管辖权移交所产生的负担的增加，都将伴随着向该大都会区移交正常行使这些管辖权时所必要的资源。这些资源相当于在大省或者大区在移交发生之日因为发生移交的管辖权所产生的支出，这一支出依照第 L.5217-14 条至第 L.5217-17 条的规定，在移交发生之日进行确定。大区和大省将承担对所有移交负担的补偿。

L.5217-14 条　第 2014-1490 号法令，第 1 条，2014 年 12 月 11 日

与移交管辖权相关的支出需要在管辖权移交之前进行估算。这一估算将通过讨论的方式确定。

由于负担的增加或者减少而产生的支出，依照每一项被转移的管辖权，针对每一个共同体，在按照第 L.5217-17 条的规定向委员会作出咨询后，并且在大区审计庭的监督下，分别依照第 L.5217-2 条第 4、第 5 款的规定，在移交协议中加以确认。

L.5217-15 条　第 2014-1490 号法令，第 1 条，2014 年 12 月 11 日

所移交的负担应当对应于大都会区创立之前大区或者大省为行使被移交的管辖权所产生的支出。这一负担可以扣除负担净减少的部分，或者是由于管辖权的移交而增加的资源部分。

在每一项管辖权移交之前大省或者大区记录在行政账户之中的、所产生花费的参照时间段以及估算方法，由大都会区和大省或者地区共同决定。

L.5217-16 条　第 2014-1490 号法令，第 1 条，2014 年 12 月 11 日；第 2015-991 号法律，第 133 条第 5 款，2015 年 8 月 7 日

一、对于其金额依照第 L.5217-14 条和第 L.5217-15 条所规定的条件确定的由大区所移交的负担，由大省向大都会区通过每年转账的方式，通过移交负担补偿津贴的行使加以弥补。

这一移交负担补偿津贴构成第 L.4321-1 条意义上的必要支出。

二、对于其金额依照第 L.5217-14 条和第 L.5217-15 条所规定的条件确定的由大省所移交的负担，由大省向大都会区通过每年转账的方式，通过移交负担补偿津贴的行使加以弥补。

这一移交负担补偿津贴构成第 L.3321-1 条意义上的必要支出。

L.5217-17 条　第 2014-1490 号法令，第 1 条，2014 年 12 月 11 日

一、负责对移交的负担和资源进行评估的地方委员会由依照第 L.5217-2 条第 4、5 款的规定向大都会区移交了一部分管辖权的共同体代表以及大都会区的代表按照对等的原则组成。

二、为了对大区移交管辖权所对应的负担进行评估，委员会由四个大都会区代表以及四个大区理事会代表构成。

三、为了对大省移交管辖权所对应的负担进行评估，委员会由四个大都会区代表以及四个大省委员会代表构成。

四、在所有情况下，委员会由在该区域具有管辖权的大区审计庭的主席来主持。如果该主席存在缺席或者其他阻碍事由的情形，则由该主席提前指定的同一审计庭的法官来替代。

五、该委员会就与移交管辖权的负担的补偿方式问题接受咨询。

只有当到场的成员人数达到所有被召唤参与决策的人数的一半以上时，理事会才能作出有效的决议。

如果这一人数要求没有达到，将会再一次对委员会的成员进行召集。此时无论出席人数多少，委员会均可进行决议。在表决人数相同的情况下，主席一方的意见具有优先效力。

六、在有需求的情况下，最高行政法院通过法令确定本条的具体适用方式。

第七节　过渡性条款

L.5217-18 条　第 2014-58 号法令，第 43 条，2014 年 1 月 27 日

自市镇理事会依照 2014 年 1 月 27 日关于都市的区域性公共活动以及确认的现代化的第 2014-58 号法律进行全面改选之日起，第 L.5211-10 条第 4 款所提到的有关大都会区的条款将适用于第 L.5217-1 条所规定的税收独立的市镇合作公共机构。

第八节　与人员相关的规定

L.5217-19 条　第 2015-991 号法律，第 90 条，2015 年 8 月 7 日

一、参与到第 L.5217-2 条第 1 款所提到的管辖权行使的市镇服务或者部分市镇服务，将按照第 L.5211-4-1 条所规定的条件，移交给大都会区。

二、参与到第 L.5217-2 条第 2、第 3 款提到的管辖权行使的国家服务或者部分国家服务,将依照该条所规定的协议移交给大都会区。

三、参与到第 L.5217-2 条第 4 款提到的管辖权行使的大省服务或者部分大省服务,将依照该第 4 款所提到的方式,移交给大都会区。

在移交时被临时调动到大省并且从事一项或者一部分被移交给大都会区的服务的国家公务员,在临时调动的剩余期限内,视为临时调动至大都会区。

四、参与到第 L.5217-2 条第 5 款提到的管辖权行使的大区服务或者部分大区服务,将依照该第 5 款最后三款所规定的方式,移交给大都会区。

五、参与到第 L.5217-2 条第 7 款提到的管辖权行使的国家服务或者部分国家服务,将依照 2014 年 1 月 27 日关于都市的区域性公共活动以及确认的现代化的第 2014-58 号法律第 80 至第 88 条的规定,移交给大都会区。

六、自服务或者相关服务的移交正式生效之日起,大省和大区中在被移交的服务或者部分服务中履行职能的非公法身份职员将成为大都会区的非公法身份职员,在移交给大都会区的服务或者部分服务中行使职能的地区公务员将会当然地归属于大都会区。

如果对其有利益,工作人员可以保留对其适用的补偿机制,并且其作为个体也可以保留依据 1984 年 1 月 26 日第 84-53 号有关地区公共机构运行的章程性规定的法律第 111 条第 3 款所获得的利益。如果对其有利益,非公法身份职员可以保留合同条款赋予其的利益。移交之前以大省或者大区的非公法身份职员所履行的服务,将被视为大都会区所履行的服务。

第八章　埃克斯-马赛-普罗旺斯大都会区

第一节　创　立

L.5218-1 条　第 2014-58 号法令,第 42 条,2014 年 1 月 27 日

一、作为对第 L.5217-1 条第 2 款规定的例外,埃克斯-马赛-普罗旺斯大都会区包含所有马赛普罗旺斯大都会区的市镇成员、埃克斯-普罗旺斯地区的所有居民区共同体、沙龙艾当德布雷杜兰斯的居民区共同体、欧巴涅和艾多勒地区的居民区共同体、东普罗旺斯的新居民区公会,以及马蒂格地区的居民区共同体。

埃克斯-马赛-普罗旺斯大都会区的首府确定为马赛。

二、除本章的特殊规定之外,埃克斯-马赛-普罗旺斯大都会区适用本编第七章的规定。

L.5218-2 条　第 2017-86 号法律，第 81 条第 5 款，2017 年 1 月 27 日，第 2017-257 号法律，第 76 条，第 77 条，2017 年 2 月 28 日

在不影响本法典第 L.5217-2 条适用的前提下，并且作为第 L.5217-2 条第 1 款第 6 项第 11 点所列举的管辖权的例外，埃克斯-马赛-普罗旺斯大都会区将行使在其创立之日，依照本法典第 L.5218-1 条第 1 款被合并的市镇合作公共机构的成员市镇所移交的管辖权。

作为对 L.5217-2 条第 1 款的例外，按照《旅游法典》第 L.133-13 条的规定被列为旅行地的成员市镇，或者已经提交了旅行目的地申请，并且没有在 2018 年 1 月 1 日之前移交第 L.5217-2 条第一项第 1 款所列举的管辖权的成员市镇可以在该日期之前通过决议的形式决定，保留"推进旅游业，包括旅游局的设立"这一管辖权。当旅行目的地申请被有权行政机关驳回时，旅游市镇所做出的保留"推进旅游业，包括旅游局的设立"管辖权的决议将停止产生效力，这一管辖权将由大都会区替代市镇并以市镇的名义加以行使。

然而，市镇继续行使第 L.5217-2 条第 1 款所规定的没有被移交给上述机构的管辖权：

1. 对于第一项第(2)款第 2 点所规定的"公共道路的建设、调整以及维护"以及"照明"的管辖权，以及第 3 点所规定的"旨在向所有城市流通方式开放的公共区域及其附属设施的建设、调整以及维护"的管辖权，直至 2020 年 1 月 1 日止。

2. 对于第一项所规定的其他管辖权，直至 2018 年 1 月 1 日为止。

直至 2018 年 1 月 1 日，埃克斯-马赛-普罗旺斯大都会区都可以向依据《旅游法典》第 L.133-13 条和第 L.151-3 条的规定被列为旅行目的地的成员市镇交还第 L.5217-2 条第 1 款第 1 项第(4)点所规定的"推进旅游业，包括旅游局的设立"的管辖权。该管辖权的交还依照第 L.5211-5 条第 2 款第 1 项所规定的多数原则，由大都会区决策机关和成员市镇的市镇理事会以共同决议的形式作出。每一个成员市镇的市镇理事会，在大都会区决策机关所作出的决议通知到市长之日起的 3 个月内可以对该交还决定作出表态。在该期限内未作表态的，视作赞同。管辖权的交还由大省的国家代表通过政令的形式作出。管辖权的移除按照第 L.5211-25-1 条所规定的条件进行。

二、当埃克斯-马赛-普罗旺斯大都会区拥有地区住房执行计划时,由其提出申请,国家可以通过协议的方式向其移交下列管辖权:

1. 当地社会住房以及中介房屋补助的分配,并且优先照顾添附型租赁并且通知受益人,授予《建筑和居住法典》第 L.441-2 条和第 L.631-12 条所规定的特别授权,以及在取得全国住房办事处委托的情况下,对私人住房予以特别补助,并且签署《建筑和居住法典》第 L.321-4 条所提到的协议。

2. 在不存在分离可能性的情况下,对于《建筑和居住法典》第三卷前提编中前提性章节,以及同一部法典的第 L.441-2-3 条和第 L.441-2-3-1 条中所提到的拥有体面和独立住房权利的保障,以及为了实施该项担保,大省的国家代表依照该法典第 L.441-1 条所保留区域的全部或者部分委托,但是那些被用于国家机关和军事目的的保留住房除外。

依据本条第 2 款第 2 项所委托的管辖权,由大都会区理事会的主席行使。

本条第 2 款第 1、2 项所委托的管辖权将以国家的名义行使。

该委托通过一份有效期为 6 年但是可以更新的协议来调整。当该协议的履行无法充分完成协议所规定的目标,大省的国家代表可以在 3 年内提出异议。在不尊重国家职责的场合下,埃克斯-马赛-普罗旺斯大都会区也可以在相同的期限内提出异议。

三、当埃克斯-马赛-普罗旺斯大都会区拥有地区住房执行计划时,由其提出申请,国家也可以将以下管辖权中的全部或者一部分委托给大都会区:

1.《建筑和居住法典》第六卷第四编第二章所规定的受益人的征用程序的实施。

2. 社会巡查管理,对于所有因为其收入问题或者生存条件而无家可归或者在获取住房方面存在特别困难的个体或者家庭,在尊重《社会和家庭活动法典》第 L.345-2-2 条和第 L.345-2-3 条的情况下提供接待、安顿和提供住宿的管理,以及对于该法典第 L.312-1 条第 1 款第(8)、第 L.322-1 条、第 L.345-2 条、《建筑和居住法典》第 L.365-1 条、第 L.631-11 条和第 L.633-1 条所提及的作出贡献的组织、机构的经济资助。

3.(废止)

4. 向那些在其辖区内的低租金住房组织发放同一部法典第 L.443-7 条、第 L.443-8 条和第 L.443-9 条规定的住房转让许可。

本条第三项第 2 款所规定的与《社会和家庭活动法典》第 L.345-1 条规定的社会补助有关的、为了同一部法典第 L.312-1 条第 1 款第 8 项所提及的组织的借贷而转移的管辖权，由大都会区理事会的主席行使。

本条第 3 款第 1 到 4 项所规定的管辖权的委托将以国家的名义行使。

该委托通过一份有效期为 6 年但是可以更新的协议来调整。大省的国家代表可以在 3 年内提出异议，当该协议的履行无法充分完成协议所规定的目标。在不尊重国家职责的场合下，埃克斯-马赛-普罗旺斯大都会区也可以在相同的期限内提出异议。

第二节　辖　区

L.5218-3 条　第 2014-58 号法令，第 42 条，2014 年 1 月 27 日

埃克斯-马赛-普罗旺斯大都会区被划分为不同区域（territoires）。这些区域的边界由最高行政法院在顾及先前存在的地域团结基础上通过法令的形式加以确定。

L.5218-4 条　第 2014-58 号法令，第 42 条，2014 年 1 月 27 日

在每一个区域都将设立一个区域理事会，它由该区域范围内的市镇代表以埃克斯-马赛-普罗旺斯大都会区委员的身份组成。

L 5218-5 条　第 2014-58 号法律，第 42 条，2014 年 1 月 27 日

区域理事会的所在地由大都会区的内部规定予以确定。

L.5218-6 条　第 2015-991 号法律，第 133 条第 5 款，第 53 条，2015 年 8 月 7 日

区域理事会由其内部选举产生的主席来领导。埃克斯-马赛-普罗旺斯大都会区理事会的主席职能与区域理事会主席的职能不能兼容。

区域理事会还需要从其内部，由区域委员中选举出一名或者数名副主席。副主席的总人数不得超过理事会成员总数的 30%，同时也不能超过 11 人。

区域理事会的副主席可以享有不超过本法典第 L.2123-20 条第 1 款所确定的参考基数的 30% 的补偿金。

区域理事会的主席当然成为埃克斯-马赛-普罗旺斯大都会区理事会的副主席。他们的编制人数在依照第 L.5211-10 条第 2 和第 4 款确定最大编制人数时不被计算在内。

确定第 L.5211-12 条第 2 款所规定的补偿总额时，副主席编制人数的增加应当予以考虑。

为行使其职能，区域理事会主席在需要的情况下可以使用埃克斯-马赛-普罗旺斯大都会区的服务。前者是特定区域范围内的安排者。

L.5218-7 条　第 2015-991 号法律，第 39 条、第 54 条，2015 年 8 月 7 日

一、在提交大都会区理事会审查之前，满足如下两项条件的陈述报告以及决议计划将首先提交区域理事会征询意见：

它们的履行全部或者部分地在该区域内进行。

它们涉及经济、社会和文化的发展，大都会区空间内的调整以及当地的住房政策。

区域理事会在大都会区理事会主席确定的期间内给出意见。除非大都会区决策机关充分论证了情况的紧急性，否则该期间不得少于 15 天，并自区域理事会受理之日起算。如果在这一期间内并未给出意见，则由大都会区决策机关进行决议。

区域理事会将接收与其受理请求相关的文件。决议计划后将附上区域理事会的意见，或者在没有意见的情况下，附上证明区域理事会受理已达时限的文件，并且将作为大都会区决策机关决议的附件。

区域理事会可以就所有与其区域利益相关的事项提上议事日程。该请求应当在大都会区理事会召集前至少 8 天向大都会区理事会的主席提出。

对所有关乎其区域利益的事项，区域理事会均可表达其意愿。

二、除非埃克斯-马赛-普罗旺斯大都会区超过三分之二的多数作出明确决议，直到 2019 年 12 月 31 日，该理事会在尊重由其确定的目标以及规则的情况下，可以将其成员市镇移交给其行使的管辖权委托给每一个区域理事会行使，但下列领域的管辖权除外：

1. 与经济发展以及经济区域组织的政策有关的总体规划，以及大都会区的活动。

2. 地区整合规划以及部门规划。地区城市化计划以及城市化文件。《城市化法典》第 L.300-1 条意义上的共同体利益调整措施的定义、创立以及实现。保留区域的设立,考虑总体调整计划以及确定需要调整的部门。

3. 对于流动性的组织、流动性的规划。

4. 公共道路总体规划。

5.（废止）

6. 当地住房项目。居住、住房、住房重新安置,以及危险住宅的修整政策的整体规划。

7. 城市发展、当地发展以及经济和社会融入的合同条款的整体规划。

8. 清洁消毒和雨水的整体规划。

9. 国家利益的市场。

10. 生活垃圾以及其他类似垃圾管理的整体规划。

11. 大都会区的环境、能源和气候计划。

12. 对高等教育以及科研活动的资助扶持项目。

13. 公共电力和燃气分配的特许。

14. 城市制热和制冷的整体规划。

15. 大都会区草案的制定。

自 2020 年 1 月 1 日起,埃克斯-马赛-普罗旺斯大都会区在取得区域理事会同意时,并且在尊重自己设定的目标以及规则的前提下,可以委托其行使由成员市镇移交给它的管辖权,但本条第 2 款中第 1 至第 15 项管辖权除外。

自 2016 年 1 月 1 日起,并且自 2020 年 1 月 1 日起作为前一款的例外,埃克斯-马赛-普罗旺斯大都会区在取得区域理事会同意时,并且在尊重自己设定的目标以及规则的前提下,可以委托其行使《城市规划法典》第 L.300-1 条所规定的全部或者部分有关调整行动定义、设立以及实现的管辖权。

三、区域理事会主席执行区域理事会的决议。

四、为了行使区域理事会的管辖权,埃克斯-马赛-普罗旺斯大都会区的理事会可以在其自行确定的条件下,委托区域理事会负责工程市场、供应以及服务的准备、通过、履行以及结算,由于其金额的原因,这些委托无需遵循事先的程式。当这一委托被授予某一个区域理事会时,这一委托视为授予所有的区域理事会。

这些行为所适用的规则与埃克斯-马赛-普罗旺斯大都会区的理事会作出的同种性质的行为所适用的规则相同。它们由区域理事会的主席进行履行。每一项服务的金额都需要根据具体的区域理事会加以评估。

为了适用本条的规定，区域理事会主席可以接受区域理事会的委托，作出市场准备、通过、履行以及结算方面的决定，以及其所有附加条款的决定，只要相关信贷被计入大都会区的预算之中。

区域理事会主席可以通过政令的形式将其由区域理事会处所接受的委托再委托给副主席。同时，在其监督以及自行承担责任的情况下，他还可以通过政令将署名权交给其管辖之下的业务负责人行使。

除非违反了本节所规定的内容，或者违反了适用于前述行为的相关行政法规，埃克斯-马赛-普罗旺斯大都会区的理事会将只能终止对全部区域理事会所做的委托授权。

这些委托在埃克斯-马赛-普罗旺斯大都会区理事会的每一次换届选举时自动终止。

L.5218-8条　第2015-991号法律，第55条，2015年8月7日

每一个区域理事会的支出以及运行收入的总额都将记录在大都会区的预算中。

每一个区域理事会的支出以及运行收入都将在一个名为"区域特别状态"的文件中加以列明。区域的特别状态将会作为大都会区预算的附件。

区域理事会所拥有的运行以及投资的收入都将构成区域的管理补助金。

区域的管理补助金将按照第L.5218-7条所规定的权限的行使而进行分配。

用于管理补助金的经费数额由大都会区的决策机关加以确定。该金额将参照每一区域的特点，在各区域理事会之间进行分配。它们构成大都会区的必要支出。

在取得每一个区域理事会的意见之后，埃克斯-马赛-普罗旺斯大都会区在取得三分之二多数的条件下，自其成立之日起6个月内通过一项涉及财政和税收层面的管理协议，其目的在于制定管辖权行使中的策略，并且定义埃克斯-马赛-普罗旺斯大都会区与其区域理事会之间的关系。该协议将按埃克斯-马赛-普罗旺斯大都会区所确定的标准来明确补助金在各区域理事会之间的分配方式,这一标准的制定将参考每一区域的特殊情况,尤其是人口,以及依照第 L.5218-7 条的规定委托给区域理事会行使的管辖权所产生的负担。

这一协议将会保证对于委托行使的管辖权所产生的相关费用的覆盖,这一委托可以涉及成员市镇移交给埃克斯-马赛-普罗旺斯大都会区行使的部分或者全部管辖权,但依照第 L.5218-7 条第 2 款规定不得进行委托的管辖权除外。

该协议将会明确在人事管理领域区域理事会的咨询和联合方式。

涉及财政和税收层面的管理协议,将按照本条第 6 款所确定的多数原则进行重审,以便能够反映区域共同体在行使委托的管辖权时财政需求所发生的变化。

L.5218-8-1 条　第 2015-50 号法令,第 1 条,2015 年 1 月 23 日

区域的管理补助金包含运行补助金和投资补助金。

第 L.5218-8 条所规定的区域特别状态将分别以收入和支出的方式出现在运行栏和投资栏中。对于运行栏而言,区域特别状态的收入部分由运行补助金构成,对于投资栏而言则由投资补助金构成。此外,区域理事会可以享受其依照第 L.5218-7 条的规定所行使的管辖权时由于公共服务的开发而产生的收入。

L.5218-8-2 条　第 2015-50 号法令,第 1 条,2015 年 1 月 23 日

分别用于运行补助金和投资补助金的金额按照大都会区的理事会确定的标准进行计算,并在各区域理事会之间进行分配,这些标准的确定需要参考每一个区域的特点,尤其是人口以及依据第 L.5218-7 条的规定所享有的权限。

在每一年的 10 月 15 日之前,大都会区理事会的主席应向每一个区域理事会的主席咨询有关下一年度管理补助金的数额。在合意达成之后,前者将会告知大都会区理事会其希望作为区域管理补助金而计入来年的大都会区预算的信贷总额度。

按照这一基础被分配给每一个区域理事会的补助金数额,需要在 10 月 1 日之前由大都会区理事会主席通知区域理事会的主席。

L.5218-8-3 条　第 2015-50 号法令,第 1 条,2015 年 1 月 23 日

在第 L.5218-8-2 条所规定的通知之后的 1 个月内,区域理事会主席应向大都会区理事会主席提交第 L.1612-4 条意义上所规定的现实平衡的区域特别状态。特别状态以章的形式加以表决，或者在区域理事会同意的情况下，按照条款的形式加以表决。每一个区域特别状态将和大都会区预算草案一起提交大都会区理事会。

如果大都会区理事会在审查大都会区预算时所确立的用于区域管理补助金的信贷总金额不同于按照第 L.5218-8-2 条的条件所确立的最初金额，或者当大都会区理事会认为特别状态并没有实现现实平衡或者并没有包含所有的必要支出，则大都会区理事会可以要求区域理事会重新审查其特别状态。

在依据前款规定要求一个或者数个区域理事会作出新一轮的决策时，大都会区预算在不涉及上述区域特别状态的情况下通过。在这种情况下，相关的区域理事会需要在收到重新审查要求之日起 15 日内对特别状态进行变更。这一期限届满之后，大都会区理事会将会暂停那些在新一轮决策时并未进行变更的特别状态。如此暂停的特别状态将被作为大都会区预算的附件，并且自大都会区理事会采纳或者暂停特别状态的决策作出之日起具有执行效力。

当二次决议没有必要时，区域特别状态将会成为大都会区预算的附件并从该日起取得执行效力。

L.5218-8-4 条　第 2015-50 号法令，第 1 条，2015 年 1 月 23 日

如果区域理事会主席没有在 12 月 1 日之前将特别状态提交给大都会区理事会的主席，则该状态由大都会区理事会宣告暂停。

L.5218-8-5 条　第 2015-50 号法令，第 1 条，2015 年 1 月 23 日

在特别状态取得执行效力之后，区域理事会主席将对特别状态中记载的支出进行履行、清算以及命令支付。

如果区域理事会的主席对于预算中所记载的某项必要支出没有作出付款通知，则大都会区理事会主席将会催告区域理事会主席履行支付。

如果在接下来的 1 个月内依然没有付款通知，则由大都会区理事会主席依职权进行支付。

如果决策大会决定按照条目的方式对特别状态进行表决，区域理事会的主席可以在最初按章确定的补助金数额的五分之一的限度内，对该章内的每一条目进行逐一转账。对于超过这一限度的金额，转账需要由大都会区理事会主席和区域理事会主席以共同决定的方式作出。

大都会区的会计人员负责实施区域特别状态中所规定的支出事项。

L.5218-8-6 条　第 2015-50 号法令，第 1 条，2015 年 1 月 23 日

直至特别状态取得执行效力之日止，区域理事会主席可以在每个月，以上一年度用于特别状态的金额的四分之一为限，对运行支出进行承担、清算和命令支付。

此外，直至特别状态取得执行效力之日止，区域理事会主席可以在大都会区理事会授权的前提下，以上一年度对特别状态开放的信贷额度的四分之一为限，对于投资支出进行承担、清算以及通知支付。

L.5218-8-7 条　第 2015-50 号法令，第 1 条，2015 年 1 月 23 日

在对于大都会区的附加预算以及变更决定进行审查时，区域理事会的补助金可以在履行第 L.5218-8-2 条所规定的合意程序之后，由大都会区理事会进行调整。

这些调整可以针对那些最初的区域理事会补助金无法覆盖的费用支出。

如果补助金依照前款的规定进行调整，大都会区的附加预算以及变更决定将在不考虑相关区域的特别状态的情况下被表决。在这一情况下，相关区域理事会需要在接收到新的补助金金额通知之日起 15 日内，对于其特别状态的变更进行新一轮的决议。在这一期限届满之后，如果适用前一款的规定无需对特别状态作出变更，则大都会区理事会将会暂停该特别状态。被暂停的特别状态将作为大都会区预算的附件，并且自大都会区理事会作出采纳或者暂停该预算的决议之日起取得执行效力。

第 L.5218-8 条所确定的特别状态的履行余额将自动转入。

在征求每一个区域理事会就与其相关的特别状态履行情况的意见之后，大都会区理事会将会公布其行政账户。每一个区域理事会应于第 L.1612-12 条所确定的大都会区行政账户表决之日前 1 个月对其特别状态的履行给出意见。

L.5218-8-8 条　第 2016-1867 号法律，第 10 条，2016 年 12 月 27 日

区域理事会的服务主管由区域理事会主席提名，并由埃克斯-马赛-普罗旺斯大都会区理事会主席进行任命。

如果在埃克斯-马赛-普罗旺斯大都会区理事会主席提出请求之日2个月内，没有人员因满足该职位的任命条件而被提名的，由大都会区理事会直接任命区域理事会的服务主管。

在区域理事会主席提议或者给出建议之后，埃克斯-马赛-普罗旺斯大都会区理事会主席可以终止服务主管的职务。

1984年1月26日第84-53号有关地区公共机构运行的章程性规定的法律第53条的第1、2款适用于担任区域理事会服务主管职位的人员，其适用条件由最高行政法院的法令加以确定。

第三节　大都会区市长会议

L.5218-9条　第2014-58号法律，第42条，2014年1月27日

在埃克斯-马赛-普罗旺斯大都会区的辖区内需要设立一个大都会区市长会议。该大都会区市长会议可以在埃克斯-马赛-普罗旺斯大都会区的政策起草以及实施过程中给出咨询意见。其意见将转达埃克斯-马赛-普罗旺斯大都会区理事会。

大都会区市长会议由埃克斯-马赛-普罗旺斯大都会区理事会主席进行召集，后者是该会议的当然法定主席。在其第一次集会上，大都会区市长会议应当选出一名或者数名副主席，在主席遇到阻却事由是替代其行使职权。副主席的总人数不得超过大都会区会议总人数的30％。大都会区市长会议的运行方式由埃克斯-马赛-普罗旺斯大都会区理事会的内部规章加以确定。

L.5218-10条　第2014-58号法律，第42条，2014年1月27日

一个发展理事会聚集了埃克斯-马赛-普罗旺斯大都会区在经济、社会、文化和协会等各领域的代表。它遵循组织自由原则。它就埃克斯-马赛-普罗旺斯大都会区的主要发展方向、前景以及规划文件、区域推动可持续发展的当地政策的概念及其评估提出咨询意见。它可以就所有与大都会区相关的问题发表意见和提出建议。

一份年度活动报告将由发展理事会作出，并由大都会区理事会进行审核。

发展理事会的运行方式由埃克斯-马赛-普罗旺斯大都会区理事会的内部规

章加以确定。作为该理事会成员的事实并不能产生任何形式的报酬。

第四节　财政规定

L.5218-11 条　第 2018-1317 号法律，第 250 条第 5 款，2018 年 12 月 28 日

一、作为第 L.5217-12 条的例外，自其成立之后的下一年的 1 月 1 日起，埃克斯-马赛-普罗旺斯大都会区将享有一项运行总体补助金，其数额相当于下列两种情形之一：

1. 一项跨市镇补助金，在计算第一年的运行总体补助金时，需要考虑其人口数以及在上一年度中先前存在的市镇合作公共机构居民人均补助最高者。在其后的年份中，埃克斯-马赛-普罗旺斯大都会区的市镇补助金按照第 L.5211-28 条的规定加以计算。第 L.5211-28 条所规定的扣减同样适用于埃克斯-马赛-普罗旺斯大都会区的跨市镇补助金。

2. 依照第 L.5211-28-1 条所定义的方式计算的补偿补助金。

二、为适用本条第 1 款第 1 项的规定，需要参考的人口数由第 L.2334-2 条加以确定。

第九章　大巴黎大都会区

第一节　创立和管辖权

L.5219-1 条　第 2015-991 号法律，第 59 条第 5 款，2015 年 8 月 7 日；第 2017-86 号法律，第 81 条第 5 款，2017 年 1 月 27 日；第 2018-957 号法律，第 1 条，2018 年 11 月 7 日

一、2016 年 1 月 1 日起创立一个具有特殊地位的税收独立的市镇合作公共机构，并命名为大巴黎大都会区，其包括：

1. 巴黎市镇。

2. 上塞纳大省、塞纳-圣但尼大省和马恩河谷大省的所有市镇。

3. 法兰西岛大区其他各大省的市镇，如果它们在 2014 年 12 月 31 日时属于至少包含了上塞纳大省、塞纳圣丹尼大省或马讷河谷大省的一个市镇的市镇合作公共机构，并且其市镇理事会在 2014 年 9 月 30 日之前作出了支持的决议。

4. 作为符合第 2 项规定的市镇延续的所有市镇，如果其市镇理事会在 2014 年 9 月 30 日之前作出了支持的决议，前提是其所属的税收独立的市镇合作公共机构中至少三分之二的市镇成员（且其代表的人数超过总人数的一半），或者至少一半的市镇（且其代表的人数超过总人数的三分之二）在 2014 年 12 月 31 日之前并未作出反对的决议。

5. 同一个税收独立的市镇合作公共机构的所有成员市镇，如果在该公共机构的辖区内有机场的基础设施，或者在 2015 年 8 月 7 日有关共和国地域新组织的第 2015-991 号法律出台之日，由相关大省的国家代表通过政令形式将其确定为机场的附属辖区，并且至少三分之二的市镇成员（且其代表的人数超过总人数的一半），或者至少一半的市镇（且其代表的人数超过总人数的三分之二）在该法律颁布之日起的 1 个月内作出支持的决议。然而，如果机场设施分别处于多个税收独立的市镇合作公共机构时，只有当上述必要多数的市镇中至少包含 2 个在其辖区内存在机场设施的市镇时，这些市镇的加入才是可能的。

大都会区的辖区范围及其总部所在地、大都会区的公共会计人员将由一项法令另行确定。

日后所有针对总部所在地、公共会计人员指定的变更以及额外管辖权的转移，都将由法兰西岛的国家代表在第 L.5211-17 条和第 L.5211-20 条规定的条件下通过政令的方式作出。

大巴黎大都会区的建立，旨在为改善居民生活条件、减少区域间不平等、发展城市、社会、经济的可持续范本，增加全国范围内的吸引力和竞争力的行动给出定义并付诸实施。大巴黎大都会区将起草一份大都会区计划。其居民将以大都会区理事会根据发展理事会的建议所确定的形式参与到该计划的制定之中。

该计划将会确定大巴黎大都会区政策的总体方向。它将参与到法兰西岛指导规划的实施中去。它包含对于大都会区的整体、社会、经济和环境方面的诊断，大都会区发展的战略方向，以及优先介入的领域。大巴黎计划的起草可以借助大巴黎调整局、大巴黎国际工作坊、城市化办事机构以及其他一切有助益的机构。

二、大巴黎大都会区适用本编第七章的规定，除非本章有特别规定。它以其成员市镇的名义，当然行使以下各项管辖权：

1. 自 2017 年 1 月 1 日起，在大都会区空间的调整方面：

（1）地区整合规划以及部门规划。《城市化法典》第 L.300-1 条意义上的共同体利益调整措施的定义、创立以及实现。符合大都会区利益的城市再建行动。

自然与观光资源的优化行动。符合大都会区利益的保留区域的设立。

(2) 依照本法典第 L.1425-2 条第 1 和第 4 款所规定的条件起草大都会区数字化调整规划。大巴黎大都会区以及依照第 L.1425-2 条建立区域性数字化整体调整规划的公法人通过合作来制定针对它们共同辖区的一致的数字化调整战略。

2. 自 2017 年 1 月 1 日起,在地方居住政策方面:

(1) 地方居住项目以及相关文件。

(2) 住房政策。社会住房的经济补助。有利于社会住房的活动。有利于弱势群体住房的活动。

(3) 对于已建造的符合大都会区利益的不动产园区的完善,对于不适宜居住的符合大都会区利益的房屋的重建与减少。

(4) 对于 2000 年 7 月 5 日有关旅游者接待和住宿的第 2000-614 号法律第 1 条第 2 款第 1 至 3 项所定义的旅游者接待处以及家庭居住区的调整、维护和管理。

3.(废止)

4. 在经济、社会、文化的发展和调整方面:

(1) 对符合大都会区利益的工业、商业、第三产业、手工业、旅游业、港口业和航空业活动区的建立、调整、维护和管理。

(2) 符合大都会区利益的经济发展活动。

(3) 大都会区或者国家利益的文体设施的建设、调整、维护以及管理。

(4) 参与在其辖区内举办的国际性文化、艺术、体育盛会的竞选筹备。

第 4 项中所列举的管辖权的行使需要考虑大区理事会在战略文件中所定义的方向。

5. 在环境保护和改善以及生活政策制定方面:

(1) 空气污染的应对。

(2) 噪声污染的应对。

(3) 对能源需求管理行动的支持。

(4) 根据《环境法典》第 L.229-60 条的区域气候-空气-能源计划的起草和适用,需要与全国在温室气体排放、能源效率、可再生能源生产方面的目标相一致。

(5) 依据同一法典第 L.211-7 条的规定,对于水域的管理以及对于洪水的防治。

当第 2 款所提到的管辖权的行使需要以承认大都会区利益为前提,该利益由大都会区理事会以三分之二的多数加以确定。该定义最迟在决定设立大巴黎大都会区的法令生效之后的 2 年之内作出,或者对于地方居住政策方面的管辖权,在本条第 2 款第 2 项所提到的日期之后的 2 年内作出。在相反的情况下,大都会区有权行使所有移交的管辖权。直到该决议作出之日,并且至迟在本款第一句所提到的 2 年期限届满之日,这些管辖权以相同的条件由在 2015 年 12 月 31 日之前存在的税收独立的市镇合作公共机构所辖区域上的区域公共机构行使,或者由在 2015 年 12 月 31 日止不属于任何一个税收独立的市镇合作公共机构的市镇来行使。在 2 年期限届满并且没有决议的情况下,大都会区将行使全部被移转的管辖权。

大都会区的经济发展活动需要考虑大区理事会所确定的方向。

三、大巴黎大都会区的成员市镇可以在第 L.5211-17 条规定的条件下向大都会区转移部分管辖权。为了适用第 L.5211-17 条的规定,所需适用的多数决原则由第 L.5211-5 条第 2 款所规定。

四、(废止)

五、大巴黎大都会区定义并且实施旨在应对空气污染以及促进能源转化的工程,尤其是对于建筑物内能源效率的改善以及可再生能源的发展,以及为实现可持续流动性的公共行动。

大巴黎大都会区负责实现电、气以及供暖供冷系统的协调一致。它与相关的有权机构通过合意确定大都会区能源分配的总体性规划,其目的在于监督它们的互补性,尤其是《能源法典》第 L.712-2 条的适用。该规划在起草时需要考虑本法典第 L.2224-31 条第 1 款第 3 项所提及的电、气的暂时性分配网络项目,以及供暖供冷公共网络发展的指导性规划。

一个咨询委员会将在大巴黎大都会区、巴黎市镇、所有处于大都会区辖区范围内行使第 L.2234-31 条第 4 款第 2 项所提到的全部或者部分管辖权的公会,以及作为大都会区辖区内暖气网络定作人的市镇、市镇合作公共机构以及跨市镇公会之间设立。这一委员会的任务在于实现其成员在能源领域的合作,协调它们的投资政策,并且促进数据信息的交换。在本条第 5 款第 2 项所提到的大都会区能源分配的总体性规划被采纳之前,由该理事会进行审核。

该委员会包含相同人数的大都会区代表以及公会代表。每一个公会至少拥有一个代表。

咨询委员会中的一名大都会区代表成员，将加入第 L.2224-31 条第 1 款第 3 项所提到的在大省会议上对公会的代表之中。

大巴黎大都会区将要起草一份大都会区居住以及住房安置的计划。该计划与法兰西岛的总体规划相协调，并且参考法兰西岛的居住以及住房安置大区规划。它取代地方住房项目，并且以此身份实现《建筑和居住法典》第 L.302-1 条所规定的目的。它将定义对其辖区范围内社会住房分配指导政策的原则性框架。它同时也包含一个多年期的针对没有固定住处以及特别弱势群体的接待处以及服务的实现以及更新。

自移交决议启动起草程序之日起 3 个月内，大区的国家代表将向大巴黎大都会区告知所有有用的信息，以及在住房多样性、不同种类住宿的均衡分配、不动产园区的更新，以及适用第 L.302-1 条增加住房以及住宿点数量时所需要考量的目的。

由大巴黎大都会区理事会所最终确定的计划草案，将会转交给市镇以及区域理事会，它们享有 2 个月的时间发表意见。根据这些意见，大巴黎大都会区将再次对这一草案就行表决，并将其转交给大区的国家代表。后者享有 3 个月的时间来表达意见。在这一期间内，国家代表将草案交给大区的居住和住房理事会以征求意见。如果大区的居住和住房理事会给出否定的意见，或者其作出若干保留意见，或者当国家代表认为大都会区的居住和住房计划并未能充分回应住房的均衡和多样性分配、不动产园区的更新以及必要的住房和居住点数量增加的目的时，国家代表可以以充分说理的方式，请求大巴黎大都会区进行修改，由后者作出决议。

大都会区的居住和住房计划由大巴黎大都会区的理事会通过。赞成计划的决议在转交给国家代表的 2 个月后取得执行力。如果在这一期间内，国家代表依照本条上述规定向大巴黎大都会区理事会作出了认为计划应当进行修改的请求，只有在作出上述修改的决议公布并且转交给国家代表之时该计划才获得执行力。

大巴黎大都会区理事会 1 年至少一次依据社会环境以及人口的变化对大都会区的居住和住房计划的实现情况作出决议。

在大都会区的居住和住房计划通过之后的 3 年以及 6 年,大巴黎大都会区将向大区的国家代表以及居住和住房的大区理事会提交一份计划实现的总结,并向其征询意见。

在计划通过 6 年后,大巴黎大都会区理事会在考虑本条上述所提到的总结的情况下,对是否有必要变更该计划作出决议。该决议可以在任何时间以相同的条件进行变更。

为实施大都会区的居住和住房计划,大巴黎大都会区可以推出调整项目和住房项目。它可以请求国家通过最高行政法院法令的形式,破格赋予其在统一调整区域的建立和实现以及在城市化授权发放等方面的管辖权。

为了实现建筑项目,以及为了实现住宅以及这些住宅中不可或缺的设备的翻新,大巴黎大都会区可以请求国家启动一项公益项目程序。这一建议由大巴黎大都会区理事会作出,并转交给相关大省的国家代表。

国家可以将国有的协调型公共机构交给大巴黎大都会区使用。

五、副项　国家可以在大都会区提出申请的情况下向其转让大型基础设施和设备的所有权、调整、维护和管理。这一转让将以无偿的方式进行,并且不会产生任何的补偿金或者税收,也不产生任何权利、工资和报酬。

该转让通过法令的形式授权。国家和大都会区之间通过的合同将会确定具体的转让方式。

六、为了能够促进新住房的建设、旧有住房的翻修以及高危住房的减少,在大巴黎大都会区提出请求,并且其具备拥有执行效力的大都会区的居住和住房计划时,国家可以通过协议的方式委托其行使本款第 1、2 项所提到的管辖权:

1. 不存在分割的可能性:

(1) 当地社会住房以及中介房屋补助的分配,并且优先照顾添附型租赁并且通知受益人,授予《建筑和居住法典》第 L.441-2 条和第 L.631-12 条所规定的特别授权,以及在取得全国住房办事处委托的情况下,对私人住房予以特别补助,并且签署《建筑和居住法典》第 L.321-4 条所提到的协议。

(2) 社会巡查管理,对于所有因为其收入问题或者生存条件而无家可归或者在获取住房方面存在特别困难的个体或者家庭,在尊重《社会和家庭活动法典》第 L.345-2-2 条和第 L.345-2-3 条的情况下提供接待、安顿和提供住宿的管理,以及对于该法典第 L.312-1 条第 1 款第 8 项、第 L.322-1 条、第 L.345-2 条、

《建筑和居住法典》第 L.365-1 条、第 L.631-11 条和第 L.633-1 条所提及的作出贡献的组织、机构的经济资助。

2. 不存在分割的可能性：

（1）对于《建筑和居住法典》第三卷前提编中前提性章节，以及同一部法典的第 L.441-2-3 条和第 L.441-2-3-1 条中所提到的拥有体面和独立住房权利的保障。

对于在本管辖权被委托之时，根据第 L.441-2-3-1 条的规定而具有优先地位的处于大巴黎大都会区辖区范围内的申请人而言，国家将继续将全国辅助基金的罚金所得转入依据该法典第 L.300-2 条的规定而建立的住房中。

（2）大省的国家代表依照该法典第 L.441-1 条所保留区域的全部或者部分委托，但是那些被用于国家机关和军事目的的保留住房除外。

依据本条本款第 2 项第（1）、（2）目所委托的管辖权，以及依据《社会行动和家庭法典》第 L.345-1 条第 1 款第（2）目所规定的社会补助方面的管辖权，由大都会区理事会的主席来行使。

依据本条本款第 1、2 项所委托的管辖权以国家的名义、为国家的利益而行使。

该委托通过一份有效期为 6 年但是可以更新的协议来调整。当该协议的履行无法充分完成协议所规定的目标，大省的国家代表可以在 3 年内提出异议。在不尊重国家职责的场合下，大都会区也可以在相同的期限内提出异议。

七、在大巴黎大都会区提出请求，并且其具备拥有执行效力的大都会区的居住和住房计划时，国家可以委托其行使以下提到的全部或者管辖权：

1.《建筑和居住法典》第六卷第四编第二章所规定的征用程序的实施。

2.（废止）

3. 向那些在其辖区内的低租金住房组织发放同一部法典第 L.443-7 条、第 L.443-8 条和第 L.443-9 条规定的住房转让许可。

依据本条本款第 1 到 3 项所委托的管辖权以国家的名义、为国家的利益行使。在必要的情况下，可以加入依据本条第 6 款所委托的管辖权，并且适用同一份协议约定。

大巴黎大都会区向国家及区域共同体提供一份针对协调工具以及在介入其辖区的公会的合理化草案。

第二节 区域公共机构

L.5219-2 条 第 2014-58 号法律,第 12 条第 5 款,2014 年 1 月 27 日;第 2015-991 号法律,第 59 条第 5 款,2015 年 8 月 7 日

在大巴黎大都会区辖区的范围内,在 2016 年 1 月 1 日时设立一些被命名为"区域公共机构"的市镇合作公共机构。除本章的规定外,对区域公共机构适用有关市镇公会的规定。在至少拥有 300 000 人口、不存在飞地的同一区域内,这些公共机构涵盖了除巴黎市镇以外的所有大巴黎大都会区的成员市镇。在 2015 年 8 月 7 日有关共和国地域新组织的第 2015-991 号法律出台之日属于同一个市镇合作公共机构的市镇从属于不同的区域公共机构。

在每一个区域公共机构内,由大巴黎大都会区依照第 L.5219-9 条的规定,指定其辖区范围内所包含的市镇的代表组成区域理事会。区域公共机构的办事处以及辖区范围,在法兰西岛国家代表征求了相关市镇的市镇理事会后,通过最高行政法院的法令作出。市镇理事会拥有一个月的时间提出意见。这些辖区范围的确定可以参考为了 2010 年 6 月 3 日有关大巴黎的第 2010-597 号法律第 21 条所规定的区域发展合同的起草而做出的区域计划。

区域理事会的主席从其成员中选择。区域理事会同时在其内部选举产生一名或者多名副主席。其总人数不得超过区域理事会总人数的 20%。

L.5219-2-1 条 第 2015-991 号法律,第 59 条第 5 款,2015 年 8 月 7 日

由区域理事会投票表决的区域公共机构主席履行职责时所能获得的补偿金,应当低于或者等于第 L.2123-20 条第 1 款所规定的参考金额的 110%。

由区域理事会投票表决的区域公共机构副主席履行职责时所能获得的补偿金,应当低于或者等于第 1 款所规定的参考金额的 44%。

由区域理事会投票表决的区域公共机构委员履行职责时所能获得的补偿金,应当低于或者等于第 1 款所规定的参考金额的 6%。

除了其第 1 款外,第 L.5211-12 条的规定适用于区域公共机构当选人的补偿金确定。

区域公共机构主席、副主席以及委员的补偿金,不得与以大巴黎大都会区的主席、副主席、委员身份取得的补偿金并存。

L.5219-5 条 第 2015-991 号法律,第 59 条第 5 款,2015 年 8 月 7 日;第 2018-1021 号法律,第 51 条,2018 年 11 月 23 日

一、区域公共机构,代替其成员市镇当然行使以下领域的管辖权:

1. 城市政策方面:

(1) 地区诊断的起草。城市合同发展方向的定义。

(2) 城市化发展、地区发展、社会经济融入的合同条款以及犯罪预防条款的发起和协助。

(3) 城市合同中所定义的活动的计划。

(4) 签署 2014 年 2 月 21 日有关城市政策和城市化整合的第 2014-173 号法律第 8 条所提及的跨市镇协议。

2. 区域利益的文体设施的建设、调整、维护以及管理。

3. 消毒清洁和用水。

4. 生活垃圾和废弃物的管理。

5. 除了居住和住房政策领域之外的区域利益行动的实施。区域公共机构可将其全部或者部分责任转交给依据《社会活动与家庭法典》第 L.123-4-1 条所成立的被命名为"区域社会活动中心"的跨市镇社会活动中心。

如果本款第 3、4 项所规定的管辖权在 2015 年 12 月 31 日时由公会为了市镇或者税收独立的市镇合作公共机构的利益而行使的,区域公共机构将会替代相关公会内部的市镇或者税收独立的市镇合作公共机构,行使第 3 项所规定的管辖权直至 2017 年 12 月 31 日,行使第 4 款所规定的管辖权直至 2016 年 12 月 31 日。在这一期限届满之后,区域公共机构将会当然地退出相关公会。

一、副项 区域公共机构以及巴黎市镇,依据《建筑和居住法典》第 L.411-10 条、第 L.441-1 条、第 L.441-1-1 条、第 L.441-1-4 条、第 L.441-1-5 条、第 L.441-1-6 条、第 L.441-2-3 条、第 L.441-2-6 条、第 L.441-2-7 条、第 L.441-2-8 条和第 L.442-5 条的规定,实施社会住房分配、社会住房申请以及申请人信息管理方面的政策。这些政策的行动应当与第 L.5219-1 条第 5 款第 7 项所提到的基本原则相兼容。

二、区域公共机构当然代替其成员市镇,依照《城市规划法典》第 L.134-1 条至第 L.134-9 条的规定,制定当地的跨市镇城市化草案。

三、区域公共机构和巴黎市镇依据《环境法典》第 L.229-26 条的规定制定气

候-空气-能源计划,它必须与大都会区的气候-空气-能源计划相兼容。该计划应当包含一个在区域管辖权的范围内实现大都会区气候-空气-能源计划的工程。它应当向大都会区理事会征询意见。该意见应当在 3 个月的期限内作出。否则视为持赞成意见。

四、区域共同体替代其成员市镇,当然行使本法典第 L.5219-1 条第 2 款所规定的管辖权,并且需要符合大都会区利益的定义。对于 L.5219-1 条第 2 款第 1 项第(1)目所提到的《城市规划法典》第 L.300-1 条所规定的共同体利益调整活动给出定义,并进行启动和实现的管辖权,第 L.5211-5 条第 3 款第 2 项所规定的为了采纳区域公共机构及其成员市镇共同做出的有关不动产转让的经济和财产条件的决议的才能所规定的期限,将调整为大都会区利益的定义确定之后的 2 年内。

五、在不影响本条第 2 款的前提下,区域公共机构在其辖区范围内行使截至 2015 年 12 月 31 日由既有税收独立的市镇合作公共机构的成员市镇所移交的管辖权。但是:

1. 直到地区公共机构通过决议确定将其每一项管辖权扩张至其整个辖区范围时,或者最迟至 2017 年 12 月 31 日,2015 年 12 月 31 日时已经存在的税收独立的市镇合作公共机构的强制性或者选择性的管辖权按如下条件行使:

(1) 由区域公共机构按照相同的条件,仅仅在 2015 年 12 月 31 日时已存在的税收独立的市镇合作公共机构的辖区范围内行使。当税收独立的市镇合作公共机构为行使上述管辖权而加入某个公会的,区域公共机构在该公会的范围内替代市镇合作公共机构行使管辖权,直至地区公共机构通过决议确定将其每一项管辖权扩张至其整个辖区范围时,或者最迟至 2017 年 12 月 31 日。在这一期限届满之后,区域公共机构将会自动退出相关公会。

(2) 在其他情况下,由市镇行使。

2. 当 2015 年 12 月 31 日时已经存在的税收独立的市镇合作公共机构的强制性或者选择性的管辖权的行使以大都会区利益的认定为前提的,区域利益由区域理事会以其成员人数的三分之二多数通过决议确定。作为例外,对于其辖区对应于在 2015 年 12 月 31 日时已经存在的税收独立的市镇合作公共机构的区域共同体而言,上述决议的作出是任意性的。

直到该项决议作出之日,并且至迟到本条本款第 2 项第 1 段第 2 句提到的

2 年期限届满之日，这些作为大都会区利益定义对象的管辖权将继续在 2015 年 12 月 31 日时已经存在的税收独立的市镇合作公共机构的辖区范围之内以相同的条件被行使。那些需要满足大都会区利益的定义但是不被承认为大都会区利益的管辖权将继续以相同的条件由市镇行使。在该 2 年期限届满之后，对于该项决议所没有提及的管辖权，由区域公共机构行使全部被移交的管辖权。

3. 区域公共机构的区域理事会可以通过决议的形式，在区域公共机构成立后的 2 年期限内，向 2015 年 12 月 31 日时已经存在的税收独立的市镇合作公共机构的成员市镇返还其以补充的形式作移交的管辖权。直到该决议作出之日，并且至迟到本项第一句所提到的 2 年期限届满之日，区域公共机构将继续在 2015 年 12 月 31 日时已经存在的税收独立的市镇合作公共机构的辖区范围内行使本条第 5 款第 1 项所规定，但本条第 1 款所没有规定的管辖权。在该期限届满之后并且不存在决议的情况下，由区域公共机构行使全部被移交的管辖权。

六、当区域公共机构被移交第 L.5211-9-2 条第 1 款所提到的某一项管辖权时，公共机构成员市镇的市镇长将依据第 L.5211-9-2 条所规定的条件向公共机构主席移交其权限。

七、当本条第 1 款所提到的管辖权的行使以承认区域公共利益为前提时，该利益由区域理事会的成员以三分之二的多数，最迟在大巴黎大都会区建立之后的 2 年内通过决议的方式确定。直到该项决议作出之日，并且至迟到本条第 7 款第 1 句提到的 2 年期限届满之日，这些作为区域利益定义对象的管辖权将继续在 2015 年 12 月 31 日时已经存在的税收独立的市镇合作公共机构的辖区范围之内以相同的条件被行使。在该期限届满之后并且不存在决议的情况下，由区域公共机构行使全部被移交的管辖权。对于那些不属于任何一个在 2015 年 12 月 31 日时已经存在的税收独立的市镇合作公共机构的市镇，它们将在其辖区范围内行使适用区域利益但是不被承认为区域利益的管辖权。

八、处于区域公共机构辖区范围之内的、原先属于市镇或者其组合的住房公共办公室至迟到 2017 年 12 月 31 日将会隶属于该公共机构，巴黎市镇的情况除外。如果该办公室的财产至少有一半处于原先挂靠的市镇的辖区范围之内的，在办公室行政理事会的区域公共机构代表中，应当至少包含一半由该市镇所提名的成员。

如果在区域公共机构提出请求之后的 2 个月内，相关的市镇并没有实现上述提名的，大省的国家代表将对其实施催告，要求其在 2 个月的期限内进行提名。如果在该期限届满后依然没有提名，国家代表将会要求区域公共机构依照《建筑和居住法典》第四卷第二编所规定的模式指定空缺的代表。

九、当由于大巴黎大都会区的建立，一个市镇合作公共机构因仅包含一个处在大都会区辖区范围之外的市镇而被解散，并且该公共机构是某一个住房公共办公室的挂靠机构的，该办公室在大巴黎大都会区成立之时当然解散。

作为对《建筑和居住法典》第 L.421-7-1 条的例外，办公室的全部财产以及其所有的权利义务，将最迟于 2015 年 12 月 31 日概括转让给大省国家代表所指定的廉租房组织。

该组织在所有的行动和所有的决议中当然替代住房公共办公室。

由住房公共办公室所签订的合同依照其原有的条件履行，除非当事人双方另有约定。受让人将通知缔约相对方关于法人的更换。法人的更换将不会使相对方取得任何解除权或者赔偿权。

获益组织对于办公室财产的继受，将使其承担向区域共同体返还最初补助金的义务，该补助金的计算以不超过 20 年为限，对于解散之前的每一年按照在拥有储蓄账户年份时利率加上 1.5 点来确定其利息，但是不产生任何的缴税义务，不动产安全贡献金除外。

办公室财产的受让人组织必须在接受办公室财产的 1 个月之前，向所有具有区域公务员身份的原住房公共办公室的职员提供一份不定期劳动合同。如果公务员拒绝辞去其公共职务以享受这一新合同，或者直到办公室解散之日都对提议的劳动合同保持沉默的，这些人依据 1984 年 1 月 26 日关于区域公共职能地位的第 84-53 号法律第 97 条规定的条件，被直接转移到区域公共职能管理中心或者国家中心，但是人员超标的期间除外。受让组织需要替代办公室，按照该法第 97 副条的规定支付贡献金。

住房公共办公室解散的财政以及会计条件将由一项法令具体规定。

十、对于除了巴黎市镇以外的所有在大巴黎大都会区辖区内的市镇，自 2021 年 1 月 1 日起由大巴黎大都会区支付或者收取的补偿金相当于大都会区在 2020 年时支付和收取的补偿金数额。对于巴黎市镇而言，它相当于大巴黎大都会区在 2020 年支付和收取的补偿金总额，加上 2020 年在巴黎市镇范围内收取的企业不动产缴费的收入。

大巴黎大都会区可以对补偿金的分配数额进行调整,但是该调整不得使其金额增加或者减少 15% 以上。

对于每一项移交给大巴黎大都会区的负担而言,补偿金的数额都要依照《税务一般法典》第 1609C 条第 4 款所规定的条件重新计算。

十一、(一) 每一个区域公共机构都应成立一个旨在为其提供金融支持的区域费用支付基金。

(二) 区域费用支付基金包括:

1. 在大巴黎大都会区成立的前一年、由 2015 年 12 月 31 日以前就已经存在的税收独立的市镇合作公共机构所收取的居住税、建筑物的房产税以及非建筑类的土地税,以及由在大巴黎大都会区成立的前一年、在 2015 年 12 月 31 日前就已经存在的孤立市镇所收取的上述款项的四分之一。

2. 在相关的区域公共机构辖区范围内收取的 2020 年度企业的不动产缴费收入。

(三) 本条本款(二)第 1 项所提到的款项,将重新由区域公共机构的成员市镇返还:

1. 在大巴黎大都会区成立的前一年、由 2015 年 12 月 31 日以前就已经存在的税收独立的市镇合作公共机构在市镇的辖区范围内所收取的居住税、建筑物的房产税以及非建筑类的土地税,加上市镇所收取的、作为丧失本法第 L.2334-7 条所规定的固定数额的补助金的对价而收取的补助金数额,其数额相当于依据 1999 年财政法律(1998 年 12 月 30 日第 98-1266 条法律)第 44 条第 4 款第 1 项的转入的数额。

2. 或者对于 2015 年 12 月 31 日之前已经存在的孤立市镇,在大巴黎大都会区成立前一年所收取的居住税、建筑物的房产税以及非建筑类的土地税的四分之一,由区域理事会和相关市镇的市镇理事会共同决议来作出。

这一部分的金额可以在咨询了本条第 12 款提及的委员会的意见后,由区域理事会超过三分之二的人数作出决议进行调整。这一变更的效果不能使在大巴黎大都会区成立前一年、在 2015 年 12 月 31 日以前就已经存在的税收独立的市镇合作公共机构在市镇的辖区范围内所收取的居住税、建筑物的房产税以及非建筑类的土地税中市镇的参与的比例增加或者减少 30%,并且不得超过变更前一年市镇实际运行收入总数的 5% 以上。

在需要的情况下,本条本款(二)第 1 项所提应当依照本条本款(三)所提到的条件进行计算,并且在每一年都需要根据《税务一般法典》第 1518 副条所确定年份的土地租赁价值变化率来进行重新更新。该更新不适用于本条本款(三)第 1 项所规定的增加情形。

向区域费用支付基金所返还的这部分金额对市镇而言构成一项必要支出。

(四)本条本款(二)第 2 项所提到的款项,由区域公共机构的每一个成员市镇,以 2020 年在市镇辖区内收取的企业不动产缴费收入为限向基金返还。

这一部分的金额可以在咨询了本条第 12 款提及的委员会的意见后,由区域理事会超过三分之二的人数作出决议进行调整。这一变更不得使在市镇辖区内 2020 年度收取的企业不动产缴费收入增加或者减少超过 50%。

在需要的情况下,本条本款(二)第 2 项所提到的款项应当依照本条本款(四)第 2 项所提到的条件进行计算,并且在每一年都需要根据《税务一般法典》第 1518 副条所确定年份的土地租赁价值变化率来进行重新更新。

向区域费用支付基金所返还的这部分金额对市镇而言构成一项必要支出。

(五)大巴黎大都会区设立一项区域投资支援基金,以如下的形式加以提取:

1. 企业附加值缴费的一部分。

2. 企业不动产缴费的一部分。

为了确定上述区域投资支援基金的份额,应当计算如下两组数据之间的差值:

——一方面,补助金支付当年的企业附加值缴费所得。

——另一方面,前一年同一笔缴费收入所得。

以上所规定的区域投资支援基金的份额,应当相当于前两者数据差值的 10% 到 50% 之间,由大都会区理事会通过投票决定。大都会区理事会将这一部分款项在区域公共机构之间、在第 L.5219-1 条第 5 款最后一项以及《城市规划法典》第 L.328-1 条所规定的公共机构,以及在需要的情况下,在大都会区辖区范围内的市镇之间进行分配,并且优先考虑为促进区域团结而承担的设备设置和维护的成本的重要程度,同时参考其他一些自由确定的标准。

在征得本条第 12 款所规定的委员会的意见的情况下,可以对上述款项进行变更,但分配给巴黎市镇的补助金除外。这一变更的后果不得使依照本条本款上述所确定的区域投资支援基金的数额增加或者减少15％以上。

第1款所提到的份额在需要的情况下，依照本条本款（五）所规定的条件进行更新，并且在每一年都需要根据《税务一般法典》第1518副条所确定年份的土地租赁价值变化率来进行重新更新。

为了确定本款（五）中区域投资支援基金的份额，应当计算如下两组数据之间的差值：

——一方面，补助金支付当年的企业不动产缴费收入。

——另一方面，前一年同一笔缴费所得收入。

第2项所规定的区域投资支援基金的份额，应当相当于前两者数据差值的50％。大都会区理事会将这一部分款项在区域公共机构之间、在第L.5219-1条第5款最后一项以及《城市规划法典》第L.328-1条所规定的公共机构，以及在需要的情况下，在大都会区辖区范围内的市镇之间进行分配，并且优先考虑为促进区域团结而承担的设备设置和维护的成本的重要程度，同时参考其他一些自由确定的标准。

在征得本条第12款所规定的委员会的意见的情况下，可以对上述款项进行变更。这一变更的后果不得使依照本条第5款（五）第7项所确定的区域投资支援基金的数额增加或者减少15％以上。

第2项所提到的份额在需要的情况下，依照本款（五）最后第2项所规定的条件进行更新，并且在每一年都需要根据《税务一般法典》第1518副条所确定年份的土地租赁价值变化率来进行重新更新。

十二、在每一个区域共同体以及除巴黎市镇之外的每一个市镇之间，都将设立一个区域负担评估的地方委员会，旨在确定用来计算区域公共机构替代市镇行使管辖权时的经济需求的负担标准。该委员会由区域公共机构的决策机关设立，并通过三分之二以上的多数来确定其组成。它由相关市镇的市镇理事会成员构成。每一个市镇理事会都至少拥有一名代表。

委员会从其成员中选举一名主席以及一名副主席。主席负责召集委员会并且确定其讨论事项。由其主持会议。当存在阻却事由时，由副主席替代。

为履行其职责，委员会可以召集专家参与。在区域公共机构成立之年以及此后每一次负担的转移时，理事会给出其结论。

对于那些与设备无关的费用支出，将按照在管辖权移交之前的市镇预算中的实际成本，或者按照在管辖权移交之前行政账户中的实际成本加以计算。

在后一种情形，参考的期限由委员会确定。

对于与管辖权移交相关的设备所产生的费用成本，将依照年化的平均成本基数加以计算。该成本中应当计入设备的实现以及取得的成本，或者在有需要的情况下，设备更新的成本。它同时包括财政负担以及维修支出。所有这些支出都需要考虑正常的使用期限，并将其化约为一年加以计算。

在需要的情况下，区域公共机构承担的费用应当减去用于这些负担的资源。

区域负担评估的地方委员会确定区域公共机构每年运行的必要财政资源。它将根据其所评估的区域公共机构的成本，对第11款（三）、（四）所提到的款项变更给出意见。同时，它也对第11款（五）所规定的两种区域投资支援基金份额的变更方式给出意见。

十三、由区域负担评估地方委员会依照第12款项规定的方式所确定的区域负担补助基金的份额，由市镇每月向区域公共机构支付，每月支付的数额为日常运行数额的十二分之一。

在一年中，如果区域公共机构的可用资金不足，则一项或者多项月款项也以通过提前的方式支付。额外的分配金将由区域理事会和市镇的市镇理事会以第L.5211-5条第2款第1项所规定的多数，通过共同决议的方式来作出。

本第13款不适用于巴黎市镇。

L.5219-7条 第2014-58号法律，第12条第5款，2014年1月27日

大巴黎大都会区的市镇长大会，由大都会区辖区范围内的所有市镇长构成，一年聚集一次来讨论大都会区的活动项目以及活动报告。市镇长大会由大都会区主席召集，后者是该大会的当然主席。

大巴黎大都会区的发展理事会将汇集经济、社会和文化的合作伙伴。它将对大巴黎大都会区的主要发展方向提供咨询。

市镇长大会以及发展理事会的运作方式由大巴黎大都会区理事会的内部规章加以确定。

L.5219-8条 第2016-1917号法律，第139条，第143条，2016年12月29日

作为对第L.5217-12条的例外规定，大巴黎大都会区享有一份运行总体补

助金,其数额等于如下两个组成部分之和:

1. 一项跨市镇补助金,在计算第一年的运行总体补助金时,需要考虑其人口数以及在上一年度中先前存在的市镇合作公共机构居民人均补助最高者。在其后的年份中,大巴黎大都会区的市镇补助金按照第 L.5211-30 条的规定加以计算。第 L.5211-28 条所规定的扣减同样适用于大巴黎大都会区的跨市镇补助金。在 2016 年和 2017 年,大巴黎大都会区的税收整合参数等于已经存在的市镇合作公共机构中最高的税收整合参数,但是必须在这些机构加权其人口之后的平均税收整合参数的 105%。

2. 依照第 L.5211-28-1 条所定义的方式计算的补偿补助金。

为了适用第 L.2336-1 条至第 L.2336-7 条、第 L.5219-2 条所规定的区域公共机构将构成跨市镇整体,并且所考量的资源将与每一个区域公共机构以及巴黎城市的资源相对应。最高行政法院的一项法令将会规定资源区域化的方式。

作为对第 L.2336-3 条第 2 款第 1 项和最后一款的例外,每一个跨市镇整体所需收取的金额将在区域公共机构和其成员市镇之间按照如下方式进行分配:

(1) 由区域公共机构所承担的费用应相当于此前存在的税收独立的组织在 2015 年时所承担的费用。

(2) 剩余的部分将在每一个跨市镇整体的成员市镇之间,根据 2015 年适用第 L.2336-3 条第 2 款第 1 项的规定计算所得的每一个市镇的承担费用,或者对于那些在 2015 年时不属于任何一个税收独立的组织的市镇,根据该条第 1 款计算所得的承担费用,进行分配。

(3) 区域公共机构将会付清该条第 3 款所规定的豁免费用。

作为对第 L.2336-5 条第 1 款的例外规定,每一个跨市镇整体可分得的金额将在区域公共机构和其成员市镇之间按照如下方式进行分配:

——由区域公共机构所分得的金额应相当于此前存在的税收独立的组织在 2015 年时所分得的金额。

——剩余的部分将在每一个跨市镇整体的成员市镇之间进行分配,但依照第 L.2336-5 条第 2 款第 1 项规定的每一个市镇分配所得,如果某一些市镇 2015 年的居民平均财政潜力是整个跨市镇整体居民平均财政潜力的 2 倍以上的,这些市镇不再参与分配。对于在 2015 年之前不属于任何税收独立的组织的市镇而言,依据该条第 1 款规定的每一个市镇分配所得,如果某一些市镇

2015 年的居民平均财政潜力是整个跨市镇整体居民平均财政潜力的 2 倍以上的，这些市镇不再参与分配。

作为第 L.2334-4 条的例外规定，第 L.5219-2 条所规定的区域公共机构构成大巴黎大都会区成员市镇的集合。区域公共机构将被作为适用《税务一般法典》第 1609C-9 条或者第 1609C-5 条税收规则的税收独立的组织。为了适用本法第 L.2334-4 条第 2 款第 2 项所提到的差值，需要考虑的跨市镇基数将是用作大巴黎大都会区以及区域公共机构缴税基础的最近一年的毛基数。需要考虑的收入部分将是大巴黎大都会区以及区域公共机构最近一年所收取的毛收入。最高行政法院的一项法令将确定上述资源的区域化。

L.5219-8-1 条　第 2015-1630 号法律，第 8 条，2015 年 12 月 10 日

一、为大巴黎大都会区的利益实施的按月滚动征税和缴费，按照本年度的预算规定，是每年总金额的十二分之一，第一次征缴应在每年 1 月 31 日之前完成。

如果当月无法确定上述数额，则根据去年大巴黎大都会区征缴总金额的十二分之一。如果还无法确定，则根据去年预算规定的征缴总金额的十二分之一征缴。在本年度预算规定的征缴总金额确定后，再完成调整。

在本年度内，如果大巴黎大都会区可用资金暂时不足，可以提前征缴十二分之一或十二分之几的金额。补充征缴要在地区公共财政主任的建议下，依照省长颁发的命令执行。

征缴金额不能超过当年确定的税费总金额。

本条第一部分适用于 1972 年 7 月 13 日关于对部分类别的老年商人和手工业者采取优惠措施的第 72-657 号法律第 3 条规定的商业面积的税收规定。

配置给共同资金的税款或部分税款，不包括在本条规定的征缴体制中。

二、依照《税务一般法典》第 1609C 条以及第 1379-0 条第 1 款的规定返还给大巴黎大都会区的、依照去年征收的企业增值税计算的部分年费产生的收益，按照总金额十二分之一比例，按月缴付。

本条第 2 款第 1 项规定的月付，可以按照本条第 1 款第 3 项的规定，分期支付。

L.5219-9 条　第 2014-58 号法律,第 12 条第 5 款,2014 年 1 月 27 日;第 2015-991 号法律,第 59 条第 5 款,2015 年 8 月 7 日

大都会区理事会的委员需要按照《选举法典》第一卷第五编规定的条件选举产生。

在市镇之间对于大都会区理事会席位的分配,依照本法第 L.5211-6-1 条的规定进行。

(本条规定被宪法法院 2015 年 8 月 6 日第 2015-717 号决定认定与宪法规定不符。)

L.5219-9-1 条　第 2015-991 号法律,第 59 条第 5 款,2015 年 8 月 7 日

每一个区域理事会的理事会人数均依据第 L.5211-6-1 条第 3 款和第 4 款的规定确定。

在每一个市镇中,一名或者多名市镇的大都会区委员将被任命为区域委员,并且额外席位将会依照第 L.5211-6-2 条第 1 款第 1 项第(2)目的条件决定。

L.5219-10 条　第 2015-991 号法律,第 59 条第 5 款,2015 年 8 月 7 日;第 2016-1867 号法律,第 10 条,2016 年 12 月 27 日

一、在 2014 年 12 月 31 日之前已经存在的市镇或者税收独立的市镇合作公共机构的服务或者一部分服务,如果它们参与到大巴黎大都会区管辖权的行使中去的,将依照第 L.5211-4-1 条的规定被移交给大巴黎大都会区。

二、在 2014 年 12 月 31 日之前已经存在的市镇或者税收独立的市镇合作公共机构的服务或者一部分服务,如果它们参与到区域公共机构管辖权的行使中去的,将依照第 L.5211-4-1 条的规定被移交给区域公共机构。对于其辖区对应于在 2015 年 12 月 31 日时已经存在的税收独立的市镇合作公共机构的区域共同体而言,依照第 L.5211-39-1 条所规定的条件而通过的服务双边化规划直至下一次成员市镇的市镇理事会的整体换届选举之日持有有效。

三、本条第 1、2 款所提到的市镇以及市镇合作公共机构的非公法身份职员,可以以个人的名义保留合同条款赋予其的利益。在此之前以市镇以及市镇合作公共机构非公法身份职员所完成的业务,将被视为在大都会区或者在区域公共机构中所完成的业务。

四、为了适用 1984 年 1 月 26 日有关区域公共职能法律地位的第 84-53 号法律第 47 条至第 53 条，区域公共机构将被类比为同一人口层面的税收独立的市镇合作公共机构。

在每一个区域公共机构成立之日，对于那些早前在辖区内的聚集了最多居民人数的市镇合作公共机构中行使前述第 47 条至 53 条所规定的业务总体指导职务的雇员，其职位将一直保持到区域公共机构作出创设职务的决议之日为止，并且至迟到该机构创立 6 个月之后。

在这一天，除了本条第 4 款第 2 项所提到的人员之外，对于那些早前在辖区内的市镇合作公共机构中行使前述第 47 条至第 53 条所规定的业务总体指导职务的雇员，直至区域公共机构作出创设职务的决议之日为止，并且至迟到该机构创立 6 个月之后，将保持总指导助理的职务。

在区域公共机构作出创设职务的决议之日，除了其第 2 款第 1 句有关期限的规定之外，1984 年 1 月 26 日有关区域公共职能法律地位的第 84-53 号法律第 53 条将适用于本条第 4 款前 4 项中所提到的公务员。

五、国家的服务或者一部分服务，如果它们参与第 L.5219-1 条第 6 款和第 7 款所提到的管辖权，将依照第 L.5219-1 条规定的协议被移交给大巴黎大都会区。

六、本条第 1 至第 5 款的规定将不适用于巴黎行政的公务员及其非公法职务的职员的服务或者一部分服务，后者受到 2014 年 1 月 27 日关于区域公共行为现代化以及大都会区确认的第 2014-58 号法律的规范。

L.5219-11 条　第 2014-58 号法律，第 12 条第 5 款，2014 年 1 月 27 日；第 2015-991 号法律，第 59 条第 5 款，2015 年 8 月 7 日

大巴黎大都会区理事会自其成立之后的 6 个月的期限内，以三分之二的多数通过一项税收和财政协议，用以确定大巴黎大都会区、区域公共机构以及大都会区辖区内的市镇之间的财政关系。

税收和财政协议将依照第 L.5219-5 条第 10 款规定的方式，确定每一个成员市镇可以分得的补偿金数额。

大巴黎大都会区有权在税收和财政协议的框架内，设立一个跨市镇团结补助金，其款项在成员市镇之间按照减少区域收支差距的标准来进行分配。

这些标准尤其参照如下因素加以确定：

1. 市镇居民人均收入与大巴黎大区居民人均收入之间的差额。

2. 市镇的居民税收以及财政潜力相对大都会区的市镇平均居民税收及财政潜力的不足。

大巴黎大都会区还可以选择一些补充性的标准。

税收和财政协议将会进一步规定对于向本法典第 L.5219-1 条第 5 款最后一项、《城市规划法典》第 L.328-1 条所规定的区域公共机构和其他公共机构，以及本法典第 L.5219-5 条第 11 款（五）所提及的市镇分配的区域投资支援基金的调整方式。

该税收和财政协议每一年都可以按照本条第 1 款所确定的多数决要求进行变更。

L.5219-12 条　第 2015-991 号法律，第 59 条第 5 款，2015 年 8 月 7 日

一、大巴黎大都会区旨在行使那些适用大都会区利益的定义但本身并不被认定为大都会区利益的管辖权时所涉及的服务，可以全部或者部分地移交区域公共机构或者巴黎市镇享用。

区域公共机构或者巴黎市镇行使那些适用大都会区利益的定义并且本身也被认定为大都会区利益的管辖权时所涉及的服务，可以全部或者部分地移交大巴黎大都会区享用。

在征求了相关技术部门的意见之后，一个或多个区域公共机构或者巴黎市镇和大巴黎大都会区通过协议的形式确定这一移交的具体方式。这一协议尤其需要规定受让人一方有关服务运行费用的返还条件。这一返还的具体方式由法令来确定。

大巴黎大都会区或者区域公共机构的主席或者巴黎市镇的市镇长直接向服务主管转让其所要求履行的相关任务所需的所有必要工具。他监督这些任务的履行。

他可以在自行监督和自己担责的情况下，通过政令的形式，为了履行本条第 1 款第 4 项所委托的任务，将署名权委托给相关的服务主管。

区域公务员以及无头衔的区域职员，或者没有大巴黎行政头衔的公务员以及职员，如果他们参与到被移交的服务或者部分服务中时，他们将当然地且无时限地、以个体的形式从属于大巴黎大都会区或者区域公共机构的主席或者巴黎市镇的市镇长。为行使他们的职能，他们处于主席或市镇长的管理之下。

二、大巴黎大都会区的区域公共机构配合第 L.5219-5 条第 1 款所提到的、适用大都会区利益的定义但本身并不被认定为大都会区利益的管辖权的服务，可以部分或者全部地被移交给一个或者多个成员市镇所享有。

区域公共机构成员市镇配合该条第 1 款所提到的适用大都会区利益的定义并且本身也被认定为大都会区利益的管辖权的服务，可以部分或者全部移交给区域公共机构享有。

在征求了相关技术部门的意见之后，一个或多个成员市镇和区域公共机构通过协议的形式确定这一移交的具体方式。这一协议尤其需要规定受让人一方有关服务运行费用的返还条件。这一返还的具体方式由法令来确定。

区域公共机构的主席或者市镇长直接向服务主管转让其所要求履行的相关任务所需的所有必要工具。他监督这些任务的履行。

他可以在自行监督和自己担责的情况下，通过政令的形式，为了履行本条第 2 款第 4 项所委托的任务，将署名权委托给相关的服务主管。

区域公务员以及无头衔的区域职员，或者没有大巴黎行政头衔的公务员以及职员，如果他们参与到被移交的服务或者部分服务中时，他们将当然地且无时限地、以个体的形式从属于区域公共机构的主席或者市镇长。为行使他们的职能，他们处于主席或市镇长的管理之下。

三、除了 1984 年 1 月 26 日有关区域公共职能法律地位的第 84-53 号法律第 15 条和第 16 条隶属于一个管理中心的市镇或者公共机构所行使的该法第 23 条所提到的任务以外，并且除了大巴黎大都会区或者区域公共机构的主席或者巴黎市镇的市镇长以大巴黎大都会区、区域公共机构、市镇或者国家的名义所作出的决定指导以外，为了行使运行任务，大巴黎市镇及其区域公共机构、巴黎市镇或者大巴黎共同体的区域公共机构可以自行创设一些共同服务。

在起草一份影响力档案后——其中尤其对于组织效果、工作条件、职员的报酬以及权利取得方面作出描述——这一共同服务的效果通过协议的方式予以确定。影响力档案须作为该协议的附件。所达成的一致意见也作为协议的附件。协议及其附件需向专门的技术委员会征求意见。

在共同服务中行使其全部职能的公务员以及无头衔的职员，在视其情况征求对等的行政委员会或者有管辖权的对等的咨询委员会意见之后,将当然地被移交给大巴黎大都会区、区域公共机构或者负责该项共同服务的市镇。

在共同服务中行使其部分职能的公务员以及无头衔的职员,在他们为共同服务工作的时间内,当然地供大巴黎大都会区、区域公共机构或者市镇来使用。

根据其所实现的任务不同,共同服务的人员分别处于大巴黎大都会区主席、区域公共机构主席或者市镇长的行政管理之下。

大巴黎大都会区或者区域公共机构的主席或者市镇长可以在自行监督和自己负责的前提下,通过政令的方式将其署名权委托给其委派任务的共同服务主管行使。

四、为了实现第 L.5219-1 条所提及的适用大都会区利益声明的管辖权所涉及的手段的共享,大巴黎大都会区及其区域公共机构或者巴黎市镇可以自行确定其愿意共享的财产,该共享方式通过一项规章加以确定。

为了实现第 L.5219-5 条所提及的适用大都会区利益声明的管辖权所涉及的手段的共享,大巴黎大都会区的区域公共机构及其成员市镇可以自行确定其愿意共享的财产,该共享方式通过一项规章加以确定。

第二编　其他形式的市镇合作

第一章　市镇间协定、协议和大会

L.5221-1 条　第 2004-809 号法律,第 192 条,2004 年 8 月 13 日

两个或者两个以上的市镇委员会、市镇合作公共机构的决策机关或者混合型公会可以通过主席和市镇长之间的斡旋,针对他们权限范围内的,并且市镇、市镇合作公共机构或者混合型公会同时感兴趣的符合市镇利益或者跨市镇利益的标的达成协定。

它们之间还可以达成旨在共同分担符合共同利益的工程或机构的设立以及保存所生费用的协议。

L.5221-2 条　第 2004-809 号法律,第 192 条,2004 年 8 月 13 日

有关共同利益的讨论将在大会上讨论决定,一个通过匿名投票选举出的三人专门委员会将专门用于在该大会上代表每一个市镇委员会和市镇合作公共机构的决策机关,或者混合型公会的决策机关。

在利益相关的市镇、市镇合作公共机构或者混合型公会提出申请的情况下,相关大省内的国家代表也可以出席这一大会。

在大会上所作出的决定,只有在获得全体利益相关市镇委员会、市镇合作公共机构的决策机关或者混合型公会机关签署的情况下,并且在尊重第二部分第三卷第一、二、三编的例外规定的情况下,才能获得执行力。

第二章 不同市镇之间财产或者权利的共有状态

第一节 共有财产和权利的管理

L.5222-1 条 第 2005-157 号法律,第 185 条,2005 年 2 月 23 日

当多个市镇共有财产或者权利时,为了实现对财产和权利以及与之相关的公共服务的管理,将设立一个公法人,依照第 L.5222-2 条所规定的方式由一个公会委员会负责管理,该委员会由相关市镇的市镇委员会代表以及这些市镇的市镇委员会组成。

设立这一委员会的决定由大省国家代表通过政令作出,当相关市镇涉及多个大省时,由相关大省国家代表的联合政令作出。

每一个市镇委员会都应通过匿名投票的方式在其成员中选举产生代表,其数目由委员会设立政令所确定。在这些代表中,将确定一名或者数名副主席,其人数不得超过所有公会委员会成员数的 10%。

如果一个市镇委员会怠于或者拒绝任命其代表,则由市镇长在公会委员会中代表市镇。

公会委员会由从上述代表中选举产生的一名代表主持。在每一次市镇委员会总体换届时,该代表也进行换届。

公会委员会以及负责代表所做出的决议,适用有关市镇委员会决议以及市镇长决定的相关规则。

L.5222-2 条 第 2016-1888 号法律,第 14 条,2016 年 12 月 28 日

公会委员会以及公会代表负责确保共有财产和权利的价值实现。他们所拥有的权限与市镇委员会、市镇长在相关领域的权限相同。

然而,针对不动产的买卖、交换、分割、取得以及与之相关的其他交易权限,依然为市镇委员会所独有,它可以授权委员会主席作出相关的行为。有关不动产取得及与之相关的交易,以及为期 18 年以上的租赁合同,需要取得相关市镇的市镇委员会超过三分之二的成员的同意。

在公会委员会提议的情况下,对于委员会表决的全部或者部分盈余或者亏损的分配,将通过市镇委员会的决议在市镇间进行。该决议应当在收到公会委员会的分配提议之日 3 个月内作出。

当市镇委员会对于这一分配存在分歧,或者部分市镇委员会没有在前款规定的期限内作出决议的情况下,对于盈余或者亏损部分的分配将由大省的国家代表决定。如果相关市镇委员会分属不同大省,则由相关大省的国家代表以联合政令的方式加以决定。

最终确定的每一个市镇所分摊的负担构成该市镇的一项必要支出。

本法第二部分第三卷第一、四编的相关规定适用于市镇之间的共有情形。

L.5222-3 条　第 96-142 号法律,1996 年 2 月 24 日

在公会委员会提议的情况下,并且在取得了三分之二的相关市镇理事会同意,并且其所代表的人口必须超过总人口的一半,或者是取得一半市镇理事会的同意,但其所代表的人口必须超过总人口的三分之二时,可以成立一个市镇公会,其所拥有的管辖权应当至少相当于依据第 L.5222-2 条所确定的公会委员会的权限。

但是对于建立市镇公会时处于共有状态的财产,除非通过一致决议,市镇委员会作出了相反的决定,有关出售、交换以及与交易相关的规则由第 L.5222-2 条所确定。

第二节　共有状态的终止

L.5222-4 条　第 96-142 号法律,1996 年 2 月 24 日

当一个市镇请求终止与其相关的共有状态时,公会委员会自收到请求之日起 6 个月内向该市镇作出一份财产分配或者补偿的定义草案。专家鉴定的费用由该市镇承担。

申请退出共有状态的市镇可以优先分得在其辖区范围内的财产部分。对于其价值超过市镇应得部分的不动产,该市镇可以通过金钱或者实物补偿的方式,申请分得该不动产,前提是分割该不动产将不利于财产的良好管理,或者整体分配对于实现市镇的城市化或者配套设施政策而言是不可或缺的。

然而,如果实物分配将不得不以严重破坏共有物运行以及财政平衡为代价的,则申请人只能取得它在共有物中所享有的价值份额。

当一个市镇决定退出共有状态时,任何改变该不动产及其附属物价值的行为都不得在退出申请到份额分配的间歇作出。

如果在第 1 款所规定的 6 个月期限内没有收到通知,或者市镇在收到公会委员会草案之日起 6 个月后依然对于草案持有异议的,征收法官或者在某一个利益相关的市镇的请求下,或者在公会委员会的请求下,对于财产份额的分配或者补偿金的支付作出决定。

L.5222-5 条　第 96-142 号法律,1996 年 2 月 24 日

当市镇委员会依照第 L.5222-2 条和 L.5222-3 条的规定所决定的共有物分割或者由于一个市镇退出共有状态而导致的共有物分割涉及农地或者林地的财产时,相关的市镇有义务成立一个公共机构或者加入一个既有的公共机构,其宗旨在于保障这些财产管理以及调整上的统一性。这些机构同时拥有这些财产对应的打猎和捕鱼的权利。

L.5222-6 条　第 96-142 号法律,1996 年 2 月 24 日

在有需要的情况下,最高行政法院的法令将确定本章内容的适用条件。

第三章　跨市镇发展与调整宪章

L.5223-1 条　第 2013-403 号法律,第 1 条第 5 款,2013 年 5 月 17 日

市镇可以起草并通过跨市镇发展与调整宪章,其将对于中期的经济、文化和社会发展前景加以明确,确定与之相关的行动计划,细化设备的组织和运作条件以及公共服务。

在利益相关的市镇的提议下,相关区域的疆界由大省的国家代表在征求了

大省理事会的意见后加以确定。对于人数在 100 000 以上的居民区，或者当所有的市镇分属多个大省时，大区的国家代表在征求了相关大区理事会和大省理事会的意见后通过政令的方式对疆界加以确定。

市镇通过结合的方式来起草它们的宪章，并且确定它们与国家、大区、大省以及主要的职业、经济、社会组织之间的协商方式。

L.5223-2 条　第 96-142 号法律，1996 年 2 月 24 日

该宪章可以作为其所规定的与国家、大区、大省订立计划草案协议时的底本。在乡村区域，跨市镇宪章将替代农村调整方案。

L.5223-3 条　第 2010-462 号法律，第 1 条，2010 年 5 月 6 日

当跨市镇发展与调整宪章对于某一些区域约定试用《农村和海洋捕捞法典》第 L.121-2 条和第 L.126-1 条所规定的程序的，大省的国家代表在征求相关市镇意见之后启用这些程序。

第四卷　省际合作

第一编　大省间的协定、协议和大会

单一章

L.5411-1 条　第 2013-403 号法律，第 1 条第 5 款，2013 年 5 月 17 日

两个或者多个大省理事会，可以通过他们主席之间的斡旋，就他们权限范围内的与每一方利益都相关的大省利益标的为内容达成协定。

它们之间还可以达成旨在共同分担符合共同利益的工程或机构的设立以及保存所生费用的协议。

L.5411-2 条　第 2013-403 号法律，第 1 条第 5 款，2013 年 5 月 17 日

有关共同利益的讨论将在各大省理事会代表出席的大会上进行讨论。

在大会上所做出的决定只有当获得所有相关大省理事会签署的情况下才具有执行力。

第二编　省际机构和组织

单一章

L.5421-1 条　第 2013-403 号法律,第 1 条第 5 款,2013 年 5 月 17 日

省际机构和组织可以由两个或以上甚至不相邻的大省的大省理事会自由设立；它们同样可以接纳大区理事会或者市镇理事会作为成员。

省际机构和组织是一些公共机构,拥有民事法人人格以及财政的自主权。

对于它们的管理适用有关大省管理的规定。

它们的行政由专门为此目的选举产生的大省委员来担任。

当它以大区理事会或者市镇理事会作为成员时,适用本部分第七卷第二编第一章的相关规定,并且其行政理事会中应当包括所有理事会成员的代表。

L.5421-2 条　第 96-142 号法律,1996 年 2 月 24 日

第三部分第一卷第三编有关合法性审查以及大省有权机关行为可执行效力的规定同样适用于省际公共机构。

L.5421-3 条　第 96-142 号法律,1996 年 2 月 24 日

对于至少包含一个大省的合作公共机构,由其执行机关或者决策机关所做出的行动在当月内以张贴公告的形式移交给其成员大省,并且依据最高行政法院法令所规定的条件在一份行政行为汇编中加以公布。

L.5421-4 条　第 2015-991 号法律,第 3 条,2015 年 8 月 7 日

大省合作公共机构依据第一部分第五卷第一编的规定以及第 L.3231-1 条、第 L.3231-6 条和第 L.3232-4 条的规定所做出的决议内容,以及以赞成公共服务委托协议为内容的决议,应当在相关的大省的公开发表物上予以登载。

L.5421-5 条　第 2015-1341 号法令,第 3 条第 5 款,2015 年 10 月 23 日

所有的自然人和法人都有权就地请求获得大省合作公共机构决策大会的会议纪要、预算、账户,以及这些公共机构主席所发布的政令,并且对其全部或者部分内容获取副本。

任何人都可以在自行担责的情况下将其公开。

第 1 款所提到的文件既可以从主席处获得,也可以从国家的权力下放的业务部门获得,对这些文件的交流需要在《大众与行政关系法典》第 L.311-9 条所规定的条件下进行。

L.5421-6 条　第 96-142 号法律,1996 年 2 月 24 日

第 L.3313-1 条第 2 款的规定适用于大省合作公共机构。向公众开放的地点为机构的办事处或者大省成员的省政府所在地。

L.5421-7 条　第 2016-1087 号法律,第 62 条,2016 年 8 月 8 日

当第 L.5421-1 条所提到的省际机构和组织满足第 L.5721-2 条所规定的条件时,其可以转变为混合型公会。

这一转化由省际机构和组织提议,由其成员通过共同决议的方式来做出。成员的决策机关在收到省际机构和组织有关转化的通知之日起 3 个月内进行决议。如果在该期间内未做出决议,则视为赞成该提议。

转化之前的省际机构和组织的所有财产以及权利全部移交给新的混合型公会,后者在所有的决议和所有的行为中当然地实现对前者的替代。合同将继续按照其之前的条件被履行,除非当事人有相反的约定。缔约相对方将被告知合并后法人的更换。由省际机构和组织所订立的合同中所发生的法人的更换并不能产生任何终止合同或者请求补偿的权利。在混合型公会的章程以及职位的条件下,原来省际机构和组织的所有人员都将被视为公会的人员。

第五卷　省级办事处

单一编

单一章

L.5511-1 条　第 96-142 号法律,1996 年 2 月 24 日

大省、市镇以及跨市镇公共机构可以在它们之间设立一个被称为省级办事处的公共机构。该办事处旨在为向其提出申请的地方政权或者大省内的跨市镇合作机构提供技术、法律依据财政层面的帮助。

第六卷　大区间合作

第一编　协议或跨大区利益机构

单一章

L.5611-1 条　第 96-142 号法律，1996 年 2 月 24 日

两个或以上的地区，为了行使它们的管辖权，可以订立协议或者设立符合共同利益的机构。

第二编　跨大区协定机构

第一章　组织和运行

L.5621-1 条　第 2010-778 号法律，第 250 条第 5 款，2010 年 7 月 12 日

跨大区协定机构是一个由多个领土相连的大区结合而成的公共机构。一个跨大区协定可以由岛屿大区或者科西嘉地方政权及其临近的一个或者多个大区构成。

跨大区协定机构由最高行政法院依据各大区理事会或者科西嘉代表大会的一致决议，并征求大区的经济、社会、环境理事会的意见后，通过法令的形式设立。该法令同时确定该协定机构的所在地。

一个大区可以加入多个不同的协定机构。在这种情况下，大区通过协议的形式确定每一个协定机构在其全部或者部分的辖区范围内所拥有的管辖权，但是对于同一领土上的同一项管辖权将只能委托给一个协定机构行使。这些协议由大区所属的各个协定机构通过。这些协议将会转交给协定机构所在地的国家代表以及相关的大省。

L.5621-2 条　第 96-142 号法律，1996 年 2 月 24 日

跨大区协定机构由理事会进行管理，该理事会由通过最大中数比例选举产生的大区理事会代表构成。候选人清单上的人数可以比实际席位数少。机构设立决定将会确定成员的人数以及每一个大区理事会代表的分配。

理事会通过决议的形式来决定与跨大区协定机构管辖权相关的事宜。

它通过最大中数比例的原则选举产生一个常务委员，并在理事会每次换届选举后进行换届。理事会可以将自己的一部分权限交给该常委会，但是与预算和账户相关的权限除外。

理事会依据第 L.4132-6 条规定的条件制定其内部章程。

其他有关理事会及其常委会的运行，以及有关其决议执行的规定由大区来确定。

协定机构的主席可以请求作为跨市镇协定机构成员的大区经济和社会理事会，对所有协定机构管辖权范围内有关经济、社会和文化的草案提出意见或进行研究。这些理事会同时可以对所有属于协定机构管辖权范围的问题给出意见。

L.5621-3 条　第 96-142 号法律，1996 年 2 月 24 日

跨大区协定机构的主席依照第 L.4133-1 条所规定的条件选举产生。他是协定机构的执行机关。他主持常委会。

L.5621-4 条　第 96-142 号法律，1996 年 2 月 24 日

对于创立决定中所列举的管辖权，跨大区协定机构以成员大区的名义代替后者行使。它确保成员大区规划的融洽性。为此目的，它可以以大区的名义代其与国家订立协议，但必须在接受管辖权移交的范围内。

跨大区协定机构将替代第 L.5611-1 条所规定的其成员大区所设立的共同利益机构。这些机构将当然解除。

L.5621-5 条　第 96-142 号法律，1996 年 2 月 24 日

对于跨大区协定机构的行政监管，由该机构所在地的国家代表依照第四部分第一卷第四编所规定的条件来实施。

L.5621-6 条　第 96-142 号法律，1996 年 2 月 24 日

所有针对跨大区协定机构创立决定的变更，都需要由最高行政法院依据协定机构理事会的请求，在取得所有成员大区的大区理事会一致同意的情况下以法令的形式作出。

一个大区可以在取得协定机构理事会一致同意的情况下退出该机构。

跨大区协定机构可以在一个成员大区理事会的请求下，按照最高行政法院法令所确定的条件而解散。任何有关管辖权移交的文件都需要规定这些移交的经济和财产条件，以及相关人员的安置。

L.5621-7 条　第 96-142 号法律，1996 年 2 月 24 日

对于至少包含一个大区的合作公共机构，由其执行机关或者决策机关所做出的行动在当月内以张贴公告的形式移交给其成员大区，并且依据最高行政法院法令所规定的条件在一份行政为汇编中加以公布。

L.5621-8 条　第 96-142 号法律，1996 年 2 月 24 日

大区合作公共机构依据第一部分第五卷第一编的规定以及第 L.3231-1 条、第 L.3231-6 条和第 L.3232-4 条的规定所做出的决议内容，以及以赞成公共服务委托协议为内容的决议，应当在相关的大区的公开发表物上予以登载。

L.5621-9 条　第 96-142 号法律，1996 年 2 月 24 日

所有的自然人和法人都有权就地请求获得大区合作公共机构决策大会的会议纪要、预算、账户，以及这些公共机构主席所发布的政令，并且对其全部或者部分内容获取副本。

任何人都可以在自行担责的情况下将其公开。

第一款所提到的文件既可以从主席处获得，也可以从国家的权力下放的业务部门获得，对这些文件的交流需要在《大众与行政关系法典》第 L.311-9 条所规定的条件下进行。

第二章　财政条款

L.5622-1 条　第 96-142 号法律，1996 年 2 月 24 日

跨大区协定机构的预算收入主要包括：

1. 由设立决定所确立的各成员大区的预算贡献份额。

2. 对于所提供服务的报酬。

3. 协定机构财产产生的收入。

4. 所收取的协作基金。

5. 贷款的收入。

6. 为增值税而进行的补偿基金的转账。

L.5622-2 条 第 96-142 号法律，1996 年 2 月 24 日

适用于跨大区协定机构的预算控制程序由办事处所在地的国家代表实施。

对于跨大区协定机构享有管辖权的大区审计庭，是对于其所在大区拥有管辖权的审计庭。

L.5622-3 条 第 2015-991 号法律，第 107 条，2015 年 8 月 7 日

第一部分第六卷单一编第一章所规定的针对大区的预算和会计规定，第 L.4312-1 条前 3 款，第 L.4312-6 条的前 2 款以及第 L.4313-1 条至第 L.4313-3 条的规定适用于跨大区协定机构。

L.5622-4 条 第 2009-1400 号法律，第 10 条，2009 年 11 月 17 日

第 L.4313-1 条和第 L.4313-2 条的规定适用于大区合作公共机构。向公众开放的地点为机构的办事处或者大区成员的区政府所在地。

第七卷　混合型公会(略)

第八卷　特别规定(略)

第九卷　适用于外大省的特别规定(略)

第六部分 宪法第 74 条所规定的外大省地方政权(略)

第七部分　宪法第 73 条所规定的其他地方政权（略）

规章部分

第一部分 总 则

第一卷 权力下放的一般原则

第一编 地方政权的自主管理

第一章 自主管理原则

R.1111-1 条 第 2015-687 号法令,第 2 条,2015 年 6 月 17 日

第 L.1111-8 条所规定的协议,由地方政权决策大会主席或相关税收独立的市镇合作公共机构签订。

协议确定委托的某项或多项管辖权,设定其期限和续期方式,明确要达到的目标和委托管辖机构对受托管辖机构的监管手段,规定为达标而必需的跟踪指标。

它还确定行使委托管辖权的金融框架、运作方式、地方政权行使委托管辖时可能提供的服务,以及委托管辖机构的公职人员或非公职人员可被行使委托管辖权的机构安排使用的条件。

根据需要,协议可明确约定提前解除协议的方式。

协议由作为其成员的地方政权决策大会或市镇税收独立的合作公共机构通过共同决议作出。

R.1111-1-1 条 第 2015-687 号法令,第 1 条,2015 年 6 月 17 日

一、当主管部长或部长们同意地方政权的公共行动地方会议提出的要求和意见之后,国家代表应当在请求转交之日起 1 年内拟定第 L.1111-8-1 条规定的协议草案,并且告知决策大会主席或地方政权执委会主席或税收独立的市镇合作公共机构主席。

在国家代表和决策大会主席或地方政权执行理事会主席或税收独立的市镇合作公共机构主席之间对协议草案的内容达成共识后,协议草案被提交给接受管辖权委托的地方政权决策大会批准,然后由该大区的国家代表转交给主管部长。

该协议草案由接受管辖权委托的地方政权公布附有协议草案的法令后,由该地区的国家代表和地方政权决策大会主席或地方政权执行理事会主席或税收独立的市镇合作公共机构主席联合签发。管辖权委托自协议生效之日起实施,实施期不得超过 6 年。

载有管辖权委托和签署协议内容的法令被刊登在《法国官方公报》和地方政权或税收独立的市镇合作公共机构的行政文书汇编上。

二、协议确定委托的某项或多项管辖权,设定其期限和延续方式,明确要达到的目标和国家对受托管辖机构的监管手段,规定为达标而必需的跟踪指标。

它还确定受托管辖机构行使管辖权、运作方式和必要时提供服务的财政框架。

协议还规定协议任何一方提前解除协议的方式。

D.1111-2 条　第 2014-1076 号法令,第 1 条,2014 年 9 月 22 日

一、大区的各大省,按照第 L.1111-9-1 条第 2 款第 4 项至第 7 项规定,按下列方法选举代表:

1. 第 4 项涉及的代表,应从本大省少于 30 000 名居民的市镇的税收独立的市镇合作公共机构主席中选出。

2. 第 5 项涉及的代表,应从本大省超过 30 000 名居民的市镇的市镇长中选出。

3. 第 6 项涉及的代表,应从本大省 3 000—3 500 名居民的市镇的市镇长中选出。

4. 第 7 项涉及的代表,应从本大省少于 3 500 名居民的市镇的市镇长中选出。

二、在按照第 L.1111-9-1 条第 2 款第 4—7 项规定选出代表后,本地区的国家代表会依照全国山区当选代表协会的提名,按照同条第 8 项的规定,依照 1985 年 1 月 9 日关于发展和保护山区的第 85-30 号法令第 3 条所指的本地区山区定义,在本地区山区市镇长或山区税收独立的市镇合作公共机构主席中,指定本地区山区的地方政权及其组织的代表。它不得和第 L.1111-9-1 条第 2 款第 3—7 项的当选代表为同一人。

D.1111-3 条 第 2014-1076 号法令,第 1 条,2014 年 9 月 22 日

一、市镇和税收独立的市镇合作公共机构的代表选举,应当在新一届市镇理事会和新一届税收独立的市镇合作公共机构决策大会组成后的 3 个月内进行。

二、由大区国家代表发布命令,确定公共行动地方会议成员的选举日期,第 L.1111-9-1 条第 2 款第 4—7 项对此作了规定。

三、各大省的国家代表通过政令,确定适用第 D.1111-2 条的各选区成员的名单,确定投票的实际组织方式和向各大省政府登记参选的最后日期和时间。

D.1111-4 条 第 2014-1076 号法令,第 1 条,2014 年 9 月 22 日

一、候选人须签署一份说明其全名、出生日期和地点,性别和住址的声明。

该声明还须指明在候选人席位空缺时,该当选候选人的替代者的全名、出生日期和地点、性别和住址。还须附上替代者的书面同意书。替代者应与候选人属同一选区,且不能同时替代几个候选人。

任何人不得成为非属选区的选区候选人,也不得成为另一选区的候选人兼替代者。

任何人不得成为第 L.1111-9-1 条第 2 款第 1—7 项规定的一个以上类别的当选或被任命代表。

二、每个大省按照 L.1111-9-1 条第 2 款第 4—7 项所示选区的候选人名单,如果同时包括候选人和替代者,则名单被认为是完整的。

候选人名单由大省国家代表通过政令加以确定和公布。

三、如按照第 D.1111-2 条所示的一个选区没有合格的候选人,则该选区席位保持空缺。

D.1111-5 条 第 2014-1076 号法令,第 1 条,2014 年 9 月 22 日

第 D.1111-4 条所示代表的选举以信函方式进行。

选票根据第 D.1111-3 条第 2 款法令确定的方式,寄往或投放在大省政府。

每张选票放在双层信封中:内信封不得含有任何识别记号。外信封应标有"地方公共行政会议成员选举"字样、选民所属的选区、选民的姓名、身份和签名。

选举结果由省长为主席的理事会或由省长代表宣布,理事会由 3 名省长依

照大省市镇长协会的建议,指定的市镇长组成。该理事会的秘书处须包括 1 名大省政府的公职人员。

选举名单上的 1 名代表可以监督计票过程。

每个选区获得多数票的候选人获得选区当选席位。如候选人票数相等,则由年长的候选人当选。

选举结果由大省国家代表负责公布。任何选民,候选人和国家代表都可在选举结果公布后的 10 天内,向行政法院提出异议。

在没有进行按照第 L.1111-9-1 条第 2 款第 10 项规定的选举时,大省国家代表仅依据符合条件的完整名单上的候选人和替代者来任命代表。

D.1111-6 条   第 2014-1076 号法令,第 1 条,2014 年 9 月 22 日

地方公共行政会议的成员名单,由本地区国家代表的政令确定。

D.1111-7 条   第 2014-1076 号法令,第 2 条,2014 年 9 月 22 日

第 L.111-9-1 条第 4—7 款所示的当选代表,由于死亡、辞职或丧失当选或被任命资格的原因造成席位空缺的,将由与当选人同时当选的代表在前者剩余的任期内替代。

如前项条款不再被适用,有关选区可要求在 3 个月内再进行选举或任命代表。但在市镇理事会全面换届前 6 个月内,不得举行任何选举。

第二章   选民参与地方决策

第一节   地方公投

R.1112-1 条   第 2005-1551 号法令,第 2 条,2005 年 12 月 6 日,《法国官方公报》2005 年 12 月 13 日

为在科西嘉地区实施法律,由科西嘉地区地方政权的法律适用取代法国一般地区的法律适用。

R.1112-2 条   第 2005-1551 号法令,第 2 条,2005 年 12 月 6 日,《法国官方公报》2005 年 12 月 13 日

第 L.O 1112-8 条规定的资料档案,应在投票前至少 15 天内,由决定公投的地方政权提供给公众。

对市镇决定的公投,资料档案应在市镇政府,必要时,在市镇政府的下属机构,向公众提供。市镇选民可以各种方式获得信息。

对大省、大区或其他地方政权决定的公投,资料档案应在大省或大区政府、大省或大区的市镇政府、首府村公所供公众查询。

公众在投票前至少 15 天内,通过刊登在大省或大区两份报纸上的以组织公投审议为主要内容的通知,获得相关信息。

文件档案包括请选民回答的问题,有待批准的决定或政令草案,以及一份关于草案动机及其意义,以及必要时对草案实现的技术及经济特点的说明报告。需要的话,档案还包括法律或法规要求的说明、报告、意见书和其他文件,以提供由地方主管当局作出决定的所有预告信息。

该文件需明确公投的结果具有决定的效力,并且提及第 L.O1112-7 条第 1 款所要求的草案通过所需满足的法定人数和多数票的各项条件。

R.1112-3 条 第 2005-1551 号法令,第 2 条,2005 年 12 月 6 日《法国官方公报》2005 年 12 月 13 日

为参加公投的宣传活动,议员团体、符合第 L.O 1112-10 条规定的政党和政治团体,须最迟在投票日前第 3 个星期一 17 点前向决定进行公投的地方行政机构主席提出授权请求。每个议员团体还须附上其团体成员名单。

按照第 L.O 1112-10 条所规定的条件宣布隶属于某个政党或政治团体的议员或候选人,这些政党或者政治团体在它们的授权请求后须附加这些议员或候选人的名单及他们的隶属声明。

决定进行公投的地方行政机构主席,最迟在投票日前第 3 个星期五公布或张贴政令,确定有权参加公投宣传活动的议员团体、政党和政治团体,以及声明确立同等隶属关系的人员的名单。

任何在决定公投的地方政权管辖内登记在册的选民,任何已提交授权请求的团体、政党或政治团体,都可以在选民名单公布后的 24 小时内,向具备管辖权的行政法院提起申诉。

法院在受理申诉后的 3 天内应当作出一审终审裁定,如果认为申诉理由成立,法院将对已公布的政令进行改动。

为使《选举法典》的相关条款适用于公投的宣传活动,有关议员团体、政党和政治团体的条款取代了有关候选人和候选人名单的条款。

R.1112-4 条　第 2005-1551 号法令,第 2 条,2005 年 12 月 6 日《法国官方报告》2005 年 12 月 13 日

禁止使用带有蓝、白、红三色组合的、具有某种目的或宣传性质的海报。

R.1112-5 条　第 2005-1551 号法令,第 2 条,2005 年 12 月 6 日《法国官方公报》2005 年 12 月 13 日

除了在投票站旁张贴的选举海报,可在指定位置张贴选举海报的最多数量是:

1. 500 名或更少选民的市镇,5 张。

2. 其他市镇,10 张。每增加 3 000 名选民,可增加 1 张。在 5 000 名选民以上的市镇,最多可达 2 000 张。

每个拥有宣传活动权的议员团体、政党或政治团体可通过抽签,获得一块海报张贴板。

R.1112-6 条　第 2005-1551 号法令,第 2 条,2005 年 12 月 6 日《法国官方公报》2005 年 12 月 13 日

《选举法典》以下条款适用于选前准备活动和投票运作期:

1. 关于投票站选民的分配,第 R.40 条。

2. 关于投票的时间,第 R.41 条。

3. 关于投票站的构成,第 R.42 条。

4. 关于投票站主持人员,第 R.43 条。

5. 关于选举监察的任命,第 R.44 条。

6. 关于候补监察的任命,第 R.45 条。

7. 关于向市镇长和投票站主持人提交选举监察和候补监察名单的书面报告,第 R.46 条。

8. 关于候选人名单和候选人的委托人的作用,第 R.47 条。

9. 关于禁止在投票站内讨论和商议,第 R.48 条。

10. 关于投票站的警务,第 R.49 和第 R.50 条。

11. 关于替换可能被驱离的选举监察和候选人委托人,第 R.51 条。

12. 关于投票站通过附带说理的决定临时解决问题并将其记录在案的权限,第 R.52 条。

13. 关于在市镇获准使用的投票机使用,第 R.53 条。

14. 关于选票的信封,第 R.54 条。

15. 关于开票时间和计票结束时间的公开确认,第 R.57 条。

16. 关于对选民身份的检查,第 R.58 条。

17. 关于在选民名单上登记的义务,第 R.59 条。

18. 关于超过 5 000 居民市镇的居民身份证明,第 R.60 条。

19. 关于选民签名及核对,第 R.61 和第 R.62 条。

20. 关于委托投票,第 R.72 和第 R.80 条。

为适用《选举法典》第 R.41 条,国家代表可延迟一个或多个市镇的投票结束时间。

R.1112-7 条 第 2005-1551 号法令,第 2 条,2005 年 12 月 6 日《法国官方公报》2005 年 12 月 13 日

两种式样相同的白纸黑字选票,一种写着"是",另一种写着"否",都由决定公投的地方政权提供,选票数量和在组织公投的地方政权处登记的选民数量相等。选票最迟在投票日前的星期二被送到市镇政府。

在每个投票站,选票和选票信封由投票站主持人负责提供给选民。

在投票当日,决定公投的地方政权可根据需要,补充投票站内的选票数量。

R.1112-8 条 第 2005-1551 号法令,第 2 条,2005 年 12 月 6 日,《法国官方公报》2005 年 12 月 13 日

统计票数和宣布投票结果的运作适用《选举法典》以下条款:

1. 关于组织计票,第 R.63 条。

2. 关于计票员和投票站成员的作用,第 R.64 条。

3. 关于计票员的任命,第 R.65 条。

4. 关于每百个选票信封的分组,第 R.65-1 条。

5. 关于唱票,计数表和把疑似违规选票交付投票站,第 R.66 条。

6. 关于在配备投票机的投票站计票,第 R.66-1 条。

7. 关于《投票现场记录》附件和销毁所有其他选票,第 R.68 条。

8. 关于《投票现场记录》的保留和传递,第 R.70 条。

R.1112-9 条　第 2005-1551 号法令,第 2 条,2005 年 12 月 6 日,《法国官方公报》2005 年 12 月 13 日

投票结果需要由投票站成员在决定公投的地方政权提供的两份《投票现场记录》中会签。拥有权限的议员团体、政党或政治团体的代表应邀在《投票现场记录》所有份数上会签。

《投票现场记录》一经确定,投票结果即由投票站主持人向公众宣布,并负责在投票厅全文张贴。

当选区分散在几个投票站时,先由投票站进行开票,后由每个投票站的主持人和成员将两份《投票现场记录》和附件交给中心投票站,即第一投票站主持人,由他在其他投票站主持人在场的情况下负责总计票。

在任何情况下,每个投票站的最终统计结果和附件,都不得更改。

在选民的参与下,《投票现场记录》摘要一式两份。由第一投票站的成员和议员团体、政党或政治团体的代表在第一投票站,并在其他投票站主持人在场的情况下,共同签字。

R.1112-10 条　第 2005-1551 号法令,第 2 条,2005 年 12 月 6 日,《法国官方公报》2005 年 12 月 13 日

由市镇决定的公投,投票结果由投票站主持人公开宣布,并由市镇长负责立即张贴。

一份《投票现场记录》,连同带有附件的其他投票站的《投票现场记录》,送交大省的国家代表或者地方政权。

R.1112-11 条　第 2013-938 号法令,第 1 条,2013 年 10 月 18 日

大省决定的公投,在投票结束后,由位于大省的计票委员会统一对市镇选票计票。该理事会由 3 名委员组成,主席为在任或荣誉法官,由上诉法院院长任

命,其余二人分别由大省国家代表和大省委员会主席任命。

每个有权组织宣传活动的议员团体、政党或政治团体的代表,可以列席理事会的活动。

统计每个市镇投票结果的、附有签名册、无效票、违规信封和计数表及其他法定附件的一份《投票现场记录》,须立即送交理事会。

R.1112-12 条 第 2005-1551 号法令,第 2 条,2005 年 12 月 6 日,《法国官方公报》2005 年 12 月 13 日

在不涉及投诉的情况下委员会也可以对所有的计票问题进行处理,对选票结果进行必要的更正,并公开宣布投票结果。

委员会的工作最迟在投票第二天的午夜完成。

计票结果以一式两份的方式登记在《投票现场记录》上,并由委员会全体理事会签。

统计每个市镇投票结果的、附有法定附件的一份《投票现场记录》,须送交大省或地方的国家代表。

R.1112-13 条 第 2013-938 号法令,第 1 条,2013 年 10 月 18 日

由大区决定的公投,适用第 R.1112-11 条和第 R.1112-12 条。但第 R.1112-11 条规定的计票委员会,包括一位由地区理事会主席任命的人员,以替代由大省理事会主席任命的人员。

大区每个大省计票委员会的《投票现场记录》,都要立即封存后提交给该地区首府所在大省份的计票委员会主席。

由大区首府所在大省份的计票委员会进行总计票。它不能修改每个大省计票委员会已经确认的计票结果,它应公开宣布统计结果。一份《投票现场记录》,须送交该地区首府所在大省份的国家代表。

R.1112-14 条 第 2005-1551 号法令,第 2 条,2005 年 12 月 6 日,《法国官方公报》2005 年 12 月 13 日

除了科西嘉地区市镇、大省、地区或地方政权决定的公投外,每个市镇的投票结果,都要送达决定公投的地方政权的该计票委员会。

除了第 R.1112-11 条指定的计票委员会主席之外,计票员会还包括 1 名在该地方政权行使监督职能的国家代表任命的人员,以及 1 名由该地方政权行政主席任命的人员。

R.1112-15 条 第 2005-1551 号法令,第 2 条,2005 年 12 月 6 日,《法国官方公报》2005 年 12 月 13 日

任何公职人员或市镇政府工作人员分发议员团体、政党或政治团体的选票的行为,按照第 5 级违法规定的数额缴纳罚金。

R.1112-16 条 第 2005-1551 号法令,第 2 条,2005 年 12 月 6 日,《法官方公报国》2005 年 12 月 13 日

任何印刷含蓝、白、红三色组合的、带有某种目的或宣传性质的海报经营者,都将被罚款 750 欧元。

R.1112-17 条 第 2005-1551 号法令,第 2 条,2005 年 12 月 6 日,《法国官方公报》2005 年 12 月 13 日

任何明显持有武器进入投票区域的人,都将按照第 4 级违法规定的数额缴纳罚金。

第二节 咨询选民

R.1112-18 条 第 2005-1551 号法令,第 2 条,2005 年 12 月 6 日,《法国官方公报》2005 年 12 月 13 日

咨询选民的组织活动适用规定地方公投的第 R.1112-1 条至第 R.1112-17 条,但第 R.1112 条的最后 2 款被下述条款取代:

相关文件尤其应包括作出咨询决定的决议,并把决策大会成员的在决议期间所提出的相关意见,以及咨询内容的通知书列为附件。

第三章 试 验(略)

第四章 财政自治(略)

第五章　地方政权的涉外活动

第一节　公益团体

D.1115-1 条　第 2005-1551 号法令,第 2 条,2005 年 12 月 6 日,《法国官方公报》2005 年 12 月 13 日

第 L.1115-2 条所述的公益团体适用本节规定,这些公益团体的目的是实施和管理欧盟成员国地方政权跨地区和跨境的合作计划和项目。

D.1115-2 条　第 2005-1551 号法令,第 1 条,2005 年 12 月 6 日《法国官方公报》2005 年 12 月 13 日

该团体由团体的创设协议加以规定。

协议特别规定了团体各方的权利和义务,以及团体及其机构的运作规则。

协议须提交内政部长和预算部长批准。

D.1115-3 条　第 1 条第 2005-1551 号法令,2005 年 12 月 6 日,《法国官方公报》2005 年 12 月 13 日

公益团体自按照第 D.1115-2 条规定被批准在《法国官方公报》上刊登起,即享有法人资格,同时被刊登的还有团体创设协议摘要。

被刊登的内容尤其涉及:

1. 团体的名称和目的。

2. 其成员的身份和国籍。

3. 团体的地址。如果团体含有第 L.5621-1 条所指的跨地区协议,公益团体的地址须与协议规定的地址在同一地区。

4. 合同期限。

5. 团体覆盖的地理区域的界限。

对该团体组成协议可能的修改,以及批准这些修改的决定,应在相同条件下予以公布。

D.1115-4 条　第 2005-1551 号法令,第 1 条,2005 年 12 月 6 日,《法国官方公报》2005 年 12 月 13 日

大区区长是公益团体的政府督察。

大区区长的政府督察职责可以由他人代理行使。

政府督察出席团体所有决策机关和管理的会议。

政府督察传递团体的所有文件、有权出入属于团体或团体使用的场所,有权否决中止 15 天有关团体存在或运作的决定。在此期间,作出中止决定的权力机关应进行重新审查。

D.1115-5 条　第 2014-552 号法令,第 2 条,2014 年 5 月 27 日

1955 年 5 月 26 日关于国家经济和财政控制的法典编纂和调整的第 55-733 号法令第二编,以及在必要时,1953 年 8 月 9 日关于国家对国有企业和某些经济和社会机构控制的第 53-707 号法令,适用于受第 D.1115-1 条规范的、包括国家在内,或包括至少一个依照上述法令受国家经济和财政控制的机构、企业或公共机构在内的团体。

在这种情况下,公益团体的预算主管应是大区的公共财政主任,他可以让人来代表他行使这个职能。

大区区长可以让人代表他行使国家代表的这个职能。

D.1115-6 条　第 2012-1247 号法令,第 12 条,2012 年 11 月 7 日

团体的财政管理应按照私法规定设置和管理,但以下三种情况除外:

1. 组成团体的合同另有规定的。
2. 团体完全由法国的公法法人组成。
3. 当团体负责受益于欧洲资助计划的后续和管理工作。

在上述三种情况下,适用 2012 年 1 月 26 日关于公益团体的第 2012-91 号法令第 7 条第 1 款。

在这种情况下,该团体的会计人员应由预算部长的政令任命。

D.1115-7 条　第 2005-1551 号法令,第 1 条,2005 年 12 月 6 日《法国官方公报》2005 年 12 月 13 日

团体自身的聘用人员,须经政府督察批准。相对于由政府派遣的或者隶属于团体的工作人员他们只是辅助人员,并且只针对那些其技术能力对于团体的专项活动而言不可或缺的人员。

如此招聘的人员,其受聘时间最多等同于团体的存续期间,不具有在参与团体的机构和地方政权中后续就业的特殊权利。

第二节　国家权力下放合作委员会

R.1115-8 条　第 2017-939 号法令,第 2 条,2017 年 5 月 10 日

第 L.1115-6 条规定的国家权力下放合作委员会由总理任主席,若其缺席,则由外交部长任主席。

它每年至少召开 2 次全体会议。

除主席外,该委员会有 44 名成员,其中包括:

1. 地方政权和相关地方政权涉外活动协会的 14 位代表,以及有表决权的 14 位国家代表。

2. 由外交部长任命的、与地方政权或法语国家涉外活动相关的公共机关、协会或机构的有咨询权的 12 位代表。

3. 在地方发展和国际合作领域有专业资格的、有咨询权的 4 位代表。

总理在按照第 R.1115-9 条第 1 款涉及的地方政权的代表中,在代表们的推荐下,任命一位委员会副主席。

R.1115-9 条　第 2017-939 号法令,第 3 条,2017 年 5 月 10 日

一、总理通过政令任命地方政权的代表,代表任期 3 年,可续任。他们任期的期限不得超过他们被选职位的任期。他们是:

1. 法国大区协会推荐的、科西嘉地区和地方政权的 3 位代表。

2. 法国大省大会推荐的 3 位大省代表。

3. 法国市镇长协会推荐的 3 位市镇代表。

4. 法国市镇长协会推荐的 1 位市镇团体代表。

5. 法国大区协会推荐的、法属圭亚那和马提尼克海外地区的 1 位代表。

6. 法国大省大会推荐的、法国海外大省的 1 位代表。

二、第 R.1115-8 条第 1 款涉及的协会,由法国城市联合会主席或其代表,以及法国欧洲市镇和地区理事会主席或其代表,予以代表。

三、国家代表包括:

1. 外交部长的 2 位代表。

2. 内政部长的 1 位代表。

3. 权力下放部长的 1 位代表。

4. 发展部长的 1 位代表。

5. 经济部长的 1 位代表。

6. 教育部长的 1 位代表。

7. 外贸部长的 1 位代表。

8. 文化部长的 1 位代表。

9. 海外部长的 1 位代表。

10. 青年部长的 1 位代表。

11. 农业部长的 1 位代表。

12. 生态部长的 1 位代表。

13. 国土平等部长的 1 位代表。

R.1115-10 条　第 2006-529 号法令,第 3 条,2006 年 5 月 9 日,《法国官方公报》2006 年 5 月 27 日

根据第 R.1115-9 条第 1 款任命的每名正式成员应有 1 名在相同条件下任命的候补成员。

候补成员只有在正式成员缺席的情况下,才能出席会议并投票。

R.1115-11 条　第 2017-939 号法令,第 4 条,2017 年 5 月 10 日

由总理政令任命的、第 R.1115-8 条规范的专业资格代表任期 3 年,可续任,其中 2 名代表由外交部长推荐,1 名由内政部长推荐,1 名由权力下放部长推荐。

R.1115-12 条　第 2006-529 号法令,第 5 条,2006 年 5 月 9 日《法国官方公报》2006 年 5 月 27 日

该委员会委员有权报销差旅费。

R.1115-13 条　第 2017-939 号法令,第 5 条,2017 年 5 月 10 日

该委员会为地方政权及其组织收集和公布根据第 L.1115-1 条到第 L.1115-5 条确定的、涉及地方政权涉外活动的信息。它可提出相关的建议,也可就任何相关的法律或政令的草案提供咨询。

R.1115-14 条 第 2014-1403 号法令,第 5 条,2014 年 11 月 25 日

国家权力下放合作委员会秘书处及其常务委员会,由总理任命的秘书长主持。在相同条件下任命的 1 名总报告人,负责协助这两个机构的工作,并参加国家权力下放合作委员会及其常务委员会的会议。

R.1115-15 条 第 2014-1403 号法令,第 6 条,2014 年 11 月 25 日

国家权力下放合作委员会设常委会,由委员会副主席、科西嘉地区和地方政权代表 1 名、大省代表 1 名、市镇代表 1 名、巴黎大区代表 1 名、法国欧洲市镇和地区理事会代表 1 名、外交部长代表 1 名、内政部长代表 1 名、权力下放部长代表 1 名、发展部长代表 1 名、法国开发署代表 1 名组成。

常委会由外交部长或其代表任主席,由其决定委员会的工作计划。

R.1115-16 条 第 2014-1403 号法令,第 7 条,2014 年 11 月 25 日

国家权力下放合作委员会依照其常委会的提案,通过内部规章。委员会可以按照内部规章设立若干工作组。

国家下放合作委员会设立经济理事会,经济理事会成员尤其应包括经济界的代表,其组成和运作规则由内部规章规定。

第二卷　对地方政权以及它们的团体
有管辖权的国家机构(略)

第三卷　地方政权、组织及团体的财产(略)

第四卷　地方公共服务(略)

第五卷　经济条款(略)

第六卷　金融和财政条款（略）

第七卷　适用于马约特岛的特别条款（略）

第八卷　法属波利尼西亚的市镇

第一编　一般条款

单一章

D.1811-1 条　第 2008-1020 号法令，第 1 条，2008 年 9 月 22 日

为实施本法典第一部分有关法属波利尼西亚市镇的法规：

1. 用"法属波利尼西亚共和国高级专员"取代"大省或政权的国家代表，大区警察总监和大区区长，大区警察署"。

2. 用"国土审计法庭"取代"大区审计法庭"。

3. 考虑到当地货币与欧元的对价，用当地货币的等值数额取代欧元数额。

第二编　自主管理

第一章　选民参与地方决策

第一节　地方公投

D.1821-1 条　第 2008-1020 号法令，第 1 条，2008 年 9 月 22 日

第 L.1112-2 条至第 L.1112-10 条，第 L.1112-15 条至第 L.1112-17 条，适用于法属波利尼西亚的市镇。

为实施第 L.1112-16 条，第 3 款被删除。

第二节　向选民咨询

D.1821-2 条　第 2008-1020 号法令，第 1 条，2008 年 9 月 22 日

第 R.1112-18 条适用于法属波利尼西亚的市镇，但本编的其他条款例外。

用第 L.1112-2 条替代第 L.1112-1 条。

第二章　权力下放合作

D.1821-1 条　第 2008-1020 号法令,第 1 条,2008 年 9 月 22 日
第 L.1115-8 条至第 L.1115-15 条,适用于法属波利尼西亚的市镇。

第二部分　市　镇

第五卷　特别条款

第一编　巴黎、马赛和里昂

第一章　共同条款

R.2511-1 条　第 2000-318 号法令，2000 年 4 月 7 日

巴黎、马赛和里昂的市镇适用有关市镇的法律，但本编法规和其他相关法律除外。

第一节　组　织

R.2511-2 条　第 2000-318 号法令，2000 年 4 月 7 日

在巴黎市区理事会，巴黎理事会理事坐在市区理事会理事前面。在马赛和里昂市区理事会，市镇理事会理事坐在市区理事会理事前面。

巴黎理事会理事和市镇理事会理事按照第 R.2121-4 条规定的固定坐席表就座。

市区理事会理事也按照固定坐席表就座，他们的坐席表按照第 R.2121-4 条规定的市镇理事会理事坐席表确定。

市区理事会理事坐席表的第一部分列出巴黎理事会理事或市镇理事会理事的坐席表，第二部分，是市区理事会理事的坐席表，这份表格要提供给市镇长、市区区长或组合市区区长，并同时送交警察局。这些人都有权对坐席表互相传递或复印。

R.2511-3 条　第 2015-1783 条，第 9 条，2015 年 12 月 26 日

为实施第 L.2511-15 条，市区理事会要按照《城市规划法典》第 R.134-1 条的规定提出意见。

R.2511-4 条　第 2000-318 号法令，2000 年 4 月 7 日

为实施第 L.2511-20 条，第 R.2511-5 条至第 R.2511-16 条适用于以下住宅：

1. 市镇是住宅产权人或使用权人；

2. 按照现行法规或协议规定，市镇拥有分配权或建议分配权的所有住宅，不论产权人是谁。

然而，第 R.2511-16 条并不适用于住宅分配与刚性需求服务或使用服务相关联，尤其是涉及学校运行和教师住宅分配。

R.2511-5 条　第 2000-318 号法令，2000 年 4 月 7 日

由市镇理事会和全体市区理事会通过决议，在既有法规的框架内，确定市镇长和市区区长行使分配权或分配建议权的方法和标准。

R.2511-6 条　第 2000-318 号法令，2000 年 4 月 7 日

如市镇理事会和全体市区理事会无法达成一致，则适用第 R.2511-7 条至第 R.2511-13 条。

R.2511-7 条　第 2000-318 号法令，2000 年 4 月 7 日

市镇理事会征求了全体市区理事会的意见后，通过决议在现行法规的框架内，确定住宅分配或分配建议的一般标准，该标准的制定要考虑由地方住宅规划定义的居住困难或弱势人员的优先权。

R.2511-8 条　第 2000-318 号法令，2000 年 4 月 7 日

对新住宅，位于市区或组合市区的建设组织或管理人组织，向市镇长提交一份通过协议确定的由市镇保留的住宅清单，并由市镇长通知下属的各区长。

由市镇长和市区区长对每项住宅规划进行协商，考虑到这些住宅的类型和特点，对位于市区或组合市区的一半住宅进行数量挑选。如无法达成一致，住宅规划内保留给区的住宅就由主任和区长轮流挑选。

R.2511-9 条　第 2000-318 号法令，2000 年 4 月 7 日

对非适用第 R.2511-8 条的、非市镇直接管理的住宅，位于市区或组合市区的住宅的管理人组织负责在了解空余住宅的情况后，马上通报给市镇长，由市镇长通知下属的各市区区长。

由管理单位宣布的住宅分配或建议分配的决定,由主任和区长轮流作出,除非用其他方式达成协议。

R.2511-10 条　第 2000-318 号法令,2000 年 4 月 7 日

当一项新住宅规划或一个住宅群位于分属几个市区理事会管辖的地段时,住宅在区或组合区之间的分配,就由市镇长在征求了相关市区区长的意见后决定。

然后,第 R.2511-8 条和第 R.2511-9 条应适用于该区或组合区。

R.2511-11 条　第 2000-318 号法令,2000 年 4 月 7 日

位于市镇外的建筑或住宅管理人组织,在同样条件下,向第 L.2511-20 条规定的市镇委员会提供第 R.2511-8 条和第 R.2511-9 条规定的相关信息。

R.2511-12 条　第 2000-318 号法令,2000 年 4 月 7 日

对于市镇作为所有权人的住宅,市镇长要向市区区长或市镇委员会提供第 R.2511-8 条、第 R.2511-9 条和第 R.2511-11 条规定的相关信息。这些住宅的分配和分配建议要按照第 R.2511-8 条至第 R.2511-11 条的规定进行。

R.2511-13 条　第 2000-318 号法令,2000 年 4 月 7 日

对住宅的申请一式二份,以要求接收回执的方式递交给市区政府或市镇政府。申请递交后的 1 个月内,市区区长把其中一份转交给市镇长。

市镇长需要定期把更新过的住宅申请清单交给所有的市区区长以及市镇委员会,但要除去在上一份清单中重复列举或者已经得到满足的请求。

住宅由市镇长、市区区长或者市镇委员会根据现行住宅服务项目以及闲置的住房,在必要时按照第 R.2511-7 所规定的条件,分配或者建议分配给申请清单上申请户。

R.2511-14 条　第 2000-318 号法令,2000 年 4 月 7 日

在每年初,市镇长都要列出去年住宅分配或分配建议的明细表。该明细表要针对每个区或组合区以及市镇辖区外的住宅区,列出已经分配或建议分配的新住宅和空余住宅的数量,以及这些住宅依照不同类型的分配情况。市区区长应在最近召开的市区理事会会议上汇报这些信息。

R.2511-15 条　第 2000-318 号法令，2000 年 4 月 7 日

按照第 L.2511-20 条规定成立的市镇委员会包括各区代表各 1 名和相同人数的市镇代表。

委员会的内部规章由委员会全体成员的简单多数决议通过。该规则确定了委员会作出决定和住宅分配建议的相关条件，必要时，需要遵守实施第 R.2511-7 条的相关条件。

R.2511-16 条　第 2000-318 号法令，2000 年 4 月 7 日

在紧急状态或遇到灾难时，市镇长负责对第 R.2511-4 条第 1 款所提及的住宅进行重新安置，这些住宅不在适用本款的考虑之列。

市镇理事会确定每个区或组合区的住宅安置名单和分配条件。为了市区不良住宅的翻新、重建或减少，或者市镇理事会为了履行其他具有社会性质的计划适用本法规定，而导致某些住宅必须被预留时，市镇理事会在咨询了区理事会的意见后，按照区或者区组合来确定重新安置的房屋清单以及分配的条件。但这些对每个市区或组合市区的住宅预留数量，不能超过第 R.2511-4 条第 1 款规定住宅数量的 75%。

R.2511-17 条　第 2000-318 号法令，2000 年 4 月 7 日

希望享有第 L.2511-24 条规定的住宅的协会，住宅申请要提交给市区区长。市区区长负责把这些符合第 L.2511-24 条第 2 款规定的申请进行登记。

R.2511-18 条　第 2000-318 号法令，2000 年 4 月 7 日

市区区长负责把登记的申请和他接下来的处理情况告知区理事会，该份协会的申请名单需要公示。

R.2511-19 条　第 2000-318 号法令，2000 年 4 月 7 日

按照第 L.2511-25 条第 5 款规定，对选举市区区长和他助理提出无效之诉的期限为 5 天，从选举结束后的 24 小时后开始计算。

R.2511-20 条　第 2016-870 号法令，第 7 条，2016 年 5 月 29 日

第 R.2123-1 条至第 R.2123-7 条、第 R.2123-9 条至第 R.2123-11 条、第 R.2123-12 条至第 R.2123-22-1-D 条、第 D.2123-23-1 条至第 D.2123-25 条，适用于市区区长和区长助理以及巴黎、马赛和里昂市镇的市区理事会成员。

R.2511-21 条　第 2003-836 号法令，第 10 条，2003 年 9 月 1 日，《法国官方公报》2003 年 9 月 3 日，2003 年 10 月 1 日生效

为实施第 R.2123-5 条，当选者每季度的工作时间是：

1. 市区区长是 105 小时。

2. 市区区长助理是 52 小时。

3. 市区理事会理事是 10 小时 30 分。

第二节　财政条款

R.2511-22 条　第 2000-318 号法令，2000 年 4 月 7 日

第 L.2511-39 条涉及的第二部分补助额度的分配，依照以下方式进行：

1. 根据市镇理事会依照各市区或组合市区的特点，尤其是区内居民的社会-职业构成，制定的分配标准，50％的贷款分配到各区、组合区或其中的部分区。

为实施上述条款，每个区、组合区内居民的社会-职业构成认定，要考虑到依照上个预算执行年度 7 月 1 日最新人口普查，确定的区内居民中非就业居民的数量。

2. 50％的贷款分配到各区、组合区，依照下列标准：

（1）25％根据每个区、组合区内居民的数量进行分配。

（2）25％根据全部区或组合区每位居民居住税征收净基础数额、每个区或组合区每位居民居住税征收净基础数额，乘以该市区或组合市区的居民数，之间的差额进行分配。

第二章　巴黎市的特别条款

第一节　组　织

R.2512-1 条　第 2000-318 号法令，2000 年 4 月 7 日

巴黎城市的 20 个市区如此命名：

1. 卢浮宫区。

2. 证交所区。

3. 寺庙区。

4. 市政厅区。

5. 先贤祠区。

6. 卢森堡公园区。

7. 波旁宫区。

8. 爱丽舍宫区。

9. 歌剧院区。

10. 大仓库区。

11. 波班古宫区。

12. 罗伊宫区。

13. 葛波兰区。

14. 天文台区。

15. 伏吉拉尔区。

16. 帕西区。

17. 巴蒂尼奥勒-蒙梭区。

18. 布特-蒙马特尔区。

19. 布特-莎蒙区；

20. 梅尼蒙当区。

R.2512-2 条 第 2000-318 号法令, 2000 年 4 月 7 日

巴黎各区的区域划分,是根据 1859 年 6 月 16 日关于巴黎区域扩大的法令附属的 B 地图,及随后的修改文件确定的。

R.2512-3 条 第 2000-318 号法令, 2000 年 4 月 7 日

巴黎各市区街道的划分,是根据 1859 年 11 月 1 日法令附属的地图标识确定的。

R.2512-4 条 第 2000-318 号法令, 2000 年 4 月 7 日

巴黎市社会行动中心,是按照 1969 年 1 月 27 日关于巴黎社会援助局的组织和分配管理规则的第 69-83 号法令第 28 条、1977 年 3 月 24 日关于巴黎社会援助接受的第 77-274 号法令第 22 条和第 25 条，以及 1995 年 5 月 6 日关于巴黎市社会行动中心的第 95-563 号法令第 1 条至第 24 条，进行运作的。

第二节 权 限

R.2512-5 条 第 2000-318 号法令，2000 年 4 月 7 日

巴黎市行政长官实施以下的行政政策：

1. 对理发师职业资格证的发放。
2. 对商业展销会举办的许可。
3. 对普通商店经营或转让的许可。
4. 对安置局的监管。
5. 每周休息日的执勤。
6. 对火车站广场或大楼举办的商业活动或派发物品的许可。

R.2512-6 条 第 2000-318 号法令，2000 年 4 月 7 日

巴黎市长通过政令，确定显示路名、广场名或交通十字路口名的指示牌尺寸和式样，以及房屋所有权人在他们的房产上保留的指示牌的尺寸以及位置，但其无权获得任何补偿。

显示公共道路或广场的指示牌的供应、安装、保养和更新，由市镇负责实施并承担费用。

如果是私人交通道路和广场，它们的指示牌的供应、安装、保养和更新由私人所有权人承担。如果所有权人不履行该义务，市长可以催告他们履行，如果他们还不履行，市镇可以履行，但相关费用和风险由这些不履行义务的所有权人承担。

R.2512-7 条 第 2000-318 号法令，2000 年 4 月 7 日

注明市区编码的显示所有交通路名和广场名的指示牌，要贴放在位于交通路口转角或两条道路出口对面已建或未建的物业上，以及贴放在巴黎市长指定的广场和十字路口。

一块注明顺序编号的指示牌，要贴放在位于交通道路或广场旁边的所有已建或未建的建筑物上,即使该建筑在这些街道以及广场上并无入口。

R.2512-8 条　第 2000-318 号法令,2000 年 4 月 7 日

巴黎市长通过政令,确定建筑物门牌的尺寸和式样,每幢建筑物分配的门牌号,以及确定建筑物所有权人在他们房产上保留的安装门牌的空间尺寸和位置状态。

在道路和公共广场旁边的建筑物上首次提供和安装以及更新门牌的费用由市镇承担,门牌号整体调整的情况下也是如此。保养和替换门牌的费用由建筑物的所有权人承担。如果所有权人不承担,市长可以催告他们承担,如果他们还不承担,市镇可以代为履行,但相关费用和风险由这些不承担费用的所有权人承担。

在私人交通道路和广场旁边建筑物门牌的供应、安装、保养和更新,由私人产权人负责和承担。如果所有权人不履行该义务,市长可以催告他们履行,如果他们还不履行,市镇可以代为履行,但相关费用和风险由这些不履行义务的产权人承担。

R.2512-9 条　第 2000-318 号法令,2000 年 4 月 7 日

当指示公共或私人交通路名或广场名的路牌,或者是放置在位于公共或私人道路或广场旁边的标注了已建或未建的房屋门牌号码的的指示牌,因为所有权人的原因而被遮挡住了,即使是临时性遮挡,所有权人也要负责在市长指定的位置上安装一块新的指示牌,费用和风险由所有权人承担。

R.2512-10 条　第 2000-318 号法令,2000 年 4 月 7 日

对于那些登记在册的、认定为历史建筑物的外墙表面,或那些被巴黎市镇列进考古和艺术档案(第 1 类和第 2 类)的外墙表面,巴黎市长要对每项个案确定治理方案,以便将对建筑和纪念建筑物的法律规定的违反程度降到最低。

刻在或画在建筑物上的、显示公共或私人交通道路名或广场名,或物业牌号的旧指示牌,如果具有历史价值,在任何情况下,都不应该被其他合规的标牌遮挡住。

R.2512-11 条　第 2000-318 号法令，2000 年 4 月 7 日

安装住宅的门牌号，要依照同一条道路的号码顺序，即使该住宅地处若干市区结合部，只能有一个门牌号放在住宅正门。

如果住宅在同一条道路上设有若干门口，该门牌号可以在住宅的其他门口重复放置。如果住宅在不同道路上设有若干门口，其门牌号要按照不同道路上的门牌顺序。

R.2512-12 条　第 2000-318 号法令，2000 年 4 月 7 日

被冠以"郊区"的道路，不管是否构成同一条路名道路的伸延，要按照新的门牌号顺序。

R.2512-13 条　第 2000-318 号法令，2000 年 4 月 7 日

道路门牌号顺序，右侧是双号，左侧是单号。

R.2512-14 条　第 2000-318 号法令，2000 年 4 月 7 日

道路右侧确定：

1. 与塞纳河流向垂直或倾斜的道路，离塞纳河远的通道为右侧。
2. 与塞纳河平行的、顺塞纳河流向的步行通道为右侧。

在岛上，单单凭借流向朝北的河流渠道便能确定道路的位置。

R.2512-15 条　第 2000-318 号法令，2000 年 4 月 7 日

道路的第一个门牌号，不管是单号还是双号，其开始依照：

1. 与塞纳河流向垂直或倾斜的道路，在离塞纳河最近的道路进口处开始，号码离塞纳河循序渐大。

2. 与塞纳河平行的道路，顺塞纳河流向而上的道路进口处开始，号码顺塞纳河流的下游方向循序渐大。

D.2512-15-13 条　第 2013-1113 号法令，第 7 条，2013 年 12 月 4 日

巴黎安全和预防犯罪、毒品、反宗教和对妇女实施的暴力行为的预防理事会，及适用于巴黎的预防犯罪计划，适用《国内安全法典》第一卷第三编第二章第六节的规定。

R.2512-16 条　第 2000-318 号法令，2000 年 4 月 7 日

巴黎工兵-消防大队负责巴黎城市的消防，由此归巴黎警察局长指挥。

D.2512-17 条　第 2000-318 号法令，2000 年 4 月 7 日

国家按照第 L.2512-19 条规定对巴黎工兵-消防大队支出的拨款，按照下列条件进行：

国家每年根据工兵-消防大队的运行支出，依照警察总局特别预算的经营部分收入的预估数的 30% 进行第一次拨款，这些预付拨款分别最迟于 2 月 15 日、5 月 15 日和 8 月 15 日到账。运作费用的余款根据行政账户的结算情况划拨。

D.2512-18 条　第 2009-1347 条，第 1 条，2009 年 10 月 29 日

围绕警察局长成立一个巴黎工兵-消防大队管理咨询委员会。

其由以下成员构成：

1. 巴黎警察局长。

2. 上塞纳大省、塞纳-圣-旦尼大省和马恩河谷大省的警察局长，或他们的代表。

3. 警察署总局的局长和行政秘书长，或他的代表。

4. 巴黎工兵-消防大队总指挥，或他的代表。

5. 巴黎理事会任命的代表巴黎市镇和大省的 6 位理事。

6. 上塞纳大省、塞纳-圣-旦尼大省和马恩河谷大省各大省总理事会任命的每个大省 2 位总理事。

7. 上塞纳大省、塞纳-圣-旦尼大省和马恩河谷大省各大省市长联席会议任命的、代表该大省所有城市的每个大省 2 位市长。

D.2512-19 条　第 2009-1347 条，第 1 条，2009 年 10 月 29 日

巴黎警察局长任咨询委员会主席。在表决数相等时，主席拥有决定性的一票。

咨询委员会应警察局长的动议，每年至少召开 2 次会议。

对于被请求出具意见的文件,咨询委员会可听取警局公务员、警察和工兵-消防大队警官的相关意见。

D.2512-20 条　第 2009-1347 条,第 1 条,2009 年 10 月 29 日

咨询委员会就巴黎警察总署特别预算的使用规定提供咨询意见。

同时,咨询委员会也要对巴黎工兵-消防大队提交的不动产投资项目给出咨询意见。

如果巴黎理事会被要求对本条所规定的预算条款和不动产投资项目进行审议,按照本条的规定所作出的咨询意见必须提交给巴黎理事会。

D.2512-21 条　第 2009-1347 条,第 1 条,2009 年 10 月 29 日

在其管辖范围内,咨询委员会就相关文件进行交流,然后提交给巴黎理事会大会,后者就预算草案的投资部分和经营部分中有关工兵-消防大队的特别预算部分进行表决。

咨询委员会还同时对执行有关工兵-消防大队特别预算投资的文件进行交流。

咨询委员会还要对工兵-消防大队有关不动产投资项目的文件进行交流,尤其是与消防救援中心建设和修缮有关的文件。

咨询委员会还可以对工兵-消防大队的管理提出希望和意见。

R.2512-21-1 条　第 2015-235 号法令,第 4 条,2015 年 2 月 27 日

为实施针对巴黎的本法典第二部分第二卷第二编第五章"火灾的外部预防":

1. 用"警察局长"取代"市镇长"或"大省税收独立的市镇合作公共机构主席"。

2. 用"巴黎工兵-消防大队"取代"大省消防救援服务"。

3. 用"省际火灾外部防御规定"取代"大省火灾外部防御规定"。

4. 在第 R.2225-3 条第 2 款,用"《国防法典》第 R.1321-23 条规定的省际火灾风险分析和覆盖蓝图",取代"《国防法典》第 L.1424-7 条规定的大省火灾风险分析和覆盖蓝图"。

5. 在第 R.2225-3 条，用"《国防法典》第 R.1321-19 条和第 R.1321-20 条"，取代"《国防法典》第 L.1424-2 条"。

6. 在第 R.2225-3 条第 3 款，不适用"在咨询大省消防救援服务管理理事会的意见后"。

7. 不适用第 R.2225-6 条。

8. 在第 R.2225-9 条第 2 款，用"在巴黎警察局长的权力行使下"，取代"在市镇长或大省税收独立的市镇合作公共机构主席的权力行使下，在其管辖权范围时"。

R.2512-22 条　第 2000-318 号法令，2000 年 4 月 7 日

如果巴黎市镇及其公共机构的支出没有通过转账的方式结算，它们就必须用法国国库的支票结算。

如果超过了经济和财政部长规定的金额，支票会被打上删除线。

R.2512-23 条　第 2000-318 号法令，2000 年 4 月 7 日

巴黎市镇的预算包括主要预算和附加预算。

R.2512-24 条　第 2002-644 条，第 1 条，2002 年 4 月 29 日

主要预算包括针对市镇的普通预算和针对巴黎警察总局的特别预算。每种预算都由投资部分和运作部分组成。这两种预算都按照内政部长和预算部长在财政计划框架内联名颁布的政令规定的名目，形成自己的章节和条款。

R.2512-25 条　第 2002-644 条，第 1 条，2002 年 4 月 29 日

市镇普通预算和巴黎警察总局特别预算依照章节被表决。

然而，下列内容的转账都必须经过巴黎理事会的授权：

1. 关于职工酬金的条款。
2. 关于前款不包括的职工津贴条款。
3. 关于补助的条款。

R.2512-26 条　第 2000-318 号法令，2000 年 4 月 7 日

附加预案由一个投资部分和一个运作部分组成。所有主要是用于生产物品或产生对价的服务活动,都要放在附加预算里。附加预算的明细,要按照内政部长和预算部长联名颁布的政令确定。

R.2512-27 条　第 2009-898 号法令,第 6 条,2009 年 7 月 24 日
有关地方利益的共同服务的收支范围:
1. 医疗法律研究所。
2. 警察总局中心实验室(排爆与警察科技除外)。
3. 兽医服务中心实验室。
4. 失物招领。

上述各项都属于巴黎市镇预算范围(警察总署特别预算),在适用第 L.2512-25 条时,会得到上塞纳大省、塞纳-圣旦尼大省和马恩河谷大省按照第 R.2512-28 条和第 R.2512-29 条的规定,提供的一份资助。

R.2512-28 条　第 2013-938 号法令,第 1 条,2013 年 10 月 18 日
第 R.2512-27 条涉及的共同服务开支,可以依照巴黎市镇与上塞纳大省、塞纳-圣旦尼大省和马恩河谷大省签订的协定或协议摊派。各大省可以放弃使用一项或多项服务并停止支付费用。

大省理事会对此的决议只能在该大省通知巴黎市镇后的预算第 3 次执行期开始后生效,除非巴黎市镇与该三大省另有协定,确定快速退出服务的条件。

在前款设定的期限内,或在并无签订上述协定或协议的情况下,共同服务开支,仍继续依照预估税收最近的款项数额,按各方比例摊派。

R.2512-29 条　第 2000-318 号法令,2000 年 4 月 7 日
一个协调委员会负责审查有关第 R.2512-27 条规定的所有服务问题。该委员会对有关共同服务管理的所有决议草案提供咨询,并能够让地方政权承担新的相关支出。

委员会的支出和运行规则,由内政部长颁布政令确定。

R.2512-30 条　第 2000-318 号法令,2000 年 4 月 7 日
当遗体在巴黎公墓下葬,由巴黎市镇长按照第 R.2213-31 条的规定颁发土葬许可证，即使墓地位于巴黎大区以外。

R.2512-31 条　第 2000-318 号法令，2000 年 4 月 7 日

如果出现第 R.2223-13 条涉及的情况，在市镇长或他的代表前往墓地验证放弃特许占用的状态时，可以由警官陪同，或没有警官陪同的话，由宣过誓的墓地监督人员陪同。

R.2512-32 条　第 2000-318 号法令，2000 年 4 月 7 日

第 R.2223-16 条规定的相关布告张贴在墓地寄存处门口。

R.2512-33 条　第 2000-318 号法令，2000 年 4 月 7 日

如果出现第 R.2223-6 条涉及的情况，逝者的姓名还要在依照字母表排列的专门登记册上，予以登记。

登记册存放在安置骨灰龛的墓地寄存处办公室内，该登记册在装订、纸张以及墨水方面，应当提供与民事身份登记册相同的牢固性和期限保证。

登记册要制作两份正本，既要被保管在原先的墓地寄存处，又要被保管在骨灰龛存放的墓地寄存处。

R.2512-34 条　第 2000-318 号法令，2000 年 4 月 7 日

警察局长执行第 R.2213-32 条和第 R.2213-22 条赋予检察局的权限。

R.2512-35 条　第 2011-121 号法令，第 56 条，2011 年 1 月 28 日

警察局长执行第 2213-2-2 条、第 R.2213-5 条、第 R.2213-7 条、第 R.2213-13 条、第 R.2213-14 条、第 R.2213-21 条、第 R.2213-29 条、第 R.2213-40 条、第 R.2213-44 条、第 R.2223-78 条和第 R.2223-95 条赋予市镇长的权限。

按照第 R.2213-10 条提供的意见和按照第 R.2213-44 条制作的《现场记录》，要提交给警察局长。

R.2512-36 条　第 2010-917 号法令，第 10 条，2010 年 8 月 3 日

如果出现第 R.2213-45 条涉及的情况，放在棺木上的 2 个蜡封信封须加盖警署印章。

第三章　马赛和里昂市镇适用的特别条款

第一节　组　织

D.2513-1 条　第 2000-318 号法令，2000 年 4 月 7 日

按照 1946 年 10 月 18 日第 46-2285 号法令附录的区图标和地图，马赛被划分为 16 个市区。

R.2513-2 条　第 2000-318 号法令，2000 年 4 月 7 日

马赛市镇社会行动中心，按照 1995 年 5 月 6 日关于市镇和市镇间社会行动中心暨合作市镇的市镇社会行动中心的第 95-562 号法令第 39 条和第 40 条运行，适用关于马赛和里昂市镇社会行动中心的特别条款。

D.2513-3 条　第 2000-318 号法令，2000 年 4 月 7 日

按照 1964 年 8 月 12 日第 64-846 号法令附录的地图，里昂市区被划分为 9 个市区。

R.2513-4 条　第 2000-318 号法令，2000 年 4 月 7 日

里昂市镇社会行动中心，按照 1995 年 5 月 6 日关于市镇和市镇间社会行动中心暨合作市镇的市镇社会行动中心的第 95-562 号法令运行，适用关于马赛和里昂市镇社会行动中心的特别条款。

第二节　权　限

R.2513-5 条　第 2015-1564 号法令，第 2 条，2015 年 11 月 30 日

一、马赛海军消防营是按照《国内安全法典》第 L.721-2 条设置的、针对民事安全任务的、拥有国家海军特殊领土管辖权的常设训练营。它按照下列条件执行第 L.2513-3 条规定的、第 L.1424-2 条涉及的任务：

1. 按照第 L.2513-3 条第 1 款，在市镇领土上以及在马赛港内，要依照海军的指挥、依照它的命令行事。

2. 按照第 L.2513-3 条第 2 款和《海港法典》，在马赛自治港直接开发的港口低洼地和设施范围内,要在拥有管辖权的警方指挥下行事。

3. 按照第 L.2513-3 条第 2 款和《民事航空法典》,在马赛-普罗旺斯-马里尼亚纳机场的跑道、停机坪上,在机场负责管理的机场技术设施和必要的机场运行大楼区域内,以及在机场相邻区域内的水域上,要在拥有管辖权的警方指挥下行事。

它要保证第 L.2513-3 条第 3 款规定的、在享有服务机构负责人指挥下的、在机构区域内的各项任务。该款规定的享有服务的费用,由要求享有服务的机构或组织承担。

二、这些任务的实施将结合上述条款的规定以及确定大省级消防救援服务作用的全部规章性文件,来共同加以保证。

三、马赛海军消防营在它的管辖区域内,同样会参与到有关消防救援培训评定或公众对民事安全技术或职业敏感度的活动中去,进行有关的教育和评判工作。

四、马赛海军消防营在它的管辖区域内,同样会按照《国防法典》第 R.1321-5 条的规定,对国家海域代表提供援助。

R.2513-6 条 第 2007-449 号法令,第 1 条,2007 年 3 月 25 日,《法国官方公报》2007 年 3 月 28 日

马赛海军消防营的命令,由海军军官团的一名总指挥官负责作出。马赛海军消防营的指挥官,可以委托他的助理们,在他们各自负责的领域内,代表他签字。

马赛海军消防营的地位:

1. 涉及工作岗位,由马赛市长在其决定消防救援的岗位分配的权限内进管辖。

2. 涉及组织,由负责地中海海域的总指挥官指挥。

它的具体编制,由国防部长根据马赛理事会审议通过的请求确定。

它对第 R.2513-5 条规定区域外的干预,要由法国内政部长、法国南方防御区的警察总局或罗纳河口大省警察总局的共同决定来确定。

R.2513-7 条 第 2007-449 号法令,第 1 条,2007 年 3 月 25 日,《法国官方公报》2007 年 3 月 28 日

马赛市市长可以委托马赛海军消防营指挥官代表他签字。在后者缺席或有阻却事由的情况下，委托指挥官指定的代签人，或必要时，委托指挥官的其他助理代签。

R.2513-8 条　第 2007-449 号法令，第 1 条，2007 年 3 月 25 日，《法国官方公报》2007 年 3 月 28 日

马赛海军消防营指挥官，在第 L.2513-3 条第 2 款和第 3 款规定的管辖权内，在第 R.2513-5 条确定的任务中，根据罗纳河口大省警察局长按照第 L.1424-4 条颁发的、发表在大省行政命令汇编上的命令规定的操作规则，承担所有消防救援方法的实施。

在上述管辖区域内，第 R.1424-43 条规定的消防救援操作命令归属于马赛海军消防营指挥官。

该命令可以由某位军官、海军军官或海军消防营军官，依照操作规章下达。

R.2513-9 条　第 2012-351 号政令，第 19 条，2012 年 3 月 12 日

马赛海军消防营参加《国防法典》第 L.1321-2 条规定的关于民防措施和《国内安全法典》第 L.741-1 条至第 L.741-6 条规定的关于救援组织规划措施的拟定和实施。

操作规章确定了马赛海军消防营和大省消防救援服务组织，在操作形势需要时，把支援力量划归警方指挥的所有条件。

R.2513-10 条　第 2007-449 号法令，第 1 条，2007 年 3 月 25 日，《法国官方公报》2007 年 3 月 28 日

马赛海军消防营由参谋部、干预部队、服务部队、支援部队、训练部队，包括海军消防学校，以及卫生与医疗救助服务部门组成。

国防部长在咨询了马赛市镇理事会的意见后，颁发政令，详细规定培训的操作组织和管理方法。

R.2513-11 条　第 2007-449 号法令，第 1 条，2007 年 3 月 25 日，《法国官方公报》2007 年 3 月 28 日

马赛海军消防营卫生与医疗救助服务部门，在其管辖范围内，参与第 L.

1424-2 条规定的任务。

由此，它特别对诸如《公共卫生法典》第 L.6311-1 条规定的急性医疗处理提供支援。

卫生与医疗救助服务部门同样为签订军队合同的军事或民事人员提供体能、清洁和预防方面的药物，以及急救性和治疗性药物。

它也参加针对人员抢救的职工培训。

对于由负责军队健康以及医疗救助任务的军医的职责，民事医生也可以提供协助。

D.2513-15 条　第 2007-449 号法令，第 2 条，2007 年 3 月 25 日，《法国官方公报》2007 年 3 月 28 日

根据第 L.2513-4 条的规定，为了应对风险的一项补充经费转给马赛海军消防营的海军消防官兵的限定范围，由经济和财政部长、国防部长和内政部长联名颁布的政令确定。

第三部分　大　省

第一卷　大省的组织

第一编　大省的名称和地域（略）

第二编　大省的机构（略）

第三编　由大省权力机关所实施的行为的法律制度（略）

第四编　大省和国家的关系

第一章　国家提供服务（略）

第二章　国家服务与大省服务的协调

第一节　大省投资协调会议

D.3142-1条　第2000-318号法令，2000年4月7日

除了大省理事会主席和省长之外，大省投资协调会议成员还包括：

1. 少于2000名居民的市镇市镇长联席会议任命的少于2000名居民的市镇的3位市镇长。

2. 多于2000名居民的市镇市镇长联席会议任命的多于2000名居民的市镇的3位市镇长。

3. 市镇单位主席联席会议任命的2位市镇单位主席。

D.3142-2条　第2000-318号法令，2000年4月7日

市镇长和市镇组合的主席的任期为3年。可以续任。

一旦他们不再担任被任命的职务，他们就不再是大省投资协调会议成员。

D.3142-3 条　第 2000-318 号法令,2000 年 4 月 7 日

市镇长和市镇组合主席按最大平均比例代表制选出。投票按照候选人的完整名单,不得增加或删除名字,也不得改变介绍候选人顺序。候选人名单,按照省长咨询大省理事会主席的意见后颁发政令所确定的日期送交省政府。该政令同时确定了选票送交省政府的期限。

任何人不得成为不同类别选举的候选人。

D.3142-4 条　第 2000-318 号法令,2000 年 4 月 7 日

选举通过邮递方式进行。选票通过挂号信寄给省长。每张选票套在 2 个信封中:内信封不得含有任何识别记号。外信封应标有"大省投资协调会议成员选举"字样,标明当事人所属的选区、当事人的姓名、身份和签名。

选票由一个委员会负责统计,委员会包括:

1. 省长、委员会主席。
2. 理事会主席和省长指定的一位市长。

由省政府的一位公务员担任委员会秘书长。

每张名单的一位代表可以监督开票运作。

在票数相等的情况下,最年长的候选人当选。

选举结果由省长公布。选举结果可以在公布结果后的 10 天内,在行政法院,被所有选民、候选人和省长提出异议。

D.3142-5 条　第 2000-318 号法令,2000 年 4 月 7 日

大省投资协调会议每年至少召开 2 次。由理事会主席和省长共同颁发政令确定的会议通知和议程,至少在会议召开的 15 天前送达与会者。

此外,在理事会主席、省长或会议大多数成员的要求下,大省投资协调会议可以预先确定会议议程。

大省投资协调会议可以倾听可能向它提供有用信息的任何人的意见。大省投资协调会议的审议过程被记录在《会议现场记录》中,并由理事会主席和省长共同签字;《会议现场记录》的复印件送交给每位会议成员。

第二卷 大省行政和服务（略）

第三卷 大省财政（略）

第四卷 部分大省适用的特别条款（略）

第五卷 适用于马约特大省的规定（略）

第六卷 里昂大都会区

第一编 一般条款（略）

第二编 地域范围和首府（略）

第三编 组织（略）

第四编 管辖权（略）

第五编 财产和人员（略）

第六编 财政和会计条款

第一章 预算和账户

D.3661-1条 第2014-1626号法令，第1条，2014年12月24日

预算从1月1日始到12月31日执行。

D.3661-2条 第2014-1626号法令，第1条，2014年12月24日

预算执行期限，将被限制在该预算被用于对支出通知付款以及对收入凭证进行发放的年度内。

然而，该期限还包括一个补充期限，即至下年的 1 月底。本款并不适用于仅仅与预算投资部分相关的操作。

D.3661-3 条　第 2014-1626 号法令，第 1 条，2014 年 12 月 24 日
按性质表决的预算各章，相对应于：
1. 投资部分：
（1）每个账户，在第 1 类和第 2 类中，按其性质用两位数命名，除了下列账户："延期留存""执行结余""风险和负担金""不动产项目差别""不动产分配、出售、出租或使用""不动产折旧"和"不动产贬值"。
（2）每一个总体化章节。
（3）决策大会表决的每项操作。该操作包含一整套的不动产购置、不动产修缮、相关研究费用，最终实现一项或几项相同性质的工程。该操作也可包括对设备补贴的支付。
（4）依照"RSA"加密算法计算的总体化收支章节，要分别显示社会互助捐款收入投资的所有收支情况。
（5）对第三方账户的每笔交易。
（6）"已付设备补贴"账户。
（7）标题为"经营部分付款"的收入。
（8）标题为"固定资产处置所得"的收入。
（9）标题为"非预见支出"章，该章仅含无贷款支出的项目授权。
最后三章仅包括未予实施的预估。
2. 经营部分：
（1）每个账户，在第 6 类和第 7 类中，按其性质用两位数命名，除了属总体化章节中的每个账户。
（2）总体化预算的每一章。
（3）依照"RSA"加密算法计算的全部收支章节，要分别显示社会互助捐款收入经营的所有收支情况。
（4）依照"APA"自增益算法计算的全部收支章节，要分别显示自主就业个人津贴经营的所有收支情况。
（5）标题为"直接税"账户的收入。

（6）标题为"议员团组经营费用"账户的支出。
（7）标题为"向投资部分付款"的支出。
（8）标题为"非预见支出"章，该章仅含无贷款支出的承诺授权。
最后两章仅包括未予实施的预估。

D.3661-4 条　第 2014-1626 号法令，第 1 条，2014 年 12 月 24 日
依照性质表决的预算，预算的每条都要和按照第 L.3661-5 条颁布的政令规定的命名的最细分类相对应，政令对所有项目、项目编号、第三方账户交易、交易编号，都有补充规定。
题目为"非预见支出""经营部分付款""向投资部分付款""不动产转让所得"的章节不含条款。

D.3661-5 条　第 2014-1626 号法令，第 1 条，2014 年 12 月 24 日
按功能表决的预算各章，相对应于：
1. 投资部分：
（1）归属第 90 组"分别估价交易"的分别估价的收支，要依照功能命名的 10 种命名编号，来补充命名。
（2）依照"RSA"加密算法计算的特别收支章节，要分别显示社会互助捐款收入投资的所有收支情况。
（3）对非分别估价的收支部分，放在非分别估价的章节里。
（4）标题为"经营部分付款"的收入。
（5）标题为"不动产转让所得"的收入。
（6）标题为"非预见支出"章，该章仅含无贷款支出的项目许可。
最后三章仅包括未予实施的预估。
2. 经营部分：
（1）归属第 93 组"个体服务"的分别估价的收支，要依照功能命名的 10 种命名编号，来补充命名。
（2）全部预算的每一章。
（3）依照"RSA"加密算法计算的特别收支章节，要分别显示社会互助捐款收入经营的所有收支情况。

(4) 依照"APA"自增益算法计算的特别收支章节,要分别显示自主就业个人津贴经营的所有收支情况。

(5) 对非分别估价的收支部分,放在非分别估价的章节里。

(6) 标题为"向投资部分付款"的支出。

(7) 标题为"非预见支出"章,该章仅含无贷款的承诺许可的支出。

最后两章仅包括未予实施的预估。

D.3661-6 条　第 2014-1626 号法令,第 1 条,2014 年 12 月 24 日

按功能表决的预算各条,相对应于:

1. 投资部分:

(1) 归属第 90 组"分别估价交易"的收支分别估价,要依照功能命名的最细分类来补充命名。

(2) 对非分别估价的收支部分,放在非分别估价的章节里,并要依照性质命名的最细分类来补充命名。

题目为"非预见支出""经营部分付款"和"不动产转让所得"的章节,不含具体条款。

2. 经营部分:

(1) 归属第 93 组"个体服务"的收支分别估价,要依照功能命名的最细分类来补充命名。

(2) 对非分别估价的收支部分,放在非分别估价的章节里,并要依照性质命名的最细分类来补充命名。

题目为"非预见支出"和"向投资部分付款"的章节,不含具体条款。

D.3661-7 条　第 2014-1626 号法令,第 1 条,2014 年 12 月 24 日

按照第 L.3661-2 条规定提交的报告综合了里昂大都会区建立在相关评估、文件和总结基础上的大区各地方政权的可持续发展状况。

对照《环境法典》第 L.110-1 条第 3 款规定的五个可持续发展目标,该报告包括了下列内容:

1. 对资产、经营和地方活动进行管理的活动总结。

2. 对大区公共政策、实施方向和实施项目的总结。

这些总结还包括对总结方法、实施方法、评估活动方法、公共政策和各个项目的分析。

这些分析可以以地方可持续发展项目,以及按照 2010 年 7 月 12 日关于国家对环境的承诺的第 2010-788 号法律第 254 条第 2 款规定的 21 条地方议程的参考框架为基础来完成。

D.3661-8 条　第 2014-1626 号法令,第 1 条,2014 年 12 月 24 日

里昂大都会区理事会选择按预算性质或预算功能表决大区的预算。

D.3661-9 条　第 2014-1626 号法令,第 1 条,2014 年 12 月 24 日

根据第 L.3661-5 条第 1 款的规定,要在以功能命名的预算最细分类和按性质分类的预算账户之间进行交叉提交,用四位数代表工作人员的薪酬账户,用三位数代表其他账户。用以功能命名的预算最细分类和以性质命名的预算最细账户之间的交叉,来代表行政账户。

预算按功能分类的交叉提交,不适用于大区公共机构组织的或列在预算附表上的单一活动性质的公共服务。

D.3661-10 条　第 2014-1626 号法令,第 1 条,2014 年 12 月 24 日

项目许可或承诺许可及可能对其进行的修改,由里昂大都会区理事会主席提交大都会区理事会。理事会通过执行预算或修改决定时,对这些许可进行表决。

大都会区理事会按预算的章,必要时,按节对项目许可和承诺许可进行确定。

项目的授权对应于与里昂大都会区取得或实现的一套不动产或对象确定的不动产相关的多年度支出,或者向第三方支付的设备补贴。

大都会区理事会主席在对行政账目表决时提交的多年度管理总结,尤其要明确对项目许可和承诺许可的覆盖率,并附带一份关于项目许可和承诺许可当前状况的说明,须按照地方政权事务部长和预算部长联名颁布的政令规定的计算方法和提交方式进行总结。

D.3661-11 条 第 2014-1626 号法令,第 1 条,2014 年 12 月 24 日

一、预算执行结束时,投资部分的融资需求或盈余,由去除未完成项目后所剩余额来体现。

投资部分的余额,要和收入项目金额与委托支出金额之间的差额相对应,包括在必要时对收支的削减和取消,以及由于先前的延期执行造成的差额增加或减少。

预算执行结束时投资部分停止执行的未完成项目,要与非委托的承诺支出和未对项目发放的部分收入相对应。

二、经营部分的结算要和执行盈余或赤字相对应。为了准确确定,需要和先前延期的结算作累计,但不包括未完成项目。

预算执行结束时经营部分停止执行的未完成项目,要与非委托、非关联的承诺支出,以及未对项目发放的、非关联的部分收入相对应。这些未完成项目被延至下一年度的预算执行中。

D.3661-12 条 第 2014-1626 号法令,第 1 条,2014 年 12 月 24 日

在盈余的情况下,按照第 L.3661-11 条第 2 款规定的结算分配:

1. 在上年度预算执行结束时,要把对投资部分融资需求的储备金放在首位。
2. 要把延期经营盈余或补充补助额度的储备金,作为余额。

如果出现赤字,可算作经营支出的增加。

对储备金的分配,由决策大会审议通过的预算结果重新计入的决定的执行,以发放收入凭证的方式进行。对盈余部分进行分配的决议将会以结果重新计入的预算决定和行政运行账户为基础来作出,以对收入加以证明。

D.3661-13 条 第 2014-1626 号法令,第 1 条,2014 年 12 月 24 日

对下一财政年度预算表决当日还没有表决通过行政账目的情况下,当经营部分的结算、融资需求或必要时,加上投资部分盈余和分配预测,按照第 L.3661-11 条第 3 款的规定,被提前延期进行,提交的预算会在预算附件中的结算预测计算表中的所得来证明。

该计算表和预算执行结算表格,在会计师的监制下,由预算制订人员制作。如果对下一财政年度预算表决当日完成计数表和预算执行结算表格的话,还要

附上管理账目,或是支付最近的项目和委托明细表后的资产负债表。

预算制订人员要在 12 月 31 日预算执行结束时,对未完成的项目作状况说明。经营部分的未完成项目要提前延期到再结算的预算中去。

D.3661-14 条　第 2015-1546 号法令,第 2 条,2015 年 11 月 27 日

为实施第 L.3661-12 条,当预算投资部分有盈余时,可以在经营部分再获取:

1. 在没有明示用作投资的情况下,作为赠与或遗产的固定资产出让所得。

2. 出售预算投资项目的所得。该所得的再获取仅限于最初用经营部分的收入作投资的投资项目。

此外,按照第 R.2311-12 条第 2 款规定,来自储备金补充补助额度的、由行政账户连续两年确认的投资部分的盈余,可以在经营部分再获取,以促成平衡。

如前款所列条件没有同时具备,因特殊情况和外界原因,地方政权可以要求预算部长和地方政权事务部长对预算执行作出联合决定,以再获取对预算作首次表决时,属经营部分的投资部分预测盈余。

不管怎样,对盈余的再获取,需要获得里昂大都会区理事会的决议,以明确盈余的来源和对具体数额进行评估的条件。

D.3661-15 条　第 2014-1626 号法令,第 1 条,2014 年 12 月 24 日

按照第 L.3661-15 条第 1 款第 1 项规定制作的里昂大都会区财政状况的综合数据,包括下列比例:

1. 实际经营支出/人口。

2. 实际经营收入/人口。

3. 设备毛支出/人口。

4. 未清偿的负债/人口。

5. 经营补助总额/人口。

6. 员工支出/实际经营支出。

7. 实际经营支出和资金债务年偿还额/实际经营收入。

8. 设备毛支出/实际经营收入。

9. 负债/实际经营收入。

10. 储蓄总额/实际经营收入。

如果里昂大都会区享有第 L.2334-7 条第 3 款规定的定额补助额度,财政综合数据还要包括次要住所的数量。

D.3661-16 条　第 2015-1895 号法令,第 1 条,2015 年 12 月 29 日

一、为实施第 D.3661-15 条:

1. 被考虑的人口是大区市镇总人口,属大区市镇的人口要分开计算,总人口应是里昂大都会区预算文件制作时的最近人口普查结果。

2. 实际经营支出是指实际运作的预算执行总和。然而,为实施该条第 1 款第 1 项,不包括投资部分的移交治理工程支出。为实施该条第 1 款第 7 项,也不包括治理工程支出和投资部分的已移交费用。

3. 实际经营收入是指实际运作的预算执行经营收入总和。

4. 设备毛支出包括购买动产和不动产、在建工程、无形资产的不动产化、投资工程和代表第三方交易的支出。

5. 资金债务年偿还额是指对最终借款的偿还。

6. 未清偿的负债是指借款和中长期负债的累计。

当大区要提前支付还款时,当它还享有 2013 年 12 月 29 日第 2013-1278 号法律第 92 条创立的 2014 年财政税款资助基金的资助时,大区可以从这笔未清偿的负债中扣除资助基金上的未偿债务金额。

7. 储蓄总额是指实际经营收入与实际经营支出的差额。

二、大区财政状况的综合数据,要附在与其有关联的最初预算和行政账目之后。此外,在提交最初预算时需要付诸表决的最近行政账户数据,也要附上。

D.3661-17 条　第 2014-1626 号法令,第 1 条,2014 年 12 月 24 日

第 L.3661-15 条所规定的财政文件附件包括:

一、需要附在预算和行政账户之后的:

1. 累计借款和负债状况的表格。

2. 支出状况说明。

3. 亏损方法说明。

4. 财政交易平衡说明。

5. 投资转移的费用状况说明。

6. 代表第三方的交易融资方式说明。

7. 提供和接受承诺的说明。

8. 对特殊配置受限收入的使用说明。

9. 工作人员的状态。

10. 里昂大都会区所属的所有团体组织的名单。

11. 里昂大都会区创建的机构或服务部门的清单。

12. 显示直接捐款决定的表格。

二、仅附在行政账户之后的：

1. 固定资产变动状况表。

2. 反映增值税服务的收支金额状况介绍，不与一般预算分开介绍。

D.3661-18 条 第 2014-1626 号法令，第 1 条，2014 年 12 月 24 日

第 L.3661-16 条所提到的需要核证的账户，有账户核证义务的组织由监事会核查，无账户核证义务的组织由组织主席核查。

第二章　收　入

第一节　税收和固定收费（略）

第二节　国家财政资助（略）

第三节　税收资源的均衡（略）

第四节　投资部分的收入

D.3662-1 条 第 2014-1626 号法令，第 1 条，2014 年 12 月 24 日

为实施第 L.3662-9 条，不动产出让价值和账目净值之间的差价，必须在记入经营部分结算之前，记入预算投资部分。

为实施同一条款，这些储备不会列为预算投资部分的贷款计入。

然而，里昂大都会区理事会可以通过专门审议，决定将这些储备列为预算投资部分通过预算交易获得的收入。在这种情况下，后续提取这些储备会按投资部分的支出和经营部分的同等收入计入。

里昂大都会区理事会适用本条第 3 款,然后再实施这个决定,但在理事会一届任期内,它不能再次实施这个决定。

然而,在里昂大都会区理事会换届时,如果新一届理事会最迟在换届后预算执行结束之前决定重新回到适用本条第 3 款所规定的先前决定,它就可以接着再次适用第 3 款所规定的内容。

第五节　预付款和借款

D.3662-2 条　第 2014-1626 号法令,第 1 条,2014 年 12 月 24 日

第 R.2337-1 条至第 R.2337-7 条的规定适用于里昂大都会区。

第三章　罗纳大省和里昂大都会区之间的费用和所得移交(略)

第四章　支　出

D.3664-1 条　第 2015-1848 号法令,第 1 条,2015 年 12 月 29 日

为实施第 L.3664-1 条第 1 款第 20 项,里昂大都会区对固定资产进行折旧,包括可使用或可分配的固定资产:

1. 无形固定资产。
2. 有形固定资产,但可选择折旧的道路网络和设置除外。

这种折旧不适用于大都会区所拥有的固定资产的再配置或再使用,不适用于除留置土地之外的土地和土地治理,不适用于地方政权和和艺术品,不适用于研发费用和资产购置前的使用费用。

对这些资产折旧的补助额度是以资产的历史成本和线性计算方法为基础结算的。然而,里昂大都会区可以采用递减、变量或实际折旧法进行折旧。

对每一个或每一类有形固定资产的折旧期限,由大都会区理事会决议,决定可以参照地方政权事务部长和预算部长的政令标准,但下列费用除外:

(1)《城市规划法典》第 L.132-15 条规定的制定城市规划文件费用,文件规定折旧期最长为 10 年。

(2) 研发费用和强制折旧期最长为 5 年的非购置资产使用费用。

(3) 如果资产项目马上购置成功,折旧期最长为 5 年的研发费用。如果资产项目失败,全部研发费用。

(4) 享有优先权期限的专利或专利实际使用期限比较短时，对专利的折旧。

(5) 已付设施补贴，如果补贴用于资助动产、设备或研发费用，折旧期最长 5 年。如果补贴用于资助不动产或安装设备，折旧期是 30 年。如果资助的是有关国家利益的基础设施项目，折旧期是 40 年。不属于这些类别的对企业的投资资助，最长折旧期为 5 年。

所有开始的折旧计划必须持续到计划完成，除非该财产已被出售、配置、使用、改建或损坏。折旧计划只能在使用条件发生实质变化情况下，才能被修改。该财产的使用人或被配置人，要依照最初的折旧计划或依照本条确定的自身规则继续进行资产的折旧。

大都会区理事会可以对低值的或易耗的固定资产设定一个统一门槛，折旧期为 1 年。相关的决议可以移交给会计师，在同一预算执行年度内不得变动。

决策大会可以让组织者确定对该类财产的折旧期限，可以在该类财产的最短和最长折旧期限内进行选择。

D.3664-2 条　第 2014-1626 号法令，第 1 条，2014 年 12 月 24 日

为实施第 L.3662-5 条，里昂大都会区可以一方面对公共建筑物折旧的补助额度进行预算的抵充处理，从收到的年度设施补贴款中予以扣除，用作对这些设施的融资。另一方面，也可以用投资部分的支出和经营部分的收入，注资于补贴设施折旧的补助额度。

为实施第 L.3664-1 条第 1 款第 22 项，大都会区动用投资部分的支出和经营部分的收入中收到的年度设施补贴款和可折旧固定资产基金。动用经营部分收入的节奏，等同于收到固定资产折旧补贴的节奏，并与对应被补贴的固定资产折旧期限的该年度补贴获得款项相吻合。但是对大省的大学设施的补助额度，其全部数额最多相当于全部学校建设和设施折旧的补助额度。

D.3664-3 条　第 2014-1626 号法令，第 1 条，2014 年 12 月 24 日

一旦发生风险，必须要建立风险和负担的储备金。一项资产价值减损时，必须对它的损耗进行确认。

里昂大都会区根据价值减损的程度以及风险的程度来认定损耗以及建立储备金。损耗或储备金每年依照对资产价值减损或风险的评估而作出调整。当损耗或储备金没有对象时,也就是说,在资产价值减损或风险不复存在、风险消失时,可以对这些资金进行收回。必须通过决议来确认、调整和再度进行损耗或风险的评估。

损耗或风险储备金及其后续和使用状况,要显示在损耗和储备金表上,并附在预算和行政账户后面。

里昂大都会区可以对损耗和风险储备金的补助额度进行预算的抵充处理,从损耗和储备金的再拨款中予以扣除。但下列情况的损耗和储备金与这些条款无关:

1. 针对里昂大都会区的争端诉讼一审开始时。
2. 《商法典》第六卷规定的破产程序开始时。
3. 虽然官方会计师谨慎尽力,但对于第三方账户待收款项的收回出现问题的。

D.3664-4 条　第 2014-1626 号法令,第 1 条,2014 年 12 月 24 日

未预见的项目许可和承诺许可支出,分别依照按性质和按功能表决的预算的投资部分和经营部分组成章。

这些章既不包括具体条款,也不包括信贷。他们不会被实施。

第五章　会　计

D.3665-1 条　第 2014-1626 号法令,第 1 条,2014 年 12 月 24 日

根据 2012 年 11 月 7 日关于预算和公共会计管理的 2012-1246 号政令第 1 条,该政令第一编的基本原则适用于里昂大都会区及其公共机构。

D.3665-2 条　第 2014-1626 号法令,第 1 条,2014 年 12 月 24 日

每个财政年度用于清偿支出的借贷不能用于另一个财政年度支出的结算。然而,在财政年度结束时,未授权的承诺支出,应该从下一个预算执行年度的借贷中抵扣。

这些款项可以依照里昂市理事会主席制作的应付款被支付,直到可以使用这些借贷。这些在去年 12 月 31 日前被承诺的支出明细,在本财政年度结束前不会被授权。但可以是对借贷的临时使用。

D.3665-3 条 第 2014-1626 号法令,第 1 条,2014 年 12 月 24 日

不归国家税务部门按照现行法规管理和清算的,属里昂大都会区、大都会区公共机构和其他由大都会区和其他政权或公共机构之间的协议组成的所有公共组织的所得,要被收回:

1. 按照法院判决或按照合同执行的所得。

2. 在收入项下的所得,或由大都会区理事会主席确定是在大都会区作用下和由大都会区执行后的所得,以及由公共机构执行人确定是在公共机构作用下和由公共机构执行后的所得。

回收这些所得的强制执行措施和直接税收相同。

然而,执行人允许按照第 R.1617-24 条规定的方式实施强制执行措施。

当有关内容归法院管辖时,对上述做法的异议按照简易诉讼裁决。

D.3665-4 条 第 2014-1626 号法令,第 1 条,2014 年 12 月 24 日

任何为了大都会区的利益而产生的费用,如果其事前没有由大都会区理事会主席在一个常规开设的信用账户上予以委托授权的,均不得进行偿还。

D.3665-5 条 第 2014-1626 号法令,第 1 条,2014 年 12 月 24 日

每次授权都要明确地方政权、预算、执行财政年度和执行支出的归属。

D.3665-6 条 第 2014-1626 号法令,第 1 条,2014 年 12 月 24 日

付款委托必须包括所有能够让会计师确认债权人身份的名称以及头衔。

D.3665-7 条 第 2014-1626 号法令,第 1 条,2014 年 12 月 24 日

所有委托都须附有 2012 年 11 月 7 日关于预算和公共会计管理的 2012-1246 号法令规定的相关支付方式的文件。

D.3665-8 条 第 2014-1626 号法令,第 1 条,2014 年 12 月 24 日

支付委托须以原始债权人的名义开出。

D.3665-9 条 第 2014-1626 号法令,第 1 条,2014 年 12 月 24 日

里昂大都会区理事会主席把第 D.1617-19 条和第 D.1617-20 条规定的相关

支付委托和证明材料附在支出表格后面,发送给大都会区会计师,后者必须在指定的时间内进行核查,如有必要,还会对大都会区理事会主席的这些材料的合规性跟踪调查。

D.3665-10 条　第 2014-1626 号法令,第 1 条,2014 年 12 月 24 日

来自偿还大都会区债权人款项的退税部分的资金重新转入,由里昂大都会区理事会主席发布命令,对回报予以确定。

D.3665-11 条　第 2014-1626 号法令,第 1 条,2014 年 12 月 24 日

里昂大都会区理事会要按照第 L.3661-10 条的规定,对大都会区的行政账户进行开会审议,该账户要按预算的章节和条款顺序,单独列出:

收入:

1. 收入的性质。
2. 预算的评估和预测。
3. 根据权利凭证所确定的可以收回的款项。

支出:

1. 预算支出项目。
2. 信用额度。
3. 本财政年度中,被授权的信用额度,包括类别。
4. 付款通知总额与信用数额的比较差异。

D.3665-12 条　第 2014-1626 号法令,第 1 条,2014 年 12 月 24 日

里昂大都会区理事会主席还要送交给大都会区会计师一份他有权收取的、概括了里昂大都会区所有新项目和其他项目的租赁、合同、判决、遗嘱、声明和回报状况的总册。

需要时,大都会区会计师可以要求提供这些大区收入项目运作的所有原件,以替代发票。

D.3665-13 条　第 2014-1626 号法令,第 1 条,2014 年 12 月 24 日

唯有里昂大都会区会计师才可承担:

1. 在收取为大都会区的收入、遗赠、赠与和所有其他所有用于大都会区服务的资金时尽到最大的注意义务。

2. 按照第 D.3665-3 条的规定，在大都会区理事会主席的授权下，针对债务人逾期付款的行为，采取必要的行动、实质性办法和强制执行措施。

3. 通知管理员到期租约。

4. 阻止时效届满。

5. 注意权利、优先权和抵押权的保全。

6. 因而要求抵押办公室登记所有可能抵押的证券。

7. 最后，在抵押办公室进行注册登记。

D.3665-14 条　第 2014-1626 号法令，第 1 条，2014 年 12 月 24 日

里昂大都会区会计师的管理账户要显示里昂大都会区每年 12 月 31 日执行预算的会计情况，包括补充天数内的交易情况。

D.3665-15 条　第 2014-1626 号法令，第 1 条，2014 年 12 月 24 日

里昂大都会区会计师的管理账户，作为证明材料，以大都会区行政账户附件的形式，转交给大都会区理事会主席。

第四部分 大区(略)

第五部分 地方合作

第一卷 一般条款

单一编

单一章

R.5111-1条 第2012-124号法令,第6条,2012年1月30日

一、按照第L.5111-1-1条第1款第2项规定,以公共服务的经营单位成本为基础,乘以获益的相关企业或集体所能出具证明的服务次数,所得总数即为服务运营费用的报销金额。

本协议定义了用于确定经营单位成本的方法,并包括了在相关服务中,以服务次数为单位,来表示的具体预测。单位成本,包含所有与服务经营相关的一切费用,特别是人事费用、用品、物流流量、资产更新,以及有关服务合同的费用。不与服务经营紧密相关的其他一切支出,均不包含在成本之内。

单位成本,是由最后的行政账目支出中的记录所得,并且根据本年度可以预见的初始预算活动条件的变化来进行更新。该成本是由提供相关服务的地方政权或公共机构来决定的。

费用的报销要以年度报表来申报,需要列出转换为经营单位的具体服务需求。每年在根据第L.1612-2条规定的预算被采纳日期前,单位成本都需要通知享受服务的受益人。

在协议签订的当年,最迟应在协议签署后3个月内,通知服务受益人单位成本的数额。费用的偿还,须按照协议规定的周期进行。该周期不应超过协议签署日期之后的一年期限。

二、按照L.5111-1-1条第1款第3项规定,相关地方政权或公共机构获得利益的任何服务的费用,将以单位运营成本为基础,乘以相关地方政权或公共机构享受并能够出具证明的服务的次数,所得金额数即为服务运营费用的报销数额。

本协议定义了用于确定单位经营成本的方法,并包括了在相关服务中,以服务次数为单位,来表示的具体预测。单位服务成本,包含所有与服务经营相关的

一切费用,特别是人事费用、用品、物流流量、资产更新,以及有关服务合同的费用。不与服务经营紧密相关的其他一切支出,均不包含在成本之内。

单位成本,是由过往行政账目支出中的记录所得,初始预算,根据当年可以预见的活动安排情况,可以对其进行更新。成本是由提供相关服务的地方政权或公共机构来决定的。

费用的报销要以年度报表来进行,需要详细列出转换为经营次数的具体服务需求。单位服务成本应在第 L.1613-2 条规定的预算被采纳日期以前,每年都通知享受服务的受益地方政权以及公共机构。

在协议签订的当年,最迟应在协议签署后 3 个月内,通知服务受益人单位成本的数额。费用的偿还,须按照协议规定的周期进行。该周期不应超过 1 年。

第二卷　市镇合作

第一编　市镇合作公共机构

第一章　共同条款

第一节　一般规则

R.5211-1 条　第 2000-318 号法令,2000 年 4 月 7 日

当根据市镇人口的多少适用不同的有关市镇行政管理的规定时,组成市镇合作公共机构的所有市镇人口,在制定适用规定时都应当考虑进来。

当某些市镇合作公共行政机构,扩展到不同的大省份领土,则第 L.5211-4 条涉及的行政管理职能,将由市镇合作公共行政机构总部所在市镇的大省检察院行使。

第二节　成　立(略)

第三节　机构与运行

R.5211-1-1 条　第 2012-124 号法令,第 4 条,2012 年 1 月 30 日

一、在决策机关的席位分配中,应当参考的人口数量为成员市镇理事会按照第 L.5211-6-1 第 2 条第 7 款的规定,进行决策机关改选前一年的官方统计人口。

二、在市镇理事会两次普选改选之间，决策机关成员席位分配所参考的人口数量，为当年 1 月 1 日城市官方认证的人口数量，要满足以下情况：

1. 创立一个税收独立的市镇合作公共机构。
2. 合并多个市镇合作公共机构，其中至少有一个为税收独立的。
3. 通过扩展地域，改变一个税收独立的市镇合作公共机构。
4. 通过一个或多个市镇的一体化，或者通过更改成员市镇区域界限的办法，改变一个税收独立的市镇合作公共机构。

三、在任期内，即使官方人口普查记录到认证的人口有变化，也不能修改已分配给有关市镇的决策机关席位数目。

R.5211-1-2 条　第 2012-124 号法令，第 4 条，2012 年 1 月 30 日

按照第 L.5211-6-2 条规定，当有必要重新分配给税收独立的市镇合作公共机构的席位数量，重新分配的时间要在以下日期后的 3 个月期限内完成：

1. 大省国家代表宣布创建、合并，或扩大税收独立的市镇合作公共机构的生效日。
2. 大省国家代表宣布创建一个新市镇的生效日。

该重新分配决议，如果税收独立的市镇合作公共机构和市镇同属于一个大省份，则由该大省国家代表确认。如情况相反，则由相关大省份的国家代表们联合确认。

第四节　理事会或委员会成员履职条件

R.5211-3 条　第 2012-124 号法令，第 3 条，2012 年 1 月 30 日

为实施第 L.2123-2 条有关工时的计算：

1. 在第 L.5212-1 条、第 L.5332-1 条，以及第 L.5711-1 条中涉及的任何税收独立的市镇合作公共机构主席、副主席和成员，如其不从事市镇职务时，则分别等同于该公共行政机构中人口最多的市镇长、市镇长助理和市镇理事。
2. 在第 L.5214-1 条、第 L.5215-1 条以及第 L.5216-1 条涉及的任何市镇税收独立的市镇合作公共机构主席、副主席和成员，分别等同于组成该公共行政机构市镇人口总数的一所城市的市长、市长助理和市镇理事。

R.5211-4 条　第 2012-124 号法令,第 3 条,2012 年 1 月 30 日

为更有效行使第 L.5211-12 条和第 L.5721-8 条涉及的任何市镇合作公共行政机构主席和副主席的职能,计算他们最高津贴的方法由第 R.5212-1 条、第 R.5214-1 条、第 R.5215-2-1 条、第 R.5216-1 条、第 R.5332-1 条和第 R.5723-1 条规定。

D.5211-5 条　第 2006-781 号法令,第 12 条,2006 年 7 月 3 日

当满足第 L.5211-13 条规定条件时,本条涉及的任何市镇税收独立的市镇合作公共机构主席或者机构成员,可以报销参加第 L.5211-13 条涉及的会议产生的交通费用。

交通费用的承担条件与方式由 2006 年 7 月 3 日第 2006-781 条法令规定,该规定确定了公务人员临时交通产生费用的条件以及计费方式。

R.5211-5-1 条　第 2016-87 号法令,第 7 条,2016 年 6 月 29 日

第 R.2123-11-1 条至第 R.2123-11-6 条和第 R.2123-22-1-A 条至第 R.2123-22-1-D 条,适用于所有税收独立的市镇合作公共机构。

D.5211-5-2 条　第 2012-124 号法令,第 3 条,2012 年 1 月 30 日

第 D.2123-22-4 条至第 D.2123-22-7 条,适用于所有城市社区、居民社区和市镇社区。

第五节　身份变更(略)

第六节　财政条款

R.5211-6 条　第 2015-970 号法令,第 2 条,2015 年 7 月 31 日

本法典第二部分第三卷第三编第三章第六节第一分节,适用于所有按照第 L.5211-21 条制定住宿税的市镇合作公共机构。

为了实施这些条款:

1. 根据情况,提到市镇理事会的地方用共同体理事会或里昂大都会区理事会替代。

2. 根据情况,提到市长的地方,用里昂大都会区税收独立的市镇合作公共机构主席或里昂大都会区理事会主席来替代。

R.5211-7 条　第 2000-318 号法令，第 4 条，2000 年 4 月 7 日

当滑雪举升机械服务由某个市镇合作公共机构提供，并获得许可制定和征收税款时，征税须按照第 R.2333-70 条至第 R.2333-73 条和第 R.3333-3 条的规定。

R.5211-8 条　第 2000-318 号法令，第 4 条，2000 年 4 月 7 日

按照第 R.2334-10 条和第 R.2334-11 条，与道路交通相关的警察罚金收益，由城市社共同体和其他团体分享。

R.5211-9 条　第 2000-318 号法令，第 4 条，2000 年 4 月 7 日

当市镇合作公共机构解散需要委任清算人时，按照本法典第 L.5211-26 条第 2 款，委任由大省国家代表完成。

为此，该大省国家代表可以指定任何有足够品行的清算人，后者须在法律领域和金融领域拥有必要的经验与能力，能够胜任清算任务，并与清算没有任何利益关联。清算人以自愿清算的名义履职。

以下情况不能担任清算人：

1. 决策机关成员或市镇合作公共机构以及成员市镇的工作人员。
2. 会计师以及参与市镇合作公共机构及其成员市镇的预算控制与制定规章的人员。
3. 该市镇合作公共机构所在地管辖区内的行政法院和金融法庭的法官。

R.5211-10 条　第 2000-318 号法令，第 4 条，2000 年 4 月 7 日

在清算人逃避责任或妨碍清算任务的情况下，大省国家代表须立即解除其一切任命，并须立即着手任命新的清算人。

R.5211-11 条　第 2000-318 号法令，第 4 条，2000 年 4 月 7 日

会计师、决策机关成员、相关工作人员，市镇合作公共机构的债权人和债务人，均应保存并第一时间提交一切清算人履职所需的必要文件。

由后者保留所有相关市镇合作公共机构的卷宗档案，保留至清算任务结束。

R.5211-12 条　第 2015-502 号法令，第 1 条，2015 年 4 月 30 日

为实施第 L.5211-28 条，实际收入是指实际经营的一切收入，即账户管理记录的所有经营收入，包括在盈利账目中记录的盈利，加上支出账目中的数额，减去营收账目中追踪盈利的数值，市镇税收独立的市镇合作公共机构或其成员市镇安排人员的账单，折旧与预备金的回收，固定资产转让收益，损益表中恢复的负资产的差额，转移投资的补贴分摊，转移的费用，工程、管理中的特殊盈利，法定 4 年任期的取消或完成，特殊津贴，特殊收入所得和库存变化。

R.5211-12-1 条　第 2014-503 号法令，第 1 条，2014 年 5 月 19 日

第 L.5211-30 条第 1 款 b 规定的平均补助，依照该机构中每位居民税收潜力和同相同性质的市镇合作公共机构每位居民税收潜力之间的差额，要与市镇合作公共机构的人口收益等同。如必要，可与该机构的财政整合系数形成平衡。

R.5211-13 条　第 2000-318 号法令，第 4 条，2000 年 4 月 7 日

本法典第二部分第三卷的规定，适用于一切符合该规定的市镇合作公共机构。

R.5211-13-1 条　第 2011-1612 号法令，第 9 条，2011 年 11 月 22 日

第 L.5211-37 条涉及的有管辖权的国家机构，系指大省公共财政部门主管。

R.5211-13-2 条　第 2011-1612 号法令，第 9 条，2011 年 11 月 22 日

在第 L.2241-3 条规定的情况下，公共会计师通过起草文书向公证人移交资金而免除一切责任。

R.5211-13-3 条　第 2011-1612 号法令，第 9 条，2011 年 11 月 22 日

当市镇合作公共机构按照一般法的规定获取不动产、不动产物权或经营资本的价款被用来购置不动产时，公共会计师把资金移交给制作取得不动产文书的公证人。

资金的移交需要出售者申请，并且公证人出具已经完成购置新不动产的证明。该证明须包含所有当事人的身份和不动产的名称，并且依照 1955 年 1 月

4 日第 55-22 条关于土地登记改革法令第 5 条第 1 款、第 6 条第 1 款和第 7 条的所有规定，注明该不动产以及收购价格。

R.5211-13-4 条　第 2011-1612 号法令，第 9 条，2011 年 11 月 22 日

当第 R.5211-13-3 条涉及的收购价格被用于购买有价证券时，公共会计师通过合同或者司法决定的方式，把资金转移给除了出售人所指定的有价证券管理公司之外的其他投资服务经营人，用购买和登记取得的证券进行再投资。该投资服务经营人须是出售者指定的、合同规定的或法定机构的投资服务经营者。

资金的转移需要投资服务经营人出具证明，证明委任给其的再投资任务已经完成。

R.5211-13-5 条　第 2011-1612 号法令，第 9 条，2011 年 11 月 22 日

市镇合作公共行政机构以行政管理形式购买不动产时，在可以进行有溯及效力的登记期限届满之后，可以向出售者支付预付金，其数额最多不超过规定的实际价格与杂费和附属费用之间的差价的四分之三。

该笔预付金须在接收行政文书的相关部门批准后，方可支付。

R.5211-13-6 条　第 2011-1612 号法令，第 9 条，2011 年 11 月 22 日

按照民法规定或者依照市镇合作公共机构行使优先购买权所协商确定的不动产价金，可以在房地产档案中公布协议签订后就向卖方支付。在费用不超过相关部门和内政部规定的价位时，不必进行涤除优先权和抵押权的程序。

R.5211-14 条　第 2005-1611 号法令，第 20 条，《法国官方公报》2005 年 12 月 27 日、2005 年 12 月 29 日

有关市镇合作公共机构的预算条款和章节均要符合第 R.2311-1 条的规定。第 R.2311-1 条有关职能和性质表述的介绍，均适用于市镇合作公共机构的预算，并要参照决策大会和以下条款的规定。

按照第 R.2311-1 条规定，拥有 10 000 名或以上居民的每个市镇合作公共机构的预算，对其表决与介绍，要与拥有 10 000 名或以上居民的市镇相同。

如果该市镇合作公共机构至少拥有一个居民规模在 3 500 到 10 000 名之间

的市镇，按照第 R.2311-1 条规定，对其预算的表决，要与居民数量在 3 500 到 10 000 名规模的市镇相同。

如果市镇合作公共机构没有任何超过 3 500 名居民规模的市镇，则按市镇性质投票。如果决议大会作出如此决定，可在第 R.2311-1 条第 2 款第 1 段的最后一项规定的条件下，包含一项述职报告。

交叉性述职报告不适用于作为公共机构的或者被归入预算附件的单一活动的跨市镇公共服务。

R.5211-15 条　第 2000-318 号法令，2000 年 4 月 7 日

对至少拥有一个居民人数超 3 500 名规模市镇的、税收独立的市镇合作公共机构，与其财政收入状况相关的综合数据，即为第 R.2313-1 条规定的数据。当这些公共机构的人数等于或超过 10 000 名居民时，则适用第 R.2313-1 条第 2 款的规定。

对至少拥有一个居民人数大于、等于 3 500 名市镇的、无税收独立的市镇合作公共机构，综合数据须包含以下内容：

1. 开发费用/实际经营费用。
2. 开发和地域收益/实际经营收入。
3. 收入转账/经营实际收入。
4. 贷款/设备总支出。
5. 未偿还的欠款。

为实施本条，应适用第 R.2313-2 条的所有定义。

开发或经营费用，包括实际经营费用，扣除已付利息和已付转账。开发所得包括组织机构活动的盈利。

收到的转移资金包括报销、经营津贴和股息。

本条涉及的比例，详见预算附件和相关公共合作机构行政账户的附录。

此外，在初始预算提交表决日截止的最后一次行政账户的总数据，也在账户附录中被再度列出。

D.5211-16 条　第 2011-515 条法令，第 1 条，2011 年 5 月 10 日

按照第 L.5211-4-1 条第 2 款，服务经营费用的补偿，以单位经营服务为基础,乘以市镇合作机构或其指定的受益市镇实际使用的服务次数。

本协议定义了用于确定单位经营成本的方法,并包括了在相关服务中,以服务次数为单位,来表示的具体预测。单位服务成本,包含所有与服务经营相关的一切费用,特别是人事费用、用品、物流流量、资产更新,以及有关服务合同的费用。不与服务经营紧密相关的其他一切支出,均不包含在成本之内。

单位成本,是由过往行政账目支出中的记录所得,并且依照本年度的初始预算确定活动行使条件可预测的变化来进行更新。成本是由提供相关服务的地方政权或公共机构来决定的。

费用的报销要以年度报表来申报,需要列出转换为经营次数的具体服务需求。单位服务成本应在第 L.1612-2 条规定的预算被采纳日期以前,每年都通知享受服务的受益人。

在协议签订的当年,最迟应在协议签署后 3 个月内,通知服务受益人单位成本的数额。费用的偿还,须按照协议规定的周期进行。该周期不应超过协议签署日期之后的 1 年期限。

R.5211-18 条 第 2005-1661 号法令,第 21 条,2005 年 12 月 27 日,《法国官方公报》2005 年 12 月 29 日

L.2313-1-1 条涉及的、需要核实账户的组织的账户,需经 1 位监事核实,不需要核实账户的组织的账户,需经该组织主席核实。

R.5211-18-1 条 第 2016-841 号法令,第 1 条,2016 年 6 月 24 日

A. 第 D.2312-3 条 A 款适用于拥有至少一个 3 500 名居民以上市镇的市镇合作公共机构。

B. 第 D.2312-3 条 B 款适用于 10 000 名居民以上的、拥有至少一个 3 500 名居民以上市镇的市镇合作公共机构。

C. 市镇合作公共机构要在决策大会审议后的 15 天内,把审议后的、第 D.2312-1 条规定的报告,转交给所有成员市镇的市镇长。在预算辩论结束后的 15 天内,报告放在市镇合作公共机构所在地,供所有公民自由查阅。公民会通过任何方法被告知这些文件的被使用情况。

第七节 转 型（略）

第八节 大省市镇合作委员会

R.5211-19 条 第 2011-122 号法令，第 2 条，2011 年 1 月 28 日

按照第 L.5211-42 条规范的每一个大省市镇合作委员会的成员数为 40 名。

理事会可以增加 1 名成员：

1. 超过 600 000 名居民门槛的大省每增加 300 000 名居民。
2. 拥有 100 000 名居民的市镇。
3. 超过 400 个市镇的大省每增加 100 个市镇。
4. 拥有超过 50 000 名居民的税收独立的市镇合作公共机构的大省。
5. 超过 25 个税收独立的市镇合作公共机构门槛的大省每增加 10 个税收独立的市镇合作公共机构。

省长颁发的政令确认每个大省委员会成员的总数和按照第 L.5211-43 条的分配规定，分配给每级地方政权或市镇合作公共机构的席位数尽可能靠近一个整数。

R.5211-20 条 第 2000-318 号法令，2000 年 4 月 7 日

有权限确定市镇代表数量的选举区，依照以下方式产生：

1. 拥有大省市镇居民平均数以下的市镇，拥有第 R.5211-19 条涉及的政令确认的席位数的 40%。
2. 居民最多的 5 个市镇，拥有的席位数，根据市镇代表大省内全部市镇居民总数的 25%、25% 到 40% 之间或 40% 以上居民的情况，分别是 20%、30% 或 40% 由第 R.5211-19 条涉及的政令确认的市镇席位数。
3. 余下的席位留给大省内其他市镇。

如此分配的席位数扩大成与其最接近的一个整数。

R.5211-21 条 第 2011-122 号法令，第 3 条，2011 年 1 月 28 日

按照第 L.5211-44-1 条规定的山区市镇和市镇合作公共机构的代表制，依照下列方式配置：

1. 为实施第 L.5211-43 条第 1 款，分配给这些地区市镇的全部或部分席位数，要和每个选区的市镇数与该选区的市镇总数的比例相吻合。如此分配的席位扩大成与其最接近的一个整数。

如果按照前款所得到的数字为 0，市镇可以拥有 1 个席位。

2. 为实施第 L.5211-43 条第 2 款，分配给这些地区税收独立的市镇合作公共机构的全部或部分席位数，要和每个选区的税收独立的市镇合作公共机构数与该选区的税收独立的市镇合作公共机构总数的比例相吻合。如此分配的席位数扩大成与其最接近的一个整数。

如果按照前款所得到的数字为 0，税收独立的市镇合作公共机构可以拥有 1 个席位。

3. 为实施第 L.5211-43 条第 3 款，分配给这些地区市镇间公会的全部或部分席位数，要和每个选区的市镇间公会数与该选区的市镇间公会总数的比例相吻合。如此分配的席位数扩大成与其最接近的一个整数。如果按照前款所得到的数字为 0，市镇公会可以拥有 1 个席位。

R.5211-22 条　第 2013-938 号法令，第 1 条，2013 年 10 月 18 日

市镇代表、税收独立的市镇合作公共机构代表和市镇间公会代表的选举，在市镇理事会和市镇合作公共机构换届后的 3 个月内进行。大省理事会和市镇理事会代表的选举，在大省理事会和市镇理事会换届后的 2 个月内进行。

R.5211-23 条　第 2011-122 号法令，第 5 条，2011 年 1 月 28 日

一、省长颁发的政令确认按照第 L.5211-43 条第 1 款、第 2 款和第 3 款涉及的理事会成员的选举日期、按照第 R.5211-20 条和第 R.5211-21 条确认不同选区的名单，以及选票组织发放的方法。

政令还要确定在大省政府对候选人投票的期限和时间段。

二、候选人名单应该有超越席位数 50% 的候选人数量，扩张成最接近的一个整数。

该名单应该按照第 R.5211-20 条和第 R.5211-21 条的规定拟定。

任何人不能同时成为不同选区的候选人。

三、第 1 款第 2 项涉及的对候选人投票时间结束，在候选人的要求下，大省的国家代表把被投票的候选情况告知候选人。

当只有一份由大省市镇长协会投票的候选人名单符合第 2 款所确定的条

件，而其他不符合相关规定条件的个人或集体的候选人是为了竞选第 L.5211-43 条第 1 款、第 2 款或第 3 款所提到的团体代表的，后者将被赋予额外的 3 天时间以便能够建立一个符合条件的候选人名单。

按照第 2 款确定的一份或多份候选人名单，由大省的国家代表通过政令确定。

R.5211-24 条　第 2011-122 号法令，第 6 条，2011 年 1 月 28 日

如果发生按照第 L.5211-43 条第 1 款、第 2 款或第 3 款的规定，投票指定这些选区的代表的情况，投票不得增加或删除被投票人员的姓名，也不得改变介绍他们的顺序。

如果没有发生同条涉及的选举，就由大省的国家代表根据名单介绍他们的顺序，指定代表。

R.5211-25 条　第 2013-938 号法令，第 1 条，2013 年 10 月 18 日

按照第 R.5211-23 条规定的代表选举，通过信件的方式进行。

由按照第 R.5211-23 条规定颁发的政令，确定如此寄往大省政府或在大省政府投票的具体方式。

每张选票放在双层信封中：内信封不得含有任何识别记号。外信封应标有"大省市镇合作委员会成员选举"字样、选民所属的选区、选民的姓名、身份和签名。

选举结果由一个委员会宣布，委员会包括：

1. 大省或他的代表，担任委员会主席。
2. 在大省市镇长协会推荐下，由省长任命的 3 位市镇长。
3. 在大省理事会主席推荐下，由省长任命的 1 位大省理事。
4. 在大都会区理事会主席推荐下，由省长任命的 1 位大区理事。

委员会秘书工作由大省政府的 1 位雇员担任。

每张名单可以推举 1 位代表监督开票过程。

席位按照候选人在每张名单上的介绍顺序分配。

如果多张名单在最后一个席位的分配上所获票数相等，则席位归属于获得最多票数候选人的那张名单。如果同一张名单上候选人的票数相等，则席位归属于其中的最年长者。

选举结果由省长颁布。该结果可以由任何选民、任何候选人和省长，在结果颁布后的 10 天内，向行政法庭提出异议。

R.5211-26 条　第 2011-122 号法令，第 7 条，2011 年 1 月 28 日

大省市镇合作委员会成员的名单，由省长根据选举结果、必要时根据适用第 R.5211-24 条第 2 款完成的指定结果颁发的政令，加以确定。

R.5211-27 条　第 2011-122 号法令，第 8 条，2011 年 1 月 28 日

当成员的席位由于成员的死亡、辞职或失去被选举的资格而空缺时，席位在本届任期期满前，就由名单上的未选上的第一顺位的候选人补缺。

当前款不能再被适用时，在 2 个月内，要在相关的选区进行补充选举。

R.5211-28 条　第 2000-318 号法令，2000 年 4 月 7 日

大省市镇合作委员会设在省政府内。其秘书工作由省政府的职能部门担任。

R.5211-29 条　第 2000-318 号法令，2000 年 4 月 7 日

在省长设立大省市镇合作委员会时，并且在市镇理事会每次换届后，该委员会的成员都要通过匿名投票和以绝对多数，在理事会成员中任命 1 位总报告人和 2 位助理。两轮匿名投票后，如果候选人没有获得绝对多数，就进行第三轮投票，相对多数票胜出。

大省市镇合作委员会在成立后的 2 个月后，批准内部规章，规章要确定理事会的运作规定。

R.5211-30 条　第 2011-122 号法令，第 9 条，2011 年 1 月 28 日

针对第 R.5211-19 条最后一款颁布的政令，还要确认根据适用第 L.5211-45 条第 2 款确定的分配规则，大省市镇合作委员会组织理事会成员的数量，以及针对第 R.5211-20 条，分别分配给每个选区的市镇代表、税收独立的市镇合作公共机构代表、市镇公会代表和混合型公会代表的席位数量。如此分配的席位数扩张成一个最接近的整数。

R.5211-31 条　第 2011-122 号法令，第 10 条，2011 年 1 月 28 日

简易形式的大省市镇合作委员会的成员，在设立该委员会的会议上和在市镇理事会每一次全体换届后被选出。市镇代表则在每个选区按照第 R.5211-20 条被选出。税收独立的市镇合作公共机构代表、市镇公会代表和混合型公会代表也在该选区被选出。简易形式委员会的成员则依照三轮多数票的普选方式选出。如果候选人在前两轮投票都未获得绝对多数，就要进行第三轮投票，相对多数票胜出。如果票数相等，最年长的候选人当选。

R.5211-32 条　第 2000-318 号法令，2000 年 4 月 7 日

简易形式的大省市镇合作委员会成员的任期，在大省市镇合作委员会成员的任期以内当选。

委员会成员的席位空缺时，席位就在空缺形成的 1 个月内，按照第 R.5211-31 条的规定补缺。

R.5211-33 条　第 2000-318 号法令，2000 年 4 月 7 日

简易形式的大省市镇合作委员会由省长任主席，大省市镇合作委员会总报告人要保证组织理事会和大省市镇合作委员会同等职能的运作，该委员会的秘书工作由省长的职能部门担任。

R.5211-34 条　第 2000-318 号法令，2000 年 4 月 7 日

当某个市镇要求从市镇合作公共机构中退出，而该公共机构包括巴黎的市镇时，有管辖权的市镇合作委员会的简易形式的大省委员会，将由巴黎理事会在理事中指定 2 名巴黎市镇的代表进行增补。

R.5211-35 条　第 2000-318 号法令，2000 年 4 月 7 日

第 R.5211-36 条至第 R.5211-40 条，适用于市镇合作的全体和简易的大省委员会。

R.5211-36 条　第 2000-318 号法令，2000 年 4 月 7 日

省长召集大省市镇合作委员会会议。会议书面通知要至少在会议召开前的

5 天,送至相关委员会全体成员的家中,并附有会议议程和对每件议程的解释文字。在紧急情况下,书面通知的送达期限可以缩短为 3 天。

在需要审议的提案涉及不同大省的市镇时,市镇合作机构大省委员会可以通过跨大省形式开会审议。省际的委员会由相关大省的省长共同主持。适用第 R.5211-35 条至第 R.5211-40 条。

R.5211-37 条　第 2000-318 号法令,2000 年 4 月 7 日

市镇合作机构的大省委员会只有在至少一半成员出席会议的情况下开会审议,审议结果才是有效的。如果出席会议的成员人数不够,需按照第 R.5211-36 条的规定重新开会审议。此时,出席会议的成员人数可以不计。

R.5211-38 条　第 2011-122 号法令,第 11 条,2011 年 1 月 28 日

除非出现第 L.5210-1-1 条第 4 款和 2010 年 12 月 16 日关于地方政权改革的第 2010-1563 号法律第 60 条和第 61 条规定的情况,决议要用投票绝对多数的方式通过。在票数相等的情况下,决议即为赞同。

因阻却事由无法参加会议的市镇合作机构的大省委员会成员,可以书面委托同一选区的委员会其他成员,以委托人的名义投票。但任何成员不得拥有 1 次以上的代理投票权。

R.5211-39 条　第 2000-318 号法令,2000 年 4 月 7 日

决议需要作成《会议纪要》,会议结束后的 8 天内,其复印件需交给委员会全体成员。《会议纪要》要写明出席审议会议的理事会成员姓名、身份,会议处理的各个问题及每项审议的内容。

R.5211-40 条　第 2000-318 号法令,2000 年 4 月 7 日

大省市镇合作委员会的会议是公开的。但是应 5 名成员的请求,每一个委员会都可以以出席会议成员或成员代表的绝对多数的方式,决定会议是否禁止旁听。

第九节　居民的信息和参与

R.5211-41 条　第 2016-146 号法令,第 1 条,2016 年 2 月 11 日

拥有至少一个 3 500 名以上居民市镇的市镇合作公共机构,按照第 L.5211-

47 条规定,必要时,发行《行政命令汇编》的周期是每年至少 2 次。

该汇编供大众查阅的地点设在合作公共机构所在地。应当在汇编发行的 24 小时内,通知公众可通过相关市镇官方公告栏的常设处,对汇编进行查阅。

纸质版的汇编可免费传播,或按期销售或订阅。

R.5211-41-1 条 第 2016-834 号法令,第 5 条,2016 年 6 月 23 日

第 R.2313-8 条适用于第 L.5211-36 条第 2 款涉及的市镇合作公共机构。

为适用该条款,应作如下修改:

是"市镇合作公共机构",不是"市镇"。

是"公共机构的决策机关",不是"该政权的决策机关"或"市镇理事会"。

R.5211-42 条 第 2016-834 号法令,第 5 条,2016 年 6 月 23 日

当一个市镇合作公共机构全体成员市镇的市镇长,或该公共机构的决策机关的大多数成员,对公共机构管辖的某件事,提出要咨询选民意见的请求时,决策机关主席有义务把该请求纳入决策机关最近一次会议的会议议程。

当组织一次咨询活动的请求是由选民共同提出时,决策机关主席可以把该请求纳入决策机关下次会议的会议议程。

R.5211-43 条 第 2016-834 号法令,第 5 条,2016 年 6 月 23 日

决定是否进行咨询活动和当面征求选民对此意见的决议,由市镇合作公共机构主席,转交给该市镇合作公共机构全体成员市镇的市镇长,以便在投票日前的至少 3 周内,公告于众。公共机构主席要在投票日前的至少 15 天内,在 2 份公共机构范围内发行的报纸上,公告于众。

R.5211-44 条 第 2016-834 号法令,第 5 条,2016 年 6 月 23 日

按照第 L.5211-50 条规定的文件,要按照该条规定的条件,在投票日前的至少 15 天前,供公众使用。

该文件尤其包括同意进行咨询活动的决议,附在公共机构全体成员审议咨询请求的《观察意见书》和有关咨询活动的《信息通知书》后面。

R.5211-45 条 第 2016-834 号法令,第 5 条,2016 年 6 月 23 日

第 R.1112-3 条至第 R.1112-8 条、第 R.1112-15 条至第 R.1112-17 条,适用于市镇合作公共机构。

为适用这些条款,应做如下修改:

是"市镇合作公共机构",不是"决定公投的地方政权"。

是"市镇合作公共机构的主席",不是"地方政权执行机构的主席"。

R.5211-46 条 第 2016-834 号法令,第 5 条,2016 年 6 月 23 日

市镇在开票后,填写完毕、签署后的《会议纪要》在 2 名投票理事会成员护送下,递交给市镇合作公共机构的决策机关先前任命的投票中心办公室。后者对选票进行总数统计。每个市镇的统计结果和附上的选票不得被变更。

一式二份的《会议记录》摘要要在选民的当面制作,递交给中心办公室。

统计结果由这些办公室主任公开确认,并被张贴在市镇合作公共机构所在地,以便让市镇合作公共机构所有成员市镇的市镇长知晓。

R.5211-47 条 第 2016-834 号法令,第 5 条,2016 年 6 月 23 日

市镇合作公共机构组织咨询活动的费用,由市镇合作公共机构预算的经营部分信贷支付。

第十节 其他条款

R.5211-49 条 第 2007-1126 号法令,2007 年 7 月 23 日

在第 L.5211-58 条规定的情况下,行政法庭要出具给纳税人一张他向法庭递交的纳税明细备忘收据。

收到行政法庭庭长传票的省长,须立即把该备忘收据转交给市镇合作公共机构主席,要后者递交给该公共机构的决策机关。

行政法庭的裁定,在提交许可诉求之日起的 2 个月内作出。所有拒绝许可的裁定都必须说明理由。

R.5211-50 条 第 2007-1126 号法令,第 2 条,2007 年 7 月 23 日,《法国官方公报》2007 年 7 月 25 日

当行政法庭在 2 个月的时限内未作出裁定,或所请许可诉求被拒绝,纳税人

可以向大省行政法院提起上诉。

R.5211-51 条　第 2007-1126 号法令,第 2 条,2007 年 7 月 23 日,《法国官方公报》2007 年 7 月 25 日

向最高行政法院提起的上诉时限,可以在行政法庭作出裁定时限过后的 1 个月内,或者在收到它拒绝的裁定书面通知后的 1 个月内进行。

对上诉的判决在最高行政法院争议庭秘书处受理注册后的 3 个月内作出。

R.5211-52 条　第 2007-1126 号法令,第 2 条,2007 年 7 月 23 日,《法国官方公报》2007 年 7 月 25 日

行政法庭或最高行政法院如果作出授权,可以将预先提存的审判费用作为该授权生效的前提条件。此时,由它们决定保全费的数额。

R.5211-53 条　第 2013-1113 号法令,第 7 条,2007 年 7 月 23 日

市镇间安全和预防犯罪理事会,由《国内安全法典》第一卷第三编第二章第四节规范。

第二章　市镇公会

第一节　成　立(略)

第二节　机　构

R.5212-1 条　第 2004-615 号法令,第 3 条第 1 款、第 2 款,2004 年 6 月 25 日,《法国官方公报》2004 年 6 月 29 日

市镇公会的决策机关按照第 L.5211-12 条投票决定的、给予机构主席或副主席每月最高津贴数额,与下列公共职务待遇阶梯指标的毛收入指标规格相匹配:

居民数低于 500 名:主席 4.73%,副主席 1.89%。

居民数 500—999 名:主席 6.69%,副主席 2.68%。

居民数 1 000—3 499 名:主席 12.20%,副主席 4.65%。

居民数 3 500—9 999 名:主席 16.93%,副主席 6.77%。

居民数 10 000—19 999 名:主席 21.66%,副主席 8.66%。

居民数 20 000—49 999 名:主席 25.59%,副主席 10.24%。

居民数 50 000—99 999 名：主席 29.53％，副主席 11.81％。
居民数 100 000—199 999 名：主席 35.44％，副主席 17.72％。
居民数超过 200 000 名：主席 37.41％，副主席 18.70％。

第三节　运　行（略）

第四节　财政条款

R.5212-1-1 条　第 2004-615 号法令，第 3 条第 1 款、第 2 款，2004 年 6 月 25 日，《法国官方公报》2004 年 6 月 29 日

单一功能的公会预算依照公会的性质投票决定，无需其运作提案。

按照第 L.5212-16 条成立的公会预算，依照前款的规定投票决定。预算提案可由一个对不同性质的账户和成员市镇委托的管辖权予以对照的简表作为补充，以及必要时，用主预算后再附上一个补充预算的方式提交。一般行政管理的支出可在预算附件里列出，或依照管辖权再作细分。

R.5212-1-1-1 条　第 2011-1612 号法令，第 9 条，2011 年 11 月 22 日

第 R.5211-13-2 条至第 R.5211-13-6 条适用于市镇公会。

R.5212-2 条　第 2017-1143 号法令，第 1 条，2017 年 7 月 6 日

第 D.2333-5 条和第 D.2333-6 条适用于电力最终消费税的征收，以利于市镇合作公共机构或替代市镇的大省级机构。

R.5212-7 条　第 2000-318 号法令，2000 年 4 月 7 日

按照第 L.5212-25 条向大区审计法庭提起诉讼的国家代表，在起诉书中要附上市镇的诉求、公会理事会说明该诉求的决议、公会的地位证书、最新的行政账户及地方政权和公共机构的预算。

审计法庭给予一份列出理由的意见书，说明受理该诉求的理由，并建议国家代表对涉及公会预算的财政税收使用新的分配方法。

这份意见书要用书面通知的方式，通知到国家代表、市镇间公会和相关的市镇。

国家代表要向审计法庭递交他分配市镇税收最终方法决定的复印件。

R.5212-8 条　第 2000-318 号法令，2000 年 4 月 7 日

国家按照第 D.5212-9 条，为多功能的市镇间公会的企业经营提供的设备补贴，增加 20%，但该项补贴总额不得超过补贴支出数额 80%。

R.5212-9 条　第 2000-318 号法令，2000 年 4 月 7 日

按照第 D.5212-8 条增加的数额，适用于多功能的市镇间公会，其收入来自各成员市镇的税收，税收仅依照市镇各自的财政能力制定的实施标准确定。

R.5212-10 条　第 2000-318 号法令，2000 年 4 月 7 日

不符合第 D.5212-9 条的多功能的市镇间公会，可以在这些公会直接有利于市镇重组的条件下，享有国家增加的企业经营设备补贴。

R.5212-11 条　第 2000-318 号法令，2000 年 4 月 7 日

第 D.5212-8 条至第 D.5212-10 条规定的设备补贴增加权，在市镇公会成立之日起 5 年内由其享有。

R.5212-12 条　第 2000-318 号法令，2000 年 4 月 7 日

第 D.5212-8 条至第 D.5212-10 条规定的设备补贴增加由省长分配，并由内政部长委托省长实施的专项贷款支出。

R.5212-13 条　第 2000-318 号法令，2000 年 4 月 7 日

企业经营设备的补贴增加，由一项作出补贴分配决定的政令确认。给予市镇合作公共机构的相关书面通知，要与作出主要补贴分配决定的政令同时抵达。

R.5212-14 条　第 2000-318 号法令，2000 年 4 月 7 日

省长按照第 D.5212-10 条确定和持有企业经营设备补贴的增加率。该增加率占国家主要补贴数额的 5%—15%。该项补贴总额不得超过补贴支出数额 80%。

在内政部长预算对此项补贴的范围内，内政部长被授予对这些贷款的专项使用权。

R.5212-15 条 第 2000-318 号法令,2000 年 4 月 7 日

对主要补贴的清算、转账和使用,也适用于对企业经营设备的补贴。

R.5212-16 条 第 2012-124 号法令,第 1 条,2012 年 1 月 30 日

第 L.2335-6 条规定的对企业经营设备补贴的增加额,可以被转给一个多功能的市镇间公会,当后者所实现投资的全部或部分以一个合并市镇或一个新市镇作为受益人。

在遵守第 L.2335-6 条有关上限规定的前提下,对企业经营设备补贴的增加,也依照合并市镇或新市镇参与投资运作的比例,适用于主要补贴。

作为该项运作的定作人的市镇合作公共机构对运作的全部结果负责,并按照比例扣除合并市镇或新市镇的参与投资数额。

第五节　公会组成和运行的最初条件变更(略)

第六节　公会的消失(略)

第四章　市镇组合

第一节　成　立(略)

第二节　机　构

R.5214-1 条 第 2004-615 号法令,第 4 条第 1 款、第 2 款,2004 年 6 月 25 日,《法国官方公报》2004 年 6 月 29 日

市镇组合的决策机关按照第 L.5211-12 条投票决定的、给予机构主席或副主席每月最高津贴数额,与下列公共职务待遇阶梯指标的毛收入指标规格相匹配:

居民数低于 500 名:主席 12.75%,副主席 4.95%。

居民数 500—999 名:主席 23.25%,副主席 6.19%。

居民数 1 000—3 499 名:主席 32.25%,副主席 12.37%。

居民数 3 500—9 999 名:主席 41.25%,副主席 16.50%。

居民数 10 000—19 999 名:主席 48.75%,副主席 20.63%。

居民数 20 000—49 999 名:主席 67.50%,副主席 24.73%。
居民数 50 000—99 999 名:主席 82.49%,副主席 33.00%。
居民数 100 000—199 999 名:主席 108.75%,副主席 49.50%。
居民数超过 200 000 名:主席 108.75%,副主席 54.37%。

第三节 运 行(略)

第四节 管辖权

R.5214-1-1 条 第 2004-615 号法令,第 4 条第 1 款、第 2 款,2004 年 6 月 25 日,《法国官方公报》2004 年 6 月 29 日

当市镇公会完全处于行使公共机构所有管辖权的市镇组合的区域内,或当该市镇组合的区域恰好与一个先前已成立的市镇公会的区域重合,原先的市镇公会当然解散。

成立市镇组合、变更市镇组合区域或其管辖权的政令,要确认先前已成立的市镇合作公共机构的解散,并在保留所有第三方的全部权利的前提下,明确该公共机构被清算的各项条件。

第五节 财政条款(略)

第六节 市镇组合组成和运行的最初条件变更(略)

第七节 解 散(略)

第五章 城市共同体

第一节 成 立(略)

第二节 机 构

R.5215-2 条 第 2000-318 号法令,2000 年 4 月 7 日

当第 R.5215-1 条提到的政令或行动在市镇理事会全体理事换届前的 1 年内被执行,就不进行换届前的理事席位重新分配。

R.5215-2-1 条　第 2004-615 号法令,第 5 条,2004 年 6 月 25 日,《法国官方公报》2004 年 6 月 29 日

城市共同体的决策机关按照第 L.5211-12 条投票决定的、给予机构主席或副主席每月最高津贴数额,与下列公共职务待遇阶梯指标的毛收入指标规格相匹配:

居民数 20 000—49 999 名:主席 90%,副主席 33%。

居民数 50 000—99 999 名:主席 110%,副主席 44.00%。

居民数 100 000—199 999 名:主席 145%,副主席 66%。

居民数超过 200 000 名:主席 145%,副主席 72.50%。

第三节　管辖权

R.5215-3 条　第 2000-318 号法令,2000 年 4 月 7 日

为实施第 L.5215-29 条:

——一个整体协调的、在没有增加内容的情况下能够受到服务的总体行为,被认为是一个工程。

——在管辖权移交前,市镇理事会最终审议通过的融资提案草案和计划,被认为是已经决定的工程。

R.5215-4 条　第 2000-318 号法令,2000 年 4 月 7 日

第 R.5215-5 条规定以外的已经决定的工程,如果已经开始实施并且在定作人和承揽人之间通过法律行为而形成了终局性的合同债务关系的,由法令确定并在所有权人和总建筑师之间形成最终合同义务关系的、已经决定并开始实施的行政项目,或通过材料供应直接完成的工程,或仅处于开始阶段的工程,都由市镇继续实施。没有开始实施的行政项目,由城市共同体行使管辖权。

通过协商,市镇和城市共同体可以变更上述规定。

R.5215-5 条　第 2000-318 号法令,2000 年 4 月 7 日

有关协调治理的区域的工程,由城市共同体全权行使管辖权。

有关中学和特殊教育的学校建筑的工程,这些行为适用补充 1983 年 1 月 7 日关于市镇、大省、大区和国家之间管辖权分配的第 83-8 号法律的 1983 年 7 月 22 日颁布的第 83-663 号法律的第二编第二节,也由城市共同体全权行使管辖权。

R.5215-6 条　第 2000-318 号法令，2000 年 4 月 7 日

在管辖权移交后的 60 天内，市镇理事会列出第 R.5215-5 条涉及的工程清单，要区别：

1. 已经决定但没有开始实施的工程。
2. 正在实施的工程。
3. 正在实施的、市镇希望今后移交给城市共同体的工程。
4. 没有开始实施的、但市镇愿意今后自己完成的工程。

对每项工程，要明确相关的融资方法。

对正在实施的、市镇希望今后由城市共同体完成的工程，市镇理事会要对市镇参与融资的条件提出建议。

如果在上述 60 天的时限内，市镇理事会没有对前款涉及的事务作出审议，省长要列出已经决定的工程的清单，并明确其中已经开始实施的工程。

R.5215-7 条　第 2000-318 号法令，2000 年 4 月 7 日

针对含居民区在内的所有市镇，省长把下列清单内容告知城市共同体主席：

1. 已经决定但没有开始实施的工程。
2. 正在实施的工程。
3. 正在实施的、市镇希望今后移交给城市共同体的工程。
4. 没有开始实施的、但市镇愿意今后自己完成的工程。

这些清单要包括对工程融资方法的所有有用的细节。

R.5215-8 条　第 2000-318 号法令，2000 年 4 月 7 日

在 60 天内，市镇理事会要审议城市共同体负责的所有工程，及它们的融资条件。

理事会还要确定已经决定但没有开始实施的、但市镇愿意今后自己完成的工程清单。

R.5215-9 条　第 2000-318 号法令，2000 年 4 月 7 日

依照市镇理事会和共同体理事会的审议结果，省长颁发政令，确定分别由每个市镇和每个城市共同体承担的工程的清单。

该政令要书面通知到每个城市共同体主席和每个市镇主席。要编发在省政府的《行政命令汇编》中。

R.5215-10 条　第 2000-318 号法令，2000 年 4 月 7 日

遇到紧急情况，并在城市共同体主席的要求下，省长可以允许城市共同体按照本节规定的条款，开始实施由城市共同体自己承担费用的部分工程。

R.5215-11，第 2000-318 号法令，2000 年 4 月 7 日

按照第 R.5215-5 条全权移交给城市共同体的工程清单由省长颁发政令确定。该政令由省长书面通知到每个相关的城市共同体主席和每个相关的市镇主席。

与这些行政行为相关的融资方法，在按照前款规定下达书面通知后的 90 天内，由市镇和城市共同体之间通过协议确定。

该协议要考虑到市镇已经支付的，以及其特许经营商可能已经支付的支出，后者用于特许人批准的资金支持。

该协议由省长批准。

在本条第 2 款规定的时限内未达成协议的，根据管辖权移交之日的工程融资计划，省长要提出解决办法，并书面通知相关的城市共同体主席和市镇主席。

R.5215-12 条　第 2000-318 号法令，2000 年 4 月 7 日

管辖权移交给城市共同体时正在实施的、可以继续实施的工程是：

1. 第 R.5215-4 条列举的由市镇领导、负责和出资的工程。
2. 第 R.5215-5 条列举的由城市共同体领导、负责和出资的工程。

市镇和城市共同体之间可能签署的协议，确定移交工程费用和责任的日期。

R.5215-13 条　第 2000-318 号法令，2000 年 4 月 7 日

有关国家或其他政权的补贴、借款、援助基金、相关的公共人物或私人参与移交工程的融资的事宜，城市共同体当然替代市镇。

市镇在工程开始实施前收到的移交工程收入，市镇要转给城市共同体。

在管辖权移交后 6 个月内，补贴承诺到期、仍未兑现承诺的，期限可延长

6个月。

R.5215-14条　第2000-318号法令，2000年4月7日

如果未开始实施移交工程时，工程费用规定由市镇承担，以便完成该工程，该费用就由城市共同体依照双方签订的协议还给市镇。

R.5215-15条　第2000-318号法令，2000年4月7日

在实施移交工程的相关合同、协议、项目或行政、司法决定方面，城市共同体完全替代市镇。

城市共同体依照个案的具体情况，通知所有与替代相关的当事方，并在必要时，依照有效的程序规则，继续正在进行的司法程序。

R.5215-16条　第2014-1635号法令，2014年12月26日，第4条

当一项使市镇获益的、旨在实现一项移交给城市共同体的工程的征用程序启动时，这一征用程序应当以有利于城市共同体的方式进行，其在所有相关的行动中均替代市镇。

前款所规定的程序，在依据《公益征用法典》第L.112-12条规定的政府政令颁布之日起，视为已启动。

R.5215-17条　第2000-318号法令，2000年4月7日

由市镇在管辖权移交后在公产最终完成的各个项目，从工程最终被接受之日起，要按照第L.5215-28条移交给城市共同体。

这些财产自移交给城市共同体之日起，适用第L.5215-39条。

R.5215-18条　第2000-318号法令，2000年4月7日

第L.5215-30条所指道路的维护，包括在现有道路上实施的所有工程，不包括开辟新道路的工程。

R.5215-19条　第2000-318号法令，2000年4月7日

市镇理事会决定在市镇临时保留的道路上实施道路维护工程的计划，由市

镇长每年书面通知城市共同体主席。

在紧急情况下,城市共同体主席要保证在市镇长的请求下,在任何时候实施计划之外的工程。

R.5215-20 条　第 2000-318 号法令,2000 年 4 月 7 日

在任何时候,城市共同体的技术部门提供的援助,都不得让相关市镇支付报酬。

第四节　财政条款(略)

第五节　变　更(略)

第六节　解散和改组(略)

第六章　居民区共同体

第一节　成　立(略)

第二节　居民区共同体理事会(略)

第三节　居民区共同体理事会成员履职条件

R.5216-1 条　第 2004-615 号政令,第 6 条,2004 年 6 月 25 日,《法国官方公报》2004 年 6 月 29 日

居民区的决策机关按照第 L.5211-12 条投票决定的、给予居民区主席或副主席每月最高津贴数额,与下列公共职务待遇阶梯指标的毛收入指标规格相匹配:

居民数 20 000—49 999 名:主席 90％,副主席 33％。

居民数 50 000—99 999 名:主席 110％,副主席 44.00％。

居民数 100 000—199 999 名:主席 145％,副主席 66％。

居民数超过 200 000 名:主席 145％,副主席 72.50％。

第四节　管辖权(略)

第五节　财政条款(略)

第六节　解　散(略)

第七章　大都会区

第一节　成　立(略)

第二节　管辖权(略)

第三节　法律制度(略)

第四节　大都会区会议(略)

第五节　发展理事会(略)

第六节　财政和会计条款

D.5217-1 条　**第 2014-1746 号政令，第 1 条，2014 年 12 月 29 日**
本法典第一部分第六卷适用于所有大都会区，除非与本章相违背。

D.5217-2 条　**第 2014-1746 号政令，第 1 条，2014 年 12 月 29 日**
预算执行时间为 1 月 1 日至 12 月 31 日。

D.5217-3 条　**第 2014-1746 号政令，第 1 条，2014 年 12 月 29 日**
预算执行期限，至预算支出委托项和收入发放项的执行年度止。
然而，该期限还包括一个补充期限，即至下年的 1 月底。本款并不适用于仅仅与预算投资部分相关的工程。

D.5217-4 条　**第 2014-1746 号政令，第 1 条，2014 年 12 月 29 日**
按性质表决的预算各章，相对应于：
1. 投资部分：
(1) 每个账户，在第 1 类和第 2 类中，按其性质用两位数命名，除了下列账户:"延期留存""执行结余""风险和负担金""已购固定资产差别""固定资产分配、出售、出租或使用""固定资产亏损"和"固定资产折旧"。

（2）全部预算的每一章。

（3）理事会审议表决的每项运作。该运作要对固定资产购置、固定资产修缮、相关研究费用、已购一件或几件同质设备的总和相对应。该运作也可包括对设备补贴的支付。

（4）依照"RSA"加密算法计算的全部收支章节,要分别显示社会互助捐款收入投资的所有收支情况。

（5）对第三方账户的每笔交易。

（6）"已付设备补贴"账户。

（7）标题为"经营部分付款"的收入。

（8）标题为"固定资产处置所得"的收入。

（9）标题为"非规定支出"章,该章仅含无贷款支出的计划授权。

最后三章仅包括未予实施的预估。

2. 经营部分：

（1）每个账户,在第 6 类和第 7 类中,按其性质用两位数命名,除了属全部章节中的每个账户。

（2）全部预算的每一章。

（3）依照"RSA"加密算法计算的全部收支章节,要分别显示社会互助捐款收入经营的所有收支情况。

（4）依照"APA"自增益算法计算的全部收支章节,要分别显示自主就业个人津贴经营的所有收支情况。

（5）标题为"直接税"账户的收入。

（6）标题为"议员团组经营费用"账户的支出。

（7）标题为"向投资部分付款"的支出。

（8）标题为"非规定支出"章,该章仅含无贷款支出的承诺授权。

最后两章仅包括未予实施的预估。

D.5217-5 条　第 2014-1746 号政令,第 1 条,2014 年 12 月 29 日

依照性质表决的预算,预算的每条都要和按第 L.3661-5 条颁布的政令规定的命名的最细分类相对应,政令对所有项目、项目编号、第三方账户交易、交易编号,都有补充规定。

题目为"非规定支出""经营部分付款""向投资部分付款""固定资产处置所得"的章节不含具体条款。

D.5217-6 条 第 2014-1746 号政令,第 1 条,2014 年 12 月 29 日

按功能表决的预算各章,相对应于:

1. 投资部分:

(1) 归属第 90 组"统账交易"的收支统账,要依照功能命名的 10 种命名编号,来补充命名。

(2) 依照"RSA"加密算法计算的特别收支章节,要分别显示社会互助捐款收入投资的所有收支情况。

(3) 对非统账的收支部分,放在非统账的章节里。

(4) 标题为"经营部分付款"的收入。

(5) 标题为"固定资产处置所得"的收入。

(6) 标题为"非规定支出"章,该章仅含无贷款支出的项目许可。

最后三章仅包括未予实施的预估。

2. 经营部分:

(1) 归属第 93 组"个体服务"的收支统账,要依照功能命名的 10 种命名编号,来补充命名。

(2) 全部预算的每一章。

(3) 依照"RSA"加密算法计算的特别收支章节,要分别显示社会互助捐款收入经营的所有收支情况。

(4) 依照"APA"自增益算法计算的特别收支章节,要分别显示自主就业个人津贴经营的所有收支情况。

(5) 对非统账的收支部分,放在非统账的章节里。

(6) 标题为"向投资部分付款"的支出。

(7) 标题为"非规定支出"章,该章仅含无贷款支出的承诺许可。

最后两章仅包括未予实施的预估。

D.5217-7 条　第 2014-1746 号政令,第 1 条,2014 年 12 月 29 日

按功能表决的预算各条,相对应于:

1. 投资部分:

(1) 归属第 90 组"统账交易"的收支统账,要依照功能命名的最细分类来补充命名。

(2) 对非统账的收支部分,放在非统账的章节里,并要依照性质命名的最细分类来补充命名。

题目为"非规定支出""经营部分付款"和"固定资产处置所得"的章节,不含具体条款。

2. 经营部分:

(1) 归属第 93 组"个体服务"的收支统账,要依照功能命名的最细分类来补充命名。

(2) 对非统账的收支部分,放在非统账的章节里,并要依照性质命名的最细分类来补充命名。

题目为"非规定支出"和"向投资部分付款"的章节,不含具体条款。

D.5217-8 条　第 2014-1746 号政令,第 1 条,2014 年 12 月 29 日

按照第 L.5217-10-2 条规定提交的报告以综述的方式描述了都市建立在相关评估、文件和总结基础上的地方政权的可持续发展状况。

对照《环境法典》第 L.110-1 条第 3 款规定的五个可持续发展目标,该报告包括了下列内容:

1. 对地方政权资产、经营和地方活动进行管理的活动总结。
2. 对地方政权区域内的公共政策、实施方向和实施项目的总结。

这些总结还包括对行动、共同政策以及项目的起草、实施、评估方法。

这些分析可以地方可持续发展项目,和按照 2010 年 7 月 12 日关于国家对环境的承诺的第 2010-788 号法律第 254 条第 2 款规定的 21 条地方议程的参考框架为基础来完成。

D.5217-9 条　第 2014-1746 号政令,第 1 条,2014 年 12 月 29 日

大都会区理事会选择按预算性质或预算功能表决大都会区的预算。

D.5217-10 条　第 2014-1746 号政令，第 1 条，2014 年 12 月 29 日

根据第 L.5217-10-5 条第 1 款的规定，要在以功能命名的预算最细分类和按性质分类的预算账户之间进行交叉提交，用四位数代表工作人员的薪酬账户，用三位数代表其他账户。用以功能命名的预算最细分类和以性质命名的预算最细账户之间的交叉，来代表行政账户。

预算按功能分类的交叉提交，不适用于大都会区公共机构组织的或列在预算附表上的单一活动性质的公共服务。

D.5217-11 条第 2014-1746 号政令，第 1 条，2014 年 12 月 29 日

项目许可或承诺许可及可能对其进行的修改，由大都会区理事会主席提交大都理事会。理事会在通过执行预算或修改决定时，对这些许可进行表决。

大都会区理事会按预算的章（必要时，按条）对项目许可和承诺许可进行确定。

项目许可针对的是由大都会区购买或取得的不动产或整套不动产的多年度支出，或者向第三方支付的设备补贴费用。

大都会区理事会主席在对行政账目表决时提交的多年度管理总结，尤其要明确对项目许可和承诺许可的覆盖率，并随附一份关于项目许可和承诺许可当前状况的说明，须按照地方政权事务部长和预算部长联名颁布的政令规定的计算方法和提交方式进行总结。

D.5217-12 条　第 2014-1746 号政令，第 1 条，2014 年 12 月 29 日

一、预算执行结束时，投资部分的融资需求或盈余，由去除未完成项目后所剩余额来体现。

投资部分的余额，要和收入项目金额与委托支出金额之间的差额相对应，包括在必要时对收支的削减和取消，以及由于先前的延期执行造成的差额增加或减少。

预算执行结束时投资部分停止执行的未完成项目，要与非委托的承诺支出和未对项目发放的部分收入相对应。

二、经营部分的结算要和执行盈余或赤字相对应。为了准确确定，需要和先前延期的结算作累计，但不包括未完成项目。

预算执行结束时经营部分停止执行的未完成项目，要与非委托、非关联的承

诺支出,以及未对项目发放的、非关联的部分收入相对应。这些未完成项目被延至下一年度的预算执行中。

D.5217-13 条　第 2014-1746 号政令,第 1 条,2014 年 12 月 29 日

在盈余的情况下,按照第 L.5217-12 条第 2 款规定的结算分配:

1. 在上年度预算执行结束时,要把对投资部分融资需求的储备金放在首位。
2. 要把延期经营盈余或补充补助额度的储备金,作为余额。

如果出现赤字,可算作经营支出的增加。

对储备金的分配,在决策大会审议通过的再结算的预算决定时,作为项目收入进行发放。为了证明这些盈余,对盈余结算的审议,是在再结算的预算决定和行政账目执行情况的支持下进行的。

D.5217-14 条　第 2014-1746 号政令,第 1 条,2014 年 12 月 29 日

对下一财政年度预算表决当日还没有表决通过行政账目的情况下,经营部分的结算、融资需求或必要时,加上投资部分盈余和分配预测,按照第 L.5217-10-11 条第 3 款的规定,被提前延期进行。提交的预算会在预算附件中的结算预测计算表中的所得来证明。

该计算表和预算执行结算表格,在会计师的监制下,由预算制订人员制作。如果对下一财政年度预算表决当日完成计数表和预算执行结算表格的话,还要附上管理账目,或是支付最近的项目和委托明细表后的资产负债表。

预算制订人员要在 12 月 31 日预算执行结束时,对未完成的项目作状况说明。经营部分的未完成项目要提前延期到再结算的预算中去。

D.5217-15 条　第 2014-1746 号政令,第 1 条,2014 年 12 月 29 日

为实施第 L.5217-10-12 条,当预算投资部分有盈余时,可以在经营部分再获取:

1. 在没有明示用作投资的情况下,作为赠与或遗产的固定资产出让所得。
2. 出售预算投资项目的所得。该所得的再获取仅限于最初用经营部分的收入作投资的投资项目。

此外,按照第 R.2311-12 条第 2 款规定,来自储备金补充补助额度的、由行

政账户连续 2 年确认的投资部分的盈余，可以在经营部分再获取，以促成平衡。

如果前款规定的条件不成立，并且在特殊情况并有充分说理的前提下，地方政权可以要求与负责财政以及地方政权的部长发布针对一项或者多项行动的联合决定，以便能够在初始账目投票表决之后就把投资部分的暂时盈余部分转入经营部分中。

不管怎样，对盈余的再获取，需要获得大都会区理事会的审议，以明确盈余的来源和对具体数额进行评估的条件。

D.5217-16 条　第 2014-1746 号政令，第 1 条，2014 年 12 月 29 日

按照第 L.5217-10-14 条第 1 款第 1 项规定制作的大都会区财政状况的综合数据，包括下列比例：

1. 实际经营支出/人口。

2. 实际经营收入/人口。

3. 设备毛支出/人口。

4. 未尝负债/人口。

5. 补助额度总额/人口。

6. 员工支出/实际经营支出。

7. 实际经营支出和资金债务年偿还额/实际经营收入。

8. 设备毛支出/实际经营收入。

9. 负债/实际经营收入。

10. 储蓄总额/实际经营收入。

如果大都会区享有第 L.2334-7 条第 3 款规定的一揽子信贷额度，财政综合数据还要包括第二套住房的数量。

D.5217-17 条　第 2015-1895 号政令，第 1 条，2015 年 12 月 29 日

一、为实施第 D.5217-16 条：

1. 被考虑的人口是大都会区市镇总人口，属大都会区市镇的人口要分开计算，总人口应是大都会区预算文件制作时的最近人口普查结果。

2. 实际经营支出是指实际运作的预算执行总和。然而，为实施该条第 1 项，不包括投资部分的移交治理工程支出。为实施该条第 7 项，也不包括治理工程支出和投资部分的已移交费用。

3. 实际经营收入是指实际运作的预算执行经营收入总和。

4. 设备毛支出包括购买动产和不动产、在建工程、无形固定资产、投资工程和代表第三方交易的支出。

5. 资金债务年偿还额是指对最终借款的偿还。

6. 未偿负债是指借款和中长期负债的累计。

当大都会区要提前支付还款时,当它还享有 2013 年 12 月 29 日第 2013-1278 号法律第 92 条创立的 2014 年财政税款资助基金的资助时,大都会区可以从这笔未偿负债中扣除资助基金上的未偿债务金额。

7. 储蓄总额是指实际经营收入与实际经营支出的差额。

二、大都会区财政状况的综合数据,要附在与其有关联的最初预算和行政账目之后。此外,在提交最初预算时需要付诸表决的最近行政账户数据,也要附上。

D.5217-18 条第 2014-1746 号政令,第 1 条,2014 年 12 月 29 日

为实施第 L.5217-10-14 号法律,这些附件包括:

1. 需要附在预算和行政账户之后的:

(1) 累计借款和负债状况的表格。

(2) 支出状况说明。

(3) 亏损方法说明。

(4) 财政交易平衡说明。

(5) 投资转移的费用状况说明。

(6) 代表第三方的交易融资方式说明。

(7) 提供和接受承诺的说明。

(8) 对特殊配置受限收入的使用说明。

(9) 工作人员的状态。

(10) 大都会区所属的所有团体组织的名单。

(11) 大都会区创建的机构或服务部门的清单。

(12) 显示直接捐款决定的表格。

2. 仅附在行政账户之后的:

(1) 固定资产变动状况表。

(2) 反映增值税服务的收支金额状况介绍,不与一般预算分开介绍。

D.5217-19 条　第 2014-1746 号政令,第 1 条,2014 年 12 月 29 日
按照第 L.5217-10-15 条核证的账户,有账户核证义务的组织由账户稽查员核查,无账户核证义务的组织由组织主席核查。

D.5217-20 条　第 2015-1848 号政令,第 1 条,2015 年 12 月 29 日
大都会区对其固定资产进行折旧,包括可使用或可分配的固定资产:
1. 无形固定资产。
2. 有形固定资产,但可选择折旧的道路网络和设置除外。

这种折旧不适用于大都会区所拥有的固定资产的再配置或再使用,不适用于除留置土地之外的土地和土地治理,不适用于地方政权和和艺术品,不适用于研发费用和资产购置前的使用费用。

对这些资产折旧的补助额度是以资产的历史成本和线性计算方法为基础结算的。然而,大都会区可以采用递减、变量或实际折旧法进行折旧。

对每一个或每一类有形固定资产的折旧期限,由大都会区理事会决议,决定可以参照地方政权事务部长和预算部长的政令标准,但下列费用除外:

(1)《城市规划法典》第 L.121-7 条规定的制定城市规划文件费用,文件规定折旧期最长为 10 年。

(2) 研发费用和强制折旧期最长为 5 年的非购置资产使用费用。

(3) 如果资产项目马上购置成功,折旧期最长为 5 年的研发费用。如果资产项目失败,全部研发费用。

(4) 享有优先权期限的专利或专利实际使用期限比较短时,对专利的折旧。

(5) 已付设施补贴,如果购置的是动产、设备或研发费用,折旧期最长 5 年。如果购置的是不动产或安装设备,折旧期是 30 年。如果资助的是有关国家利益的基础设施项目,折旧期是 40 年。不属于这些类别的对企业的投资资助,最长折旧期为 5 年。

所有开始的折旧计划必须持续到计划完成,除非该财产已被出售、配置、使用、改建或损坏。折旧计划只能在使用条件发生实质变化情况下,才能被修改。该财产的使用人或被配置人,要依照最初的折旧计划或依照本条确定的自身规则继续进行资产的折旧。

大都会区理事会可以对低值的或易耗的固定资产设定一个统一门槛,折旧期为1年。相关的审议可以移交给会计师,在同一预算执行年度内不得变动。

决策大会可以让组织者确定对该类财产的折旧期限,可以在该类财产的最短和最长折旧期限内进行选择。

D.5217-21条 第2014-1746号政令,第1条,2014年12月29日

大都会区可以一方面,对公共建筑物折旧的补助额度进行预算的抵充处理,从收到的年度设施补贴款中予以扣除,用作对这些设施的投资。另一方面,也可以用投资部分的支出和经营部分的收入,注资于补贴设施折旧的补助额度。

为实施第L.5217-12-1条第20款,大都会区每年对其收到的设备补贴以及用于可折旧固定资产的经费进行回收,这通过投资部分的一项支出和经营部分的一项收入来加以实现。回收入经营部分收入的节奏,等同于收到固定资产折旧补贴的节奏,并与对应被补贴的固定资产折旧期限的该年度补贴获得款项相吻合。但是对大省的大学设施的补助额度,其全部数额最多相当于全部学校建设和设施折旧的补助额度。

D.5217-22条 第2014-1746号政令,第1条,2014年12月29日

一旦发生风险,风险和负担储备金就是必须的。一项资产价值减损时,必须对它的折旧进行确认。

大都会区确认折旧,或根据资产价值减损和风险程度来确认储备金。折旧度或损耗值每年依照对资产价值减损或由风险造成的减损进行评估调整。当折旧度或损耗值变得无关紧要时,也就是说,在资产价值减损或风险不复存在、风险消失时,会将这些资金收回。对是否确认、调整和再度进行折旧度或损耗值评估的审议是必要的。

折旧或损耗及其持续状况和使用状况,要显示在折旧和损耗表上,并附在预算和行政账户后面。

大都会区可以对折旧和损耗的补助额度进行预算的抵充处理,从损耗和折旧的再拨款中予以扣除。但下列情况的损耗和折旧与这些条款无关:

1. 针对大都会区的争端诉讼一审开始时。

2.《商法典》第六卷规定的破产程序开始时。

3. 虽然官方会计师谨慎尽力,但对第三方账户上有待收回的资产仍然受到阻碍。

D.5217-23 条　第 2014-1746 号政令,第 1 条,2014 年 12 月 29 日

预先未预定的项目许可和承诺许可支出,分别依照按性质和按功能表决的预算的投资部分和经营部分组成章。

这些章既不包括具体条款,也不能获得借贷。他们不会被实施。

D.5217-24 条　第 2014-1746 号政令,第 1 条,2014 年 12 月 29 日

2012 年 11 月 7 日关于预算和公共会计管理的 2012-1246 号法令第 1 条,该法令第一编的基本原则适用于大都会区及其公共机构。

D.5217-25 条　第 2014-1746 号政令,第 1 条,2014 年 12 月 29 日

每个财政年度用于支出的信用额度不能用于另一个财政年度支出的结算。

然而,在财政年度结束时,未授权的承诺支出,应该延期至下个预算执行年度的信用额度。

直到获得信用额度为止,这些款项可以依照大都会区理事会主席制作的应付款被支付。这些在去年 12 月 31 日前被承诺的支出明细,在本财政年度结束前不会被授权。但可以是对信用额度的临时使用。

D.5217-26 条　第 2014-1746 号政令,第 1 条,2014 年 12 月 29 日

不归国家税务部门按照现行法规管理和清算的、属大都会区、大都会区公共机构和其他由大都会区和其他政权或公共机构之间的协议组成的所有公共组织的所得,要被收回:

1. 按照法院判决或按照合同执行的所得。

2. 在收入项下的所得,或由大都会区理事会主席确定是在大都会区作用下和由大都会区执行后的所得,以及由公共机构执行人确定是在公共机构作用下和由公共机构执行后的所得。

回收这些所得的强制执行措施和直接税收相同。

然而,执行人允许按照第 R.1617-24 条规定的方式实施强制执行措施。

当有关内容归法院管辖时,异议案件归为简易诉讼。

D.5217-27 条　第 2014-1746 号政令,第 1 条,2014 年 12 月 29 日

没有大都会区理事会主席在一个按规定设立的信用额度上的预先授权,任何为了大都会区所作出的支出都不得进行清偿。

D.5217-28 条　第 2014-1746 号政令,第 1 条,2014 年 12 月 29 日

每次授权都要明确地方政权、预算、执行财政年度和执行支出的归属。

D.5217-29 条　第 2014-1746 号政令,第 1 条,2014 年 12 月 29 日

付款授权必须包括所有必要的名称和职业明示,以便会计师确认债权人的身份。

D.5217-30 条　第 2014-1746 号政令,第 1 条,2014 年 12 月 29 日

所有授权都须附有 2012 年 11 月 7 日关于预算和公共会计管理的 2012-1246 号政令规定的相关支付方式的文件。

D.5217-31 条　第 2014-1746 号政令,第 1 条,2014 年 12 月 29 日

支付授权须以原始债权人的名义开出。

D.5217-32 条　第 2014-1746 号政令,第 1 条,2014 年 12 月 29 日

大都会区理事会主席把第 D.1617-19 条和第 D.1617-20 条规定的相关支付授权和证明材料附在支出表格后面,发送给大都会区会计师,后者必须在指定的时间内进行核查,如有必要,还会对大都会区理事会主席的这些材料的合规性跟踪调查。

D.5217-33 条　第 2014-1746 号政令,第 1 条,2014 年 12 月 29 日

来自偿还大都会区债权人款项的退税部分的资金返还,由大都会区理事会主席发布返还命令来加以实现。

D.5217-34 条 第 2014-1746 号政令,第 1 条,2014 年 12 月 29 日

大都会区理事会主席要按照第 L.5217-10-10 条的规定,对大都会区的行政账户进行开会审议,该账户要按预算的章节和条款顺序,单独列出:

收入:

1. 收入的性质。
2. 预算的评估和预测。
3. 依照证明材料,最终确定的需要收回金额。

支出:

1. 预算支出项目。
2. 借贷数额。
3. 本财政年度中,被授权的信用数额,包括类别。
4. 授权总额与借贷数额的比较差异。

D.5217-35 条 第 2014-1746 号政令,第 1 条,2014 年 12 月 29 日

大都会区理事会主席还要送交给大都会区会计师一份他有权收取的、概括了大都会区所有新项目和其他项目的租赁、合同、判决、遗嘱、声明和回报状况的总册。

需要时,大都会区会计师可以要求提供这些大都会区收入项目运作的所有原件并出具回执。

D.5217-36 条 第 2014-1746 号政令,第 1 条,2014 年 12 月 29 日

唯有大都会区会计师才可承担:

1. 尽全力为大都会区的收入、遗赠、赠与和所有其他资源服务。
2. 按照第 D.5217-26 条的规定,在大都会区理事会主席的授权下,针对债务人逾期付款的行为,采取必要的行动、实质性办法和强制执行措施。
3. 通知管理人到期租约。
4. 阻止债务诉讼时效届满。
5. 注意权利、优先权和抵押权的保全。
6. 为此目的要求抵押办公室登记所有可能抵押的权利凭证。
7. 最后,在抵押办公室进行注册登记。

D.5217-37 条 第 2014-1746 号政令,第 1 条,2014 年 12 月 29 日

大都会区会计师的管理账户要显示大都会区每年 12 月 31 日执行预算的会计情况,包括补充天数内的交易情况。

D.5217-38 条 第 2014-1746 号政令,第 1 条,2014 年 12 月 29 日

大都会区会计师的管理账户,作为证明材料,以大都会区行政账户附件的形式,转交给大都会区理事会主席。

第七节　临时条款(略)

第八节　工作人员条款(略)

第九章　巴黎大都会区

D.5219-1 条 第 2016-127 号政令,第 1 条,2016 年 2 月 8 日

按照第 L.5219-12 条第 1 款和第 2 款实施的服务使用费的偿还额的确定,应由服务运行费用的单位成本,乘以由公共机构或享有服务的市镇确认的服务运行单位的数量来确定。

为确定服务运行费用的单位成本,协议要确定费用计算方法,并包括以运行单位为表述的使用服务预估。

该单位成本包括与服务运行相关的费用,尤其是人工、供货商、设备更新和签订配套服务合同的费用,但所有与服务运行非紧密关联的支出除外。

单位成本依照最新的行政账户的支出加以确认,支出依照年度最初预算确定的活动运行条件,根据预估的变更进行调整。该单位成本最后由公共机构或已使用服务的市镇加以确认。

服务使用费的偿还,应当依据包含请求服务清单的年度,转换成经营单位的表述来进行。单位成本要在按照第 L.1612-2 条通过预算日之前,让服务享用者知晓。

在协议签署的当年,单位成本应当在协议签署后的 3 个月内,告知服务享用者。

服务使用费的偿还,要依照协议确定的时限进行。该时限不得超过 1 年。

第二编 市镇合作的其他形式（略）

第四卷 省际合作

第一编 省际议定书、协议和会谈（略）

第二编 省际机构和组织

单一章

第一节 省际机构（R）

D.5421-1 条 第 2013-938 号政令，第 1 条，2013 年 10 月 18 日

各大省理事会都审议批准建立一个省际机构，由它来确定：

1. 公共机构的目标、所在地和期限。
2. 相关大省份之间公共机构支出的分配规则。
3. 理事会组成、理事会成员的任期和换届规则。

由各大省理事会决议机构的成立时间。如果审议没有异议，机构在最后一次决策机关成立的会议后即被成立。

D.5421-2 条 第 2013-938 号政令，第 1 条，2013 年 10 月 18 日

省际机构由一个理事会管理，理事会成员由相关协作大省份的大省理事会在各自的理事中选举产生。

各大省理事会可以在理事会履职期间替换它们各自的代表。在代表缺席的情况下，无论什么原因，各大省理事会都可以在它们最近的一次会议上任命一位新代表。

R.5421-3 条 第 2000-318 号法令，2000 年 4 月 7 日

理事会确定其办事处的组成，包括 1 名主席、1 名或多名副主席和可能的 1 名或多名成员。

办事处成员由理事会选举产生。每届理事会换届后要选举产生新的办

事处。

R.5421-4 条　第 2000-318 号法令，2000 年 4 月 7 日

理事会制定其内部规章。

理事会由主席召集。如果有三分之一的理事会成员要求，他们也有权召集会议。

R.5421-5 条　第 2000-318 号法令，2000 年 4 月 7 日

理事会通过决议，决定所有有关省际机构管辖权的事务。

它可以按照第 L.3211-2 条的规定，把部分处置权委托给办事处。

理事会和办事处的决议，要按照 L.3132-1 条、第 L.3132-2 条和第 L.3132-3 条的规定和目的，转交给机构所在地的大省份省长。

R.5421-6 条　第 2000-318 号法令，2000 年 4 月 7 日

理事会主席是省际机构的执行者。有他准备和执行机构的预算。他是理事会支出的主导者，并具体规定理事会收入的实施。

R.5421-7 条　第 2000-318 号法令，2000 年 4 月 7 日

省际机构的预算收入包括：

1. 合作大省的缴纳。
2. 机构活动的所得。
3. 机构动产和不动产的收入。
4. 给予它的补贴、援助和参与。
5. 适用第 R.5421-8 条的储备金提取。
6. 借款所得。
7. 赠与和遗赠。
8. 法律规定的其他收入。

R.5421-8 条　第 2000-318 号法令，2000 年 4 月 7 日

理事会可以设立一笔储备金，以便机构特别需要时的必要款项提取。

R.5421-9 条　第 2013-938 号政令,第 1 条,2013 年 10 月 18 日

省际机构的预算和账户每年要提交给相关合作大省的大省理事会。

R.5421-10 条　第 2000-318 号法令,2000 年 4 月 7 日

省际机构的会计师即大省的会计师,会计师事务所坐落在该大省内。

R.5421-11 条　第 2013-938 号政令,第 1 条,2013 年 10 月 18 日

相关合作大省的大省理事会可以通过共同决议,在它们建立的省际机构里接纳一个新的大省。

R.5421-12 条　第 2013-938 号政令,第 1 条,2013 年 10 月 18 日

相关合作大省的大省理事会可以通过共同决议,决定省际机构中一个大省的退出,或省际机构本身的解散。

由决议决定退出或解散的各项条件。

R.5421-13 条　第 2000-318 号法令,2000 年 4 月 7 日

在省际机构不可能运行时,它可以主动,或在一个或多个相关合作大省份的要求下,被解散。

解散由依照最高行政法院意见颁布的法令宣布。该法令确定了解散的各项条件。

第二节　行政命令的发布(R)

R.5421-14 条　第 2000-318 号法令,2000 年 4 月 7 日

在第 L.5421-3 条涉及的至少拥有一个大省份的合作公共机构里,决策机关或执行机构颁发的行政命令,要在至少半年出版一次的《行政命令汇编》中发布。

该《汇编》在公共机构所在地供公众使用。在《汇编》发布 24 小时内,公众在公共机构的常设布告栏里被告知信息。

《汇编》可以被免费发放,或按期销售,或按订阅销售的法方式发放。

第五卷　大省办事处（略）

第六卷　区际合作

第一编　区际协议 (R)

单一章

R.5611-1 条　第 2000-318 号法令,2000 年 4 月 7 日

通过相关大区理事会的共同决议,两个或多个大区之间可以签署协议。

决议应该包括在相关大区各自的预算中,对协议所定的目标实现所需要的必要支出的承诺。

需要时,每个大区理事会要就此决议相关的规划。

R.5611-2 条　第 2000-318 号法令,2000 年 4 月 7 日

如果协议涉及的是大区按照第 L.4211-1 条所行使的职权,那么协议必须取得每个大区所代表的公法人的同意。

按照相关的立法和管理规定,协议也要包括相关的地方政权和公共机构的同意。

国家的同意要通过在当地具有管辖权的大区区长起草的协议作出。

R.5611-3 条　第 2000-318 号法令,2000 年 4 月 7 日

相关大区的理事会主席,根据相关理事会的共同决议结果,必要时,还要根据适用第 R.5611-2 条的协议接受情况,签订大区间的协议。

除了协议规定的目标和时限外,协议尤其要明确规划工程的预估成本和费用的分摊。

协议要指明为了哪个地方政权或公共机构的利益,而按照第 L.4211-1 条的规定来完成项目。必要时,协议还要指明保证完成这些项目的具体大区。

大都会区理事会主席有责任保证协议相关部分的执行。

第二编 区际议定书

第一章 组织和运行

第一节 行政命令的发布(R)

R.5621-1 条 第 2000-318 号法令,2000 年 4 月 7 日

在第 L.5621-8 条涉及的至少拥有一个大区的合作公共机构里,决策机关或执行机构颁发的行政命令,要在至少半年出版一次的《行政命令汇编》中发布。

该《汇编》在公共机构所在地供公众使用。在《汇编》发布 24 小时内,公众在公共机构的常设布告栏里被告知信息。

《汇编》可以被免费发放,或按期销售,或按订阅销售的法方式发放。

第二章 财政条款

第一节 预算和账目的公布

R.5622-1 条 第 2016-834 号法令,第 6 条,2016 年 6 月 23 日

第 R.4313-5 条适用于第 L.5622-4 条涉及的公共机构。

为实施上述条款,用"区际合作机构"取代"大区"。用"公共机构的决策机关"取代"政权的决策机关"和"大区理事会"。

译后记

在读者面前的这部《法国地方政权总法典选译》的面世可以说是一波三折。为方便读者阅读，现就本书的一些内容做简要的说明。

首先是关于本书的翻译缘起和过程。

我原来从事民法学研究，于行政法领域接触甚少，本无缘此书的翻译。适巧叶必丰老师正在从事有关区域合作的研究，涉及法国法的一些条文。他知道我懂法语，故而请我帮忙翻译。一来二去，我们便达成了将其翻译出书的合意。

在整个翻译过程中，叶老师给了我很大的帮助和支持，尤其是在一些关键术语的翻译选择上给出其专业的意见，并邀我参与法条的读书会，其间对一些文字的含义进行交流切磋。这些经历都在很大程度上弥补了我行政法知识的短板，也是本书得以面世的重要原因。

同时，在我接手本书的翻译时，其实书稿的相当一部分内容已经由韩小鹰老师翻译完成。韩老师精准和高质量的翻译也为我节约了大量的时间，也成为我后续翻译的主要借鉴蓝本。

其次是关于本书的特色。

需要说明的是，读者看到的这部中译本并不是《法国地方政权总法典》的全文。整部法典内容庞杂，篇幅巨大，全文翻译既费时费力，又缺乏意义。因此本译本仅仅是对法典条文的选译。选择的部分经过韩老师和叶老师的把关，主要是对国内比较有借鉴意义的内容。同时兼顾了整部法典的体系性，尽力呈现其基本的逻辑脉络。

李 贝

2022 年 7 月

图书在版编目(CIP)数据

法国地方政权总法典选译 / 叶必丰主编；李贝，韩小鹰译 .— 上海 ：上海社会科学院出版社，2022
（地方合作法译丛）
ISBN 978-7-5520-3782-1

Ⅰ.①法… Ⅱ.①叶… ②李… ③韩… Ⅲ.①地方法制—法典—汇编—法国 Ⅳ.①D956.57

中国版本图书馆 CIP 数据核字(2022)第 002948 号

法国地方政权总法典选译

译　　者：李　贝　韩小鹰
责任编辑：袁钰超
封面设计：梁业礼
出版发行：上海社会科学院出版社
　　　　　上海顺昌路 622 号　邮编 200025
　　　　　电话总机 021-63315947　销售热线 021-53063735
　　　　　http://www.sassp.cn　E-mail:sassp@sassp.cn
照　　排：南京理工出版信息技术有限公司
印　　刷：上海颛辉印刷厂有限公司
开　　本：710 毫米×1010 毫米　1/16
印　　张：24.75
字　　数：402 千
版　　次：2022 年 9 月第 1 版　2022 年 9 月第 1 次印刷

ISBN 978-7-5520-3782-1/D·642　　　　定价:128.00 元

版权所有　翻印必究